江海年鉴

(2011-2012)

江门市江海区地方志编纂委员会　编

方志出版社
Publishing House of Local Records

图书在版编目（CIP）数据

江海年鉴. 2011～2012 / 江门市江海区地方志编纂委员会编. -- 北京 ：方志出版社，2015.4
ISBN 978-7-5144-1604-6
Ⅰ. ①江… Ⅱ. ①江… Ⅲ. ①区（城市）-江门市-2011～2012-年鉴 Ⅳ. ①Z526.53
中国版本图书馆CIP数据核字(2015)第085369号

江海年鉴(2011-2012)

编　　者： 江门市江海区地方志编纂委员会
责任编辑： 黄　彦

出 版 人： 冀祥德
出 版 者： 方志出版社
地址　北京市朝阳区潘家园东里 9 号（国家方志馆 4 层）
邮编　100061
网址　http://www.fzph.org
发　　行： 方志出版社发行中心
电话（010）67110500
经　　销： 各地新华书店
印　　刷： 江门市印刷厂有限公司

开　　本： 889*1194　　1/16
印　　张： 22
字　　数： 313 千字
版　　次： 2015 年 4 月第 1 版　2015 年 4 月第 1 次印刷
印　　数： 001～600册

ISBN 978-7-5144-1604-6　　定价：180.00 元

编辑说明

一、《江海年鉴》创刊于2014年，是中共江门高新区党工委、管委会和江海区委、区人民政府主持编纂的地方综合年鉴，作为记述本行政区域政治、经济、文化和社会等方面情况的年度资料性文献。

二、《江海年鉴（2011－2012）》主要记述2011年1月1日至2012年12月31日，江门高新区、江海区的政治、经济、文化及社会各项事业的发展和基本情况。本年鉴由卷首、本篇、卷末组成；结构为栏目、类目、分目、条目4个层次，条目为基本目，统一用黑体字加【】号标示之。卷首设特载、大事记、概况；本篇设党政机关、群众团体、政法•军事、经济管理与监督、科教文卫体、社会事务、街道；卷末设获奖•荣誉、主要经济指标、重要文件。

三、内文涉及国民经济和社会发展的统计数据，入书时以江门高新区、江海区发展改革和统计局公开发布的数据为准。条目中的数字由于统计口径和时限范围，或与统计部门数据不一致的地方，使用时应参照《江海区统计年鉴》所示数据。有关数据中比照上年同期增加（减少），统一以增长（减少）表示。

四、本年鉴的组稿、编辑和出版，得到江门市、江海区有关单位和部门的支持协助，在此一并致谢。编印中疏漏之处，敬请批评指正。

编纂机构和编审人员名录

江门市江海区地方志编纂委员会

主　任　周惠红

副主任　吴　旭

成　员　张凡华　廖学安　李权威　陈　贤　陈文斌　马锦德　何国祥　赵群笑　杨勤浩　禹健平　区伟新　龙　标　钟国珍　李晃祥　李伟煜　李国和　赵英梅　王子豪　区　用　黄伟雄　陈金文　曹建军　杨丽萍　张运堂　陈晓云　冯少萍　唐　春　许　可　黎耀城　崔旭力　邢玉生　邓群标　高英豪　伍国胜　梁卫华

《江海年鉴（2011－2012）》编辑部

主　编　吴　旭

副主编　陈文斌　杨丽萍

成　员　余球添　甄美清　黎家宁

领导关怀

2012年8月8日，澳门特别行政区行政长官崔世安（左五）参观中国（江门）国际绿色光源博览交易中心立体模型。

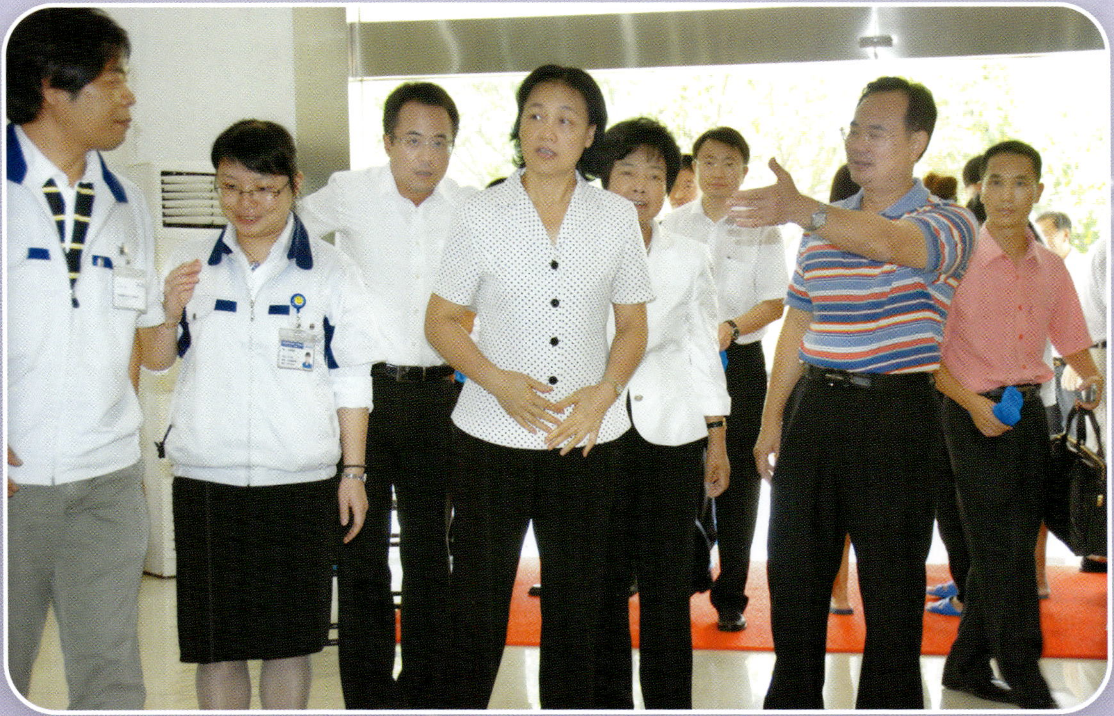

2011年7月25日，广东省人民政府副省长招玉芳（左四）到西铁城精电科技有限公司调研。

重大项目

2011年12月26日，江海区“三旧”改造启动仪式暨江门纸厂改造项目动工仪式。

2012年8月8日，中国（江门）国际绿色光源交易博览中心奠基仪式。

2012年12月7日，江海商业广场奠基仪式。

2012年12月7日，金瓯路改造工程动工仪式。

2012年12月7日，明泰·江海新城动工仪式。

2012年12月7日，江门江海供电局生产综合楼奠基仪式。

庆典仪式

2012年1月12日，江门国家高新技术产业开发区揭牌仪式。

2012年3月12日，“让森林走进江海”绿色行动启动仪式在礼乐街道向东村西九河岸举行。

2012年7月26日，科恒股份（江门市科恒实业股份有限公司）在深圳证券交易所创业板挂牌上市。

2012年7月31日，江海区“书记项目”——选聘“本土”大学生村官签约仪式。

2012年8月31日，江海区国土规划和环境保护局、江海区社会基金保险管理局揭牌仪式。

2012年9月3日，江海区乡土教材《江海英贤》在外海中学举行首发式暨开学第一课。

2012年10月25日，江门市江海区中西医结合医院暨五邑中医院合作医院挂牌仪式。

2012年12月18日，江海区首部地方综合志书《江门市江海区志》出版座谈会暨赠书仪式。

城市建设

2011年1月7日，位于江海区的广珠城际轨道江门站正式开通运营。

2011年3月11日，外海体育广场落成启用。

2012年6月26日，连接江海区和蓬江区的东华大桥通车。

2012年12月7日，礼乐街道的重要枢纽礼乐大桥通车。

礼乐街道绿道

蓬江大桥南岸风光

文化体育

2011年6月6日，礼乐街道的端午龙舟赛。

2011年9月1日，外海中心小学新校区正式投入使用。

2011年12月28日，江海区第三届礼乐腊味节在礼乐食品工业园区举行。

2012年2月5日，江海区龙狮武术协会成立仪式暨龙狮武术比赛在江南文化广场举行。

2012年9月29日，江海区首届文化艺术节在江南文化广场举行。

2012年10月26日，江门市江海区第三届“江海华法杯”高尔夫球邀请赛。

2012年12月23日，广东省武当太虚拳会周年志庆暨太虚拳大赛在外海五大祠广场举行。

2012年12月28日，在广州市英雄广场举行的首届广东省百姓艺术健康舞展演上，江海区代表队的《厨房欢歌》《相亲相爱》获得最佳编创奖、集体表演奖和最佳风采奖。

社会民生

2011年1月4日，江门荣信电路板有限公司获“全国职工书屋”殊荣。

2011年4月12日，江南市场完成升级改造，为全市签订市场升级改造责任状后第一个完成改造任务的市场。

2011年6月5日，江海区茶庵寺大雄宝殿落成、佛像开光暨慈善恤孤启动仪式。

2011年8月25日，共青团江海区委员会到韶关市乐昌市秀水镇开展扶困助学活动。

2011年12月4日，中央电视台到外海街道拍摄外海面制作方法。

2012年6月29日，“情动外海，善行天下”外海慈善筹款晚会在外海文化中心举行。当晚，共筹集善款568万元。

目 录

政法·军事

获奖·荣誉

主要经济指标

重要文件

特载

JIANG HAI YEARBOOK

2011年政府工作报告

——2011年1月25日在江门市江海区第八届人民代表大会第六次会议上

江门市江海区人民政府区长 梁许赞

各位代表：

我代表江门市江海区人民政府向大会作政府工作报告，请予审议，并请政协委员和其他列席人员提出意见。

“十一五”时期及2010年工作回顾

“十一五”时期是我区转入科学发展的五年，经济综合实力快速提升的五年，城市建设焕然一新的五年，区域交通枢纽地位彰显的五年，促进社会和谐发展的五年。五年来，区政府在市委、市政府和区委的正确领导下，全面落实科学发展观，深入实施《珠三角规划纲要》，扎实推进“三促进一保持”，加快转变经济发展方式，狠抓重点项目建设，全力推进核心区开发，积极应对国际金融危机冲击，成功抗击严重冰冻灾害和超强台风等自然灾害，全面化解城信社金融风险，更加关注和改善民生，全区经济社会持续快速健康发展，经济建设和社会发展迈上历史新台阶，城市发展环境日益优化，人民群众安居乐业。

一、“十一五”时期主要成绩

五年来，坚持科学发展，全面实施五大发展战略，主要经济指标实现“翻番”目标。

“十一五”时期，我区国民经济有效应对宏观经济环境的变化，积极实施五大发展战略，经济社会发展实现新跨越，超额完成各项经济指标，实现“五个突破、五个翻一番”：预计地区生产总值突破100亿元，五年年均增长16.74%；预计人均生产总值突破5万元，年均增长14.89%；规模以上工业增加值突破60亿元，年均增长20.80%；地方财政一般预算收入突破4亿元，年均增长21.90%，增幅比GDP快5.16个百分点；社会消费品零售总额突破20亿元，年均增长22.73%，均实现五年翻一番。三次产业比例进一步优化，预计三次产业结构调整为3.10∶65.90∶31.00，工业经济对GDP的贡献率高达70.63%。经济发展质量不断提高，工业总产值实现322.20亿元，区域税收总额17.72亿元，规模以上工业企业经济效益综合指数达155.66%，高新技术产品增加值占全区工业增加值比重提高至35%，高于预期目标3个百分点。

五年来，加快产业结构调整，转变经济发展方式，世界500强项目招商和企业改制上市实现历史性突破。

招商引资成效明显。落实招商引资责任制和重点项目跟踪制，突出产业招商、大项目招商和以商引商，成功举办了两届江海区经贸洽谈会暨重点项目庆典活动。五年来，累计引入世界500强工业企业4家，区域500强工业企业5家；引进超5000万元大项目59个，投资总额87.55亿元。战略性新兴产业招商加快，先后引进了银雨芯片、尚日能源、崇达电路板等一批中上游优质项目，区内正在洽谈或意向项目超20个，计划投资总额近200亿元。内外源经济发展加快，累计利用民资超50亿元，预计完成外商直接投资5.84亿美元，出口总额近40亿美元。

自主创新能力持续增强。加强科技创新服务平台和知识产权服务平台建设，成功创建省知识产权优势区域，积极落实支持自主创新优惠政策。五年来，共组织申报各级科技计划超480项，获得市级以上立项215项，其中国家级3个。区内共有高新技术、民营科技、知识产权企业130家。五年新组建市级以上工程技术研发中心10家。累计专利申请量和授权量达2831件和1773件，折算每百万人口发明专利申请量居全市第一。名牌带动战略取得新进展，新增中国名牌、国家免检（免验）产品4个，中国驰名商标2个，省名牌、名标12个。企业改制上市步伐加快，量子高科已在深交所成功挂牌上市，成为江海第一家A股上市公司。科恒实业、长优实业、汉宇电器、银帆化工等多家企业加快培育上市。目前区域内共有12家境内外上市公司投资落户。

产业结构不断调整优化。深入实施工业立区战略，大力突破载体建设瓶颈，工业经济总量不断增大，规模以上工业增加值年均增长20.80%。优势产业转型升级步伐加快，产业集聚度和延伸度增强，“十一五”期末，电子信息、机电、精细化工三大优势产业实现产值215.36亿元，比重由2005年的63.87%提高到66.84%。以发展绿色光源产业为突破口，大力培育新能源、新光源、新材料等战略性新兴产业，福宁、艾默生、长优二期等一批大项目先后投产，工业经济进一步做大做强。玻璃、交通运输设备制造、金属制品等传统产业发展迅猛。五年间，全区规模以上工业企业由194家增至346家，产值超亿元企业由31家增至61家。“四大百亿”工程取得阶段性进展，外海街道工业总产值2009年首次突破百亿元，“十一五”期末达到164.73亿元。

园区建设取得新突破。加大载体开发力度，四大园区建设取得突破性进展。LED产业核心园区已征地超4200亩，配套的中国（江门）国际绿色光源博览交易中心项目建设工作全面铺开；江门市先进制造业现代物流产业园区首期841亩用地正开展前期征地工作；广东中小型电机产业基地（礼乐机电产业基地）正进行二期扩容建设；礼乐食品加工工业园征地超233亩。“园中园”开发成效显著，福宁、艾默生、西铁城等世界500强企业分别落户凌志工业园和得实工业园。狠抓高新区7、8、14、24、25号地等十多个地块征地拆迁工作，五年累计征地超过1.3万亩，全区新建厂房面积累计超过242万平方米。完成土地利用总体规划调整，土地利用水平稳步提高，高新区内投资强度提高到200万元/亩以上，区内其他区域提高到130万元/亩以上。

五年来，加快城市新区建设步伐，完善区域交通网络，核心区开发雏形显现。

城市交通网络不断完善。全面完成区域城市规划修编，加大基础设施投入，五年累计投入基础设施资金达25.60亿元，固定资产投资年均增长21.16%。珠中江、市区一体化进程加快，连接区域内外的道路网络逐步完善，“十一五”期间共建成道路里程41.46公里，城区框架基本成型。连接市外的广珠轻轨江门支线全面完成，江珠高速建成通车，江珠北沿线正式动工；连接蓬江区、新会区的南环路延伸线全面通车，东华大桥、礼东大桥进展顺利，胜利大桥正式动工，五邑路改造开始实施；区内永康路、麻园路建成通车，金瓯路扩建、江睦路、连港路扎实推进。供电、水利等基础设施明显改善，广东电网礼乐输变电工程一期完工，城市防洪工程基本完成。

核心区开发基本成型。完成并实施江海区发展战略规划及核心区概念设计，核心区内“两区一路一站”推进顺利。府东小区内的江海碧桂园项目首期售罄；府西小区完成总体规划，明泰房地产项目已进场施工；贯通核心区的大动脉胜利南路拆迁全面完成；广珠轻轨全线试运营，三个轻轨站场基本建成，江门站正式投入使用。核心区商业氛围不断增强，区内第一家大型综合性商厦中环广场运营良好，第一家汽车超市利生车城全面开业。金融环境逐步改善，成立了区金融办，小额贷款公司和融资性担保公司正式进驻核心区。

城市功能配套进一步完善。制定第三产业发展实施方案，以服务业发展推动城市配套完善。房地产发展势头良好，新开发了华茵堡、天骄半岛、天鹅湾、海逸华庭等一批中高档房地产项目，五年累计房地产投资达27.23亿元，年均增长64.02%。住宿餐饮业不断发展壮大，鹿茵酒店和海逸酒店正式动工。成立了区饮食协会，江海路饮食带、外海沿江食街和礼乐田园饮食带规模不断扩大。现代物流业取得突破性进展，中岸物流增设出口监管仓，联同货物联检场成为保税物流中心。“十一五”期末，全区交通运输、仓储业实现增加值比2005年增加90.65%。供电、保险、商贸流通、信息咨询、电子商务、法律服务等服务业不断发展，城市综合服务能力和承载力逐步增强。落实城市管理属地化，启用江海数字城管平台，加大城市管理执法力度，不断提高城市管理水平。以创建文明城市为契机，加强环境卫生综合整治，完成辖区道路改造工程和路灯改造工程，城市环境进一步优化。

生态环保建设有新成效。狠抓节能减排和循环经济，预计单位GDP能耗累计下降20.52%，预计二氧化硫、化学需氧量累计削减率分别达到21.0%、9.1%，全面完成“十一五”节能减排任务。重视环境保护，加大环保执法力度，把好项目环保准入关，关停了两家高耗能小火电企业，完成第一次全国污染源普查，促进绿色江海建设。开展水环境综合治理，江海污水处理厂、文昌沙水质净化厂、礼乐新民污水处理厂全面运行。加大宜居城乡建设，创建市级以上生态示范村、绿色社区5个，宜居城镇1个，宜居社区（村庄）7个。循环经济、清洁生产实现零的突破，长优公司列入省“十一五”期间首批循环经济试点单位，广悦电化通过省清洁生产企业审核。狠抓节能降耗，积极推广应用绿色照明节能产品，大力推广建筑节能。全市率先启用绿道网。

五年来，加快新农村建设，促进城乡一体化发展，街道综合实力全面提升。

街道经济发展加快。调整完善了区街财政管理体制，建立和实施了街道领导班子实绩考核试行办法，街道发展活力不断增强，外海街道被评为江门十大活力镇（街）。“十一五”期末，街道实现工业总产值比2005年增加了126.76%；实现地方财政一般预算收入2.96亿元，五个街道增速均超30%，总量均比2005年增加了1-2倍，其中外海街道超亿元，达到1.3亿元，经济实力进一步增强。完成了外海、礼乐片区规划编制，首批七个“三旧”改造项目全面启动。

农村“三化”进程加快。农村城市化进程加快，城镇化水平达90.56%，村庄规划编制和村庄整治完成过半。加大对农村道路、基础设施投入。落实政策性农业保险试点，全面完成农村住房应保参保工作。完成新农村示范点建设，滘北富华、滘头银城和礼乐武东等农民公寓全面完工，农民生产生活条件逐步改善。大力发展近郊型特色农业，严格执行耕地保护制度，落实能繁母猪保险、农产品补贴等强农惠农措施，完成畜牧兽医体制改革，现代化农业稳步发展。培育首家农民专业合作社，创建农业类省级品牌1个，中国农产品质量500强企业1家。全面完成农村信息直通车工程。大力发展村级经济，完善农村股份合作制，“十一五”期末，村级集体经济收入1.6亿元，年均增长8.6%，外海街道村（居）集体经济总收入首超亿元，17条村（居）集体经济收入全部超百万元。

五年来，加大财政民生投入，全面发展社会各项事业，发展成果惠及人民群众。

和谐文化建设扎实推进。加强思想道德建设和社会主义荣辱观教育，认真落实创文各项任务，大力开展群众性精神文明创建活动，累计建立农家书屋（社区图书室）36间，镇（街）文化站5个。加强城乡公共文体事业和文化产业建设，大型文化项目江门演艺中心已动工，釜山公园、体育公园、江南文化广场等一批文化体育设施建成使用，累计完成了文体小广场36个，社区（村）公共文化场所和设施覆盖率达96%。大力推进文化旅游，新增1个省级、2个市级非物质文化遗产，评选并推广“江海八景”，成功举办了每年一届的旅游节活动。

民生保障取得突破。落实利民惠民政策，大幅提高民生支出比例，五年来全区民生投入累计5.4亿元，年均增长35.86%。城乡居民收入稳步提高，城镇居民人均可支配收入近2万元，农村居民人均纯收入超1万元，年均增长分别达12.30%、11.46%。加强就业再就业工作，累计净增就业岗位24891个，城镇登记失业率控制在2.7%以内。落实“千企扶千村”工程和农村富余劳动力转移就业培训，累计培训12356人，培训后就业率87.21%。加强劳动监察执法，加大工资拖欠监控预警制度，推动和谐劳动关系建设。继续提高社会保障水平，连续五年提高企业退休人员基本养老金，新型农村合作医疗参保覆盖率100%，城镇居民医疗保险覆盖率90%，新型农村合作医疗标准档和提高档的报销年封顶线分别提高到6万元和7万元。开展被征地农民养老保险试点工作，累计参保人数达6319人。进一步完善社会救助体系，落实城乡低保、残疾人救助和优抚政策，大力发展慈善公益事业，慈善超市正式营运，区义工服务中心正式挂牌。

和谐江海建设深入开展。重视信访和人民调解工作，区级及五个街道的综治信访维稳中心均投入使用，有效解决了一批信访难题，妥善处理了群体性事件。社会治安综合治理保持稳定，严厉打击“两抢一盗”等犯罪活动，严厉查处“黄赌毒”，成立了高新区派出所，建立了治安视频监控中心，刑事发案数不断下降。2009年度我区公众安全感和公安工作群众满意度得分居全省第三，省“六好平安和谐社区”创建率91%，居全市前列。全面完成城信社退市工作，妥善处理历史遗留的金融风险。成立了区应急办，编制和完善应急预案，加强应急演练，政府应急管理能力不断提高。加强安全生产、消防安全、“三防”工作，安全生产事故控制在市下达的指标范围内，火灾事故连续8年“零死亡”。深入开展食品药品安全、打假、打私、打传、查无等专项工作，礼乐腊味行业打假警示区顺利除名，市场经济秩序进一步规范。

社会各项事业协调发展。重视教育工作，累计投入教育经费4.37亿元，为“十五”时期的246%。全面实施城乡免费义务教育，成功创建省教育强区。推进优质学校和规范化学校建设，省、市、区一级学校占学校总数的96%，居全市前列。调整学校资源，优化学校布局，新建学校2所，撤并中小学8所。落实中小学教师工资待遇“两相当”，大幅提高教师待遇。重视人才引进、培养，累计兑现引进和稳定人才政策奖励51万元。完善医疗服务体系，成立了第一家区级人民医院，协和医院落户江海。加强社区（村）卫生服务，有效防控人禽流感、甲型H1N1流感等重大传染病疫情。人口计生工作扎实推进，连续两年被评为省人口与计划生育先进单位，成功创建全国计划生育优质服务先进单位。加强公共服务便民措施，率先在全市成立集人口计生、优生优育、婚姻登记和婚前医学检查于一体的“一站式”婚育服务中心。稳步推进统计、地方志工作，完成了第二次全国经济普查和第六次全国人口普查阶段性工作，《江海地方志》完成稿件终审。积极开展国防教育、国防动员、民兵预备役和征兵工作。档案、物价、民族、宗教、外事、侨务、台湾事务、老龄、双拥、人防、新闻等工作取得新进展。

五年来，加强政府自身建设，提高政府执行力，打造服务型政府成效明显。

体制机制改革不断深化。完善财政管理、产权交易、政府采购等监管制度，落实了财政支出绩效评价、政府投资项目管理办法，全面完成区直国库集中支付制度改革，加强“三公”费用监管，有效控制行政成本，在2009年广东省市县级政府整体绩效评价中，我区节约政府成本指标得分居全省第一。加快事业单位分类改革，全面实施事业单位公开招聘。稳步推进政府机构改革和富县强镇、简政强镇事权改革，精简区直议事协调机构超过一半。

民主法制建设继续加强。认真执行区人大及其常委会各项决议并向其报告工作，坚持向区政协通报情况，自觉接受监督。坚持区长约见区人大代表、政协委员制度。密切联系工会、共青团、妇联、工商联等人民团体，广泛听取社会各界意见和建议。五年共办理人大代表议案建议、政协委员提案和各类意见659件。全面完成“五五”普法工作，获评为全国、省法治县（市、区）创建活动先进单位。坚持依法行政，严格规范性文件管理。强化审计、监察工作，加强廉政建设和反腐工作，严肃查处违纪违法案件，纠正违规行为。继续推进厂务、村务公开，惩治和预防腐败体系不断完善。

政府服务能力进一步提高。全面实行政务公开和电子政务，发挥行政效能投诉中心、行政审批电子监察系统作用，加强机关作风建设，涉企项目审批全部进入市行政服务中心办理，在全省地方政府公共服务评价调查的县级政府中位居前列，行政效率和服务水平有新提高。成立了区重点项目领导小组及其办公室，出台了考核激励办法，加强对重点项目的跟踪、协调、服务。加大政府考核目标的督查督办力度，坚持每季度现场督查和每月重点项目督查制度，狠抓工作落实，政府执行力进一步提高。

二、2010年的主要工作

过去一年，我区坚持以科学发展观统领经济社会发展全局，认真贯彻区委七届八次全会精神，加快经济结构调整，积极转变经济增长方式，经过全区人民共同努力，超额完成了“十一五”规划和2010年各项目标任务。预计实现地区生产总值103.07亿元，同比（下同）增长16.61%；预计人均生产总值51911元，增长13.76%；规模以上工业增加值63.82亿元，增长23.92%；地方财政一般预算收入4.11亿元，增长27.84%；固定资产投资总额43.72亿元，增长31.33%；社会消费品零售总额22.04亿元，增长19.14%；预计外商直接投资1.38亿美元，增长6.50%；外贸进出口总额超16亿美元，增长20%以上。多项经济指标均超全市平均水平。回顾过去一年，我区重点抓了以下工作：

一是狠抓园区建设和产业培育，产业结构调整加快。将工业园区建设作为经济工作的重中之重，优化产业结构，电子信息、精细化工、机电三大优势产业产值增长24.56%。加快征地拆迁工作，LED产业基地、江门市先进制造业现代物流产业园区、礼乐机电产业基地、礼乐食品工业园四大产业园完成征地超6000亩，中国（江门）国际绿色光源产业交易博览中心征地拆迁全面启动。加快绿色光源产业、现代物流业发展，在建、完工LED和灯饰企业33家。中岸保税仓二期建成使用，德龙物流已完工，利生旧机动车交易市场已开业，成功举办了首届汽车文化展。

二是狠抓科技创新和企业改制上市，区域综合竞争力不断提升。支持企业走自主创新道路，加速高新技术企业发展，新增市级以上高新技术、民营科技企业21家，科技型中小企业创新基金项目10个，其中国家级2个、省级2个。新增市级以上工程技术研究开发中心2家，国家级绿色（半导体）光源检测研发中心、国家半导体光电产品检测重点实验室落户江海。新增知识产权优势企业4家，通过“江门市自主创新企业20强”认定企业4家，全年专利申请量、授权量均超700件。坚持名牌战略，新增1个省名牌产品、2个省著名商标，兑现名牌奖励金220万元。加大企业改制上市帮促力度，培育了江海区第一家上市企业，兑现上市扶持奖励资金400万元。

三是狠抓招商引资和重点项目建设，可持续发展能力日益增强。招商引资成效明显，引进超千万美元外资项目和超千万元民资项目共14个，全年签约和在建外资1000万美元以上、民资1000万元以上项目达61个，总投资额57亿元。落实“一个项目、一个领导带一套人马、一抓到底”的重点项目责任制，项目建设取得突破。华众玻璃、信义玻璃、尚日能源已试产；建滔化工、艾默生二期、香港建设一期等新建和增资扩产项目加快推进。全区在建工程136项，建筑面积达155万平方米，增长173%。

四是狠抓第三产业发展和核心区建设，区域基础设施建设不断提速。全力推进胜利南路工程建设，全面完成民房、商铺拆迁工作，创全市高效拆迁、和谐拆迁典范。广珠轻轨支线江门段已试运营，礼东大桥、东华大桥预计2011年完工，胜利大桥举行了动工仪式，五邑路大修及扩宽工程、金瓯路扩建工程完成前期工作，外睦路大修工程、江翠路交叉口及路面改造工程已动工，东宁路进展顺利，永康路已建成。核心区开发步伐加快，配套服务功能明显提升。碧桂园、天鹅湾、明泰等项目开发加快，带动房地产投资增长达159.64%。鹿茵酒店已完成桩基础工程。工业中专改造项目加快推进，区域商务服务能力不断提升。

五是狠抓节能减排和新农村建设，宜居环境建设取得实效。重视节能减排和循环经济，预计全区单位GDP能耗下降3.5%，新增全市首家清洁生产企业，协助完成江海污水处理厂一期和文昌沙水质净化厂二期。加大环境监督力度，认真做好亚运期间空气质量保障任务工作。扎实推进宜居城乡建设，完成新增5条村的规划编制、4条村的整治工作。搭建推进农村（社区）信息化服务平台，农村党风廉政信息公开平台建成应用。基本完成城市防洪工程，内河涌整治取得成效。7个“三旧”项目改造方案报市审批。5月在全市率先启用绿道网。

六是狠抓社会保障和改善民生，人民生活质量持续提高。注重改善和保障民生，全年区财政对民生支出增长35.38%，人民群众生活水平不断提高。城镇居民人均可支配收入达19147元，增长14.59%；农民人均纯收入达10322元，增长15.82%。加强就业再就业和社会保障工作，全区34条行政村装上视频招聘网络系统，全年新增就业岗位6122个，就业困难人员再就业415人，城镇登记失业率为2.34%，企业离退休人员人均基本养老保险金、新型农村合作医疗报销年封顶线不断提高。被征地农民养老保险试点工作全面开展，完成10条试点村指标任务的175%。做好慈善和赈灾献爱心活动，加大对弱势群体的关爱，完成礼乐敬老院扩建规划工作，在全市率先为全区350多名本地户籍90岁以上长者发放重阳慰问金。完善低保分类施救和低保边缘群体救助制度，社会救助覆盖面不断扩大，共发放低保金450万元。加强市场价格监管，加大低收入群体的基本生活保障补助，区内价格水平总体平稳。落实家电、汽车、摩托车下乡政策和“以旧换新”政策，全年补贴资金达648万元。

七是狠抓文化强区创建，社会各项事业全面发展。大力创建文化强区，新增文体小广场、农家书屋12个，区级文化信息资源共享中心建成使用。全民开展创建全国文明城市工作，干部群众对创文满意度不断提高。重视教育和人才培养，礼乐中心小学教学楼和银泉小学体育馆建设完成，外海中心小学基本建成，全面落实教师工资待遇“两相当”工作。成功创建全国计生优质服务先进单位。加强医疗卫生服务，全面启动区人民医院创建二级甲等医院工作，滘北街道创建为省卫生镇。扶贫开发“规划到户、责任到人”工作通过了省的年度检查验收。区婚姻登记中心被民政部授予“全国婚姻登记规范化建设合格单位”。做好“十二五”规划和各专题规划的编制工作，全面完成第六次全国人口普查阶段性工作，社会各项事业均取得新成绩。

八是狠抓社会维稳工作，和谐江海建设全面加强。开展“矛盾纠纷大排查大化解”和“信访积案化解”工作，加强人民调解和社区矫正工作，完成区综治信访维稳中心建设。加强世博会和亚运会期间安保工作，全区刑事案件破案数、破案率分别上升6.7%和3.1%，麻园派出所被命名为全国一级公安派出所。加强应急和安全生产监管，启用应急值守指挥调度系统，安全生产形势保持稳定。顺利通过省对礼乐腊味打假“回头看”验收。加大法律援助力度和劳资纠纷处理力度，推进和谐用工关系的建立。加大和谐江海建设力度，银泉社区评为省“六好平安和谐社区”。

九是狠抓法治效能建设，政府执政能力持续提升。自觉接受人大监督，支持政协履行职责，密切人民团体的联系，广泛听取社会各界的意见和建议。认真办理市、区人大代表建议、政协委员提案和其他意见110项，办复率、满意率均达100%。规范行政行为，加大行政复议和行政执法监督力度。稳步推进政府机构和事业单位改革，出台新的区街财政管理体制。加强政府债务管理，强化政府采购、公有资产和融资平台监管。加大行政监察力度，继续推进商业贿赂和工程建设领域突出问题专项治理，行政审批电子监察系统全面运行。加快政务信息化步伐，继续推进政务、厂务、村务公开。

各位代表，经过“十一五”时期的发展，我区经济社会取得了可喜的成绩，经济实力全面增强，民生工作深入人心，社会事业多项工作受到省、市的表彰奖励。这些成绩的取得，是市委、市政府和区委正确领导的结果，是区人大、区政协监督支持的结果，是历届区委、区政府打下坚实基础的结果，是市直部门、驻我区军警官兵、上级驻我区各单位、社会各界人士和广大海内外乡亲朋友鼎力支持的结果，是全区干部群众齐心协力、奋力拼搏的结果。在此，我代表区人民政府向全区人民和所有关心支持江海区经济社会发展的同志们、朋友们，向港澳台同胞、海外乡亲表示崇高的敬意和衷心的感谢！

在肯定成绩的同时，我们更要清醒地看到，我区经济社会发展过程中还存在一些不足和问题，主要是：经济总量较小，工业载体建设未能满足发展需要，产业集聚度还不够高，自主创新能力有待加强；核心区开发步伐还不够快，区域功能配套不够完善；资源与环境压力增大，构建和谐江海的任务仍然艰巨；政府自身建设还需加强，机关作风、办事效率和服务质量有待进一步改进和提高；等等。对这些问题和困难，我们要高度重视，切实采取措施认真解决。

“十二五”时期的奋斗目标和主要任务

“十二五”时期是我区加快转变经济发展方式，实现跨越式发展的关键时期。综观当前形势，我区既面临难得机遇，又面临严峻挑战。世界经济恢复性增长，全国、全省、全市经济持续向好。我区地处珠三角西岸，区位优势突出，国外、省内新一轮产业转移、珠中江经济圈、市区一体化稳步推进，为区域加速发展带来新机遇。目前我区已积累了一定的产业基础、经济实力和成功经验，我区跨越式大发展正当其时。与此同时，国际市场竞争日趋激烈、贸易保护主义加剧，国内通胀预期增大，周边市区发展迅猛，区域一些深层次矛盾和问题尚未从根本上得到解决。为此，我们必须认清形势，抢抓机遇，进一步转变发展观念，提高发展质量，推动全区经济社会发展和综合实力实现历史新跨越。

根据党的十七大及十七届五中全会、省委十届八次全会、市委十一届九次全会精神和区委关于“十二五”规划的建议，区政府组织编制了《江门市江海区国民经济和社会发展第十二个五年规划纲要（草案）》，提出以推动科学发展为主题，“加快转型升级，建设幸福江海”为主线，深入实践《珠三角规划纲要》，实施“工业强区、三产兴区、绿色发展、和谐共享、幸福江海”五大发展战略，加快推进经济转型、城市转型，加强社会建设，努力把江海区建设成为区域交通枢纽、先进制造业基地、现代服务业基地和宜业宜居的生态型现代化新城区，为全面建设更高水平小康社会、率先基本实现社会主义现代化奠定更加坚实的基础。

“十二五”时期，我区经济社会发展主要目标是：地区生产总值、规模以上工业增加值、地方财政一般预算收入、社会消费品零售总额和固定资产投资比2010年“再翻番”。地区生产总值达到200亿元，年均增长16%；人均生产总值达到10万元，年均增长14%以上；规模以上工业增加值146亿元，年均增长18%；社会消费品零售总额48亿元，年均增长17%；固定资产投资133亿元，年均增长25%；地方财政一般预算收入8.6亿元，年均增长16%。三大产业比例达到2：63：35。单位生产总值能源消耗比2010年降低12%，到2015年研发（R&D）经费支出占生产总值的比重达2%；高技术制造业增加值占工业增加值的比重达23%。

实现上述目标，必须加快转型发展，做好“四个着力”：

（一）着力打造先进制造业基地。坚持工业强区战略，以培育战略性新兴产业为突破口，优化产业结构和布局，推进产业聚集，打造先进制造业基地。深入贯彻实施《珠三角规划纲要“四年大发展”方案》，依托国家级高新区、礼乐机电产业基地、精细化工基地、礼乐食品工业园开发建设，壮大电子信息、机电、精细化工三大优势产业，到2015年力争打造为超百亿元产业集群。培育发展新光源、新能源、生物医药和新材料等战略性新兴产业，重点发展绿色光源产业，加快LED产业基地和博览交易中心建设，到2015年实现绿色光源产业规模超300亿元。改造提升家电、摩托车、玻璃、食品、纺织、金属制品等传统产业，加快传统产业向品牌效益型产业转变。以生产性服务业为重点，加快现代物流、金融、信息、中介等现代服务业发展，加快江门市先进制造业现代物流产业园区和一批物流基地建设，力促2015年现代服务业增加值占服务业增加值比重超过40%。坚持大项目带动，加快重点项目建设。

（二）着力打造创新型江海。加快建立以企业为主体、市场为导向、产学研相结合的技术创新体系，开展质量强区活动，推进标准化建设，提高高技术制造业增加值在工业增加值中的比重。以国家级高新区加快发展为契机，将高新区建设成为企业自主创新和创新成果产业化的主要基地。逐年增加对科技的投入，引导企业增强原始创新能力，加强企业工程技术研发中心、重点实验室、行业公共技术平台和检测中心等基础平台建设。继续支持企业实施品牌带动战略，加强人才队伍建设，大力引进中高级技术人才、领军人才和创新科技团队。加大中小企业改制上市培育力度，力争新增上市企业3-5家。

（三）着力打造宜业宜居南新区。根据“优化发展区”的主体功能区定位，继续优化区域空间布局，全力推进核心区开发建设，加快发展轨道商圈和核心区商圈，努力打造江海区中央商务区。统筹城乡发展，完善区域交通网络，大力发展公共交通，规划建设省级长途客运站和公交站场，积极融入市区基础设施一体化。加强外海和礼乐两翼的建设，增强公共服务和居住功能，加强新农村配套，重点开展内涝整治。大力发展绿色经济和循环经济，鼓励生产和使用节能节水节材产品，全面推行清洁生产。落实节能减排目标责任制。加大污染防治力度，严把项目环保准入关，探索工业园区集中供热。加强环境综合整治，加快环保基础设施建设，有效解决全区的生活污水处理。加快实施“三旧”改造，加快城市绿道与社区绿道的规划建设，营造宜业宜居环境。

（四）着力打造幸福江海。以创建全国文明城市为契机，加强和谐文化建设，加大公益性文化事业投入，大力发展文化产业。加强就业再就业工作，大力发展社会保障事业，深化医疗卫生体制改革，推进新型农村社会养老保险、城乡居民基本医疗保险全覆盖。做好人口与计划生育工作。巩固深化教育强区成果，推进教育现代化建设，加强人才培养和素质教育。关注医疗卫生、社会治安、住房保障、社会关爱等民生事业，推进基本公共服务均等化。大力发展街道、村级特色经济，大力发展城郊农业和生态旅游农业，促进农业增效和农民持续增收。多渠道提高居民收入，逐步缩小城乡收入差距，改善民生福祉，提高人民满意度和幸福指数，使社会发展成果惠及广大人民群众。认真解决社会矛盾，维护社会公平正义。深入推进依法治区，认真做好“六五”普法工作。全面推进依法行政，畅通民主渠道，构建文明法治社会。

各位代表，展望“十二五”发展，我们充满信心，坚信经过全区人民的共同努力，“十二五”发展宏伟目标一定能顺利实现！

2011年的工作安排

2011年是实施“十二五”规划的第一年，是开好局、起好步的重要一年，今年政府工作的总体要求是：认真贯彻落实党的十七大、十七届五中全会、中央经济工作会议，省委十届八次全会、市委十一届九次全会和区委七届十次全会精神，以“加快转型升级，建设幸福江海”为核心，深入实施《珠三角规划纲要》，围绕区委的工作部署，深化体制机制改革，加快转变经济发展方式；加强科技创新，加快发展战略性新兴产业；加快重点项目建设，推进核心区开发和城市建设；大力保障和改善民生，努力争当实践科学发展观排头兵。

2011年经济社会发展主要预期目标是：全区生产总值增长16%，人均生产总值增长15%；规模以上工业增加值增长23%；地方财政一般预算收入增长15%；社会消费品零售总额增长19%；固定资产投资增长25%；进出口总额增长10%；单位GDP能耗下降2.6%；研发（R&D）经费支出占生产总值达1.3%；城镇居民人均可支配收入增长12%，农村居民人均纯收入增长12%；二氧化硫和化学需氧量排放总量减排完成市下达的目标任务。

为实现上述目标，我区将重点做好以下工作：

一、以优化产业结构为重点，加快先进制造业基地建设

加快发展绿色光源（LED）产业，建设国家级产业基地。主攻绿色光源新兴产业发展，加快绿色光源产业基地开发，全面完成4200亩核心园区交地、填土工作。整合LED资源配置，落实产业优惠政策，重点引进芯片、外延片、中高端产品封装及照明应用等项目，加快真明丽半导体、奥伦德光电、一诠精密电子等项目建设，以龙头企业带动产业链条的延伸。加快中国（江门）国际绿色光源博览交易中心、国家半导体光电产品检测重点实验室、行业公共技术平台和检测中心等基础平台建设，加快建立LED产业联盟，完善产业基地配套，努力打造国家级产业基地。

加快“四大百亿工程”建设，促进产业集群发展。大力发展电子信息、机电、精细化工三大传统优势产业，全面完成“四大百亿工程”目标任务，力争电子信息产业成为百亿产业集群。推进建滔积层板、荣信电路板、崇达电路板等新建项目建设，抓好1600亩礼乐机电产业基地开发，以大企业大项目带动产业集群发展。加快礼乐食品工业园区开发进度，积极创建全国广式腊味生产基地。

加强自主创新，促进经济增长方式转变。实施质量强区战略，鼓励企业参与行业标准、国家标准和国际标准的制订、修订，引导和支持企业发展自主品牌、专利产品。力争新增工程技术研发中心2家；新增高新技术企业和民营科技企业12家；新增名牌产品或著名商标2个。加强电子信息、生物医药、节能与新能源等关键领域和重点行业的自主创新，力争高新技术产品增加值占全区工业增加值比重35%以上。发挥财政科技投入导向作用，培养和引进创新人才，加强区域科技创新研发和知识产权服务平台建设，不断提高全社会研发投入。

加强工业载体建设，提高产业承载力和综合实力。以高新区“二次创业”以及区域融合发展为契机，优化区域产业布局，提高载体建设水平，力促高新区成为300亿元产值工业园区。全力抓好江门市先进制造业现代物流产业园区、高新区7、34、42、46号地征地开发工作，提高园区专业化配套能力和服务水平。加强对闲置土地、厂房清理盘活和管理，鼓励企业向空间发展载体，提高土地使用效益。统筹整合街、村级集体自留用地，促分散用地向节约集约用地转变，产业项目向园区集中，简易厂房向高档厂房发展。

二、以重点项目建设为重点，增强经济持续快速发展后劲

加快重点项目建设。按照产业结构调整和集群发展、城市基础配套完善的要求，今年全区初步确定重点项目44项，总投资400多亿元，年度投资超70亿元。对重点项目要落实跟踪责任制，以项目建设完工投产为标准严格考核，加强部门间协调合作，积极争取上级支持。坚持“一月一会议”制度、每月督查通报制度，继续完善重点项目的激励制度，发挥“一套人马”能动性，细分任务，逐项落实，“一抓到底”，促重点工业项目加快上马、投产，重点基础设施项目加快建设，重点跟踪项目落实到位。

加大招商选资力度。创新招商引资机制，主动承接产业转移，推进产业招商、“补链式”专业招商、总部招商和以商引商，提高产业集聚度。重视选商引资，充分利用中国（江门）绿色（半导体）光源博览会等平台，积极引进一批符合区域优势、产业关联度大、技术含量高、带动力强的项目。加强项目后续管理和服务，落实领导干部挂钩联系重点企业制度，提高项目资金履约率，力争引进超千万项目5个，储备重点招商引资项目20个。

大力扶持中小企业发展。落实中小企业和民营企业扶持政策，支持企业积极增资扩产，促进中小企业和民营经济加快发展。继续完善金融环境，加强融资、信息、技术、人才服务，加强小额贷款公司和融资性担保机构监管和服务，积极引入银行、证券、保险机构在我区开设分支机构，切实解决中小企业融资难题。加快发展和利用资本市场，加强对上市企业募投项目的跟踪服务，引导募投资金投资江海。继续加大对上市企业帮扶力度，重点扶持科恒实业、长优化工、汉宇电器等企业改制上市，力争新增上市企业1-2家。

积极扩大内外需求。坚持扩内需和稳外需均衡发展，切实扩大城乡居民消费需求，大力开拓国内外市场。着力提高城乡中低收入居民收入水平，完善基本公共服务体系，改善居民消费预期。完善价格监管机制，改善消费环境。培育文化娱乐、体育健身、休闲旅游等新兴服务消费和家电、住房、汽车等重点消费，完善农村商业流通服务设施，拓宽消费领域。积极实施“走出去”战略，落实外贸扶持资金，优化出口市场结构和出口产品结构，鼓励有实力企业实行境外合作和发展海外业务。积极利用内销展会平台，鼓励外向型企业创建内销品牌。

三、以第三产业发展为重点，完善城市功能配套

发展枢纽经济。以广珠轻轨为依托，大力推进轻轨站场周边地块开发建设，大力打造综合型轨道商圈，努力把轻轨沿线打造为江海区的商贸经济带和城市物流带。江门站周边依托胜利南路开通，着力发展生活性服务业和商贸、休闲服务，加快推进江海汽车站建设，力争年内建成；江海站周边依托厂区和港澳码头带来的人流，着力发展生产、生活、娱乐配套设施和涉外商务，带动高新区商贸服务业发展；礼乐站周边依托江珠高速、广珠铁路、南环路等便捷交通网络，着力发展以现代物流业为突破口的生产性服务业，重点发展第三、四方物流和物流金融服务，建设区域物流中心。发挥西江流域带动作用，规划建设西江货运码头，打造沿江运输经济带。

加快核心区建设。按照打造江海中央商务区的目标要求，加快核心区开发上规模。进一步完善府西小区开发方案，加快明泰房地产一期、碧桂园三期、天鹅湾二期、星级酒店、中环广场商圈等一批核心区三产项目建设，着手开展胜利南路沿线、五邑路沿线、东海路沿线的招商开发，完善商厦、市场、学校、医院等功能配套设施。大力发展现代服务业，推进碧桂园商业配套项目建设，培育金融一条街，力促餐饮、酒店、金融、研发、咨询、商务等服务业协同发展，努力打造生活居住和行政商贸中心。

提高城市管理水平。推进数字化城市管理系统建设，认真落实城市管理权限属地化的各项政策，完善城管执法目标管理、执法保障等体系和公安城管联动机制，加大卫生死角、机动车尾气、油烟废气、泥头车洒漏和城市"牛皮癣"的整治力度，加快江南市场、滘头市场和滘北市场等集贸市场改造进程。推进"六好"平安和谐社区建设，加快城市环境建设，力促江南华庆里、滘头兰花食品公司、滘北茶山里等"三旧"改造项目年内动工并加快建设，重点抓好城乡结合部和主要道路整治，优化人居环境。

四、以统筹城乡发展为重点，加快城市基础设施建设

加快道路交通设施建设。落实江海区高新区综合发展规划，力争全面完成街道发展规划，加强以交通、水利、能源、环保等为重点的城市基础设施建设。加快市区一体化进程，配合加快东华大桥、胜利大桥、礼东大桥建设，继续加快区域连海北路、五邑路扩宽、金瓯路扩建、南山路、江睦路等"十纵六横"交通基础设施项目建设，完善区内及区域间的路网。积极筹措资金，加快城市内河涌整治工程建设，逐步解决高新区、麻园片区及礼乐片区内涝难题。加快完善供电、供水、供气、停车场、垃圾处理等公用配套设施，促进城乡协同发展。

加快绿色江海建设。加强节约型社会建设，建立节能投资担保机制，促进节能技术服务体系发展，加强对耗能企业的节能管理和清洁生产的宣传推广，力争新增省清洁生产企业2家。大力发展循环经济和低碳经济，积极推动产业循环式组合、企业循环式生产、资源循环式利用。认真落实环评审批和"三同时"制度，加大环保监管力度，全面落实污染减排任务。建立健全落后产能退出机制，加强水环境综合整治，加快江海污水厂截污管网二期、礼乐片区污水管网首期、礼乐武东腊味污水处理工程建设，增强区域工业废水、生活污水处理能力，推进江海生态建设。

加快城乡协调发展。坚持规划带动，继续加强村庄规划和村庄整治，加快农业、农村水利、道路等基础设施建设，推进城乡基础设施一体化。加强农村土地承包经营权流转管理和服务，加快发展物业出租业，促进村级经济加快发展。加强农村资金、资产、资源"三资"管理，完善村级财务管理制度，规范"村财镇代管"。加快农业产业化步伐，重点扶持农业龙头企业发展，加快五邑路以南水产品批发市场建设。落实强农惠农政策，完善农产品质量监督。以"果、蔬、花、渔"等特色农业为重点，大力发展现代农业，多渠道促进农民增收。

五、以保障和改善民生为重点，建设幸福江海

加快文化强区建设。按照全市统一部署，全力创建全国文明城市。推动文化事业和文化产业发展，加快江门演艺中心建设，开展集文化馆、图书馆、博物馆、文化广场于一体的区文化中心前期工作研究。全力做好礼乐龙舟申报为全国非物质文化遗产工作，加强非物质文化遗产保护和开发，充分挖掘我区陈少白事迹及其故居文化资源，大力开发具有江海特色的文化旅游。加快文化体育公共服务体系建设，完善文化基础设施，加强文体小广场、社区文化活动中心建设，继续推进农村“户户通”工程，实现全区所有行政村都有农家书屋。加快推进体育事业发展，大力开展全民健身运动。

大力改善民生。继续加大财政对民生投入。实施积极的就业和再就业机制，确保城镇登记失业率控制在3.2%以内。倡导人文关怀，构建和谐劳动关系。完善社会保障体系，进一步简化参保程序，实现城乡居民医疗保险全覆盖。大力推进被征地农民养老保险以及农村养老保险工作，提高覆盖面。继续加大教育投入，促进义务教育均衡发展，全面落实教师工资待遇“两相当”。深化医药卫生体制改革，完善基层医疗卫生服务体系，完成乡镇卫生院管理体制改革，推进实施基本药物制度。加强健康城市建设，创建市卫生镇1个、省市卫生村3条，加快区人民医院创二甲和协和医院建设步伐。巩固计生创“国优”成果，稳定适度低生育水平。完善社会救助体系，落实优抚安置政策，发展社会福利和慈善事业。全面完成年度扶贫开发“双到”工作任务。扎实推进廉租房建设和农村危房改造，逐步解决低收入群体住房问题。

今年，我区要重点完成十件民生大事：

（1）加大农贸市场升级改造力度，完成全区16家1000平方米以上农贸市场升级改造工程；

（2）加大村庄整治力度，完成17条村庄整治；

（3）加快健康城市建设，新建或改建农村卫生户厕400户，新建、改造公厕15座，新增、更换果皮箱572个；

（4）加快江海区人民医院创二甲医院进程，完成住院大楼改造工程；

（5）不断提高社会保障水平，全面实施新型农村社会养老保险制度，实现60周岁以上农民90%、45周岁以上农民70%的覆盖率；给予90岁以上老人发放政府高龄津贴；

（6）加强就业再就业工作，对农村富余劳动力、就业困难人员、退役士兵、高校毕业生实行就业免费培训和推荐；

（7）不断完善区内交通网络，完成东华大桥和礼东大桥建设，完成五邑路（东海路—胜利南路）扩宽工程和金瓯路（东海路—新兴路段）道路建设；

（8）加快公共设施建设，基本完成江海汽车站建设；

（9）全面推进污水处理厂及配套管网建设，完成江海污水处理厂一期续建工程，配套截污管网二期完成总工程量70%；礼乐片区污水管网首期完成总工程量70%；

（10）加快文化事业发展，完成江门演艺中心主体工程建设。

维护社会稳定。加强社会治安综合治理，维护社会治安稳定。加强信访维稳工作，巩固“大接访”成果，完善矛盾调处和社会利益协调机制，切实解决征地拆迁等引发的信访突出问题。落实安全生产责任制，加大培训力度，加强安全隐患排查整治，预防和遏制较大以上安全生产事故发生。完善突发事件应对体系和自然灾害预警机制，增强各类突发事件处置的应对能力。坚持抓好消防安全、产品质量安全、打假、打私、打传、查无等专项工作，切实保障人民群众的生命财产安全。

此外，深入开展国防教育，加强人民防空和民兵预备役建设，广泛开展双拥、共建活动。发展残疾人事业。维护妇女儿童合法权益。完成《江海区志》出版。继续做好民族、宗教、外事、侨务、台湾事务、老龄、新闻、人防、统计、物价、档案等各项工作。

六、以深化体制改革为重点，提高政府服务水平

坚持依法行政。认真落实“六五”普法，严格按照法定权限和程序行使权利、履行职责。完善依法决策、科学决策、民主决策机制。自觉接受人大及常委会的法律监督、工作监督和政协的民主监督。认真听取民主党派、工商联、无党派人士的意见和建议，充分发挥工会、共青团、妇联等人民团体的桥梁纽带作用，接受新闻舆论和人民群众对政府机关和工作人员的监督，强化对重点领域和重点环节的行政监察和审计监督，启动监察系统视频监控平台建设，确保权力干净运行。落实行政执法责任制和政府绩效管理制度，健全行政问责制，争创全国依法治区先进区。

推进机构改革。深化行政管理体制改革，全面完成大部制政府机构改革、简政强镇事权改革、事业单位分类改革和岗位设置。继续完善全区事业单位公开招聘办法，推行事业单位绩效工资制度。建立政府雇员制度，制定政府雇员招聘办法和实施意见。落实街道、村（居）换届工作。深化财政体制改革，配合实施省级以下财政体制改革，积极做好改革衔接工作。按照基本公共服务均等化要求，健全公共财政体系。

提高政府效能。严格落实党风廉政建设责任制，扎实推进惩治和预防腐败体系建设。进一步完善政务公开制度，严格执行中央关于厉行节约的规定，严格控制支出，全面建设廉洁高效服务政府。强化作风建设，规范工作程序，提高工作质量和效率。严格实行限时办结制，衔接落实市级审批权限下放，建立重大项目审批“绿色通道”，建立倒逼机制，以“目标分解机制”逼压力，“时间倒排机制”逼进度，“督查督办机制”逼落实，“考核追究机制”逼争先，逐级分解、细化、量化目标任务，逐项按时间进度落实，加强联合督查、重点督查和专项督查，严格责任追究，切实治庸治懒，确保工作落实，推动政府工作持续规范高效运转。

各位代表，我们已迈进“十二五”发展的新里程。新的起点、新的目标、新的任务赋予我们新的使命。使命光荣，任重道远，让我们全面贯彻落实科学发展观，在市委、市政府和区委的正确领导下，振奋精神、同心同德、开拓进取、扎实工作，为完成“十二五”规划各项目标任务开好头、起好步而努力奋斗！

2012年政府工作报告

——2012年3月6日在江门市第九届人民代表大会第二次会议上

江门市江海区人民政府区长　周惠红

各位代表：

我代表江海区人民政府向大会作政府工作报告，请予审议，并请政协委员和其他列席人员提出意见。

2011年工作回顾

一年来，我们在市委、市政府和区委的正确领导下，在区人大及其常委会和区政协的监督支持下，坚持科学发展，深入实践《珠三角规划纲要》，积极调整优化经济结构，狠抓重点项目建设，完善基础设施，改善和保障民生，经济保持健康较快发展，人民生活水平不断提高，社会保持和谐稳定。全区实现地区生产总值120.21亿元，增长13.50%；规模以上工业增加值82.12亿元，增长21.70%；地方财政一般预算收入4.85亿元，增长23.69%；固定资产投资51.25亿元，增长22.39%；社会消费品零售总额26.01亿元，增长18.19%；进出口总额20.27亿美元，增长14.56%，基本完成了区八届人大六次会议确定的各项目标任务，实现了“十二五”规划的良好开局。

——加快园区建设，区域经济发展提速增效

突出产业园区发展，LED产业基地及博览交易中心、食品工业园、礼乐机电产业基地、江门市现代物流产业园等园区年内征地超2000亩，LED博览交易中心全面启动建设。LED新兴产业快速发展，产值增长101.37%，在建项目近60个，计划总投资超50亿元，入围首届中国LED百强企业1家。实施工业强区战略，18个项目入选江门市现代产业100强项目，新增亿元产值企业7家。坚持大项目招商，出台工业项目用地准入评审实施细则，引进超千万美元外资项目和超千万元民资项目16个。自主创新能力进一步增强，新增国家高新技术企业8家、工程研发（技术）中心4家，全区专利申请量和授权量分别为898件和722件。新增中国驰名商标1件、省著名商标1件。预计高新技术产品产值占工业总产值的比重达35.20%。第三产业稳步发展，服务业增加值占GDP比重28.86%。新增证券公司1家，小额贷款公司1家。科恒实业、汉宇电器已申报IPO并获受理。

——完善城市功能配套，宜居环境日益优化

坚持规划先行，编制江海区（高新区）城市发展综合规划和7个控制性详细规划。城市基础设施建设加快，东华大桥、礼东大桥、胜利大桥等“三桥”建设进展顺利，完成南山路（金瓯路—彩虹路）、东宁路（金瓯路—五邑路）、五邑路和外睦路大修工程，胜利南路动工建设，富民路、金瓯路、江睦路等道路工程前期工作扎实推进。“三旧”改造取得突破，江门纸厂以及汇聪电器厂两个示范项目正式动工，13个改造项目通过市项目认定。公共设施逐步完善，总投入近4300万元，完成29项市政道路维修与整治工作，江海污水处理厂首期工程正进行技术扩容改造。加强内河涌水环境综合整治，国家环保模范城市复核各项任务基本完成。全面启动内涝整治工程，虾蛟滘电排站和横沥水闸（改）扩建工程进入施工阶段，中沙水闸完成立项。城乡宜居水平不断提高，完成14家农贸市场升级改造，累计完成村庄规划编制17条、村庄整治14条，创建省宜居社区3个，新增城市绿道14.2公里。配合市完成垃圾清洁及处理收费改革，全面完成年内农村道路硬底化、贫困户危房改造、安全饮水等工作，农村无害化卫生户厕普及率99%，生活垃圾无害化处理率100%。

——重视民生保障，人民生活质量持续提高

保障和改善民生力度明显加大，财政对民生的投入达2.24亿元，增长37.06%。城乡居民收入不断提高，城镇居民人均可支配收入和农村居民人均纯收入分别增长13.56%和16.45%，分别达到21744元和12020元。社会保障日益完善，新型农村养老保险工作全面铺开并完成年度参保任务。10个试点村实施被征地农民社会养老保险，参保率达83%。职工医保住院最高支付限额提高到30万元，特定病种门诊范围增加到20个。城乡居民最低生活保障标准提高20元，按时发放90岁以上老人政府高龄津贴。礼乐社会福利综合服务中心启动建设。促进社会就业，建立了免费基本公共就业服务平台和人才服务平台，落实就业再就业优惠政策，城镇新增就业4731人，转移农村富余劳动力963人，农民工积分制入户620人，2家企业获评省模范劳动关系和谐企业，城镇登记失业率2.37%。继续加大教育投入，中小学教师工资福利待遇“两相当”全面落实，建成外海中心小学新校区和礼乐中心小学综合教学楼，全区公办中小学100%配有心理咨询室。稳步推进医药卫生体制改革，基层医疗机构综合改革全面完成，区人民医院住院大楼改造工程完成，新住院大楼即将动工。各街道均建立了社区卫生服务中心，推进健康教育、免疫规划等11类国家基本公共卫生服务项目，城市居民健康档案建档率76.71%。加强社会救助工作，低保资金、五保供养投入超500万元，继续保持应保尽保。完成保障性住房348套，扶贫“双到”年度任务全面完成。落实稳定物价保障民生23条政策措施，新建平价商店11间。

——加快和谐江海建设，社会各项事业全面发展

狠抓创文工作，加强大街小巷和社区市场重点难点问题整改，加强未成年人思想道德建设，全面完成创文各项目标任务，公共文明指数测评总分排名全市第一，配合市成功创建全国文明城市。狠抓和谐社会建设，连续四年被评为省人口与计划生育先进单位，并确定为省“幸福家庭促进工程”试点单位，省“六好”平安和谐社区创建率100%，被评为全省村务公开民主管理示范区。完成6条农村社区“一站式”服务平台建设，建立了全市首个社区社会组织登记、备案的双规管理体制，成立了首家专业社工服务机构。社会安全维稳工作持续加强，落实群体性事件联席会议、信访督查员和领导包案制度，有效解决一批涉及群众切身利益的问题。强化安全管理，推进村（居）应急管理规范化建设，全区安全生产形势持续稳定。大力发展文化产业和文化事业，新建文体广场4个，农家书屋（社区图书室）7间，覆盖全区街道、村、社区达81%，全年送戏（电影）下乡460多场次，出版《陈少白传》。完成《江门市江海区志》，首部综合性年鉴启动撰写，江海区地情网站初步建成。积极开展国防教育、国防动员、民兵预备役和征兵工作。旅游、档案、民族、宗教、外事、侨务、台湾事务、双拥、人防、新闻等工作取得新进步。

——完成大部制改革，政府自身建设得到加强

自觉接受区人大及其常委会和区政协的监督，人大议案和建议、政协提案办理满意率均达100%。顺利完成简政强镇、“大部制”以及街道机构改革，33个党政部门和部分双管单位减为20个，顺利完成政府换届工作。启动“六五”普法教育，依法治区工作扎实推进。完善区工程建设领域项目信息和信用信息公开平台，建立健全倒逼机制，政府执行力得到提升。效能监察、廉政建设和反腐败工作进一步加强，服务型政府建设取得新成效。

各位代表，过去的一年，取得这样的成绩，来之不易。这是在市委、市政府和区委正确领导下，在区人大、区政协监督支持下，在市直部门、驻我区军警官兵、上级驻我区单位、社会各界人士和海内外乡亲朋友鼎力支持下，全区人民同心同德、团结奋斗的结果。在此，我代表区人民政府向全区人民和所有关心支持江海区经济社会发展的同志们、朋友们，以及港澳台同胞、海外乡亲表示衷心的感谢！

看到成绩的同时，我们也清醒地认识到面临的挑战、困难和问题：一是受欧美债务危机影响，经济发展不确定、不稳定性因素仍然较多，对我区经济加快发展影响较大。二是招商存量增量不足，缺乏大项目支撑，产业集聚水平不高。三是服务业发展相对滞后，节能减排压力加大。四是政府服务意识和办事效率有待进一步提高。对这些问题，我们将高度重视，积极解决。

2012年工作安排

2012年，是新一届政府任期的开局之年，也是落实《珠三角规划纲要》、完成“四年大发展”目标任务的关键之年。今年政府工作的基本思路是：认真贯彻落实市第十二次党代会、区第八次党代会、区委八届二次全会精神，以转变经济发展方式为主线，以建设幸福江海新跨越为奋斗目标，加快经济转型升级，着力提升经济总量和发展质量；加快重点项目及城市基础设施建设，着力提升城乡均衡发展水平；切实保障和改善民生，着力提升人民群众幸福感，努力向全区人民交出一份满意的答卷。

综合考虑各方面的因素，2012年全区经济社会发展的主要预期目标是：地区生产总值增长13%，人均生产总值增长10%，规模以上工业增加值增长19%，地方财政一般预算收入增长13%，固定资产投资增长19%，社会消费品零售总额增长16.5%，外贸进出口总额增长10%，城镇居民人均可支配收入增长13%，农村居民人均纯收入增长13%，城镇登记失业率控制在3.2%以内，单位生产总值能耗下降和主要污染物减排完成市下达的目标任务。

实现上述目标，我们要努力在调结构中促转型，在促转型中稳增长，在稳增长中惠民生，以更大力度推进五项重点工作：

一、加快产业转型升级

大力发展战略性新兴产业。抓好新光源、新能源、新材料、生物医药等新兴产业发展。按照打造全省绿色光源产业基地的要求，落实LED产业优惠政策，加促LED新兴产业发展。加大投入，推动LED产业基地开发成型。加快LED博览交易中心项目开发，首期工程及配套项目动工建设，以大市场促进产业大发展。

巩固提升优势产业。加快运用高新技术、先进适用技术和信息技术，壮大提升电子信息、精细化工、机电三大优势产业，推动机电、电子信息产业向200亿、化工产业向100亿产业集群迈进。改造提升家电、摩托车、玻璃、食品、纺织、金属制品等传统产业，加快传统产业向品牌效益型产业转变，打响礼乐腊味、外海面地方特色品牌。

提速发展现代服务业。重点推进物流、商贸、金融、总部经济等现代服务业发展，抓好轻轨沿线和站场周边开发建设，规划建设五邑路绿色照明品牌一条街。加快物流专业市场建设，规划建设农产品物流中心。推动总部经济发展，规划建设区资产总部大厦和工商联大厦。改善金融环境，推进府东小区金融商业街建设。积极扩大内需，着力培育文化娱乐、体育健身、休闲旅游、养老保健等新兴服务消费和家电、住房、汽车等重点消费。

加快发展新型现代农业。落实强农惠农政策，加快农业现代化、产业化进程，重点扶持农村合作组织发展，壮大锦鲤养殖、巨峰葡萄、无公害蔬菜、园林花木等高附加值农产品生产规模，提高农业发展质量。策划建设都市生态休闲旅游基地，大力发展具有江海特色的城郊型都市休闲农业。

二、增强经济发展后劲

突破大项目招商。依托国家级高新区建设，创新招商引资方式方法，大力推动产业招商、园区招商、以商引商。严把进园项目投资密度、投资强度、环保影响、产出效益和税收贡献关，引进超5000万美元外资项目或超2亿元民资项目1个以上，储备优质项目20个，增资扩产2000万元以上项目3个，推动辖区大企业本地化发展。

加快产业平台建设。按照“建大平台，推大项目，发展大产业”的思路，抓好机电产业基地、食品工业园、现代物流园区及LED相关园区的开发，新增征地2000亩。探索推进以“三资融合”新模式打造产业转型升级新平台，把产业园区建成集聚创新平台、总部经济、高端产业的重要载体。大力盘活整合存量土地和闲置厂房，逐年消化解决历史遗留农村自留用地。落实倒逼机制，加快总投资130亿元的38项重点项目建设。

提高自主创新能力。发挥财政对科技投入的导向作用，积极培养和引进创新人才，落实知识产权扶持保护政策，引导和支持企业发展自主品牌、专利产品，年内专利申请量突破1000件。实施质量强区和品牌兴区战略，支持优势行业建设国家级检测中心和中小企业公共技术服务中心，新增工程技术研发中心3家，科技型企业20家，名牌名标1个，高新技术产品产值比重提高至35.40%以上，研发经费占生产总值比例达1.6%。

加大企业帮扶力度。落实国家民营企业扶持政策、结构性减税政策和省56项扶持中小微企业发展的措施，打造融资、综合审批、企业用工及人力资源、商会和行业协会“四大服务平台”，完善重点企业直通车服务制度，促进民间资本进入金融、交通和社会事业等领域，做大做强实体经济。加大对企业开拓国内外市场、调整出口结构、增资扩产、改制上市等帮促力度，力争培育产值超30亿元企业1家，新增上市企业1-2家。

三、打造宜居山水新城

优化城市环境。结合江海区（高新区）城市发展综合规划，做好“改控建禁”工作，完善沿山水路桥、工业园区、南环路以南及重点区域规划。按照“山水之中有城市、城市之中有山水”的发展思路，加快核心区建设成型，全力推进府西小区、明泰江海新城项目整合开发，加快酒店、房地产项目建设，推动中环商业中心二期开发，打造江海中心商务区。加快建设江海西江新城，推动奕聪花园、海伦湾、海逸酒店、高新区2、3号地及滘北片区综合开发，打造沿西江的新城片区。加快推进“三旧”改造项目，力促外海汇聪电器厂、礼乐江门纸厂、江南华庆里、滘头兰花味精、滘北茶山里5个示范项目年内全面动工建设，以点带面促进城乡空间布局优化，城乡居民生活环境改善。

优化交通环境。推进胜利南路、江睦路、金瓯路、连海北路、永康北路等主干道路建设，东华大桥、胜利大桥、礼东大桥建成通车。配合做好江珠高速北延线、江门港江海作业区、江海客运枢纽等区域性重大交通设施的规划建设前期工作，完善综合交通设施网络。结合滨水空间，规划建设与城市绿道相连的中心城区慢行交通系统，完成龙光塔至茶庵寺及江睦水道示范段绿道建设，新增绿道7.1公里。协助提高公交线网密度和站点覆盖率，配合完善候车、停车设施。

优化生态环境。落实绿化绿建工作，完成江海绿化广场、轻轨沿线、西江沿线等市区级“一点二面三线”园林绿化提升工程，完成各街道“一园二路三厂企”及重点企业厂区内外绿化改造。加快区中心垃圾压缩中转站建设，保持生活垃圾无害化处理率100%。继续发展循环经济，新增清洁生产企业3家。落实节能减排任务，加快推进江海污水处理厂二期管网、高新区工业污水处理厂建设，城镇居民生活污水处理率达80%以上，完成市下达的主要污染物减排工程项目及国家环境保护模范城复核迎检各项工作。

优化农村发展环境。加快城乡一体化发展，推动城乡交通、水利、电力、通信、信息网络等基础设施对接，加快内涝整治、排灌、小水利等工程建设，完成横沥水闸改（扩）建工程和虾蛟滘等电排站工程。抓好农村“五改”和“三清”工程，新增村庄整治5条。健全农村资金、资产、资源“三资”管理制度，加强农村集体合作经济组织管理工作，扶持发展农村集体经济，完成村级资产、资源公共交易平台建设试点。

四、建设和谐幸福江海

提高社会保障水平。加大财政对民生的投入，大力推进基本公共服务均等化，在扩大就业、民生保障、文化惠民、教育发展、医疗卫生、宜居环境、交通便民、社区服务、公益慈善、安全环境等方面重点为群众办好10项民生实事（见附件）。完善社会保障体系，建立“普惠型”城乡基本养老保障体系，做好完全被征地农民养老保险与新型农村社会养老保险、城镇居民社会养老保险与城镇职工基本养老保险制度的衔接。做好慈善救助、社会福利工作，确保城镇低保标准不低于每人每年4000元、农村不低于2760元，城乡居民基本医疗保险最高支付限额提高到10万元，政府高龄津贴发放范围扩大到80周岁，完成礼乐社会福利综合服务中心主体工程。新增保障性住房216套。积极推进“农超对接”和平价商店建设，按时发放物价补贴，保障低收入人群基本生活。

加强民生工程建设。稳定扩大就业，健全市、区、街、社区四级就业服务网络，落实就业扶持政策，加强技能培训，全年新增就业4700人，转移农村富余劳动力就业800人。促进教育均衡发展，全力创建省推进教育现代化先进区。加大投入，加快外海中学、礼乐中学等教育场地升级改造，完成新民小学教学楼等教育硬件设施建设。深化医药卫生体制改革，全面实施国家基本药物制度，完善公共卫生服务体系。加快区人民医院新住院大楼和江海区中西医结合医院建设。加强社区卫生服务规范化建设，切实解决群众看病贵、看病难问题。加强爱国卫生工作，继续巩固创建国家卫生城市工作成果。以推进计生优质服务全覆盖为目标，实施幸福家庭促进工程。加强和创新社会管理，培育社会组织，推进政府购买服务，稳步推进社会管理和公共服务职能向社会组织转移。加强流动人口管理与服务，提高社区服务水平，新增5个农村社区服务中心，成立企业退休工作管理中心。

发展繁荣文化事业。巩固创文成果，进一步加强倡导社会主义精神文明建设和未成年人思想道德建设，广泛开展社区文化、村镇文化、企业文化、校园文化、行业文化建设，加强社会公德、职业道德、家庭美德、个人品德教育，大力推进社会诚信建设，提高公民文明素质和社会文明程度。深入开展志愿服务活动，提高义工服务水平，社区义工服务站覆盖面达100%。加大公益性文化事业投入，加快区文化中心和档案馆综合大楼建设，新增文化室9家、文体小广场（公园）2个，广泛开展群众性文体活动。大力发展文化、休闲旅游业，加大文化遗产保护与利用力度。

维护社会安全稳定。发挥区、街道、村三级综治信访维稳中心（工作站）作用，提高初信初访化解率，全力化解积案。完善村居治安防控体系，新安装一批治安视频监控摄像头和治安视频卡口。加强基层应急救援和保障能力，健全应对突发事件的工作机制。实施食品药品安全放心工程，加快实施菜牛定点屠宰，维护市场秩序。落实安全生产“一岗双责”，认真做好“三打两建”工作，坚持抓好校车安全、消防、森林防火、“三防”、打假、打私、打传、查无、防疫等各项工作。

此外，还要加强国防教育、国防动员和人民防空工作，扎实推进双拥共建活动。全力推进统计“四大工程”建设，提高统计数据质量。进一步加强外事、侨务、台湾事务、档案、地方志、民族宗教、防灾减灾、人防、关心下一代、妇女儿童、残疾人等工作。

五、提高政府行政效能

推进依法行政。自觉接受区人大及其常委会的法律监督和工作监督，主动接受区政协的民主监督，支持工会、共青团、妇联等人民团体工作，重视社会团体、群众监督和舆论监督。完善重大事项集体决策、专家咨询、社会公示与听证等制度，扩大公众对政府决策的参与度。发挥好网络交流平台和部门服务热线作用，及时解决人民群众的合理诉求。完成事业单位分类改革，推进政府绩效管理。深化行政审批制度改革，推行“网上审批”“并联审批”。坚持依法治区，深入开展“六五普法”，做好法律援助和司法救助，维护社会公平正义。

强化政府执行力。围绕区委区政府10项重点工作、10项民生实事、5件重点研究事项、5项党建和社会管理工作、38项重点项目及年度考核目标，坚持重点工作、重点项目定期通报、排名和插旗制度，落实倒逼机制、督查督办机制、考核奖惩机制和责任追究机制。加强作风建设，增强敢于负责、勇于担当的责任感，一切从有利于发展出发，一切从方便企业和群众出发，创造性地开展工作，形成团结协作，攻坚克难，雷厉风行的良好氛围。

加强廉政建设。深化土地出让、工程招标、产权交易、政府采购等重点领域的廉政体系建设，推进公共资源市场化配置。严控“三公”经费支出，抓好公务卡试点改革，完善公共财政。健全政府投资管理体制，强化审计监督，提高财政资金使用效益。严格执行党风廉政建设责任制，完善惩治和预防腐败体系。强化公务员队伍教育、管理和监督，建设一支为民、务实、高效、清廉的公务员队伍。

各位代表，新的一年，新的起点。让我们深入贯彻落实科学发展观，以更加振奋的精神、更加有力的举措、更加务实的作风，全力抓好各项工作落实，确保完成今年各项目标任务，为加快转型升级、建设幸福江海新跨越而努力奋斗！

附件

2012年江海区十项民生实事计划表

序号	分类	事项内容
1	扩大就业	大力提升就业服务水平。城镇新增就业岗位4700个，转移农村劳动力就业800人，开展农村劳动力技能培训500人。
2	民生保障	落实社会保险各项政策，建立“普惠性”的城乡基本养老保险制度体系。做好完全被征地农村居民养老保险与新型农村社会养老保险制度、城镇居民社会养老保险与城镇职工基本养老保险制度的衔接。加大财政投入力度，逐步提高全区城乡低保标准，城镇不低于4000元/人•年、农村不低于2760元/人•年，实现应保尽保，确保五保供养标准达到农民人均纯收入的60%以上。
3	文化惠民	加快群众文化、体育设施建设。继续建设和完善文体小广场（公园），2012年总数达45个，新建文化室9家。
4	教育发展	大力发展学前教育，全区学前三年入园率达99%，全面实施学前残疾儿童三年免费教育。义务教育阶段，力争生均公用经费拨款水平提高100元/生•年，建立在编教师进行定期体检的制度。加快教育基础设施建设，对外海中学、礼乐中学、礼乐新民小学、麻一小学的教育场地进行升级改造。
5	医疗卫生	进一步完善基层医疗卫生服务体系建设，加快区人民医院新住院大楼、区中西医结合医院和社区卫生服务规范化建设。
6	宜居环境	加快内涝整治，完成外海横沥电排站、礼乐虾蛟滘电排站基建主体工程建设。深入推进新农村建设，完成村庄规划编制和村庄整治各5条。完善绿道配套，年内完成龙光塔至茶庵寺绿道工程，规划并实施西江沿岸外海河堤段绿化升级改造和江睦水道段绿道示范段建设及绿化升级改造，完善白水带景区景观建设。年内安装果皮箱600个，改造公厕、垃圾中转站一批，实施公共标识标准化更换工作，高新区垃圾中转站动工建设。
7	交通便民	加快交通配套设施建设。完成东华大桥、胜利大桥、礼东大桥等区域重要路桥建设，完善轻轨站场配套和重点交叉路口红绿灯设施建设，方便群众出行。
8	社区服务	创新社会管理，加快推进社区建设，完成5个农村社区服务中心建设，实现30%行政村建立农村社区服务中心。 完成退休工人社区管理试点工作，年内建成首个区级退休工人活动之家。
9	公益慈善	加快社会慈善服务设施建设，完成江海区首个社会福利综合服务中心主体工程建设。
10	安全环境	加强社会治安硬件设施建设，推动社会力量参与治安监控系统建设，新安装一批治安视频监控摄像头、治安视频卡口。 加强食品安全工作，实现区内菜牛定点屠宰。

名词解释：

1．IPO：“首次公开募股”的简称，是指企业透过证券交易所首次公开向投资者发行股票，以期募集用于企业发展资金的过程。

2．“三旧”改造：是指 “旧城镇、旧厂房、旧村庄”改造。

3．扶贫“双到”：由广东省在中国扶贫计划中提出的针对扶贫工作的要求，即规划到户，责任到人。

4．“幸福家庭促进工程”：坚持以人为本的理念，以家庭为着眼点和切入点，面向家庭、围绕家庭、服务家庭，通过有效整合各种宣传教育资源，深化新型家庭人口文化建设，促进家庭的性别平等、婚育文明、健康水平、生活质量、发展能力和幸福指数，进而促进和谐社会和幸福广东建设的一种工程。

5．“六好”平安和谐社区：指自治好、管理好、服务好、治安好、环境好、风尚好的社区。

6．“三资融合”：即土地资本、金融资本和产业资本的有机融合。

7．“改控建禁”：指积极推进江海路以北区域为主的三旧改造，严格控制江海路以南到五邑路以北的白水带风景区沿山区域的建设，大力开发建设五邑路以南到南环路以北区域，禁止南环路以南的基本农田保护区内的工业商住项目建设。

8．“农超对接”：是指农户和商家签订意向性协议书，由农户向超市、菜市场和便民店直供农产品的新型流通方式，主要是为优质农产品进入超市搭建平台。

9．“一点二面三线”和“一园二路三厂企”：“一点二面三线”中：“一点”即中江高速外海出入口绿化改造，“二面”即区政府前广场绿化改造和高新区管委会前广场绿化改造；“三线”即轻轨沿线绿化改造、龙光塔—茶庵寺绿道和江睦水道（旧礼东桥至虾蛟滘闸段）绿道绿化升级改造。“一园二路三厂企”是指“一个街道公园，两条道路，三家厂企”的园林绿化工程。

10．农村“五改”和“三清”：“五改”是指改路、改水、改厨、改房、改厕；“三清”是指清垃圾、清路障、清污泥。

11．“一岗双责”：“一岗”是指领导干部职务对应的岗位；“双责”是指领导干部既要履行岗位业务工作职责，又要履行安全生产工作职责。

12．“三打两建”：是指打击欺行霸市、打击制假售假、打击商业贿赂，建设社会信用体系、建设市场监管体系。

13．“三防”：在农业领域特指“防旱，防涝，防风”。

14．“打假”“打传”“打私”“查无”：“打假”即保护知识产权，打击制贩假和惩处制假售假违法行为；“打传”即打击和惩处非法传销行为；“打私”即打击走私、贩私商品行为和活动；“查无”即查处取缔无证无照经营行为。

15．统计“四大工程”：是指基本单位名录库、企业一套表制度、数据采集处理软件系统和联网直报系统等互相联系、共为整体的四大工程。

16．“三公”经费：指政府部门人员在因公出国（境）经费、公务车购置及运行费、公务招待费产生的消费。

江门市江海区2010年国民经济和社会发展计划执行情况与2011年计划草案的报告

——2011年1月25日在江门市江海区第八届人民代表大会第六次会议上

江门市江海区发展和改革局局长 吴国宪

各位代表：

我受江门市江海区人民政府委托，向大会报告江门市江海区2010年国民经济和社会发展计划执行情况与2011年计划草案，请予审议，并请各位政协委员和其他列席人员提出意见。

一、2010年国民经济和社会发展计划执行情况

2010年，全区围绕区委七届八次全会提出的奋斗目标，以科学发展观统揽经济社会发展全局，认真实施《珠江三角洲地区改革发展规划纲要（2008—2020年）》，转变经济发展方式，狠抓各项工作的落实，全区经济社会保持了又好又快发展势头，较好地完成了区八届人大五次会议确定的国民经济和社会发展计划，实现区七届人大四次会议通过的“十一五”规划各项任务。

——经济实力跃新台阶

今年以来，全区经济总体呈现平稳较快发展的良好态势，经济综合实力明显增强。预计2010年全区生产总值103.07亿元，增长16.61%，高于预期目标4.61个百分点；预计人均生产总值达51911元，增长13.76%，高于预期目标2.76个百分点；财政一般预算收入4.11亿元，增长27.84%；规模以上工业增加值63.82亿元，增长23.92%；社会消费品零售总额22.04亿元，增长19.14%。“十一五”期间，地区生产总值、人均生产总值、财政一般预算收入、规模以上工业增加值和社会消费品零售总额等指标均实现翻一番，预计年均增长16.74%、14.89%、21.90%、20.8%和 22.73%，分别高于“十一五”规划目标 3.74、5.89、9.90、3.8和10.73个百分点。三次产业比例进一步优化，结构比例预计为3.10：65.90：31.00。

——工业结构得到优化

深入实施工业立区战略，引导和扶持优势产业发展，促进产业结构优化升级。2010年规模以上工业增加值增长23.92%，高于全市平均水平0.22个百分点，增幅比2009年提高10.19个百分点；实现工业总产值322.2亿元，增长25.69%。工业效益也逐步提高，规模以上工业企业经济效益综合指数为155.66%，比2009年提高16.65个百分点。优势产业升级步伐加快，产业集聚度和延伸度增大，支撑带动作用不断增强。电子信息、机电、化工三大优势产业保持较快增长，实现工业产值215.36亿元，增长24.56%。战略性新兴产业加快发展，大力培育LED绿色光源产业，引进银雨芯片、尚日能源、崇达电路板等一批优质项目，中国（江门）国际绿色光源博览交易中心已经全面开展前期工作。绿色光源(LED)产业实现规模以上工业产值7.16亿元，同比增长48.37%。重点载体项目征地工作进展顺利，LED产业基地完成4200亩征地任务，江门市先进制造业现代物流产业园区首期841亩用地正开展前期征地工作。工业企业上市工作有新进展，量子高科成为江门第五家A股上市公司，科恒实业、长优实业、汉宇电器和银帆化工等企业加紧培育上市。把握扩内需政策机遇，积极做好企业服务工作，协助长优实业和爱信电气获得中央资金补助1000万元和90万元。

——投资有效带动发展

充分发挥投资的拉动作用，工业项目、基础设施和房地产开发等投资高速增长。全年完成社会固定资产投资43.72亿元，增长31.33%，增幅比2009年高9.27个百分点，创近年的新高。其中：工业项目投资23.54亿元，增长20.79%，完成投资较快的项目有福宁电子、得实计算机二期、艾默生二期、信义玻璃和同德灯饰电器等；基础设施投资9.18亿元，增长49.34%，投资项目有文昌沙水质净化厂二期、江海污水处理厂、广珠轻轨江海段和城市防洪工程等；房地产开发投资12.69亿元，增长159.64%，投资项目有江海碧桂园、天鹅湾、翠湖湾、海逸华庭和天骄半岛。上述项目的建设，将有效改善我区的经济社会发展环境，增强工业经济的后劲，促进第三产业加快发展，进一步优化经济结构。

——消费需求保持畅旺

在“家电下乡”“以旧换新”和“汽车下乡”等政策持续发挥效用的推动下，消费需求持续畅旺，带动我区第三产业健康发展。预计第三产业实现增加值32.47亿元，增长15.77%。城乡居民收入水平的稳步提高以及我区消费市场的日益完善，居民消费意欲明显增强，带动社会消费品零售总额继续保持较快的增长，增幅19.14%，居全市首位。其中，住宿餐饮业2.93亿元，增长12.70%；批发零售业19.12亿元，增长20.19%。随着江海区交通枢纽地位的提升，以及城乡居民汽车保有量的快速增加，全区石油及石油制品消费增长势头良好，增长38.56%。但受国家房地产市场宏观调控及紧缩政策影响，商品房销售出现回落。全区商品房销售面积20.47万平方米，下降8.54%；商品房销售额10.37亿元，增长35.54%，增幅比上年同期回落159.5个百分点。

——自主创新能力提升

落实“三促进一保持”的各项政策，加大高新技术产业培育力度，高新技术产品产值占工业总产值比重达35%。发挥政府科技投入的导向性作用，鼓励企业加大科技投入，积极吸引民间资金进入科技创新投资领域。加强科技创新服务平台建设，认真组织实施科技项目攻关，创新型江海建设进展良好。国家级绿色（半导体）光源检测研发中心、国家半导体光电产品检测重点实验室落户江海。全年新增国家级高新技术企业3家、市级高新技术企业6家，认定省级民营科技企业6家、市级民营科技企业6家，组建省、市级工程技术中心2家，省科学技术奖2项，市科学技术奖8项，认定知识产权示范企业4家。专利质量明显提升，发明专利申请量和授权量居全市前列。坚持名牌战略，新增1个省名牌产品、2个省著名商标。

——对外经济有新发展

抓住产业转移加快的有利时机，不断加大招商引资力度，大项目的引进工作取得成效。今年引入外资1000万美元、民资1000万元以上项目14个，其中银雨芯片、健威凯利实业和香港建设（江门）物业发展等3个项目投资超3000万美元。外贸进出口表现活跃，预计全年进出口总额超16亿美元，增长20%以上。外商直接投资保持适度增长，预计完成投资1.38亿美元，增长6.5%。

——财政收支快速增长

随着宏观经济回暖，企业效益逐步提高，财政收入持续较快增长。全年地方财政一般预算收入增长27.84%，增幅较2009年提高15.78个百分点。其中企业所得税、营业税分别增长43.76%和27.40%。实施新一轮区街财政管理体制改革，通过合理划分财政收入、建立激励机制，调动街道发展经济、培育财税源的积极性，街道财政一般预算收入2.96亿元，增长31.21%。优化财政支出结构，提高民生保障水平，努力促进基本公共服务均等化，让人民群众共同分享经济发展的成果。地方财政一般预算支出5.83亿元，增长29.50%。其中城乡社区事务、科学技术、医疗卫生和教育分别增长225.87%、140%、47.55%和32.44%。

——节能减排取得成效

抓紧节能减排任务，进一步强化节能减排目标责任制落实，加大节能项目技术改造力度，严格执行节能预警调控方案，全面完成“十一五”节能减排目标任务。加强对节能工作的监督与指导，强化重点能耗企业的用能管理，建立主要能耗指标月度通报制度，推广应用绿色照明节能产品和建筑节能，节能工作取得成效，并获全市节能先进区。预计“十一五”期间单位生产总值能耗累计下降20.52%，超额完成任务。通过加快污水处理厂建设进度、督促燃煤企业使用低硫煤、加强对减排项目监督检查，推进重点企业烟气脱硫、废水处理设施建设和加强现场督查、强化在线监控设施建设等有效措施，切实将减排任务落实到位。预计“十一五”期间二氧化硫和化学需氧量累计削减率分别达到21.0%和9.1%，完成上级下达“十一五”减排任务。

——和谐社会全面推进

经济社会发展的成果惠及广大群众，人民生活水平持续提高。城镇居民人均可支配收入19147元，增长14.59%，农村居民人均纯收入10322元，增长15.82%。就业形势持续稳定，全区新增就业岗位6122个，城镇登记失业率为2.34%，城镇失业人员再就业5178人，农村富余劳动力转移就业培训1623人。不断完善城乡救灾救助体系，全区共有城乡低保对象1355户，共发放低保金450多万元，低保补助水平明显提高。区内教育条件不断完善礼乐中心小学教学楼和银泉小学体育馆建设完成，外海中心小学新校区基本建成。继续提高教师待遇，落实中小学教师工资待遇“两相当”。加强医疗卫生服务，全面启动区人民医院创建二级甲等医院工作，滘北街道创建为省卫生镇。加强人口与计划生育服务管理，提高人口素质，保持省一类地区先进工作水平，人口自然增长率为3.27‰，符合政策生育率为96.94%，连续两年被评为省人口计生生育工作先进单位，成功创建全国计划生育优质服务先进单位。高度重视信访和维稳工作，落实维护社会稳定责任制，实施领导包案和公开接访制度，大力调处涉及民生的信访突出问题。继续加大对产品质量和食品安全、森林防火、消防、三防、安全生产投入，全区安全生产情况良好。大力开展质量强区活动，提升产品质量、工程质量、服务质量和环境质量总体水平。做好稳定价格的工作，以“保增长、稳价格、促发展、惠民生”为主线，充分发挥价格杠杆促进经济发展的作用，关注和解决民生价格问题，加强市场价格监管，进一步清费治乱减负，整顿和规范市场价格秩序。大力推进平安和谐社区创建工作，积极开展形式多样的群众性文化活动，营造和谐的社会氛围。开展“十一五”规划评估及“十二五”规划编制工作，做好第六次全国人口普查，为我区的科学发展提供决策依据。

2010年国民经济实现平稳较快发展，社会各项事业全面进步。但还存在一些问题：产业集聚水平不够高，结构调整步伐还需进一步加快；城市功能配套设施还不够完善，制约我区第三产业的发展；控制物价过快增长面临较大压力；资源与环境压力日益增大，节能减排任务艰巨。

二、2011年国民经济和社会发展计划安排意见

2011年是“十二五”规划开局之年，是承上启下的重要一年。当前全球经济正进入复苏时期，我国经济企稳向好的势头有望保持，但同时不稳定不确定因素仍然较多。为此，我们在安排2011年全区经济社会发展主要目标时，既要把保持经济平稳较快发展作为解决民生问题的关键，又要通过保障和改善民生为扩大内需、促进经济发展创造良好条件。

参考全市发展目标，结合我区实际，提出2011年国民经济和社会发展的主要预期目标：

——生产总值增长16%；

——人均生产总值增长15%；

——单位生产总值能耗下降2.6%；

——二氧化硫和化学需氧量排放总量减排完成市下达的目标任务；

——全社会固定资产投资增长25%；

——规模以上工业增加值增长23%；

——进出口总额增长10%；

——地方财政一般预算收入增长15%；

——社会消费品零售总额增长19%；

——服务业增加值占生产总值比重为31%；

——研发（R&D）经费支出占生产总值比重为1.3%；

——城镇居民人均可支配收入增长12%；

——农村居民人均纯收入增长12%；

——人口自然增长率7‰。

为实现上述目标，要重点做好以下工作：

（一）促进新兴产业集聚，做大做强工业经济

实施“工业强区”战略，走新型工业化道路，优化产业结构和布局，推进产业聚集，大力发展新兴战略性产业，打造先进制造业基地。大力培育绿色光源、新材料、新能源和生物医药等新兴战略性产业，引导生产要素向新兴产业集聚，加速新兴产业规模化和集聚化发展。着重加快绿色光源产业基地建设，打造广东省绿色光源示范基地。继续坚持扶优促强，壮大电子信息、机电、化工三大优势产业，全面完成“四大百亿工程”任务。着重抓好建滔积层板、荣信电路板和崇达电路板等项目的建设，以及礼乐机电产业基地开发，积极培育一批规模较大的企业集团，带动上下游企业发展，打造具有竞争优势的产业集群。抓好礼乐食品工业园建设，积极创建全国广式腊味生产基地。加强工业载体建设，以高新区“二次创业”以及区域融合发展为契机，优化区域产业布局，提高载体建设水平。

（二）实施三产兴区战略，大力发展服务行业

加快核心区建设，发展现代服务业，进一步完善城市功能配套。充分发挥广珠轻轨的效应，着力抓好江门站场和轻轨周边地块的规划和配套建设，搭建商贸流通平台，打造集物流、商务、金融、娱乐、酒店为一体的综合型轨道商圈。加快中环广场二期、鹿茵酒店、海逸酒店、江门演艺中心和协和医院等项目建设，引导碧桂园、天鹅湾、明泰房地产和天骄半岛等房地产项目合理开发，主动承接有江海特色的城市服务功能。充分发挥行政中心、交通枢纽优势，策划东海路、江海路、五邑路、金瓯路沿线商业布局，发展贴近人民生活、满

足群众需要的服务业。加快构建区域第二产业、第三产业联动发展的生产性服务体系，大力发展金融、信息、研发、工业设计、商务、节能环保服务等面向生产的服务业。大力发展现代物流业，重点发展第三、四方物流和物流金融服务，抓好江门市先进制造业现代物流产业园区和中岸物流等项目的建设。加快发展专业市场，全力推进绿色光源专业市场建设，抓好中国（江门）国际绿色光源博览交易中心、国家级绿色（半导体）光源检测研发中心、国家半导体光电产品检测重点实验室的建设。

（三）加快基础设施建设，优化区域发展环境

以基础设施配套一体化为契机，进一步完善综合交通网络。加快推进胜利南路、江睦路、胜利大桥、东华大桥和礼东大桥的建设，加快市区一体化的进程。完善区内“十纵六横”的交通网络，加快规划建设南山路、东宁路、金瓯路扩建和五邑路扩宽等若干条纵横交错的城市主次干道，完善新城市框架。积极配合江番及江珠北沿线高速的建设，主动融入珠三角一小时生活圈。优化区内发展环境，加快“三旧”改造工作步伐，实现首批7个项目动工建设，加快城市现代化步伐。整治内河涌，解决高新区内涝难题。推进城市基础设施向农村地区延伸和覆盖，加大农村基础设施建设力度，进一步完善农村道路、供水、供电、网络、垃圾污水处理等基础设施。

（四）抓好招商选资工作，增强经济发展后劲

提高利用外资水平，创新引资方式，不断增大科技含量高、产能效益好的项目比重。做好项目的策划、包装、推介和开发储备，推进产业招商和“补链式”专业招商，重点加强绿色光源、新能源、生物医药和新材料等战略新兴产业的招商。建立重大项目招商目录库，重点引进世界500强、跨国企业和行业龙头企业等一批规模大、效益高的优质项目，不断提高招商引资质量和效益。加大对企业集团地区总部的招引力度，大力发展总部经济。继续引导鼓励有条件的企业增资扩产。积极实施“走出去”战略，鼓励有实力的企业实行境外合作和发展海外业务，不断扩大海外市场。以实施质量强区战略为契机，引导企业提高出口产品竞争力，加快培育以技术、品牌、质量和服务为核心竞争力的新优势，着力优化出口商品结构。

（五）继续推进节能减排，加大环境保护力度

继续落实节能减排目标责任制，狠抓企业的节能降耗技术改造。加快玻璃行业的产品生产过程中的技术改造，降低单位产品的能耗。严格执行国家产业政策，实施新建项目节能评估和审查制度，对不符合节能要求的项目不予审批。大力发展循环经济和低碳经济，鼓励发展符合国家政策的资源综合利用项目，推动余热综合利用等工程建设。实施环境影响评价、排污许可制度，严把项目环保准入关。引导企业采用先进的生产工艺和技术手段，按照“节能、降耗、减污”原则持续提高清洁生产水平，提高工业用水重复利用率，降低单位工业产值废水和污染物排放量。加强环境综合整治，加快规划和建设城镇污水处理设施和配套管网，加快江海污水处理厂截污管网二期、礼乐片区污水管网首期和礼乐武东腊味污水处理工程等环保基础设施建设，增强区域工业废水、生活污水处理能力，维护江海生态环境。

（六）发展社会民生事业，努力构建和谐社会

实施“和谐共享”战略，切实把改善民生

摆在更加突出的位置，加大财政对民生的投入，不断提高人民生活水平。积极实施城乡居民收入倍增计划，不断提高城乡居民的收入。合理调节收入差距，努力提高中低收入人群的收入。努力扩大就业，完善公共就业服务体系，千方百计增加就业岗位。构建和谐劳动关系，解决好劳资纠纷、企业转制等劳动保障维稳难点热点问题。认真贯彻落实《国务院关于稳定消费价格总水平保障群众基本生活的通知》精神，完善价格管理机制，规范各种收费行为，以缓解企业生产成本增支和群众生活费用增加的压力。加快建设覆盖城乡居民的社会保障体系，进一步完善城镇居民基本医疗保险制度和城镇职工基本养老保险制度。深化医药卫生体制改革，统筹城乡医疗卫生资源配置，加快协和医院建设，全力推进江海区人民医院创建二级甲等医院，提高医疗卫生水平。做好经济适用房、廉租房申报工作。健全社会救助体系，着力解决弱势群体的生活保障问题，依法保障妇女、未成年人、残疾人和农民工的合法权益。全面实施素质教育，加快推进普及学前到高中阶段教育，合理配置教育资源，努力实现教育均衡发展。

狠抓社会维稳工作，强化社会治安综合治理，完善信访、调解、综治三位一体的矛盾排查调处机制。巩固安全生产隐患治理成果，深入开展安全生产专项整治，全力防范较大以上安全事故，控制一般事故的发生。深入开展产品质量和食品安全专项整治，抓好森林防火、消防安全、交通安全、“三防”等工作，维护社会稳定。继续抓好打假、打私、打传、查无等专项工作，规范市场经济秩序。继续完善应急预案体系，加大应急基础建设投入，增强应急物资保障能力，加强应急队伍建设，强化应急预案演练，提高应急预防和处置能力。积极创新行政审批和服务方式，推进政府大部制机构改革，调整和规范政府机构设置，加强服务型政府建设。配合创建全国文明城市，深入开展群众性精神文明创建活动，营造良好的社会风气。深入开展社会主义荣辱观和现代公民教育活动，加强未成年人思想道德建设，弘扬社会主义美德和风尚。加快文化体育公共服务体系建设，完善文化基础实施，加强文体小广场、社区文化活动中心建设，推进农村“户户通”工程，实现全区所有行政村都有农家书屋。做好江海区第六次全国人口普查的资料开发工作。加强人口与计划生育工作，巩固计生创“国优”成果，稳定适度低生育水平，提高出生人口素质，促进人口长期均衡发展。

各位代表，新的一年，发展任务艰巨，责任重大，让我们在区委的领导下，高举中国特色社会主义伟大旗帜，深入贯彻落实科学发展观，振奋精神，坚定信心，团结一致，开拓奋进，保持经济平稳较快发展，在新的起点上实现江海新发展！

江门市江海区2011年国民经济和社会发展计划执行情况与2012年计划草案的报告

——2012年3月6日在江门市江海区第九届人民代表大会第二次会议上

江门市江海区发展改革和统计局局长 李伟煜

各位代表：

我受江门市江海区人民政府委托，向大会报告江门市江海区2011年国民经济和社会发展计划执行情况与2012年计划草案，请予审议，并请各位政协委员和其他列席人员提出意见。

一、2011年国民经济和社会发展计划执行情况

2011年，全区围绕区委七届十次全会提出的奋斗目标，以科学发展观统领经济社会发展全局，深入实施《珠三角规划纲要》，转变经济发展方式，狠抓各项工作的落实，迎难而上，开拓进取，全区经济社会保持了平稳健康发展势头。

——经济平稳健康发展

2011年，全区经济总体呈现平稳健康发展的态势，部分指标虽然未能达到预期目标，但主要指标均高于全市平均水平。2011年全区生产总值120.21亿元，增长13.50%，高于全市平均水平0.5个百分点；预计人均生产总值达46758元，增长6.69%；预计单位生产总值能耗下降4.88%；财政一般预算收入4.85亿元，增长23.69%，高于全市平均水平3.19个百分点；规模以上工业增加值82.12亿元，增长21.70%，高于全市平均水平2.6个百分点；固定资产投资51.25亿元，增长22.39%，高于全市平均水平1.29个百分点；社会消费品零售总额26.01亿元，增长18.19%，高于全市平均水平1.49个百分点；进出口总额20.27亿美元，增长14.56%； 三次产业结构比例预计为3.22：67.92：28.86。

——工业发展质量不断提升

深入实施工业强区战略，引导和扶持优势产业发展，促进产业结构优化升级。全区实现工业总产值378.02亿元，增长22.06%。工业产品销售与生产保持同步增长，工业实现销售产值351.75亿元，增长20.86%。工业效益逐步提高，规模以上工业企业经济效益综合指数为192.66%。骨干企业不断发展壮大，产值超亿元工业企业共68家，比2010年增长7家。战略性新兴产业加快发展，大力培育LED绿色光源产业，在建的绿色光源产业项目近60个，计划总投资超50亿元，产业发展迅猛，成为工业经济的新亮点。绿色光源(LED)产业实现规模以上工业产值 13.4亿元，同比增长101.37%，占全区规模以上工业产值比重达 3.82%，比2010年提高了1.49个百分点。银雨芯片、奥伦德光电、崇达电路板、尚日能源等一批优质项目建设进展顺利，LED博览交易中心建设全面启动。继续培养企业上市工作，科恒实业、汉宇电器均已申报

IPO。把握国家振兴产业政策实施的机遇，协助科恒实业、春燕纺织和民生厨业共获得中央资金补助552万元。

——城乡发展环境不断改善

城市配套逐步完善，贯通核心区的胜利南路拆迁全面完成，胜利南路安置小区已动工建设，胜利大桥，东华大桥和礼东大桥建设进度良好，区内路网建设不断完善。核心区开发取得成效，鹿茵酒店、海逸酒店和江门演艺中心建设进度加快，奕聪花园、江海碧桂园二期和濠江花园项目加紧建设，府西小区完成总体规划，天骄半岛、天鹅湾、海逸华庭等项目开发进度不断加快。“三旧”改造取得突破，13个“三旧”改造项目已通过市项目认定，江门纸厂、汇聪电器厂两个“三旧”改造示范项目动工建设。以创建文明城市为契机，加强环境卫生综合整治，完成辖区道路改造工程和路灯改造工程，城市环境进一步优化。加快农村城市化进程，开展了农村道路硬底化、明渠改暗渠、环境美化绿化等建设，推进幸福新农村名村示范村创建活动。加快水利设施建设，礼乐虾蛟滘电排站和外海横沥电排站等水利项目进度顺利，提高城乡防灾减灾水平。全年农业总产值6.95亿元，增长1.30%；农业增加值3.88亿元，增长3.50%。

——投资拉动效应趋于平稳

全年固定资产投资增长22.39%，高于全市平均水平1.29个百分点，但低于2010年8.94个百分点。工业项目投资和房地产开发投资成为拉动固定资产投资增长的主要动力。全区新开工工业投资项目46个，比2010年增加21个，全年工业项目投资累计完成27.21亿元，增长22.18%，增幅比2010年同期高 1.39个百分点。工业项目投资占全区固定资产投资比重约为53.10%对固定资产投资的贡献率达52.70%，拉动固定资产投资增长11.80个百分点。房地产开发投资保持较快增长，奕聪花园、君汇熙庭相继动工建设，江海碧桂园、海逸华庭、天鹅湾等项目建设进展顺利，全区房地产开发投资15.27亿元，增长20.30%，占全区投资的29.80%。受过去几年基础设施投资基数较大以及宏观调控政策调整的影响，我区基础设施投资大幅下降，基础设施完成投资5.56亿元，下降38.54%，仅占全区投资比重10.86%。

——消费市场稳步增长

城乡居民收入水平的稳步提高以及我区消费市场的日益完善，居民消费意欲明显增强，带动社会消费品零售总额继续保持较快的增长，增幅18.19%。其中，住宿餐饮业3.23亿元，增长13.39%；批发零售业22.78亿元，增长18.90%。国家房地产市场宏观调控及紧缩政策的影响逐步显现，商品房销售增幅放缓，全区商品房销售面积22.60万平方米，商品房销售额13.47亿元，分别增长10.38%和29.83%，全年增幅较上半年分别下降了89.62个百分点和163.34个百分点。同时，受中心商务区配套设施建设相对滞后、“三旧”改造进度不理想、第三产业项目进度缓慢等因素影响，第三产业仅增长1.79%，比第二产业增长慢18.14个百分点，不但拉低了GDP的增速，同时导致第三产业占GDP比重的下降，仅为28.86%。

——科技创新能力不断提高

完善财政科技投入机制，发挥政府科技投入的导向性作用，鼓励企业加大科技投入，研发（R&D）经费支出占生产总值比重为1.4%。积极落实支持自主创新优惠政策，预计高新技术产品产值占工业总产值的比重为35.20%。通过国家高新技术企业认定8家，新增国家火炬高新技术企业1家，申报省级高新技术产品30个，新增省级创新基金项目4个，市级创新基金项目

4个。深化产学研合作，省级产学研科技合作项目有7个立项。加强省知识产权试点区域建设，新增市以上知识产权优势（示范）企业2家，全区专利申请量和授权量分别为898件和722件。

——对外经济增长放缓

受全球经济增速明显放缓影响，利用外资增幅持续下降。全年外商直接投资8836万美元，下降36.28%，增幅比上半年减少了61.4个百分点；合同利用外资20982万美元，增长67.82%。进出口总额平稳增长，全年进出口总额20.27亿美元，增长14.57%；其中出口总额13.24亿美元，增长14.28%；进口总额7.03亿美元，增长15.10%。抓好招商引资工作，成功引进超千万元（美元）民资外资项目16个、500强企业1家。

——财政收支增长较快

受益于企业效益提升及新税收政策实施，今年财政收入增幅达23.69%，高于全市平均水平3.21个百分点。增值税、营业税、所得税等主体税种大幅增长，其中土地增值税同比增长85.45%。优化财政支出结构，提高民生保障水平，努力促进基本公共服务均等化，让人民群众共同分享经济发展的成果。地方财政一般预算支出6.65亿元，增长14.01%，其中民生支出达2.24亿元，增长达37.06%。但随着提高个人所得税征收标准、房地产调控政策效力逐步显现、国家收紧免抵调库指标等，直接影响财政收入增长，而推进医疗卫生体制改革、加快新农保全覆盖、落实教育资金、提高社会保障水平等均需投入大量资金，财政压力较大。

——节能减排取得成效

狠抓节能减排工作，进一步强化节能减排目标责任制落实，加大节能项目技术改造力度，预计全年单位GDP能耗下降4.88%，为完成“十二五”规划节能目标任务奠定基础。加强对节能的监督与统计工作，强化重点能耗企业的用能管理，建立主要能耗指标通报制度，推广应用绿色照明节能产品和建筑节能，加强资源综合利用，全面推行清洁生产。把好项目准入关，严格实施新建项目节能评估和审查制度。通过加快污水处理厂建设进度、督促燃煤企业使用低硫煤、加强对减排项目监督检查，推进重点企业烟气脱硫、废水处理设施建设和加强现场督查、强化在线监控设施建设等有效措施，切实将减排任务落实到位。

——和谐社会全面推进

大力实施“和谐共享”战略，经济社会发展的成果惠及广大群众，人民生活水平持续提高。城镇居民人均可支配收入21744元，增长13.56%，农村居民人均纯收入12020元，增长16.45%。就业形势持续稳定，全区新增就业岗位4731个，城镇失业人员再就业4438人，城镇登记失业率为2.37%。加快推进保障性住房建设，全年新开工公租房348套，建筑面积1.7万平方米。区内教育条件不断完善，外海中心小学新校区建成投入使用。积极实施“校安工程”，完成整改校舍10栋，新建校舍3栋。积极推进基层医疗卫生机构综合改革，基层医疗卫生事业单位全部实施绩效工资。人口与计划生育服务管理水平全面提升，继续保持全省先进水平，并被确定为省“幸福家庭促进工程”试点单位，全区人口自然增长率为4.06‰，符合政策生育率为97.57%。高度重视信访和维稳工作，落实维护社会稳定责任制，实施领导包案和公开接访制度，大力调处涉及民生的信访问题。继续加大对产品质量和食品安全、森林防火、消防、三防、安全生产投入，全区安全生产情况良好。大力开展质量强区活动，提升产品质量、工程质量、服务质量和环境质量总体水平。深入贯彻落实稳定物价保障民生的23条政策措施，推进我区平价商店、大棚蔬菜和冷藏设施等“三项建设”，积极争取省、市价格调节基金支持，在全区建成11间平价商店，有力保障群众的基本生活。大力推进平安和谐社区创建工作，积极开展形式多样的群众性文化活动，营造和谐的社会氛围。全力推进统计“四大工程”建设，切实提高统计数据质量，为我区的科学发展提供决策依据。

2011年国民经济实现平稳较快发展，社会各项事业全面进步。但还存在一些问题：受国际经济环境影响，经济发展速度总体放缓，生产总值、人均生产总值、规模以上工业增加值、固定资产投资、社会消费品零售总额和服务业增加值占生产总值比重等指标未达年初预期目标；外商直接投资大幅下降，制约经济发展后劲；财政增支因素较多，控制物价过快增长面临较大压力，保障和改善民生的任务艰巨；资源与环境压力日益增大，推动可持续发展的能力有待加强。

二、2012年国民经济和社会发展计划安排意见

2012年，是新一届政府任期的第一年，也是加快转型升级、建设幸福江海的关键一年。当前我区经济发展是机遇与挑战并存，为此我们在安排2012年全区经济社会发展主要目标时，既把保持经济平稳较快发展作为解决民生问题的关键，又通过保障和改善民生为扩大内需、促进经济发展创造良好条件。

参考全市发展目标，结合我区实际，提出2012年国民经济和社会发展的主要预期目标：

——生产总值增长13%；

——人均生产总值增长10%；

——全社会固定资产投资增长19%；

——规模以上工业增加值增长19%；

——进出口总额增长10%；

——地方财政一般预算收入增长13%；

——社会消费品零售总额增长16.5%；

——研发（R&D）经费支出占生产总值比重为1.6%；

——城镇居民人均可支配收入增长13%；

——农村居民人均纯收入增长13%；

——单位生产总值能耗、二氧化硫和化学需氧量排放总量减排完成市下达的目标任务。

为实现上述目标，要重点做好以下工作：

（一）大力发展先进制造业，调整优化工业结构

优化产业结构和布局，推进产业聚集，打造先进制造业基地。培育壮大绿色光源产业，加快绿色光源核心园区建设，继续跟踪落实德力西LED项目，加快银雨芯片、奥伦德光电和西铁城LED等项目建设，着力打造广东省绿色光源示范基地。加快谋划新材料、新能源、新医药等战略新兴产业，抓好长优新型电池材料、华电清洁能源、科恒发光材料扩建项目和量子高科扩建项目的建设，培育新产业增长点。充分利用高新技术、先进适用技术、信息化技术提升电子信息、精细化工和机电等优势产业，促使产业向高端化发展，着重抓好崇达电路板、建滔化工、谦信化工和汉宇电器二期等项目的建设。加快改造传统产业，促进摩托车、玻璃、金属制品等行业转型升级。坚持产业招商，重点围绕战略性新兴产业招商，促进产业集聚。积极推动福宁电子等大企业实现本地化核算。大力扶持民营发展，培育一批优质企业，加快推进一批有前景、有成长性的高新技术企业上市。

（二）推进发展第三产业，加快建设核心商区

优先发展第三产业，着力培育商贸、金融、物流、涉外商务以及总部经济等现代服务

业，提升现代服务业占服务业比重。着重发展广珠轻轨三个站场周边开发建设，发挥广珠轻轨的拉动效应，规划和引进一批商业居住、文化教育、休闲娱乐等城市功能配套项目，策划胜利南路、五邑路、东海路、江海路沿线开发，规划建设商贸、旅游、金融等服务业项目。加快鹿茵酒店、天鹅湾、碧桂园和和协和医院等项目建设，全力推进府西小区、明泰江海新城等房地产项目合理开发，推动中环商业中心二期开发，打造江海中心商务区。推动海伦湾、海逸酒店、高新区2、3号地及滘北片区综合开发，打造江海西江新城片区。推动总部经济发展，规划建设区资产总部大厦和工商联大厦。全力推进中国（江门）国际绿色光源博览交易中心的建设，策划建设都市生态休闲旅游基地。

（三）加快完善基础设施，推进城市新区建设

进一步完善城市“十纵六横”综合交通网络，争取年内胜利大桥、东华大桥、礼东大桥的建成通车，推进胜利南路、连海北路、江睦路和金瓯路等城市主干道建设，配合做好江珠高速北延线江海段建设工作。加强以水利为重点的基础设施建设，对南新区排水排污规划进行修编完善，加快虾蛟滘电排站、横沥水闸、中沙水闸等工程建设，有效整治内涝。完善城市供水、供电和供气等设施，启动区垃圾压缩中转站建设。继续抓好城市绿道网的建设，完成龙光塔至茶庵寺及江门水道礼东段绿道工程。加快“三旧”改造工作步伐，优化城乡空间布局，力促外海汇聪电器厂、礼乐江门纸厂、江南华庆里、滘头兰花味精、滘北茶山里等项目年内全面动工建设，打造城市建设新亮点。

（四）统筹城乡协调发展，建设幸福新农村

加快社会主义新农村建设，形成城乡一体化发展格局。加大对村级经济的扶持，鼓励发展物业出租业，落实农村集体自留用地政策，逐步解决农村集体自留用地问题。进一步完善集体土地征地补偿款管理制度，提高农民受益程度。以加快发展都市型农业为目标，发展现代休闲旅游度假农业和观光农业。加强农业信息网络建设，完善农业信息服务平台。加强农村社区建设，推进村庄规划编制和村庄整治，加快建设农民新村和农民公寓，促进农民住宅合理布局和向公寓集中。推动城乡公共服务均等化，促进城市公共服务向农村延伸，大力发展农村公共事业。加大农村教育、卫生、文化、科技投入，提高农村生产生活水平。加强农村精神文明建设，活跃农村文化，树立文明新风尚。

（五）抓好节能减排工作，建设绿色宜居江海

落实节能减排目标责任制，确保完成节能减排目标任务。严格执行国家产业政策，实施新建项目节能评估和审查制度，对不符合节能要求的项目不予审批。坚持节能与开发并举，加强监测和合理控制煤电等传统能源在工业生产环节消耗的使用。加大减排力度，严格执行新建项目污染排放总量审核，控制污染物增量。积极推广天然气等新能源的应用，引导企业利用优质、清洁和高效能源，加快推进华电清洁能源项目和礼乐食品工业园区集中供热项目建设。加快规划和建设城镇污水处理设施和配套管网，抓好江海污水处理厂二期、高新区工业污水处理厂和礼乐片区污水管网首期等环保基础设施建设。实施绿化、美化、亮化、净化工程，加强白水带公园和礼乐主灌河生态防护林的保护，进一步营造优美生态环境。加强

资源综合利用和环境污染整治，全面提升城市绿化水平和城市生态品位，建设宜业宜居的生态型现代化新城区。

（六）大力发展社会事业，构建和谐江海

实施“和谐共享”战略，全力推进基本公共服务均等化，加大财政对民生的投入，将发展成果惠及广大老百姓。努力稳定扩大就业，完善公共就业服务体系，落实就业扶持政策，千方百计增加就业岗位。积极推进“农超对接”和平价商店建设，完善价格管理机制，规范各种收费行为，减轻企业生产成本增支和群众生活费用增加的压力。完善社会保障体系，做好完全被征地农民养老保险与新型农村社会养老保险、城镇居民社会养老保险与城镇职工基本养老保险制度的衔接。继续做好保障性住房建设，解决中低收入家庭住房困难问题。健全社会救助体系，加快推进礼乐社会福利综合服务中心建设。着力解决弱势群体的生活保障问题，依法保障妇女、未成年人、残疾人和农民工的合法权益。加强社工、义工队伍建设。加大对医疗卫生投入，深化医药卫生体制改革，完善公共卫生、社区卫生等医疗服务体系，加快区人民医院新住院大楼建设，打造礼乐中西医结合医院，加强社区卫生服务站建设，提高医疗卫生水平。加快教育现代化建设，加快发展学前教育，高标准完成“普高”、“普九”和学前教育任务，积极发展民办教育、社区教育和职业技术教育。

狠抓社会维稳工作，强化社会治安综合治理，发挥三级综治信访维稳中心作用，妥善化解社会矛盾。巩固安全生产隐患治理成果，深入开展安全生产专项整治，全力防范较大以上安全事故，控制一般事故的发生。深入开展产品质量和食品安全专项整治，抓好森林防火、消防安全、交通安全、“三防”等工作，维护社会稳定。继续抓好“三打两建”、查无等专项工作，规范市场经济秩序。继续完善应急预案体系，增强应急物资保障能力，加强应急队伍建设，提高应急预防和处置能力。积极开展群众性精神文明创建活动，巩固和深化创建全国文明城市成果。加强未成年人思想道德建设，弘扬社会主义美德和风尚。积极开展文化下乡、进社区活动，实施农村电影放映、农家书屋、社区图书馆和文化信息资源共享工程。推进幸福家庭促进工程，稳定适度低生育水平，提高出生人口素质，促进人口长期均衡发展。

各位代表，新的一年，发展任务艰巨，责任重大，让我们在区委的领导下，高举中国特色社会主义伟大旗帜，深入贯彻落实科学发展观，锐意进取、真抓实干、攻坚克难，为实现2012年预期目标，促进全区经济社会平稳较快发展而努力奋斗！

名词注解：

LED：指发光二极管，其作为第三代半导体照明光源，有光效率高、光线质量高、能耗小、寿命长、响应时间短、可靠耐用、应用灵活、安全、绿色环保等特点，属于典型的绿色光源。

“IPO”：首次公开募股（Initial Public Offerings，简称IPO），是指企业透过证券交易所首次公开向投资者发行股票，以期募集用于企业发展资金的过程。

“三旧”改造：是指 “旧城镇、旧厂房、旧村庄”改造。

“幸福家庭促进工程”：坚持以人为本的理念，以家庭为着眼点和切入点，面向家庭、围绕家庭、服务家庭，通过有效整合各种宣传教育资源，深化新型家庭人口文化建设，促进家庭的性别平等、婚育文明、健康水平、生活质量、发展能力和幸福指数，进而促进和谐社会和幸福广东建设的一种工程。

统计“四大工程”：是指基本单位名录库、企业一套表制度、数据采集处理软件系统和联网直报系统等互相联系、共为整体的四大工程。

“农超对接”：指的是农户和商家签订意向性协议书，由农户向超市、菜市场和便民店直供农产品的新型流通方式，主要是为优质农产品进入超市搭建平台。

“三打两建”：是指打击欺行霸市、打击制假售假、打击商业贿赂，建设社会信用体系、建设市场监管体系。

江门市江海区2010年财政预算执行情况和2011年财政预算草案的报告

——2011年1月25日在江门市江海区第八届人民代表大会第六次会议上

江门市江海区财政局局长　李文聪

各位代表：

我受江门市江海区人民政府委托，向大会报告江门市江海区2010年财政预算执行情况和2011年财政预算草案，请予审议，并请政协委员和其他列席人员提出意见。

一、2010年预算执行情况

2010年，我区财政工作在区委、区政府的正确领导下，以邓小平理论和“三个代表”重要思想为指导，以科学发展观为统领，认真贯彻党的十七大、十七届五中全会精神，落实区委七届八、九次全会和区委、区政府工作部署，按照区八届人大五次会议审议通过的年度预算，紧密围绕《珠三角规划纲要》和“三促进一保持”中心工作，落实积极的财政政策，大力推动产业结构调整和经济发展方式转变，狠抓增收节支，优化支出结构，着力保障和改善民生，积极推进全区基本公共服务均等化，深化财政改革，不断提高财政管理科学化、精细化水平，为我区经济企稳回升、加快科学发展提供了有力的支撑。在各部门的共同努力下，区八届人大五次会议通过的预算完成情况良好，财政工作取得了较好的成绩，促进了国民经济和社会各项事业的发展。

（一）2010年一般预算收支情况

2010年全区一般预算收入完成41108万元，为年初预算的114.66%，超收5255万元，增长27.84%。主要是：河道工程修建维护管理费在2010年纳入预算管理，实现2200万元收入；增值税增收1096万元；耕地占用税增收519万元。在年度预算执行中，市财政局下达我区2010年中央代发地方政府债券转贷收支预算1000万元，已按规定报请区八届人大常委会会议批准。2010年全区一般预算支出完成58286万元，为年初预算的140.09%，为调整后预算的136.8%，比2009年完成数45009万元增支13277万元，增长29.50%，主要是根据超收收入5255万元及中央代发地方政府债券收入1000万元作具体安排，并根据上级一次性补助情况增加安排支出。2010年我区一般预算超收收入安排项目中61.92%用于改善社会民生事业及推进基本公共服务均等化。具体收支项目完成情况报省、市批复决算后再向区人大常委会报告。

2010年全区一般预算收入加上税收返还、上级补助和上年结余，当年地方财政总收入63859万元。全区一般预算支出加上各项上解支出，财政总支出63596万元，总收入和总支出相抵后结余263万元。全区一般预算实现了收支平衡，略有结余。

（二）2010年基金收支情况

2010年全区基金收入1389万元，其中残疾人就业保障金127万元、城市公用事业附加（电费附加）1086万元、福利彩票公益金176万元。基金收入加上上级补助973万元和上年结余387万元，当年全区基金总收入2749万元。

2010年全区基金支出2101万元，总收入和总支出相抵后结余648万元。基金专款按照区委、区政府的工作部署和急重轻缓的原则作相应安排，主要用于残疾人事业、城市公用事业、民政有关方面的支出。

（三）“十一五”时期财政收支情况回顾

“十一五”时期，我区财政事业取得重大进展，为实现扩内需、保增长、调结构、推改革、惠民生、促和谐做出了积极的贡献。财政收支规模不断扩大，全区财力不断增强。过去五年，全区地方财政一般预算收入由“十五”期末1.5亿元，到2010年实现突破4亿元，达到4.11亿元，年均递增21.90%。全区地方财政一般预算支出由“十五”期末1.8亿元，到2010年达到5.8亿元，年均递增25.39%。同时，财政支出结构不断优化，民生得到进一步改善。“十一五”期间，全区民生投入累计5.4亿元，年均递增35.86%。各项财政管理改革不断深化，公共财政体系进一步完善，财政监督管理不断加强，绩效观念深入人心。“十一五”时期财政工作成绩是在区委、区政府的正确领导下，在区人大的监督支持下，全区人民团结奋斗、坚持科学发展、不断开拓创新、努力拼搏所取得的，积累的经验弥足珍贵，为“十二五”各项目标任务的实现和全区加快发展提供了较好的财力保障。

（四）2010年财政管理和改革情况

2010年，为确保预算任务的顺利完成，我们着重抓了以下六个方面的工作：

1.坚持依法征管，确保收入平稳较快增长。

财税部门增强全局观念，积极应对影响我区经济和财政的各种不确定因素，围绕区委、区政府抓收入促增长的各项工作部署，着力加强财税协调，积极主动落实各项收入征管措施，强化财政收入监测分析。同时，积极拓宽收入来源，完善行政事业性收费和罚没收入“收支两条线”管理，抓好非税收入入库。全区地方财政一般预算收入实现较快增长，在“十一五”期间内实现翻一番多。同时，我区财政收入质量不断提高，到2010年全区税收收入占地方财政一般预算收入的比重为86.10%。

2.完善和调整区街财政管理体制，促进区域均衡发展。

为进一步提高财政运行效率，促进全区经济和各项事业的持续健康发展，区政府成立财政管理体制专题调研组，开展深入的调查和论证，结合我区街道财政的特点，按照“三保（即保运作、保民生和保增长）一激励一转移支付”的原则重新制定区街财政管理体制。新一轮财政体制实施以来，进一步调动了街道办事处发展的积极性，促进各街道办事处经济社会均衡发展，带动我区两翼齐飞。2010年基层一般预算收入同比增长达31.21%。

3.发挥财政杠杆作用，促进转方式调结构。

围绕区委、区政府的决策部署，财政部门继续落实积极的财政政策，支持扩大内需，推动经济发展方式转变和经济结构调整。一是落实有关政策与资金，促进产业转型升级。重点以LED为突破口，加快发展培育战略性新兴产业。二是突出重点，扶持核心工业园区建设。积极推进江门市先进制造业现代物流产业园区、礼乐机电产业基地和礼乐食品工业园区建设。三是兑现市、区出台的招商引资、以商引商、推动企业上市和金融机构支持地方经济发展的政策措施，促进产业招商，提升利用外资水平。四是积极扩大消费需求，增强经济发展内生动力。落实家电、汽车摩托车下乡政策和“以旧换新”政策，全年拨付补贴资金648万元，发挥消费对经济增长的拉动作用。五是大力促进科技进步和自主创新，区本级拨付科技资金749万元，支持重点科技项目，加强企业创新能力建设。

4.加大民生保障力度，推动和谐社会建设。

在各项刚性支出需求加大、财政收支矛盾比较突出的情况下，财政部门坚持“取之于民，用之于民”的宗旨，进一步加强预算执行管理，贯彻落实党政机关厉行节约的各项要求，严格控制行政成本。同时，优化财政支出结构，集中财力，保障各项惠民政策落实，积极构建保障基本公共服务均等化的财政投入机制。一是继续加大教育投入。拨付教育资金13042万元，占剔除省市补助后的本级财政一般预算支出48847万元的26.7%，落实了城乡免费义务教育、城乡家庭经济困难学生发放生活费资助、中小学校教师收入“两相当”和绩效工资改革等政策，推动教育强区强镇创建工作。二是完善社会保障体系，落实促进就业的各项扶持政策。拨付社会保障和就业资金5624万元，一方面调整优抚对象和低保人员的生活补助标准，加大对困难群众的补助力度；另一方面支持就业公共服务平台建设，落实小额担保贷款和退役士兵就业免费技能培训等政策，推进劳动力转移。三是稳定物价保障困难群众生活，上缴市区价格调节基金，配合市加强菜篮子基地建设，促进市场价格稳定，对全区低保户发放临时生活补贴，缓解物价上涨对困难群众日常生活的影响。四是积极配合市优先发展公共交通。拨付增加交通运营线路补助7.2万元，上缴市财政36万元落实老年人乘车优惠政策。五是提高公共医疗卫生服务水平。拨付医疗卫生资金3348万元，进一步提高新型农村合作医疗和城镇居民基本医疗保险财政补助水平，深化医疗卫生体制改革，继续完善优抚对象、低收入群体、贫困重度残疾人等分类医疗保障和救助机制。六是加强公共文化建设。拨付文化体育与传媒资金333万元，全力支持创建全国文明城市，把创文工程作为民生工程保障资金安排。七是加强基础设施建设。落实资金，全力推进胜利南路工程建设；安排国债资金2022万元用于礼东大桥和永康路建设，推进交通网络改造升级。

5.加大“三农”投入力度，促进农业生产和农民增收。

拨付农林水事务资金3519万元。其中：投入水利建设资金2761万元，改善辖区农业生产条件，支持基本农田整治、小型农田水利基础设施建设和小流域综合治理；落实资金27万元，配合市举办江门市第二届农业博览会，推进现代化农业建设。积极开展“规划到户、责任到人”扶贫开发工作，落实资金137万元，加大扶贫开发力度。

6.推进科学化精细化管理，进一步提高财政管理绩效。

在部门预算方面，进一步细化部门预算，提高部门预算编制完整性。加强预算执行监督，从2010年起区直预算单位全面上线，通过实时在线监督系统接受区人大对部门预算执行情况的实时监督，强化预算约束。在国库改革方面，全面深化国库集中支付改革，建立国库动态监管系统，推进公务卡改革，进一步加大支出监管力度，提高财政支出透明度。在政府采购方面，建立健全公务用车定点加油制度和公务车维修网上审批制度，进一步完善政府采购相关制度建设，继续推进电子化政府采购。在“收支两条线”管理方面，加强票据管理，做到以票促收，应收尽收。在资产管理方面，加强行政事业单位资产预算管理，规范各单位资产配置行为。同时加大资产收益监管力度。在财政监督方面，开展省级财政专项资金使用情况自查、农业土地出让金使用情况自查、教育收费清理检查和强农惠农资金专项检查，组织对社会团体开展“小金库”专项治理，积极构建防治“小金库”长效机制。在加强地方政府债务管理方面，积极采取有效措施，加强融资平台管理，防范财政金融风险。

2010年预算执行和财政管理总体情况良好，这是区委、区政府正确领导、科学决策以及区人大监督支持的结果，是各级、各部门大力支持、密切配合的结果。同时我们也认识到预算执行和财政工作中存在的问题和矛盾：一是财政减收增支因素增多，落实保增长、保民生、保稳定的各项政策措施，财政增支压力大，财政收支矛盾仍较突出；二是财政支出结构仍需继续优化；三是对财政资金的监督管理和科学化精细化管理仍需加强。对这些问题和矛盾将继续通过加快经济发展、加强财政管理来逐步克服和解决。

二、2011年预算草案

2011年我区财政形势预计将随着经济环境的好转而继续稳定向好。但经济运行中还存在许多不确定因素，形势极为复杂。从财政收入方面看，宏观经济形势和企业经营状况继续好转，将有利于财政收入增长。但国际金融危机后出口增长的不确定性增加、国内投资消费增长受限制、房地产调控政策对财税收入所产生的冲击将继续显现，这些因素将影响财政收入增长。同时，2011年起省实施新的财政分配体制，省市共享税种分享比例由“四六”调整为“五五”，市县分成比例下降，对地方财力平衡产生一定的影响。从财政支出方面看，贯彻国家调结构、扩内需、保增长、保民生各项决策，落实国家及我省教育中长期规划纲要，加快实现新型农村养老保险三年全覆盖、推进医疗卫生体制改革、应对物价上升保障低收入群体基本生活、帮助农民持续增收等重大民生政策，都需要财政进一步加大投入力度，调整优化财政支出结构的压力不断加大。综合分析影响经济社会发展和财政收支的各种因素，预计2011年全区财政收支矛盾仍然突出，因此，要把抓好增收节支、优化支出结构、强化财政支出绩效作为财政工作的重要任务。

编制2011年财政预算总体指导思想是：以邓小平理论和“三个代表”重要思想为指导，深入贯彻落实科学发展观，紧紧围绕科学发展主题和加快转变经济发展方式主线，按照区委、区政府的部署和我区“十二五”规划纲要的目标任务，落实积极的财政政策，着力扩大国内需求，运用财政手段推动战略性新兴产业加快发展，推动经济结构调整和经济发展方式转变；坚决执行厉行节约各项规定，从严控制一般性支出；进一步优化财政支出结构，加大对“三农”、教育、科技、医疗卫生、社会保障、文化等方面的支持力度，着力推进基本公共服务均等化，切实保障和改善民生；进一步深化公共财政改革，坚持依法理财、统筹兼顾、增收节支的原则，完善预算管理制度，加强财政科学化精细化管理，提高财政资金使用效益。

（一）2011年财政一般预算收入

根据省政府《印发广东省调整完善分税制财政管理体制实施方案的通知》（粤府〔2010〕169号），我省从2011年1月1日起实施新的财政分配体制，省市共享税分成比例由“四六”调整为“五五”。由于省对财政体制调整相关具体事项尚未明确，因此，区本级一般预算收入仍按原口径统计，暂不作可比口径调整，并在财力预留了因体制调整对区本级财力减少的资金。待省明确有关事项后，再按全省的统一口径反映一般预算收支。

2011年，我区财政一般预算收入拟安排47274万元，比2010年完成数41108万元增加6166万元，增长15%。根据2011年一般预算收入的安排，加上税收返还、上级补助和上年结余，减除各项上解后，预计全区可支配财力为51979万元，比2010年增加5947万元，增长12.92%。

（二）2011年财政一般预算支出

根据2011年预算收入的安排及预计全区的可支配财力，按照收支平衡的原则，拟全部用于安排支出，即一般预算支出相应安排51979万元，其中：人员经费支出27350万元，公用经费支出3814万元，项目支出20815万元。重点支出及主要项目安排情况如下：

1.发挥财政宏观调控作用，促进经济发展方式转变。实施积极的财政政策，充分利用财政杠杆作用，支持加快转变经济发展方式，抓住机遇发展新兴产业，构建现代产业体系，推动我区新一轮大发展。

一是促进科技进步和自主创新，支持实施高层次人才战略。坚持把科技进步和自主创新作为加快转变经济发展方式的重要支撑，充分发挥科技第一生产力和人才第一资源作用，增强自主创新能力，吸引壮大高层次人才队伍，加快推动经济发展向创新驱动转变。安排科技资金1045万元，引导和推动企业加大自主创新科技项目的投入，促进企业技术改造和技术创新，增强企业发展后劲。安排人才资源开发专项经费和高技能人才培训补贴19万元，落实省、市《关于加快吸引培养高层次人才的意见》，支持引进培养高层次人才。

二是支持商贸发展，促进经济发展与财政增收良性互动。安排推动第三产业发展、绿色光源产业发展和各类型推进经贸合作与交流专项资金152万元，提升竞争力，拓展国内外市场。安排各项产业招商经费317万元，促进战略性新兴产业和重大项目的招商引资，加强引进项目的跟踪服务，提高利用外资水平。

2.持续保障和改善民生，积极推进基本公共服务均等化。

一是坚持教育优先，提升教育发展水平。安排资金11952万元，主要包括：大力推进义务教育均衡发展，安排城乡义务教育补助资金1082万元，用于免除全区城乡免费义务教育阶段学杂费和课本费。逐步解决非户籍常住人口子女平等接受义务教育问题，安排进城务工人员子女接受义务教育专项补助160万元。切实加强校园安全管理，安排中小学校安全防范专项资金74万元。建立中小学校设备设施改造长效机制，安排900万元加强中小学校基础建设。进一步提高中小学校教育和办学水平，安排生均定额经费24万元。提高教师地位待遇，安排在职教师收入待遇资金8969万元，实现区域内教师工资福利待遇“两相当”。积极发展学前教育，新增安排发展学前教育专项资金30万元。大力发展职业教育，安排350万元，完善现代职业教育体系，满足经济社会对高素质劳动者和技能型人才的需要。

二是建设覆盖城乡居民的社会保障体系，提高社会保障水平。安排资金6485万元，主要包括：健全就业援助和保障制度，落实扶持创业政策，安排促进就业专项资金78万元，支持就业公共服务平台建设，推进劳动力转移，落实小额担保贷款和退役士兵就业免费技能培训等政策。继续扩大新型农村社会养老保险试点范围，推进开展新农保试点，安排新型农村社会养老保险财政补助资金50万元。完善社会救助体系，逐步建立统筹城乡的社会保障网，安排城（乡）居（村）民最低生活保障补助585万元，城乡居民医疗救助经费69万元，低收入家庭及孤老慰问经费25万元，孤残儿和五保供养专项资金94万元，流浪乞讨人员救助及其他临时社会救济90万元。完善社会福利体系，给予90岁以上老人发放政府高龄津贴，安排资金29万元；支持发展老年人事业发展，安排专项资金49万元；关心残疾人，安排残疾人康复经费31万元。完善优抚安置保障体系，提高优抚对象和军队退役人员生活水平，安排提高重点优抚对象标准和解决军队退役人员及失业随军家属生活待遇补助资金132万元。加强社区建设，安排社区居委会专项经费394万元。

三是深化医药卫生体制改革，加快医疗卫生事业发展。安排资金3159 万元，主要包括：支持构建城乡一体的医疗保障体系，按照各级财政补助标准每人每年200元的要求，安排城乡居民基本医疗保险补助资金1078万元。大力实施基本公共卫生服务项目，安排免费婚前孕前检查10万元、儿童计划免疫预防接种经费60万元、实施国家基本药物制度100万元，进一步提高基本公共卫生服务水平。支持加强公共卫生服务能力建设，安排中央代发地方政府债券转贷资金1000万元支持江海区人民医院建设；安排村卫生站建设补助28万元，改善农村医疗条件。加强重大疾病预防控制，安排艾滋病、结核病、防治重大疫情等资金12万元。

四是落实国家人口计划生育政策，提高人口素质。安排资金867万元，主要包括：落实城乡计划生育奖励政策，安排城镇独生子女父母计划生育奖励金补助137万元，农村部分计划生育家庭奖励54万元，农村计划生育家庭节育奖23万元，计划生育特别扶助经费7万元;落实人口计划生育目标管理，安排流动人口计生服务经费、综合治理等专项经费326万元。

五是推进文化建设，提升文化软实力。安排资金398万元，主要包括：加快建设覆盖城乡的公共文化服务体系，设立农村文化建设专项资金，安排农村电影放映“2131工程”专项经费6万元，免费为农民和外来工放映电影；安排群众文化艺术活动经费23万元，开展群众性精神文明创建活动。推进公益性文化事业，安排农家书屋、图书馆建设专项经费30万元。提高体育事业发展水平，安排各类体育活动经费38万元。

六是支持健全公共安全应急体系，维护社会稳定。主要包括：安排防范化解金融风险准备金380万元，总预备费300万元，粮食风险基金259万元。

3.加大强农惠农力度，加快社会主义新农

村建设。安排资金2555万元，主要包括：加强农村基础设施建设，改善农民生产生活条件，加快转变农业发展方式，大力发展现代农业。安排新品种、新技术推广和引进专项资金、农科农技中心、三高农业示范基地建设、动物防疫体系建设、农产品质量安全检测等各项农业生产事业发展专项资金266万元。全面加强水利基础设施建设，安排堤围、水闸及电排站维护和建设经费、城乡水利防灾减灾工程建设经费及农田水利建设经费1620万元。落实强农惠农补助，安排农村政策性住房保险和农村贫困户危房改造资金10万元，安排能繁母猪保险资金15万元。加大林业生态保护力度，安排森林抚育、病虫害防治、林业有害生物防治、森林防火工程专项资金69万元。

4. 对口支援新疆、西藏建设。根据党中央、国务院关于对口支援新疆、西藏工作部署及省财政厅《关于落实对口支援新疆西藏资金的通知》（粤财预〔2010〕108号），安排支援新疆西藏资金169万元，其中援疆资金124万元、援藏资金45万元。

5. 预留省以下财政体制改革区级财力减少资金。根据省委、省政府的决定，从2011年起实施新的财政体制，省市共享“四税”增量部分分享比例由“四六”调整为“五五”，因此，预留省以下财政体制改革区级财力减少资金292万元。

（三）2011年政府性基金收支预算

2011年纳入区级基金预算收入的项目共3个，分别是城市公用事业附加收入、彩票公益金收入、残疾人就业保障金。

按上述基金范围，2011年政府性基金收入安排1420万元，相应安排基金支出1420 万元。

三、进一步解放思想、开拓奋进，努力完成全年预算任务

2011年是实施“十二五”规划的开局之年，我们将坚持以邓小平理论和“三个代表”重要思想为指导，以科学发展观为统揽，以深化改革为动力，以管理创新为突破口，以创先争优为手段，完成好全年预算任务，做好各项财政工作，促进我区经济平稳较快发展和社会和谐稳定。具体抓好以下几方面的工作：

（一）抓好增收节支工作，确保财政平稳运行

关注经济运行态势，正确判断和把握财经形势，强化财政收入分析，加大组织收入力度，抓好收入任务的分解与落实，坚持财税联席会议制度，加强财税协调，强化服务，提高税收征管效能，挖掘税收潜力，做到依法治税、应征尽收。积极贯彻落实区街财政管理体制，在“属地征管、确保利益、激励增收”的原则下，进一步调动基层发展属地经济的积极性，确保基层财政收入稳步增长。强化非税收入和资产收益管理，规范政府收入体系。认真落实厉行节约的各项规定，严控一般性财政支出，坚持勤俭办事，继续推进党政机关节能减排，降低政府运行成本，保障有序运作、高效运转。

（二）发挥财政职能作用，培育新的财税增长点

深入实施《珠三角规划纲要》，以高新区“二次创业”以及区域融合发展为契机，紧紧围绕区委、区政府“加快转型升级，建设幸福江海”的战略部署，落实好各项激励措施和配套扶持政策，支持战略性新兴产业的发展，重点支持发展绿色光源（LED）产业，加快LED产业基地和博览交易中心建设，推进礼乐机电产业基地、礼乐食品工业园区等开发建设，推动产业集群发展，加快转变经济发展方式，培育新的税源增长点。发挥财政资金投入的导向作

用，鼓励关键领域和重点行业的自主创新，完善财政支持科技进步和自主创新的投入机制，培养和引进创新人才，加强区域科技创新研发和知识产权服务平台建设。加大基础设施建设投入，配合加快东华大桥、胜利大桥和胜利南路建设，推进五邑路扩宽、金瓯路扩建、江睦路等“十纵六横”交通基础设施项目建设，完善区内及区域间的路网，推进市区一体化进程，拉动经济增长。大力支持招商选资工作，增强经济发展后劲。

（三）着力改善民生，促进社会和谐发展

进一步调整财政支出结构，优先保障和改善民生，重点加大教育、社会保障、医疗卫生等方面的支出，逐步提高城乡居民的保障水平，推进基本公共服务均等化始终贯穿于财政改革和发展全过程。一是推进社会主义新农村的建设，促进城乡协调发展。继续落实种粮直补、综合直补、家电下乡、汽车摩托车下乡、能繁母猪、农村政策性住房保险等各项强农惠农补助政策。加快发展现代农业，扶持重点农业龙头企业和农产品深加工企业发展。落实农业土地开发资金，加强农业基础设施建设，提高农业综合生产能力，加快推进城乡协调发展。二是加大教育投入。推进学校布局调整，加快规范化学校建设，支持中小学校舍管理和基建维护，确保校舍安全和合理使用。巩固完善城乡免费义务教育经费保障机制，安排学期教育投入经费，促进义务教育均衡发展。全面落实教师工资待遇“两相当”政策。三是完善社会保障体系建设。落实财政保障资金，逐步推进新型农村社会养老保险工作，促进被征地农民基本保险试点工作。全面落实促进就业和再就业各项财政政策。四是支持深化医疗卫生体制改革。落实城镇居民医保和新农合的补助资金，完善新型农村合作医疗制度，提高医疗保险参保率，稳步推进城乡医疗保障一体化制度改革。按照省的统一部署，加快在基层医疗卫生机构实施统一配送、全部配备使用及零差率销售基本药物的制度。支持加快江海区人民医院创建二级甲等医院、社区卫生服务中心和村卫生站建设。五是加大社会救助投入力度。落实优抚安置政策，加大对农民和其他低收入者、弱势群体的保护、保障及援助力度，逐步扩大救助范围。落实农村危房改造资金，解决低收入群体住房问题。六是支持文化事业发展。完善文化事业发展的财政投入机制，全力支持创建全国文明城市，提升我区文化软实力。

（四）深化财政改革，推进科学化精细化管理

以财政改革为契机，坚持完善制度、夯实基础与提高执行力并重，不断加强财政科学化精细化管理。加强预算编制管理，细化预算编制内容，努力提高预算编制科学性、准确性和完整性。健全预算执行动态监控机制，强化预算约束，进一步增强预算执行的透明度。积极探索以结果导向为目标的绩效预算体系，实现对财政资金从注重资金投入管理转向注重对支出效果的管理，提高财政资金使用的有效性。加快推行公务卡结算方式改革，规范财政资金管理，深化国库集中支付改革。不断完善政府采购监管，构建政府采购远程监控系统，强化对政府采购活动的约束，提高政府采购监管水平。规范农村集体经济组织的财务管理，完善村级财务管理制度，规范“村财镇代管”。加强地方政府债务和融资平台管理，建立风险评价预警体系，切实防范财政金融风险。健全覆盖政府性资金和财政运行全过程的财政监督机制，坚持事前审核、事中监控、事后检查相结合，加大对重大财政政策执行和涉及民生资金

的监督力度，促进监督与管理的有机融合。加强“金财工程”建设，提升信息化对财政科学化精细化管理的保障能力。

（五）强化干部队伍建设，提高科学理财水平

牢固树立人才是第一资源和队伍建设是基础建设的理念，按照业务工作与干部队伍建设“两手抓，两手都要硬”的要求，以机构改革为契机，进一步调整内部机构的设置，规范财政权力的运行，优化配置人力资源，健全选贤任能的干部选拔任用机制。以创先争优活动为载体，切实加强思想政治工作与职业道德建设，弘扬“为国理财、为民服务”的财政工作宗旨，不断增强财政干部的大局观念、效率观念、服务观念、法治观念和责任观念，进一步提高财政干部依法理财、科学理财、为民理财的本领，为做好财政工作提供坚强的组织保障。

各位代表，今年的财政工作任务艰巨、责任重大。我们将在区委、区政府的正确领导下，在区人大、区政协的监督支持下，进一步解放思想、开拓创新、真抓实干，努力把财政改革与发展推向一个新台阶，为完成“十二五”规划各项目标任务开好头、起好步而努力奋斗。

江门市江海区2011年预算执行情况和2012年预算草案的报告

——2012年3月6日在江门市江海区第九届人民代表大会第二次会议上

江海区财政局局长　吴俊勇

各位代表：

受区人民政府委托，我向大会报告2011年预算执行情况和2012年预算草案，请予审议。

一、2011年预算执行情况

（一）2011年全区地方财政一般预算收支执行情况

2011年全区地方财政一般预算收入完成48534万元，为区人大通过年度预算（按新财政体制调整，下同）45125万元的107.55%，超收3409万元，比2010年收入完成数39239万元（按新财政体制调整），增收9295万元，按可比口径增长23.69%。

全区地方财政一般预算支出完成66449万元，为区人大通过年度预算51979万元的127.84%，比2010年支出完成数58286万元增加8163万元，增长14.01%。一般预算超收收入中76.24%用于改善社会民生事业及推进基本公共服务均等化等方面的支出。

2011年全区一般预算收入48534万元，加上税收返还、上级补助18601万元、上年结余5864万元和预算外调入200万元，当年地方财政总收入73199万元。全区一般预算支出66449万元加上各项上解支出4427万元，财政总支出70876万元，总收入和总支出相抵后结余2323万

元（其中中央代发地方债券结转下年支出1146万元，水利资金结转下年支出869万元），净结余308万元，全部转入2012年一般预算安排使用。

（二）2011年基金收支情况

2011年全区基金收入2697万元，其中残疾人就业保障金418万元、城市公用事业附加（电费附加）1310万元、福利彩票公益金211万元、地方教育附加758万元。基金收入加上上级补助1416万元和上年结余897万元，当年全区基金总收入5010万元。

2011年全区基金支出3962万元，总收入和总支出相抵后结余1048万元（其中结转下年支出650万元)，净结余398万元。基金专款按照区委、区政府的工作部署和急重轻缓的原则作相应安排，主要用于残疾人事业、城市公用事业、民政、教育等有关方面的支出。

（三）民生实事落实情况

按照区委、区政府向全区人民承诺办好涉及社会保障、医疗卫生、教育、文化、住房保障、公共交通、“三农”等方面的十件民生实事的要求，区财政集中财力，拨付资金共12282万元，其中：中央、省、市补助资金1413万元区级资金10869万元，各项民生实事的资金全部落实到位。

（四）财政管理与改革情况

2011年，为确保预算任务的顺利完成，着重抓了以下五方面的工作：

1. 坚持依法征管，确保收入平稳较快增长

2011年，虽然我区经济运行总体良好，但由于受政策性减收因素影响以及部分支柱企业效益下降，抓收入保增长的形势十分严峻。面对困难挑战，财税部门励精图治、兢兢业业，做了大量工作。一是坚持依法征管，加强收入监测调研和分析，抓好组织收入各项工作措施落实。二是加强财税协调，督促税收征收入库，强化收入征管，做到应收尽收。三是积极拓宽收入来源，抓好非税收入管理，完善行政事业性收费和罚没收入“收支两条线”管理，确保财政收入保持平稳较快增长。

2. 坚持调结构转方式，推动经济增长质量进一步提高

2011年财政部门充分发挥职能作用，积极推动我区经济发展方式转变和经济结构调整。一是大力促进战略性新兴产业培育，落实了LED博览交易中心、礼乐机电产业基地、江门市现代物流产业园区征地补偿资金，拨付制造业、新兴产业技术改造资金260万元。二是大力支持企业自主创新和促进中小企业做大做强，落实扶持中小企业发展资金301万元，拨付科技专项资金2589万元。三是加大对外贸企业扶持，拨付企业外贸发展专项扶持资金637万元。四是加大对上市企业的扶持，积极落实企业上市融资政策，加快推进企业改制上市，拨付企业上市补助资金77万元。五是加强节能减排和环境保护，落实节能减排资金政策，开展河流污染治理，大力改善群众生活环境，拨付节能环保资金3859万元。

3. 坚持保障和改善民生，推进基本公共服务均等化

2011年，财政部门大力调整和优化财政支出结构，不断加大民生投入，提高公共服务供给水平，使群众充分分享改革发展成果。一是优先发展教育。拨付教育资金13897万元，巩固完善城乡免费义务教育经费保障机制，落实中小学教师工资福利待遇“两相当”，加强学校设施设备建设，建成外海中心小学新校区、礼乐中心小学综合教学楼、公办中小学心理咨询室，加快发展学前教育，扶持各街道完成中心幼儿园的建立。二是提高公共医疗卫生服务水

平。拨付医疗卫生资金4664万元，重点支持深化医药卫生体制改革，人均基本公共卫生服务经费标准达25元，积极推进基层医疗机构实施基本药物制度，城市社区卫生服务基本覆盖城镇居民，城乡医疗卫生服务体系进一步健全。三是健全社会保障体系建设。拨付社会保障和就业资金6881万元，全面实施新型农村社会养老保险、被征地农民养老保险，积极落实各项促进就业的扶持政策。四是贯彻落实各项惠民政策。扶持平价商店，积极稳定物价，切实保障困难群众的基本生活，落实粮食风险资金，兑现家电下乡、摩托车下乡资金，全年拨付商业流通等方面的支出共417万元。五是加强城乡文化事业投入，促进群众文化活动多元化。拨付文化体育与传媒资金443万元，支持农家书屋建设，加大基层文化广场建设、举办运动会、美食节和送戏下乡等投入。六是加大区内交通设施投入，完善区内交通网络。多方积极筹集资金，全力推进胜利南路、礼东大桥和永康路等工程建设，城乡社区基础设施建设共投入861万元。七是加大群众生活设施建设投入，将惠民、便民、利民落到实处。以“创文”活动为契机，加大农贸市场升级改造力度，提高城乡环境保洁力度和环卫工人待遇，加强城乡村庄公共设施建设，城乡社区卫生共投入1925万元。安排307万元用于改善公交车辆车况、增加本区域公交车线路，方便民众安全出行。

4．坚持城乡统筹发展，加大“三农”投入力度

农林水事务支出3041万元，继续落实种粮直补、综合直补、农机购置补贴等各项支农惠农政策；加大农业现代化技术推广投入力度，推进城乡水利防灾减灾工程；落实农村基层组织工作经费保障制度，推动农村改革与发展。

5．坚持深化财政改革，不断提高科学化、精细化管理水平

深化部门预算、国库集中支付、政府采购等财政管理制度改革。加强预算编制与预算执行、结余结转资金管理和行政事业单位资产管理。严控“三公”经费，稳步推进预算公开和公务卡改革试点工作。切实做好省以下财政体制改革实施有关衔接工作，加大转移支付力度，增强基层财力保障。配合“大部制”改革，依据责、权、利对等的原则，结合国库改革做好相关财政收支承接工作，促进“大部制”改革的深化推进。加强财政监督，坚持联动监督检查工作机制。强化“三农”和民生资金的监督检查，继续做好“小金库”专项治理工作，完善财政资金安全管理。加强地方政府债务和融资平台管理，切实防范财政金融风险。

2011年，在区委、区政府的正确领导下，在区人大的监督指导下，全区各部门密切配合，共同努力，预算执行和财政管理工作取得良好成效，但在财政运行和管理工作中也还存在一些问题：部分基层财税收入增长乏力，后劲不足，收入征管质量有待进一步提高；社会各项事业加快发展和推进改革的刚性增支压力加大，财政收支矛盾仍然突出；各部门编制预算的绩效观念有待进一步提高，预算支出执行的时效性和均衡性仍需增强；财政管理体制和财政基础管理有待继续完善等，必须引起高度重视，采取切实有效措施努力加以克服和解决。

二、2012年预算草案

2012年是党的十八大召开的重要一年，也是我区加快转型升级、建设幸福江海的关键之年。综合看来，在国家宏观经济政策的持续影响下，预计2012年我区经济保持在平稳增长区间，但财政收支形势面临不少减收和增支因

素。收入方面，欧洲主权债务危机、外需不足将对外贸依存度高的出口企业产生不利影响；随着2011年以来工业、投资、外贸出口、企业利润等主要经济指标的逐步回落，将明显影响相关主体税种收入的增长；持续的房地产调控和信贷紧缩政策对财税收入产生的冲击将继续显现。此外，国家出台的结构性减税政策将一定程度影响财政增收。预计2012年财政收入保持较高增幅的难度很大，财政收入增长将面临较严峻的形势。支出方面，贯彻国家调结构、扩内需、保增长、保民生各项决策部署，落实国家、省、市中长期教育改革和发展规划纲要、提高新农合和城镇居民医疗保险财政补助标准、提高义务教育公用经费标准、加大水利建设投入等各项政策，保障"三农"、教育、科技、医疗卫生、社会保障和就业、文化体育、保障性住房、交通、节能环保等重点支出，落实促进转型升级等各项战略部署，都需要进一步加大财政投入。2012年全区财政收支矛盾十分突出，必须坚持量入为出、收支平衡、有保有压、确保民生、确保重点、确保运作的原则，科学合理编制年度预算。

编制2012年我区财政预算总的指导思想是：坚持以邓小平理论和"三个代表"重要思想为指导，深入贯彻落实科学发展观，全面贯彻中央、省、市经济工作会议和区第八次党代会、八届二次全会、区人大九届二次会议的精神，紧紧围绕"加快转型升级、建设幸福江海"核心和"双十双五"工作重点，坚持强化收入征管，应征尽征；落实积极的财政政策，充分运用财政手段加快推进经济发展方式转变和经济结构调整，着力推动扩大内需；进一步优化财政支出结构，坚持厉行节约，严格控制一般性支出，切实保障和改善民生；深化财政改革，推进基本公共服务均等化，统筹兼顾、均衡区域、城乡发展；坚持依法理财，完善财政体制机制，加强财政科学管理，保持全区财政平稳运行和较快发展，为促进全区经济社会和谐稳定、提升人民群众幸福感提供财力保障。

（一）2012年地方财政一般预算收入

2012年全区地方财政一般预算收入安排54843万元，比2011年增收6309万元，增长13%。全区地方财政一般预算收入加上预计省市税收返还款和上年结余，减除各项上解款后，预计全区可支配财力为62021万元。

（二）2012年地方财政一般预算支出

根据2012年预算收入安排及预计全区的可支配财力，按照《预算法》的规定和"量入为出，收支平衡"的原则，拟全部用于安排支出，即一般预算支出相应安排62021万元。各项重点支出得到有效保障，其中科技、文化体育与传媒、社会保障和就业、城乡社区事务及农林水事务等投入大幅增长。重点支出及主要项目安排情况如下：

1. 贯彻落实积极的财政政策，充分发挥财政职能作用，促进经济发展方式转变，支持先进制造业发展。围绕区委、区政府加快产业平台建设、重大项目建设和战略性新兴产业发展的部署，安排产业发展、科学技术、外经贸等支出1793万元，促进经济平稳健康可持续发展。其中，安排科技发展资金1348万元，大力支持科技自主创新，促进科技进步。按可比口径计算，2012年科学技术投入比2011年增长29.00%。

2. 坚持民生优先，推进基本公共服务均等化，把保障和改善民生作为经济发展的出发点和落脚点。

一是提升教育发展水平，促进教育公平。安排教育投入13928万元（另在基金预算安排教育专项资金834万元），按可比口径计算，比上年增长16.53%。其中，大力推进义务教育均衡发展，安排城乡免费义务教育补助资金1393万元，用于免除城乡免费义务教育阶段学杂费和课本费，提高义务教育阶段公用经费，逐步解决非户籍常住人口子女平等接受义务教育问题。安排中小学校安全防范专项资金74万元，加强校园安全。深化教育发展，安排1985万元加强教育设备、设施建设，提升教育发展水平。

二是加快建设覆盖城乡居民的社会保障体系，提高社会保障水平。坚持广覆盖、保基本、多层次、可持续的方针，完善社会救助和社会福利体系，逐步建立统筹城乡的社会保障网。安排社会保障和就业投入8334万元，按可比口径计算，比上年增长28.51%。加快建立“普惠型”的城乡基本养老保险体系，完善社会救助体系和社会福利体系，其中，给予全区80岁以上老人发放政府高龄津贴和支持老年人事业发展，共安排专项资金131万元。加强社区建设，安排社区居委会专项、社区服务中心建设、社区人员培训等688万元。落实积极就业政策，完善统筹城乡的公共就业服务体系，安排促进就业专项资金、退役士兵职业技能免费培训补助等221万元。

三是深化医药卫生体制改革，加快医疗卫生事业发展。安排医疗卫生投入3638万元，按可比口径计算，比上年增长15.16%。其中，健全覆盖城乡居民的医疗保障体系，按照每人每年240元的标准要求，安排城乡居民基本医疗保险补助资金1329万元。大力实施基本公共卫生服务项目，安排616万元向城乡居民提供疾病预防控制、免费婚前孕前检查、妇幼保健等基本公共卫生服务。推进基层医疗卫生事业发展，安排基层医疗卫生机构经费298万元，改善基层医疗卫生条件，提升基层医疗卫生服务水平，切实改进群众看病贵、看病难问题。

四是落实国家人口计划生育政策，提高人口素质。安排计生投入987万元。其中，落实城乡计划生育奖励政策，发放城镇独生子女父母计划生育奖励金、农村部分计划生育家庭奖励、农村计划生育家庭节育奖等180万元。落实人口计划生育目标管理，安排流动人口计生服务经费、综合治理、计生宣传等专项经费478万元。

五是推进文化体育事业发展，提升文化软实力。安排文化体育投入518万元按可比口径计算，比上年增长30.15%。其中，加快建设覆盖城乡的公共文化服务体系，免费为农民和外来工放映电影，安排农村电影放映“2131工程”等群众文化专项经费60万元。开展群众性精神文明创建活动，安排群众文化体育艺术活动经费94万元。推进公益性文化事业，安排农家书屋建设专项经费30万元。提高体育事业发展水平，安排各类体育活动经费32万元。

3. 支持农村农业改革发展，促进城乡协调发展，加快社会主义新农村建设。安排农林水投入3307万元，按可比口径计算，比上年增长29.43%。

一是落实强农惠农政策，提高农民收入。落实对农民的各项补贴，安排政策性农业保险和强制免疫疫苗经费96万元，提高农业生产安全保障水平。构建粮食安全保障体系，安排粮食风险基金222万元。大力支持发展现代农业，促进农业农村发展方式的转变，提升农产品质量，安排扶持农业产业化等专项资金174万元。

二是加大水利建设投入，推进水利改革科学发展。积极贯彻落实中央和省、市部署，充分发挥水利发展对我区经济社会发展的支撑保障作用，统筹安排资金2501万元用于水利投入。

三是加快推进生态建设，抓好重点林业生态工程。新增安排绿道绿化建设资金100万元，安排森林抚育、森林防火、病虫害防治等专项资金87万元。

4. 提高公共服务管理水平，建设服务型政府，加大社会建设力度。安排公共服务管理投入16432万元。加大公共安全投入，安排公检法司等公共安全经费8764万元，加强公安政法队伍建设，提升社会治安监控能力，增强公共安全和社会治安保障能力。提高安全监管和应急救援水平，安排危险源网络监管、应急救援指挥中心专项经费、补助高新区安全巡查经费306万元。创新社会管理模式，安排政府购买服务、培育社会组织发展、推进事业单位改革等专项资金527万元。

5. 对口支援新疆、西藏建设。根据上级关于对口支援新疆、西藏工作部署，安排支援新疆、西藏资金199万元。

6. 建立公共安全应急体系，维护社会稳定。安排防范化解金融风险准备金470万元，总预备费520万元。

（三）2012年基金收支预算

2012年纳入区级基金预算收入的项目共4个，分别是城市公用事业附加收入、彩票公益金收入、残疾人就业保障金、地方教育附加。

按上述基金范围，2012年政府性基金收入安排2747万元，比2011年增收50万元，增长1.85%。政府性基金收入加上上年结余，计划安排基金支出2791万元，主要用于城市公用事业、教育、民政、残疾人事业方面的支出。

三、坚定信心，真抓实干，努力完成全年预算任务

按照区委、区政府的工作部署，2012年，我们将以科学发展观为统领，紧紧围绕“加快转型升级，建设幸福江海”核心和“双十双五”工作重点，积极发挥财政职能作用，切实支持经济社会建设，保障和改善民生，促进经济发展方式转变，深化财政改革，完善体制机制，加强财政管理，切实做好以下工作：

（一）强化财政收支管理，确保实现稳定增长

落实财税联席会议制度，加强财税联动，抓住收入征管的重点地段、重点税源和税收大户，狠抓跑冒滴漏，依法征收、应征尽收。密切关注经济形势的变化和税制改革动向，采取措施积极主动应对，增强工作的预见性、针对性和实效性，努力培植财源税源，不断完善财政收入管理，提高财政收入的质量，确保实现财政增长预期目标。同时，坚持量入为出，强化预算约束，加强预算执行情况跟踪分析，促进预算执行的“均衡、有效、安全”。在保障机关运作基本支出的前提下，继续落实各项厉行节约措施，大力压减一般性支出，严控 “三公”经费支出，确保把有限的资金用于加快发展和改善民生。

（二）充分发挥财政职能，促进经济转型升级

依托国家级高新区建设，发挥财政在调整产业结构和转变经济发展方式中的职能作用，积极支持引进大项目，引导和促进企业调整结构和加快转型升级。落实好各项激励措施和配套扶持政策，充分发挥财政资金的引导和乘数效应，支持新光源、新能源、新材料、生物医药等新兴产业的发展，重点支持发展绿色光源（LED）产业，推进机电产业基地、精细化工业园区、食品工业园区、现代物流园区及LED产业基地及博览交易中心的开发建设。完善财政支持科技进步和自主创新的投入机制，鼓励企业自主创新，推动科技成果转化。认真落实支持企业特别是中小微企业税费优惠政策

和措施，促进企业加快技术改造、开拓市场和产业升级。盘活闲置土地，支持区资产大厦和工商联大厦建设，推动总部经济发展。加大基础设施建设投入，积极支持推进胜利南路、五邑路、江睦路、金瓯路等城区主干道和绿道建设。支持加快“三旧”改造项目建设，促进核心区建设。大力推进重点领域节能减排，优化生态环境。

（三）调整优化支出结构，着力保障改善民生

进一步优化财政支出结构，加大民生投入，重点支持解决基本民生、底线民生和热点民生，加快推进基本公共服务均等化，保障区十件民生实事的实施，有序推动教育、社会保障和就业、医疗卫生、文化事业等各项社会事业发展，提高民生福祉。支持教育优先发展，巩固完善城乡免费义务教育经费保障机制，不断促进全区中小学校建设。加快推进社会保障体系建设，落实社会保险各项政策，建立“普惠性”的城乡基本养老保险制度体系。加大城乡基本公共卫生服务经费保障，支持深化医药卫生体制改革，全面实施国家基本药物制度，加快区人民医院新住院大楼建设，促进医疗卫生事业发展。加大公益性文化事业投入，加强文化基础设施建设，大力支持开展各项群众性文化活动。创新投入方式，建立财政支持社会建设的引导机制，推进政府购买服务改革，支持培育社会组织，夯实社会管理基础。

（四）继续深化财政改革，加强财政精细化管理

围绕进一步完善公共财政体系、构建有利于科学发展的财政运行机制的目标，坚持完善制度、夯实基础与强化管理并重，着力在加强财政“两基”建设上下功夫。继续深化部门预算、国库集中支付、资产管理、绩效评价、投资审核、政府采购等各项财政改革。不断完善国库集中支付运行机制、落实公务卡试点改革工作，规范政府性投资基建项目财务管理，健全财政资金安全监督长效机制，完善财政行政权力运行规则，突出加强与群众切实利益相关的专项资金的监管，进一步促进财政精细化、科学化管理上新的水平。

（五）加强财政自身建设，提高管理服务水平

财政事业的发展，干部队伍建设是关键，我们将始终把财政干部队伍建设和作风建设放在重要的位置抓紧抓好。积极开展思想道德、党风廉政、财政普法、业务能力培训等教育学习活动，弘扬“敢、拼、争”精神，坚持“严、快、实”作风，切实推进学习型、创新型、服务型、节约型机关建设，努力建设为国理财、为民服务、尽忠职守、清正廉洁的财政干部队伍。

各位代表，新的一年，我们将高举中国特色社会主义伟大旗帜，以邓小平理论和“三个代表”重要思想为指导，深入贯彻落实科学发展观，在区委、区政府的正确领导下，在区人大的监督支持下，解放思想、坚定信心、锐意进取、真抓实干，圆满完成全年财政预算任务，为我区加快转型升级、建设幸福江海作出新的更大贡献！

大事记

ANG HAI YEARBOOK

2011年江海区大事记

1月4日，江门荣信电路板有限公司获“全国职工书屋”殊荣，并接受了江门市总工会赠送的价值2万多元的23箱书籍。至此，江门市仅有6家单位获此殊荣，江海区的多快好省机械有限公司和荣信电路板有限公司是其中的两家。

1月7日，位于江海区的广珠城际轨道江门站正式开通运营。

1月18日，江海区委召开七届十次全会，学习贯彻党的十七届五中全会、省委十届八次全会和市委十一届九次全会精神，回顾江海区“十一五”期间特别是2010年工作，部署2011年工作。会议审议和通过了《中共江门市江海区委关于制定全区国民经济和社会发展第十一个五年规划的建议》。

2月25日，江海区政府与华电新能源发展有限公司举行战略合作协议签约仪式。该公司拟在江海区投资建设天然气分布式能源热电冷联供项目，总投资20亿元。

3月11日，江海区举行外海体育广场落成启用暨义务植树仪式。外海体育广场坐落于外海茶庵公园旁，占地面积25000平方米，集散步健身、休闲娱乐多种功能于一体的群众性文体设施，并免费向公众开放。

是月，在最高人民检察院召开的表彰会上，江海区人民检察院荣获第四届“全国先进基层检察院”称号，是全国检察系统最高的集体荣誉之一。

是月，江海区村、社区“两委”换届选举工作自2010年12月全面启动以来，全区共59个村（社区）“两委”全面完成换届选举工作。选举产生村、社区“两委”成员275人，平均年龄43.8岁。

4月6日，江海区创建全国和谐寺观教堂挂牌仪式在基督教礼乐堂举行。基督教礼乐堂是第一批获得创建全国和谐寺观教堂达标单位。

4月11日，江门市首个区级税收宣传教育基地在江海区礼乐中学挂牌成立。通过设立税收宣传教育基地，使未来的纳税人树立起依法诚信纳税的观念，增强责任感和主人翁意识，实现“教育学生、带动家庭、辐射社会”的目标。

4月12日，江南市场成为全市签订市场升级改造责任状后第一个完成改造任务的市场。江南市场是集体性质的农贸市场，至今已有近30年历史。改造投入97万元，今年2月25日动工，历时47天完成改造。升级改造后的江南市场总体面积为2100平方米，商铺、摊位共计128个。

4月26日，在江门市庆祝“五一”国际劳动节暨劳动模范及先进集体表彰大会上，对荣获“广东省五一劳动奖章”的中共江门市江海区委书记梁美贤，以及荣获“广东省工人先锋号”的江门市安诺特炊具制造有限公司抛光车间机抛班，荣获“江门市先进集体”的中港宝田摩托车实业有限公司、江门市第十一中学英语科组2个单位，荣获“江门市劳动模范”的刘心学、黎振康、舒长红、黄群笑、莫斯汝、马维勇6人进行了表彰。

5月10日，江海区扶助残疾人就业培训基地在广东恒健制药有限公司正式揭牌，55名残疾人参加了首期残疾人扶贫就业培训班。

5月11日，江海区首届校园安全文化节活动在江门市第十一中学正式启动。各部门有关领导，江海区中小学、幼儿园代表及江门市第十一中学学生共1000多人参加了启动仪式。

5月18日至21日，江海区首批“三旧”改造工程——华庆里拆迁补偿协议签约仪式正式启动。改造项目涉及49户民居，面积21333.33平方米。

6月5日，江海区茶庵寺举行大雄宝殿竣工庆典及佛像开光仪式，大雄宝殿建筑规模1200平方米，投资资金500万元。

6月17日，江海区组建一支由残疾人、健全人各10人组成的“残健龙舟队”到香港参加“2011香港国际龙舟展能邀请赛”，获得冠军。

6月22日，江海区首批“乡村少年宫”试点学校举行揭牌仪式，外海街道麻一佑启小学、礼乐街道新民小学两校分别开展各具特色的课外活动，形成具有民族特色、地方特色、地域特色的乡村少年宫。

6月28日，江门市青少年科普示范学校挂牌仪式在江海区银泉小学举行。银泉小学从2009年开始科普示范学校的创建活动，经过近两年的努力，于2010年12月底通过了江门市评审小组的检查和验收。

是月，江海区建设工程质量检测站在广东省质量技术监督局认证监管处组织的2010年度钢结构焊接质量超声波检测和水泥检验能力验证活动中，以两项活动检验指标结果为“满意”的优异成绩荣获“广东省实验室能力验证综合评价为满意的单位”称号，是五邑地区获得此殊荣的的唯一单位。

7月11日至8月19日，江海区组成体育代表团参加市第七届运动会。代表团人员总数139人，为历史上人数最多的一次，其中运动员114人，教练员15人，工作人员10人，参赛项目共10大项，22小项。在市运会上取得14金、12银、21铜的历史最好成绩，并获得体育道德风尚奖。

7月29日，江海区举行党政机构改革新组建部门挂牌仪式，标志着江海区“大部制”改革顺利完成。江海区党政机构由原来的33个党政部门和部分双管单位减至20个。

9月2日，江海区在江南文化广场举行“我舞蹈•我健康”百姓健康舞大赛。江海区下辖5个街道办代表团参加，最终滘北街道、江南街道获得金奖；外海街道、礼乐街道、滘头街道获得银奖。

9月23日，江海区举行纪念辛亥革命100周年暨弘扬陈少白爱国爱乡精神座谈会。市委统战部有关负责人和有关专家、学者、民主党派人士以及陈少白后人齐聚一堂，共同追忆革命先贤丰功伟绩，弘扬陈少白先生爱国爱乡精神，并就如何打造陈少白名人品牌，为江海区建设发展凝心聚力、建言献策。

9月27日，江海区第九届人大代表选举日。全区12万多名选民在各自选区投票，选举产生新一届区人大代表。

9月28－30日，中国共产党江门市江海区第八次代表大会召开，选举产生新一届区委和区纪委。

9月30日，中共江门市江海区第八届委员会举行第一次全体会议。全会选举旷仁山为区委书记，周惠红、颜强为区委副书记。

10月24日，江海区滘头街道河南下沙保障房项目正式开建。整个项目计划在2012年12月20日前竣工并交付使用，届时可向本市住房困难的中低收入家庭提供864套保障性住房。

11月9日，江门五邑图书馆在桥南社区设立五邑图书馆桥南分馆并正式揭牌。

11月11日至14日，江海区文化旅游暨美食节开幕，主题为建设绿色江海•文明侨乡百态。其中包括了“文明江海，魅力侨乡”系列文艺表演、“绿色，侨乡”创意登山比赛、“寻找江海最美”摄影比赛、“吃在江海”美食推广等四大活动。

11月28日下午，江海区九届人大一次会议闭幕。会议选举产生新一届领导班子，陈洽棠当选为江海区九届人大常委会主任，周惠红当选为江海区人民政府区长。

12月8日，省爱卫会委员、省卫生厅副巡视员、省“全国亿万农民健康促进行动”领导小组副组长黄晓军带领省考核鉴定组一行，对滘北街道创建“全国亿万农民健康促进行动”广东省示范镇工作进行考核鉴定，授予滘北街道“全国亿万农民健康促进行动”广东省示范镇（街）称号。滘北街道成为江海区首个获此荣誉的街道。

12月18日，江海区礼乐社会福利综合服务中心在江海区礼乐医院西侧举行奠基仪式。中心地块面积约10亩，建筑面积1.10万平方米，其中：一期规划占地面积720平方米，估算总投资1138万元；二期规划占地面积702平方米，总建筑面积6318平方米，二期工程估算总投资1415万元。

是日，江海区举行“三旧”（旧城镇、旧厂房、旧村庄）改造启动暨江门纸厂改造项目动工仪式，标志着江海区23个“三旧”改造项目进入施工阶段。

12月21日，江海区麻一佑启小学和银泉小学的档案目标管理通过省、市档案评审组的考核，认定为“省特级档案综合管理单位”。

12月28日，第三届礼乐腊味节在礼乐街道武东腊味食品加工区正式开幕。

2012年江海区大事记

1月1日，由江海区卫生和人口计生局以及滘北街道办联合举办的人口和计划生育集中宣传服务活动启动仪式暨“十佳女孩”颁奖仪式在滘北人口文化园举行。活动以“做好宣传服务、促进家庭幸福”为主题，设置亲子活动表演和有奖问答环节和咨询摊位，向群众发放宣传资料、避孕药具和纪念品1200多份。

1月12日，江海区召开政府组成人员任命暨2011年度总结大会，任命新一届17名区人民政府组成人员，并对表现突出的先进集体和先进个人进行通报表彰。

是月，“2011年江海区10大亮点工程”揭晓。分别是：1.区新一届四套领导班子产生。2.顺利完成“大部制”改革。3.LED产业迈入跨越式发展轨道。4.广珠城轨正式通车。5.“三旧”改造取得新突破。6.东华大桥建设进展顺利。7.江海勇当创文“主力军”。8.江海区首个居家养老服务中心投入使用。9.江海区首家社会福利综合服务中心奠基。10.外海中心小学新校区启用。

是月，外睦路（省道肇珠线S272外海段）改造工程在江海区外海街道中东桥举行通车仪式。外睦路由江海路中路桥起至新会区牛牯田，全长7.53公里，沿途经过高新区，是重要交通道路。改造工程于2010年10月动工建设，项目总投资1000多万元。

2月5日，在江海区江南文化广场举行江海区龙狮武术协会成立仪式。14支队伍成为江海区龙狮武术协会的首批会员单位。

2月26日，礼乐新民小学和外海中学经第五批广东省现代教育技术实验学校确认，被评为“广东省第五批现代教育技术实验学校”。

是月，江海区企业美格顿（江门）电子照明有限公司的大功率LED集成封装模块场馆灯被认定为2011年江门市自主创新产品。

是月，江海区企业亚泰机电科技有限公司和江门安磁电子有限公司被认定为广东省2011年第一批高新技术企业。

3月6日，苏丹森纳尔州州委书记兼州政府

社会与宣传事务部部长法德勒•穆瓦拉为团长的全国大会党干部考察团一行24人到江海区考察外海街道金溪社区。

3月12日，“让森林走进江海”绿色行动启动仪式在礼乐街道向东村西九河岸举行。市委常委、江海区委书记旷仁山等江海区四套领导班子成员和干部群众1000多人在该区各植树点种树1600多棵。

3月28日，江门市文化广电新闻出版局转发省转文化部批复文件，在2011年全国文化馆定级评估中，江海区文化馆被命名为国家三级文化馆。

4月13日，江海区机关幼儿园通过了江门市一级幼儿园评估专家组的督导评估，晋升为“市一级”幼儿园。

是月，印尼广肇总会主席谭柏叶率领由分会主要负责人和会员90多人组成的访问团到江海区访问考察。

5月24日，礼乐新民小学被省、市地震和教育等部门评为江门市防震减灾科普示范学校。

6月2日，一支由10名肢体残疾人、2名健全人组成的江海区“残健”龙舟队代表江门市赴肇庆市参加“粤港两地残疾人龙舟交流赛”。江门代表队取得了本次比赛的第一名。

6月26日，省道S272肇珠线江门市区复线东华大桥正式开通。

7月26日，江门市科恒实业股份有限公司（科恒股份，300340）在深交所创业板正式挂牌上市，成为江门市又一家登陆境内A股市场的企业。科恒股份作为一家以高性能稀土发光材料的研发、生产、销售及相关技术服务为一体的国家级高新技术企业，是我国最大的稀土发光材料供应商。

是月，礼乐街道龙舟队荣获李锦记第八届国际龙舟联合世界俱乐部锦标赛暨香港国际邀请赛冠军。

8月8日，中国（江门）国际绿色光源博览交易中心项目奠基暨推动广东绿色光源国际采购中心建设合作签约仪式在江海区举行，澳门特别行政区行政长官崔世安和政府、社会各界人士500多人出席仪式。这是CEPA(《内地与澳门关于建立更紧密经贸关系的安排》）协议于2004年1月1日正式实施以来，澳门投资者在江海区乃至江门市最大规模的投资项目。

8月31日，江海区举行区国土规划和环境保护局、社会保险基金管理局揭牌仪式。此次大部制改革，江海区的党政机构由原来的33个精简为22个，其中新组建部门10个。其中江海区国土规划和环境保护局是由市国土资源局江海分局、市城乡规划局江海分局、市环境保护局江海分局三个机构组建而成，由市垂直管理调整为区政府管理。江海区社会保险基金管理局原为江门市社会保险基金管理局江海分局，也是由市垂直管理调整为区政府管理，现为隶属江海区人力资源和社会保障局管理的事业单位。

9月3日，江海区乡土教材《江海英贤》首发仪式在江海区外海中学隆重揭幕。由江海区委、区政府编制的江海区未成年人思想道德建设乡土教材系列读本——《江海英贤》，从筹备到首发历时1年半，重点选取了江海区9位革命英雄人物，以图文并茂的连环画形式记录他们的英雄事迹。当天，全区各中小学还举行了《江海英贤》赠书仪式，共赠阅23000本。

9月4日，经省教育厅评估研究，决定授予江南小学、华兴小学“江门德育示范学校”称号。

9月17日，广东省教育厅决定授予外海中学“广东省普通高中教学水平优秀学校”称号并颁发奖牌。

9月29日起，连续8日在江南文化广场、礼乐街道人民会堂等地举行江海区首届文化艺术节暨“南粤幸福活动周”活动。活动由江海区委、区政府主办，联合五个街道进行文艺汇演、悠扬曲艺、龙狮武术、摄影作品展览和特色美食展等活动。

是月，江海区首个工业园区人民调解委员会——外海街道直冲工业园区人民调解委员会正式挂牌成立。这是江海区继企业调委会、行业性调委会和专业性调委会后，又一新型人民调解组织。

是月，突尼斯执政联盟三党干部考察团一行15人，参观江门市中港宝田摩托车实业有限公司和江门健威家具装饰有限公司。

10月19日，江海区企业退休职工管理中心举行成立挂牌仪式。这是全市第一家区级企业退休职工管理中心，主要负责组织开展退休人员活动、反映诉求，协助街道、社区开展退休管理和老龄工作等方面的工作。

10月25日，江海区举行中西医结合医院暨五邑中医院合作医院挂牌仪式。江海区中西医结合医院前身礼乐人民医院是一所拥有50多年历史的医院，升格后将为二级医院标准。在仪式上，受五邑中医院聘用的首批医疗专家5名医生获赠证书。

10月26日，江门市首家物业管理调解委员会在江海区江海花园挂牌成立。主要针对小区内的邻里纠纷、损害赔偿、婚姻家庭等民事纠纷以及物业企业与业主之间的矛盾纠纷进行调处，同时以小区为单位开展居民法制宣传教育。

11月，江海区卫生和人口计生局被人社部和国家人口计生委评为“全国人口和计划生育先进集体”，是全省获得此荣誉的10个单位之一，也是江门市唯一获得该称号单位。

是月，江海区的凯立信电气科技、阪桥电子材料、力源泵业等三家企业被省科技厅认定为2012年第二批省级民营科技企业。

12月7日，2012江门市江海区重点项目动工竣工•江海商业广场奠基仪式在中环广场北侧举行。仪式上总投资额超50亿元的20个项目成功签约。十大重点项目中，奠基的有江海新城、江海供电大楼、金瓯路改造、科恒股份新型稀土发光材料产业化、量子高科（中国）微生态健康产业基地、金钻辉公司礼乐新厂区、连海苑小区、君汇熙庭、江海商业广场项目；落成的有礼乐大桥首期通车项目。

12月18日，江海区举行《江门市江海区志》出版座谈会暨赠书仪式。《江门市江海区志》为江海区首部地方综合志书，全面、客观地记述1985－2004年江海区地域的自然、经济、政治、文化和社会的状况，全书139.2万字。

12月23日，由江海区外海太虚拳协会主办的2012年广东省武当太虚拳大赛在江海区外海街道举行，来自四川、湖南、江西、香港，以及广东省广州、佛山等地的21支队伍约200名习武者参赛。

12月25日，外海中心小学综合档案室获省档案局授予“广东省特级综合档案管理单位”称号。

12月28日，在广州市英雄广场举行的首届广东省百姓艺术健康舞展演上，江海区代表队的两支原创舞蹈《厨房欢歌》《相亲相爱》获得最佳编创奖、集体表演奖和最佳风采奖。

概况

JIANG HAI YEARBOOK

基本情况

【地理位置和面积】 江海区位于广东省江门市东北部，东与中山市隔河相望、西南面与新会区相接、北面与蓬江区隔江相望。江海区面积109.16平方公里，占全市总面积1.15%。

【人口】 2011年，全区常住人口255393人、户籍人口160082人，其中男性79641人，女性80441人；迁入2345人，迁出1787人；年内出生1457人，出生率9‰；年内死亡1037人，死亡率6‰；出生与死亡相比净增420人，净增率2‰。登记流动人口32865人，其中男性20886人，女性11979人。

2012年，全区常住人口257000人，户籍人口160160人，其中男性79711人，女性80449人；迁入5000人，迁出5481人；年内出生1659人，出生率10‰；年内死亡1100人，死亡率为7‰；出生与死亡相比净增559人，净增率3‰。登记流动人口36280人，其中男性22018人，女性14262人。

【行政区划】 2011年末，江海区辖5个街道，34个村民委员会，23个社区居民委员会。

2012年末，江海区辖5个街道，36个村民委员会，23个社区居民委员会。

附：

2011年江海区行政区划简表

街 道	村（居）委会名称	村委会数	社区居委会数
外海	村委会：麻一、麻二、麻三、南山、中东、东南、东升、七东、七西、直冲、东宁、前进 居委会：墟镇、金溪、清兰、四大、沙津横、石鹤利、银泉	12	7
礼乐	村委会：英北、英南、东红、跨龙、东仁、雄乡、敬和、雄光、威西、五四、威东、向前、武东、乌纱、新民、新创、向民、新丰、向荣、新兴、向东、新华 居委会：墟镇、文苑、文昌沙	22	3

续上表

街 道	村（居）委会名称	村委会数	社区居委会数
江南	居委会：桥南、蓬苑、江翠、新中、竹苑、中沙	—	6
滘头	居委会：仁美、建联、银城、正南、永明	—	5
滘北	居委会：北湾、富横	—	2
合计	—	34	23

2012年江海区行政区划简表

街 道	村（居）委会名称	村委会数	社区居委会数
外海	村委会：麻一、麻二、麻三、南山、中东、东南、东升、七东、七西、直冲、东宁、前进 居委会：墟镇、金溪、清兰、四大、沙津横、石鹤利、银泉	12	7
礼乐	村委会：英北、英南、东红、跨龙、东仁、雄乡、敬和、雄光、威西、五四、威东、向前、武东、乌纱、新民、新创、向民、新丰、向荣、新兴、向东、新华、镇龙、丰盛 居委会：墟镇、文苑、文昌沙	24	3
江南	居委会：桥南、蓬苑、江翠、新中、竹苑、中沙	—	6
滘头	居委会：仁美、建联、银城、正南、永明	—	5
滘北	居委会：北湾、富横	—	2
合计	—	36	23

社会经济发展

【国民经济综述】 2011年，全区生产总值120.21亿元，增长13.53%。其中第一产业增加值增长3.5%，第二产业增加值增长19.93%，第三产业增加值增长1.79%。在第三产业中，交通运输、仓储和邮政业增长0.9%，批发和零售业增长9.81%，住宿和餐饮业增长1.22%，金融业增长5.73%，房地产业增长6.83%，营利性服务业下降18.88%，非营利性服务业增长5.28%。人均GDP47148元，增长7.58%。三次产业结构比例为3.22∶67.92∶28.86。

2012年，全区生产总值121.99亿元，增长9.0%。其中第一产业增加值4.04亿元，增长2.2%，第二产业增加值79.72亿元，增长11.9%，第三产业增加值38.23亿元，增长3.9%。在第三产业中，交通运输、仓储和邮政业增长4.1%，批发和零售业增长1.7%，住宿和餐饮业增长1.2%，金融业增长34.4%，房地产业增长11.7%，营利性服务业下降11.5%，非营利性服务业增长7.2%。人均GDP4.76万元，增长8.5%。三次产业结构比例为3.31∶65.35∶31.34。

【城乡发展环境】 2011年，贯通核心区的胜利南路拆迁完成，胜利南路安置小区动工建设，胜利大桥，东华大桥和礼东大桥建设进展顺利。鹿茵酒店、海逸酒店和江门演艺中心建设进度加快，江海碧桂园二期和濠江花园项目加紧建设，府西小区完成总体规划，天骄半岛、天鹅湾、海逸华庭等项目开发进度加快。13个“三旧”改造项目通过市项目认定，江门纸厂、汇聪电器厂两个“三旧”改造示范项目动工建设。完成辖区道路改造工程和路灯改造工程。开展农村道路硬底化、明渠改暗渠、环境美化绿化等建设，推进幸福新农村名村示范村创建活动。礼乐虾蛟滘电排站和外海横沥电排站等水利项目进展顺利。

2012年，东华大桥、礼乐大桥通车，胜利南路、江睦路、金瓯路等道路工程扎实推进；江珠高速北沿线征地工作进展顺利，其中北街水道特大桥进场动工。鹿茵酒店、协和医院、明泰地产沃尔玛山姆店、中环广场二期等项目按计划推进，明泰江海新城、濠江花园、文昌花园、天鹅湾花园、江海碧桂园、渔山小区胜利南安置小区等房地产项目建设进度加快。沿江新城片区逐步成型，海逸酒店、海逸华庭、奕聪花园、海逸名苑、海伦湾等一批项目加快建设。全面完成2603亩“三旧”项目历史遗留用地手续，外海汇聪电器厂示范项目动工建设。全面启动内涝整治工程，虾蛟滘电排站和横沥水闸（改）扩建工程完成主体工程建设，中沙水闸工程建设进展顺利。完成村庄规划编制26条、村庄整治22条，创建市级宜居社区2个。睦州水道堤岸景观工程示范段建成，龙光塔至茶庵寺绿道工程动工，绿道釜山驿站和白水带驿站投入运营。

【固定资产投资】 2011年，全年固定资产投资51.25亿元，增长22.39%。分经济类型，国有经济投资2.28亿元，下降73.43%；港澳台、外商经济投资16.76亿元，增长23.21%；民营经济投资24.36亿元，增长49.29%。分产业，第二产业投资27.89亿元，增长21.13%，第三产业投资23.36亿元，增长22.97%。全年房地产开发投资15.27亿元，增长20.3%；商品房施工面积113.19万平方米，增长50.73%；商品房竣工面积27.75万平方米，增长93.94%；商品房销售面积22.60万平方米，增长10.38%；商品房销售额13.47亿元，增长29.83%。

2012年，全年固定资产投资55.40亿元，增长8.1%。分经济类型，国有经济投资3.42亿元，增长50.0%；港澳台、外商经济投资12.50亿元，下降25.4%；民营经济投资30.59亿元，增长25.6%。分产业，第二产业投资25.74亿元，下降7.7%；第三产业投资29.66亿元，增长27%。全年房地产开发投资14.97亿元，下降2%；商品房施工面积140.72万平方米，增长24.3%；商品房竣工面积9.14万平方米，下降67.1%；商品房销售面积39.72万平方米，增长75.8%；商品房销售额22.44亿元，增长66.6%。

【重点建设项目安排】 2012年，安排重点项目37项，总投资额130亿元，年度投资额27.3亿元；全年完成投资28.06亿元，完成率101.39%。重点项目投资占全区固定资产投资的50.65%，有效拉动全区经济的平稳健康发展。其中，中国（江门）国际绿色光源博览交易中心及连海北路（江海路至外海中华大道）项目、江门市长优实业有限公司电动汽车电池关键材料及报废电池回收项目、江海区内涝整治工程、江门谦信化工发展有限公司12吨/小时乳液单体扩建项目、协和医院项目等5个项目被列入市重点项目，年度计划投资7.35亿元；全年完成投资11.11亿元，完成率138.05%。

【基础设施建设】 2011年，推进胜利南路工程建设，全面完成民房、商铺拆迁工作，创全市高效拆迁、和谐拆迁典范。广珠轻轨支线江门段试运营，礼东大桥、东华大桥预计2011年完工，胜利大桥举行动工仪式，五邑路大修及扩宽工程、金瓯路扩建工程完成前期工作，外睦路大修工程、江翠路交叉口及路面改造工程动工，东宁路进展顺利，永康路建成。

2012年，城市建设步伐加快，东华大桥、礼乐大桥竣工通车，江睦路（金瓯路—彩虹路）扩建完成，南山路（金瓯路—彩虹路）建成通车，江翠路改造工程完工，金瓯路改造扩建工程动工，广中江高速江海段启动建设。加快推进江海污水处理厂扩建工程、高新区工业污水处理厂建设工程。37个“三旧”改造项目通过市认定审批，上报 “三旧”历史遗留用地2000亩，汇聪电器厂改造工程动工建设。

【工业生产】 2011年，规模以上工业增加值82.12亿元，增长21.7%；其中轻工业增加值38.1亿元，增长18.8%；重工业增加值44.02亿元，增长24.3%。分经济类型，国有及国有控股企业下降12.5%，集体企业增长21.4%，股份制企业增长25%，外商及港澳台投资企业增长20.7%，民营企业增长29.4%。

2012年，全年规模以上工业增加值增长13.3%；其中轻工业增长7%；重工业增长19%。分经济类型，国有及国有控股企业下降7.6%，集体企业下降19%，股份制企业增长1.1%，外商及港澳台投资企业增长19%，民营企业增长8.5%。

【农业生产】 2011年，粮食作物播种面积3204亩，下降9.08%。果蔗种植面积8081亩，下降7.23%。蔬菜种植面积43256亩，增长3.97%。粮食产量1076吨，下降9.66%。果蔗产量46123吨，下降7.58%。蔬菜产量53680吨，增长12.38%。肉类总产量6947吨，增长0.81%。其中猪肉产量6802吨，增长6.93%；淡水养殖水产品产量14561吨，增长20.14%。

2012年，全年粮食作物播种面积3381亩，增长5.5%。果蔗种植面积10106亩，增长25.6%。蔬菜种植面积38431亩，下降11.2%。粮食产量1139吨，增长5.9%。果蔗产量56179吨，增长21.8%。蔬菜产量46296吨，下降13.1%。肉类总产量 7119吨，增长2.5%。其中猪肉产量6918吨，增长1.7%；淡水养殖水产品产量15853吨，增长8.9%。

【国内贸易】 2011年，实现社会消费品零售总额26.01亿元，增长18.19%。分行业，批发零售业实现零售额22.78亿元，增长18.9%；住宿餐饮业实现零售额3.23亿元，增长13.39%。分商品类别，在限额以上批发零售业零售额中，粮油、食品类增长28.53%，日用品类增长19.79%，汽车类增长21.29%，石油及制品类增长32.21%。

2012年，实现社会消费品零售总额26.30亿元，增长12.1%。分行业，批发零售业实现零售额22.37亿元，增长12.5%；住宿餐饮业实现零售额3.92亿元，增长9.9%。分商品类别，在限额以上批发零售业零售额中，粮油、食品类增长24.9%，日用品类下降24.6%，汽车类增长67.7%，石油及制品类下降1%。

【对外经济贸易】 2011年，进出口总额20.27亿美元，增长14.57%。其中进口总额7.03亿美元，增长15.1%；出口总额13.24亿美元，增长14.28%。分贸易方式，一般贸易出口7.27亿美元，增长12.61%；加工贸易出口5.93亿美元，增长15.94%。分企业性质，国有企业出口0.09亿美元，增长16.71%，三资企业出口8.75亿美元，增长16.08%，私营企业出口4.40亿美元，增长10.82%。外商直接投资0.88亿美元，下降36.28%。利用外资合同23宗，增长9.52%；合同利用外资额2.10亿美元，增长67.82%。

2012年，进出口总额21.31亿美元，增长4.2%。其中进口总额7.45亿美元，增长4.5%；出口总额13.87亿美元，增长4.1%。分贸易方式，一般贸易出口6.81亿美元，下降7.2%；加工贸易出口6.91亿美元，增长16.1%。分企业性质，国有企业出口0.09亿美元，增长1.3%；三资企业出口9.16亿美元，增长3.7%；私营企业出口4.62亿美元，增长4.9%。外商直接投资1.12亿美元，增长27.2%。利用外资合同22宗，下降4.4%；合同利用外资额2.01亿美元，下降4.3%。

【财政收入】 2011年，地方财政一般预算收入4.85亿元，增长23.69%，其中税收收入4.04亿元，增长20.55%；地方财政一般预算支出6.65亿元，增长14.11%。

2012年，实现地方公共财政预算收入5.37亿元，增长10.62%。地方公共财政预算收入增幅下降13.07个百分点，部分主要税种负增长，其中增值税、营业税分别下降5.12%和3.16%。地方公共财政预算支出7.06亿元，增长6.32%，其中农林水事务、公共安全、社会保障和就业、教育支出分别增长50.58%、18.28%、18.10% 和17.74%。

【社会各项事业】 2011年，有普通中学11所，小学15所，幼儿园44所。普通高中招生2584人，在校生7194人，毕业生2133人。初中招生2754人，在校生7938人，毕业生2386人。小学招生2941人，在校生16527人，毕业生2873人。幼儿园入园儿童2115人，在园幼儿7920人。小学学龄儿童入学率、小学升学率和初中适龄少年入学率均为100%，初中升学率99.09%，普通高中升学率91.8%。共有各类卫生机构43个，其中医院、卫生院5个。各类卫生技术人员472人，其中执业（助理）医师180人，执业护士155人，床位149张。医院、卫生院卫生技术人员369人，其中执业（助理）医师133人，床位149张。参加基本养老保险95508人，增长11.70%；参加医疗保险192819人，增长91.71%；参加失业保险66676人，增长11.50%；参加工伤保险65771人，增长12.39%；参加生育保险65703人，增长13.71%；参加农村社会养老保险54821人，增长753.25%。城镇最低生活保障人数1118人，农村最低生活保障人数2217人；发放低保救济金489.2万元，增长8%。社会福利院1家，床位530张，收寄养人数508人；敬老院2家，床位102张，收寄养人数12人；社区服务、活动场所225个。地方财政科学技术支出2894万元，增长41.03%。国家级高新技术企业24家，省民营科技企业49家；省级工程技术研究开发中心5家，市级工程技术研究开发中心19家。新增国家级高新技术企业8家，省民营科技企业10家。申请专利量898件，增长10.73%；其中发明专利156件，增长33.33%。专利授权量687件，下降4.85%；其中发明专利授权量48件，下降7.69%。申报省级科技项目20个，获得省级立项9个；申报市级科技项目36个，获得市级立项17个；申报区级科技项目43个，获得区级立项30个。各类专业艺术表演团体1个，文化馆1个，综合档案馆1个，建有礼乐街道图书馆和市五邑图书馆外海、滘头街道分馆，图书总藏量2.5万册。广播人口综合覆盖率和电视人口综合覆盖率均达100%。共有45个文体小广场，文体活动面积34.65万平方米，人均活动面积1.4平方米。

2012年，地方公共财政预算教育支出1.64亿元，增长18.1%。共有普通中学11所，小学15所，幼儿园43所。普通高中招生2465人，在校生7240人，毕业生2338人。初中招生2611人，在校生7764人，毕业生2463人。小学招生3522人，在校生17622人，毕业生2688人。幼儿园入园儿童1531人，在园幼儿7421人。小学学龄儿童入学率、小学升学率和初中适龄少年入学率均为100%，初中升学率99.15%，普通高中毛入学率98.24%。地方公共财政预算科学技术支出0.26亿元，下降11.2%。国家级高新技术企业30家，省民营科技企业62家；省级工程技术研究开发中心5家，市级工程技术研究开发中心23家。新增国家级高新技术企业7家，省民营科技企业12家。申请专利量1254件，增长39.6%；其中发明专利388件，增长148.7%。专利授权量752件，增长9.5%；其中发明专利授权量97件，增长102.1%。申报省级科技项目40个，获得省级立项5个；申报市级科技项目49个，获得市级立项13个；申报区级科技项目45个，获得区级立项35个。共有文化站5个，文化馆1个，综合档案馆1个，建有礼乐街道图书馆和市五邑图书馆外海、滘头街道分馆，图书总藏量2.55万册。广播人口综合覆盖率和电视人口综合覆盖率均达100%。共有48个文体广场，其中全民健身广场8个，文体小广场40个；公共体育场所总面积37.85万平方米，人均公共体育场所面积为1.5平方米。共有各类卫生机构44个，其中医院、卫生院5个。各类卫生技术人员525人，其中执业（含助理）医师 215人，执业护士201人，床位249 张。医院卫生院卫生技术人员468人，其中执业（助理）医师191人，床位数249张。

【城乡居民人均可支配收入】 2011年，农村居民人均纯收入12020元，增长16.45%。农村居民家庭恩格尔系数为44.35%，消费支出中教育文化娱乐服务所占比重为8.13%，居住住房总建筑面积人均31.40平方米。城镇居民人均可支配收入21744元，增长13.56%。城镇居民家庭恩格尔系数为38.6%，消费支出中教育文化娱乐服务所占比重为9.93%，现有住房总建筑面积人均36.06平方米。在岗职工年平均工资收入32634元，增长12.43%。

2012年，农村居民人均纯收入13661元，增长13.7%。农村居民家庭恩格尔系数为44.7%，消费支出中教育文化娱乐服务所占比重为6.3%，居住住房总建筑面积人均34.12平方米。城镇居民人均可支配收入24614元，增长13.2%。城镇居民家庭恩格尔系数为37.8%，消费支出中教育文化娱乐服务所占比重为9.77%，现有住房总建筑面积人均35.67平方米。在岗职工年平均工资收入39057元，增长19.7%。

党政机关

JIANG HAI YEARBOOK

中共江门市江海区委员会

□ 区委工作

【区委七届十次会议】 2011年1月18日召开，出席会议的有区委委员42人、候补委员7人。会议学习贯彻党的十七届五中全会、中央经济工作会议、省委十届八次全会和市委十一届九次全会精神，总结2010年工作，深入分析当前形势，部署2011年工作，研究制定江海区国民经济和社会发展第十二个五年规划纲要。

【区委七届十一次会议】 2011年8月22日召开，出席有区委委员41人、候补委员7人。区纪委常委、各街道党工委书记办事处主任、区委区政府办公室领导班子成员、区人大常委会办公室主任、区政协秘书长、区有关单位主要领导等58人列席会议。会议研究决定召开中共江门市江海区第八次党代会有关事宜，部署有关工作；审议《关于加强和创新社会管理全面推进社会建设的实施意见》。

【区委七届十二次会议】 2011年9月21日召开，出席会议的有区委委员38人、候补委员7人。区纪委常委、各街道党工委书记和办事处主任、区委区政府办公室领导班子成员、区人大常委会正副主任、区政协正副秘书长和区直各单位党员主要负责同志等人列席会议。会议听取区第八次党代会筹备工作情况报告、第七届区委工作报告（讨论稿）起草情况的说明和区纪委工作报告（讨论稿）起草情况的说明，讨论第七届区委工作报告（讨论稿）和区纪委工作报告（讨论稿），审议第七届区委工作报告和区纪委工作报告，选举产生第八届区委委员、候补委员、区纪委委员和出席市第十二次党代会代表。

【区委八届一次会议】 2011年9月30日召开，会议总结区第七次党代会以来取得的成绩及成功经验，选举产生新一届区委委员、区纪委委员。

【区委八届二次会议】 2012年1月13日召开，出席会议的有区委委员53人、候补委员8人。区纪委常委、各街道党工委书记和办事处主任、区委区政府办公室领导班子成员、区人大常委会办公室主任、区政协秘书长和区有关单位主要负责人等51人列席会议。会议学习贯彻中央经济工作会议、省委十届十一次全会、市第十二次党代会精神，总结2011年工作，部署2012年工作。

【中共江门市江海区第八次党代会】 2011年9月28日召开，大会的主题为高举中国特色社会主义伟大旗帜，深入贯彻落实科学发展观，动员和带领全区广大党员和干部群众，进一步解放思想，抢抓机遇，加快转型升级，推进科学发展，为全面完成“十二五”规划目标任务、实现建设幸福江海新跨越而努力奋斗。会议听取和审查中共江门市江海区第七届委员会工作报告。听取和审查中共江门市江海区第七届纪律检查委员会工作报告。选举中国共产党江门市江海区第八届委员会。选举中国共产党江门市江海区第八届纪律检查委员会。选举出席中国共产党江门市第十二次代表大会代表。中国共产党江门市江海区第八次代表大会代表名额拟为209名。其中各级党员领导干部代表占57.9%左右；各类专业技术人员代表占20.1%左右；各条战线先进模范人物代表占20.1%左右；解放军、武警代表占2%左右。妇女代表不少于24%；少数民族代表不少于0.4%；45岁以下的代表不少于50%。第八届区委拟设委员45名，提名候选人50名，其中差额5名；候补委员8名，提名候选人9名（含落选的委员候选人5名），其中差额1名。拟设常委11名，提名候选人12名，其中差额1名；设书记1名，副书记2名。第八届区纪委拟设委员21名，提名候选人24名，其中差额3名。拟设纪委常委7名，提名候选人8名，其中差额1名；设书记1名，副书记3名。

【区委常委会议】 2011年，共召开21次会议，主要研究召开中共江门市江海区委七届十次全体会议的有关事项；江门市江海区第八届人民代表大会第六次会议的有关问题；中国人民政治协商会议江门市江海区第二届委员会第六次会议的有关问题；讨论区委七届十次全会工作报告；研究有关人事问题；研究“七一”表彰的先进基层党组织、优秀共产党员和优秀党务工作者的问题；研究“创文”有关工作；研究党史工作；传达市委关于县（市、区）级领导班子换届工作会议精神；部署街道换届工作；区人大换届选举工作问题；学习传达省委十届九次全会、市委十一届十次全会精神；讨论《关于加强和创新社会管理全面推进社会建设的实施意见》（初稿）；召开中共江门市江海区第八次党代会有关事宜，部署有关工作；《关于加强和创新社会管理全面推进社会建设的实施意见》；江海区第九届人民代表大会常务委员会组成人员名额问题；江海区政协换届工作问题；江海区第九届人民代表大会常务委员会组成人员人选建议名单；调整江海区选举委员会主任人选问题；第八届区纪委委员人选建议名单；区四套领导班子成员人选建议名单；八届区委委员、候补委员人选建议名单；干部任免建议方案；关于区党政领导班子工作分工问题；召开中国共产党江门市江海区第七届委员会第十二次全体会议有关事项；召开中国共产党江门市江海区第八次代表大会的有关事项；审议中国共产党江门市江海区第八次代表大会的有关材料；江海区第九届人民代表大会第一次会议有关事项；研究区工商联换届工作有关事项；通报赴乐昌市秀水镇开展扶贫工作督查工作方案和赴井岗山学习考察有关事项；区委中心组学习有关问题；传达市关于重大事项社会稳定风险评估工作会议精神；研究江海区出席江门市第十四届人民代表大会代表候选人初步名单；中国人民政治协商会议江门市江海区第三届委员会第一次会议的有关事项；政协江门市江海区委员会第三届委员、常委建议名单；区工商联第三届执行委员会主席、副主席、委员候选人建议名单；做好新形势下群众工作的实施意见；召开区委八届二次全会的有关事项；《江门市江海区中长期人才发展规划（2010－2020年）》；酝酿讨论推荐广东省出席党的十八大代表候选人初步人选名单。

2012年，共召开8次会议，主要议题是传达市委十二届二次全会精神；传达市安全生产工作暨市政府第二季度防范较大以上安全事故会议精神；通报召开区人大九届二次、区政协三届二次会议有关事项；研究2012年江海区“双十双五”工作（十项重点工作、十件民生实事、五件重点研究事项、五项党建和社会管理重点工作）；研究推进三打两建有关工作情况；研究区委新闻宣传工作意见；研究《中共江门市江海区委政治协商规程》等相关问题；研究人事问题，研究党的十八大维稳“百日防护期”工作；推荐广东省第十二届人民代表大会代表候选人预备人选和广东省第十二届全国人大代表候选人预备人选；通报江海区深化行政审批制度改革实施方案有关情况；审定《中共江门市江海区委工作规则》；研究召开中共江门市江海区委八届三次全体会议的有关事项；讨论区委八届三次全体会议工作报告；研究召开江海区第九届人民代表大会第三次会议有关事项；研究在礼乐街道另行选举一名区人大代表问题；研究召开中国人民政治协商会议江门市江海区第三届委员会第三次会议的问题；研究增补江海区政协委员会名单；研究增补江海区政协常委名单；研究增补工商联（总商会）执委会成员；审议江门市江海区建立党委新闻发言人制度的实施办法；审议《江海区党（工）委（党组）中心组学习制度》；研究麻一村等10个村（社区）党（总）支部调整设置为党委的问题；审议《江海区关于建立健全区管干部谈话制度的实施办法》等九项工作制度；研究有关纪律处分问题。

【区党政领导班子联席会议】 2011年，共召开6次会议，主要议题是审定2010年街道领导班子实绩考核结果、区直机关作风建设先进单位名单、区企业推动经济发展突出贡献奖获奖名单、区综治和维稳工作先进单位和个人名单、区党风廉政建设先进集体和个人名单、2007年以来防范和处理邪教工作先进单位和个人名单，通报2010年江门市江海区科学技术奖获奖名单；通报给周反修呈报个人三等功的情况；兴建江海区档案馆问题；区政府工作报告（送审稿）；江门市江海区2011年经济和社会发展预期目标；江门市江海区2010年国民经济和社会发展计划执行情况与2011年计划草案的报告（送审稿）；江门市江海区2010年财政预算执行情况和2011年财政预算草案的报告（送审稿）；江门市江海区国民经济和社会发展第十二个五年规划纲要（送审稿）；关于推荐邢玉生参加全国政法系统优秀党员干警评选问题；通报江海区2010年农业农村经济指标和推荐江门市2010年度农业农村工作先进个人、江门市农民致富带头人有关情况；推荐评选江门市2011年劳动模范和先进集体的有关情况；建立区四套领导和组成人员参与义工服务活动制度的问题；传达市医改工作会议精神，布置下一阶段全区医改工作；江门市江海区简政强镇事权改革实施方案；审核江门市江海区党政机构改革方案实施意见；通报申报广东省模范劳动关系和谐企业单位有关情况；推荐表彰江门市创建双拥模范城先进单位和个人；宣布区党政领导班子成员工作分工；2011年度江海区精神文明建设先进集体、个人名单；2011年度江海区综治和维稳工作先进单位、个人名单；审定2011年度江海区党风廉政建设先进集体、个人名单；审定2011年度江海区人口与计划生育先进单位、个人名单；2011年度江海区节能先进单位、个人名单；通报2011年度江海区企业推动经济发展突出贡献奖评选情况；2011年度江门市江海区科学技术奖获奖名单；2011年度街道领导班子实绩考核情况；2011年度区直机关作风建设考核情况。

2012年，共召开5次会议，主要议题是审定区政府工作报告（送审稿）；《江门市江海区2011年国民经济和社会发展计划执行情况与2012年计划草案的报告》（送审稿）；《江门市江海区2011年财政预算执行情况和2012年财政预算草案的报告》（送审稿）；研究关于规范江海区农村集体“三资”管理工作的意见；听取各责任领导对各自牵头的倒逼任务完成情况的汇报；研究审定《关于印发中共江门市江海区委江门市江海区人民政府关于贯彻〈中共广东省委广东省人民政府关于加强我省计生工作促进人口长期均衡发展的决定〉的实施意见》；审定《江门市江海区机关在职公务员职级待遇正常调整方案》；《江门市江海区残疾人联合会第五次代表大会方案》；传达《市委办市府办关于进一步落实厉行节约规范和控制“三公”经费支出的通知》精神；通报2012年江门市江海区重点项目动工竣工暨益丞商业广场奠基仪式情况；研究《江门市江海区党政领导干部安全生产“一岗双责”工作职责》；《江海区党政领导班子和领导干部安全生产责任制考核办法》；关于向区人大说明2012年江海区主要经济指标完成情况的问题；2012年江海区财政预算调整方案的问题；推荐外海麻三村等单位（个人）为江门市精神文明创建先进集体（个人）问题；“三打两建”工作；通报行政审批改革工作进展情况；研究2012年江海区总结大会有关事项；审议《村民自治章程（范本）》；审议区政府工作报告（送审稿）；江海区2013年经济和社会发展预期目标；《江门市江海区2012年国民经济和社会发展计划执行情况与2013年计划草案的报告》（送审稿）；《江门市江海区2012年财政预算执行情况和2013年财政预算草案的报告》（送审稿）。

【重要决策和重大活动】 2011年1月7日，位于江海区的广珠城轨江门站开通运营。

3月12日，“让森林走进江海”绿色行动启动仪式在礼乐街道向东西九河边举行，区四套领导班子成员和区直单位负责人参加。启动仪式后，组织全区1200人参加当天的植树活动。

4月12日，区委、区政府印发《中共江门市江海区委江门市江海区人民政府关于建立倒逼机制推动重大工作落实的意见》。《意见》明确实施倒逼机制的重要意义、指导思想、基本原则、具体内容、责任分工和工作制度，通过建立以科学合理、适度超前的终极目标和严格的奖惩措施，倒逼各级各部门充分发挥主观能动性，逆向推动工作成果完成，提高工作效能。倒逼机制具体内容包括重大项目、重大活动和任务、审批事项、民生实事、区委和区政府的重大决策部署等，以目标管理制度、督查督办制度、情况报告制度、定期通报制度、考核奖惩制度加强对各项工作任务落实的跟踪督办，推动工作有效落实。

5月31日，区委、区政府印发《江门市江海区简政强镇事权改革实施方案》。《方案》突出简政扩权，理顺权责关系，优化机构设置，推进事业站（所）改革，着力提高街道办事处的经济社会管理和公共服务水平。按照精简、统一、效能的原则，综合设置各街道机关工作机构。外海街道办事处设置综合性办事机构8个，均为正股级。其中5个内设机构，3个直属机构；礼乐街道办事处设置综合性办事机构7个，均为正股级，其中：4个内设机构，3个直属机构；江南、滘头、滘北街道办事处设置综合性办事机构6个，均为正股级。其中内设机构3个，直属机构3个。各街道党的纪律检查委员会机关、人民武装部按有关规定设置。

6月5日，举行茶庵寺大雄宝殿竣工庆典及佛像开光仪式，市、区有关领导参加仪式。

11月11日，在白水带风景区举行2011年江海区文化旅游暨美食节开幕式，市、区有关部门领导出席开幕式。

12月18日，礼乐社会福利综合服务中心在江海区礼乐医院西侧举行奠基仪式。市、区有关领导和区直有关部门、街道主要负责人等出席奠基典礼式。礼乐社会福利综合服务中心面积10亩，建筑面积1.10万平方米，其中一期规划占地面积720平方米，总投资1138万元；二期规划占地面积702平方米，总建筑面积6318平方米，总投资1415万元。同日，举行江门纸厂“三旧”改造项目启动仪式，宣布江门纸厂“三旧”改造项目正式启动，市、区有关领导参加启动仪式。

2012年2月24日，区委办、区府办印发《2012年江海区“双十双五”工作计划》，包括抓好十项重点工作：整理确定都市生态休闲旅游基地策划开发、西江新城建设及“三旧”改造、物流园区建设、绿道网及城市景观工程、府西商业中心整合开发、LED博览交易中心建设、土地开发、重大项目招商、大企业培育和中环广场二期共10项重点推进工作；抓好十项民生实事：向社会征集民生实事项目，出台包括扩大就业、民生保障、文化惠民、教育发展、医疗卫生、宜居环境、交通便民、社区服务、公益慈善、安全环境等10大项民生工作；抓好五项党建及社会管理工作：研究部署包括农村三资管理、社会服务、社会维稳、干部队伍建设和基层组织建设共5项工作计划；抓好五件重点研究事项：研究确定西江公用码头建设、区区互动战略规划研究、金瓯路建设、商会大厦和文化中心建设、城市规划等5个研究课题。

4月5日，区政府印发《江门市江海区人民政府关于推进“三促一帮”的实施意见》，包括促进扩大内需：加快重点项目建设，争取以大项目拉动内需，促进经济快速发展。强化第三产业拉动。强化旅游消费拉动，大力发展都市农业休闲旅游片区；促进进出口：发挥政策对进出口的促进作用。加强财政支持力度，对进出口进行扶持。支持企业开拓国内外市场。加强进出口服务平台建设。加大对进出口企业金融支持力度；促进转型升级：优先发展战略性新兴产业。加快推动传统产业升级。推动企业节能低碳发展；帮扶中小微企业快速发展；加大中小企业和民营企业转型升级力度。加大对惠企政策的宣传力度。落实好中小微企业税费减免优惠政策。设立区级中小微企业发展专项资金。实施重点企业腾飞计划，启动“40-50培育工程”，重点支持40家科技型中小企业、50家产能大户企业做大做强。

4月20日，区政府印发《江门市江海区关于促进个体工商户转型升级工作实施方案》，提出计划实现400户个体工商户转型升级目标。设定个体工商户转型升级为个人独资企业、合伙企业或有限责任公司的范围标准，分阶段做好辖区内的个体工商户转型升级工作。

5月31日，区委、区政府印发《江门市江海区简政强镇事权改革实施方案》，提出理顺权责关系，扩大街道管理权限，要优化机构设置，提高管理服务能力。

8月8日，中国（江门）国际绿色光源博览交易中心项目奠基暨省市合作推动项目建设框架协议签约仪式在外海街道举行，澳门特别行政区长官崔世安，市长庞国梅，省经信委副巡视员刘俊兴，市人大、政协和市直有关单位、区四套班子领导以及社会各界有关人士共514人出席典礼。

8月28日，区政府印发《2012年江门市江海区促进财税收入稳定增长工作方案》，提出抓好房地产业税收增长工作，抓好重点税源企业增长点工作，加强对重点项目（园区）、重大基础设施建设的税收征收工作，加强对税收减收较大企业的改负转增工作，加强重点减收行业改负转增工作，加强“免二减三”到期企业税收征收管理，做好进料加工合同产品价格和成本合理估值，推动来料加工企业的转型升级，推动三级分支机构转为二级机构，提高二级分支机构税收分配比例，抓好总部经济的税收筹划工作，争取免抵调库指标工作，加快完善涉税信息交换与共享机制，加强企业股权转让信息交换共享机制，加强对竣工工程的涉税审核，落实区财税工作联席会议制度。

10月25日，区委、区政府印发《江门市江海区深化行政审批制度改革实施方案》，提出全面清理和精简审批事项和严格规范和监督行政审批权运行，成立区转变政府职能决策咨询委员会，委员会下设办公室，统筹协调转变政府职能工作，负责落实区委、区政府转变政府职能的有关政策，制定改革意见，审议有关方案，推进政府职能转变和行政审批制度改革，承担行政体制改革决策咨询工作。

12月7日，举行2012江门市江海区重点项目动工竣工暨江海商业广场奠基仪式，有关领导、区直有关部门和各街道负责人，以及项目合作单位、新闻媒体、各地的客商朋友共300多人出席奠基仪式。

12月26日，区政府印发《中国（江门）绿色光源国际博览交易中心建设指挥部工作方案》，调整LED博览交易中心建设指挥部及其工作机构，指挥部下设办公室、征地拆迁安置组、特别审批组、政策宣传维稳组、资金筹备管理组和资料组。

【党政领导班子联席会议】 2011年，共召开4次区党政领导班子联席会议，主要议题是贯彻落实区委七届十次全会精神和今年区委、区政府中心工作，根据倒逼机制要求，结合分管工作，分别汇报2011年的工作思路和设想；区人大常委会、区政协分别汇报2011年人大、政协工作的重点和工作思路；布置换届有关工作。

【总结会议】 2011年1月26日，召开江海区2010年总结大会。会议对有关单位进行表彰，包括江门市江海区科学技术奖（10个单位）、企业推动经济发展突出贡献奖（10个单位）、2010年江门市江海区落实科学发展观考核评价先进街道”“2010年党风廉政建设先进集体”和“2010年江门市江海区区直机关作风建设先进单位（10个单位）、2010年江门市江海区社会治安综合治理目标管理先进单位”“2010年江门市江海区维稳工作先进单位”和“江门市江海区2007年以来防范和处理邪教先进单位”奖（10个单位）、2010年江门市江海区人口与计划生育先进单位”“2010年江门市江海区人口与计划生育工作综合治理先进单位”奖（10个单位）、“2010年江门市江海区人口与计划生育先进工作者”“2010年江门市江海区维稳工作先进个人”“2010年江门市江海区社会治安综合治理目标管理先进个人”“江门市江海区2007年以来防范和处理邪教先进个人”“2010年江门市江海区党风廉政建设先进个人”奖。

2012年1月12日，召开江海区政府组成人员任命暨2011年度江门市江海区总结大会，对获得江门市江海区科学技术奖等8大类19个奖项共80个先进集体和52名先进个人进行表彰奖励，包括2012年度江门市江海区党风廉政建设先进集体（10个单位、10个人）、2012年度江门市江海区落实科学发展观考核评价先进街道（2个单位）、2012年度江门市江海区区直机关作风建设先进单位（10个单位）、2012年度江门市江海区区直机关作风建设工作创新奖（5个单位）、2012年度江门市江海区文明村（2条村）、2012年度江门市江海区文明社区（2个社区）、2012年度江门市江海区精神文明建设先进单位（5个单位、10个人）、2012年度江门市江海区社会治安综合治理目标管理先进单位

（9个单位、12个人）、2012年度江门市江海区维稳工作先进单位（7个单位、10个人）、2012年度江门市江海区科学技术奖一等奖（2单位）、2012年江门市江海区科学技术奖二等奖（4单位）、2012年度江门市江海区科学技术奖三等奖（6单位）、2012年江门市江海区节能先进单位（6个单位、10个人）、2012年度江门市江海区企业推动经济发展突出贡献奖（10个单位）。

【中心组学习会议】 2011年，共召开5次区委学习中心组学习扩大会议，区四套领导班子成员、全区科级干部参加。学习内容包括华南师范大学教授刘志光作转变经济发展方式与当代中国转型专题辅导报告；省委宣传部副部长莫高义就如何提高同媒体打交道的能力作专题辅导报告；省委党校法学部教授韦华腾作《法治广东建设五年规划（2011－2015年）》宣讲报告；市委宣传部副部长李纯作党的十七届六中全会精神宣讲报告。

2012年3月28日召开专题学习会，出席人员有区四套领导班子成员、各街道党政班子成员，参加“贯彻落实区八次党代会精神专题研讨班”的全体干部等。中山大学MPA中心主任蔡立辉在会上作加强社会建设创新社会管理专题辅导报告。

【江海区纪念中国共产党成立91周年大会】 2012年6月29日召开，参加人员包括区四套领导班子成员；区直各单位党组书记、分管党务工作的副职领导、党（总）支部书记；区直机关工委书记、副书记；区公安分局党委书记、副书记；各党支部书记；各街道党工委书记、专职副书记、组织委员和党政办主任；区各民主党派、区工商联和无党派人士代表、各人民团体负责人；各街道机关、农村、社区、企事业单位和非公经济组织党（总）支部书记；优秀共产党员、优秀党务工作者和优秀大学生村官；大学生村官。大会表彰一批党建工作先进集体和优秀个人。

【创建全国文明城市表彰暨全区宣传思想文化工作会议】 2012年4月20日召开，参加人员包括区创建全国文明城市工作领导小组组长、副组长；各街道党政主要领导、宣传委员；区直各单位主要领导；各街道文化站站长，外海、礼乐街道广播电视站站长，获表彰的单位代表及个人等。会议表彰江海区创建全国文明城市工作先进单位和先进个人；国家“2011年全民健身活动先进单位”、省“十二届‘体育节’活动先进单位”、省“基层宣传文化工作先进单位”揭牌仪式；传达中央、省、市文化改革及宣传思想工作会议精神，通报江海区2011年宣传思想文化工作情况，提出2012年工作意见。

【区委工作会议】 2012年7月20日召开，参加人员包括区党政领导班子成员，区人大常委会、政协主要领导；各街道党工委书记、办事处主任；区有关单位负责人等。会议分析上半年经济指标、倒逼项目完成情况，部署下半年工作。

【调研工作】 2011年，为进一步完善交通接驳配套设施和城市功能配套，打造区域交通枢纽，区委、区政府组织开展了以“广珠轻轨开通为契机，进一步完善区内基础设施建设”为主题的专题调研，形成了《关于完善基础设施建设打造区域交通枢纽的报告》。为准确把握区情，细化落实区第八次党代会的精神，区委、区政府组织各街道和区直各部门开展专题调研活动，形成《关于江海区改控区内建筑物调查情况报告》《江海区重点行业企业与拟上市企业调研报告》《关于江海区土地利用情况调研报告》《关于江海区财政运行总体情况的调研报告》《关于江海区违法违规建筑情况的调研报告》等调研成果。

2012年，围绕“中小企业发展、重点企业和拟上市企业”等主题开展专题调研，形成“关于我区中小企业发展情况的调研报告”“江海区重点行业企业与拟上市企业调研报告”等调研成果。对城乡一体化建设、江海区农村出嫁女合法权益保障情况进行专题调研，并刊发《江海调研》2期，刊登“共利共建共享，推进城乡一体化建设”“关于江海区农村出嫁女合法权益保障情况的调研报告”等调研报告。

【保密工作】 2011年，着重加大对保密室硬件建设的督查，要求所有保密室“三铁”配置要达100%，未达到要求限其整改落实，符合要求的由区保密局统一发放合格证书，并做好备案登记工作。加大对各单位涉密计算机的监管力度，把原来设定的63台调整为54台，其中36台涉及国家秘密计算机均实行省、市、区和使用单位四级备案，进入国家、省、市网络监控平台实时网络监控和专项必查工作。18台涉及工作秘密计算机也实行市、区和使用单位三级备案，但撤销网监软件。继续加强单机配置管理，严格执行不上网的保密管理制度，列入市、区和使用单位保密重点检查序列，有效杜绝任意上网的不良习惯和行为。

2012年，开展全区网络清理检查。定期对江海区政务网站集群及其后台数据库进行全面扫描，对未纳入区政务网站集群统一管理的区法院、社工委、发改局、教育局、卫生局、外海街道、礼乐街道等单位，通过技术手段对其网站前台进行全面扫描，没有发现刊载国家秘密和不宜公开的文件资料；对社会网站进行扫描，发现违规制作、复制、发布、传播涉密信息。开展对区台办、宗教系统进行专项保密检查，主要检查各项制度的贯彻落实情况、工作流程规范情况、涉密计算机和非涉密计算机存储文件情况等，对存在问题提出限期整改意见。会同区经济促进局、区公安分局组成联合检查组，对全区22个单位进行抽查，抽查率57.89%。共检查涉密计算机25台，互联网计算机68台，发出《限期整改通知书》12份。与北京鼎普科技股份有限公司磋商首期计划在大院安装互联网出口信息监测系统和逐步推进计算机终端监测系统，通过对计算机网络内容的监测，及时阻止计算机通过互联网发生涉密或敏感信息泄漏，有效防止非法信息恶意传播和违规事件的发生。

附：中共江门市江海区委员会领导名录

2011年

书　记： 梁美贤（女，－2011.8）
　　　　旷仁山（2011.8－）
副书记： 梁许赞（－2011.8）
　　　　梁君明（－2011.8）
　　　　周惠红（女，2011.8－）
　　　　颜　强（2011.8－）
常　委： 李青亮（－2011.9）
　　　　伍炜波
　　　　陈洽棠（－2011.8）
　　　　陈国俊（－2011.8）
　　　　周婉玲（女，2011.9－）
　　　　李欣立

何宁坤（2011.9—）
刘　兵（2011.8—）
郑耀强（2011.9—）
吴　旭
甄荣毅（—2011.8）
张生国（—2011.7）
谢少举（2011.7—）
谢思敏（挂职，—2011.4）

2012年
书　记：旷仁山
副书记：周惠红（女）
颜　强
常　委：旷仁山
周惠红（女）
颜　强
伍炜波
周婉玲（女）
李欣立
何宁坤
刘　兵
郑耀强
吴　旭
谢少举（—2012.7）
屈伟明（2012.7—）

□　纪检监察

【纪委全体成员会议】　2011年2月23日，召开第七届纪律检查委员会第六次全体会议。区四套班子党员领导、区纪委委员、区直各单位主要负责人、纪工委书记、纪检组长，各街道党工委书记、办事处主任、纪工委书记及副书记，区纪委机关全体干部共100多人参加了会议。会议总结了江海区2010年反腐倡廉工作，部署2011年纪检监察工作任务。会议提出2011年江海区的反腐倡廉工作围绕区委“加快转型升级，建设幸福江海”主线，以深入推进具有江海特色的惩治和预防腐败体系建设为目标，以强化对权力运行的监督制约为重点，为江海“十二五”规划开好局起好步、探索科学发展新路提供坚强保障。会议通过区纪委《为民务实清廉优化发展环境，为建设幸福江海全面推进反腐倡廉工作》的工作报告和区纪委第七届六次全会决议。

9月30日，召开第八届纪律检查委员会第一次全体会议。新当选的区纪委21名委员参加会议。全会选举产生中共江海区第八届纪律检查委员会常务委员会委员和书记、副书记。新当选的七名常委包括区盛强、朱洁莹、刘兵、陈贤、黄成雄、黄国忠、梁宏弟。刘兵当选书记，陈贤、梁宏弟当选副书记。

2012年2月17日，召开第八届纪律检查委员会第二次全体会议。区四套领导班子党员领导，区纪委委员，区法院院长、区检察院检察长，各街道党工委书记、办事处主任，区直各单位副科级以上党员干部，各街道纪工委副书记，区纪委监察审计局全体干部共160多人参加会议。会议提出2012年是江海区纪检监察审计工作的“规范创新年”，是全面实施“十二五”规划的重要一年，各级各部门要继续扎实推进党风廉政建设和反腐败斗争，为“加快转型升级、建设幸福江海”作出新贡献。会议通过区纪委《务实创新推进反腐倡廉工作，为建设幸福江海提供坚强保障》的工作报告和区纪委第八届二次全会决议。

【专项会议】　2011年3月16日，召开全区党风廉政建设和反腐败工作分工会议，把55项党风廉政建设和反腐败主要任务以责任制的形式，分工落实到18个牵头单位、37个责任单位。各牵头单位根据区的总体要求，分别制定具体措施，分解到有关领导和责任科室，做到目标任务、责任主体、工作措施“三到位”。

2012年3月31日，全省纠风暗访情况通报暨深化农村“三资”清理监管工作电视电话会议以后，区纪委召开加强农村集体“三资”监管工作会议，深入剖析全区农村集体“三资”监管工作存在的主要问题，部署下一步工作。

【纪律教育学习月活动】 2011年7月28日，召开2011年全区纪律教育学习月动员大会，区四套领导班子成员、区直单位副科级以上干部、机关大院内单位正股级以上干部、各街道党政领导班子成员及各纪工委副书记、各村（居）党支部书记300人参加动员大会。会议提出“以人为本，执政为民”为主题，全面开展纪律教育学习月活动。纪律教育学习月活动期间，区纪委联合区文化馆、礼乐街道举办“清廉颂”廉政文艺专题汇演。

2012年7月31日，召开以“加强思想道德建设，保持党的纯洁性”为主题的纪律教育学习月活动动员会。纪律教育学习月活动期间，区纪委联合区文化馆、外海街道举办以“廉洁城区•幸福江海”为主题的党风廉政建设文艺晚会；按照省、市纪委要求，组织各街道、各部门开展第二届全省廉洁读书月活动。

【惩治和预防腐败体系构建】 2011年，把惩治和预防腐败体系建设作为反腐倡廉工作的重中之重，创造性地开展预防腐败各项工作，包括大力推进廉政文化建设工作。在巩固廉政文化“五进”活动成效的基础上，继续探索廉政文化“六进”工作的新路子，营造“学示范、赶先进、创佳绩”的浓厚氛围。印发《关于开展廉政文化“六进”工作示范点的通知》，铺开“六进”工作示范点建设；强化党风廉政建设宣传教育。坚持“立足教育，着眼于防范”的方针，整合资源，创新方式，大力加强全区反腐倡廉宣传教育；加强信息宣传，重新建立纪检监察信息员队伍，明确并完善信息报送工作的方式与奖励制度，完善信息网络和廉政网站建设。

2012年，创造性地开展预防腐败各项工作，包括：着力推动党委政府重大决策部署贯彻落实。对“加快转型升级建设幸福江海”贯彻落实情况集中开展4次监督检查；着力抓好党风廉政建设责任制落实；大力推进廉洁城区建设工作。研究制订《江海区建设廉洁城区工作实施方案》，重点开展江南、外海街道各1个廉洁示范社区和礼乐街道1个廉洁示范村的先行先试工作；强化党风廉政建设宣传教育。举办2012年 “五邑廉洁清风”先进事迹巡回报告会。建设廉政文化主题公园，设立廉政公益广告栏和廉政文化黑板报，开展廉政诗词朗诵演讲比赛，推动廉政文化宣传从文件走向文艺、从会场走向广场、从传统走向传媒；加大党员干部作风建设力度。召开全区廉政风险防控动员大会，举办区直各部门 “一把手”参加的重点岗位风险提醒培训班；召开全区医疗、教育系统中层以上干部廉政风险防范教育现场会；深化政风行风建设，提升政府服务效能。重点对外海广播电视站和礼乐广播电视站进行民主评议，对8个基层站所开展行评“回头查”活动。

【领导干部廉洁自律】 2011年，着力抓好党风廉政建设责任制落实；进一步加强监管公务用车。深入贯彻落实《关于落实中央和省文件精神调整公务用车配备使用管理办法以及小汽车定编审理权限的实施意见》，对各单位报来的购车型号、配置标准、编制来源、购车经费等严格审核和把关，制订《江门市江海区党政机关公务用车问题专项治理工作实施方案》，做好公务用车情况排查和核实。组织党员、干部观看《广东省机关作风建设暗访专题片之（五）》，拓展党风廉政宣教领域载体。

2012年，召开党风廉政建设和反腐败工作分工会议，把69项党风廉政建设和反腐败工作任务分解到49个区直部门，把开展领导班子和领导干部的述职述廉和党风廉政建设责任制考评两项工作结合起来。经综合考核评议，5个街道32个区直单位领导班子除了区住建局和区法院以外，其他班子均被评为“好”的等次。参加考评的201名科级领导干部均被评为“好”等次。领导班子和领导干部考核中没有出现“差”的等次。组织42名新提拔科级干部到工厂和农村参加劳动，接受教育。召开全区廉政风险防控动员大会。开展区人民法院、工商分局廉政风险防控示范点建设，对岗位的风险点进行排查，探索科技监督、网上舆情监督、群众监督等廉政风险发现机制，初步形成“查、防、控”相结合的廉政风险防控格局。

【源头治腐】 2011年，在区、街道和村（居）三级换届工作开展的同时，开展纪检监察审计业务工作，强化换届纪律的监督检查，落实换届纪律各项规定，严格执行“五个严禁，十七个不准和五个一律”的换届纪律要求。对离任领导干部进行任期经济责任审计，防止“带病提拔”“带病离岗”。

2012年，铺开规范农村“三资”管理工作。制订《江海区规范农村“三资”管理工作意见》及其《实施方案》；做好清产核资的公告、结果公示、确保核资结果的全面性、真实性和合法性；重点加强街道资源资产交易平台建设，实现四室（办公室、评标室、监控室、档案室）一厅（交易大厅）的建设目标，并各配备2名专职人员；抓好农村三资的管理制度、交易办法和考核细则的建立和完善，并汇编成册；制订《江海区村（居）务监督委员会管理暂行办法》，全区55个村原理财和村务监督小组过渡为村务监督委员会，指导其正常运作、履行工作职责。

【打击商业贿赂专项行动】 2012年，根据省、市的工作部署，全面铺开打击商业贿赂专项工作。建立领导机构和工作机构，制订并下发《江门市江海区关于深入开展打击商业贿赂专项行动工作方案》，召开专题会议23次，组织21次专项督查，悬挂宣传横幅330条、建立宣传栏100个、印发明白卡和告知书6万张、编写简报12期以及发布微博信息40条，共排查出34条线索，其中立案15宗，重点查处涉及“保护伞”3宗，大、要案8宗，涉案金额200多万元。

【纠正不正之风】 2011年，会同区物价、教育、财政等部门开展教育收费专项监督检查，对全区22家公办学校、3家民办学校按比例抽查，规范各中小学校教育收费管理工作；在全区医疗机构、基层站所开展民主评议政风行风活动，在区经贸局、科技局进行民主评议政风行风“回头查”活动，对区公安分局、区国土资源分局、区环保分局、区住房城乡建设局、区地税局、区工商分局、区安全监管局和区国税局等8个具有行政执法职能的部门进行民主评议政风行风活动。

2012年，开展纠风专项治理，对教育、涉农等领域行业的收费问题进行检查。联合区教育局查处外海中学与社会培训机构蓬江区练弓场美术培训中心合作办班的行为，对区直涉农部门减轻农民负担情况进行检查考核，确保各项强农惠农政策落实到位。对外海、礼乐广播电视站开展民主评议行风活动，对全区医疗机构进行行风评议“回头查”，各被评议单位通过多渠道征求社会各界群众的意见建议。通过成立有人大代表和政协委员、特邀监察员、社会各界代表组成的行评团，采取社会调查、“面对面”评议、满意度测评的方式，对被评议单位的行风建设满意度进行民主评议。

【查处违法违纪案件】 2011年，坚持把查办违纪违法案件作为惩治腐败和端正党风政风的重要措施，共立案调查党员、监察对象违纪案件12宗，其中涉及党员12人，监察对象5人，科级干部1人，一般干部3人，其他人员8人；自办案件7宗，街道自办案件5宗，街道（镇）级办案率100%。通过办案查处涉案金额747.15万元，为集体挽回经济损失28万元。

2012年，共受理群众纪检监察信访举报58件次，其中重复件23件，本级应办35件，办结32件，办结率91.4%；转立案1件，移送司法机关1件，收缴违纪金额10万元；信访件中涉及党员15人，监察对象13人，其他人员12人，科级干部3人。共立案14件，结案9件。其中街道纪工委共自办案件10件，自办案件4宗，采取“双规”措施1人，涉嫌犯罪被移送司法机关处理1人。查处区人民法院法官受贿案、区人民医院主要负责人受贿案等。审理结案11件，给予党纪政纪处分11人。查处违纪违规案件的涉案金额117.2万元，为国家和集体挽回经济损失7.2万元。

【执法监察】 2011年，配合区安监局开展安全生产大检查和专项治理，把工程建设领域突出问题专项治理情况纳入全年专项治理工作中。政府或国有单位投资500万元以上的建设项目共9个，其中投资规模5000万元以上的项目1个，500万元至3000万元项目8个；非政府投资3000万元以上项目10个。区直各职能部门将这19项建设工程对照有关政策规定和法律法规，查找项目立项、城乡规划审批、项目核准、土地审批和出让、环境评价、勘察设计和工程招标投标、征地拆迁、物资采购、资金拨付和使用、工程建设实施等重点部位和关键环节存在的突出问题，经各单位自查和区领导小组对全部19个建设项目进行检查，发现问题4个，提出治理对策并在规定期限前整改完成；加强对食品安全的监督检查。主要对在麻一工业区设厂的两家台商食品企业其部分产品发现含有“塑化剂”成分，封存其未出厂产品，对已出厂产品责令召回；加强对建设工程招投标活动和政府采购活动的监督检查，区直、街道、村集体等小型建设工程项目18宗，全部进入到“江门市建设工程交易中心江海窗口”公开招投标，18宗工程招标预算价（最高限价）4046万元，中标价3820万元，节约资金226万元，节约率5%。进入到江门市建设工程交易中心公开招投标的建设工程12宗，全部公开招投标，公开招投标率100%，12宗工程的最高限价38607万元，招标成交总价36859万元，节约投资1748万元，节约率4%。区政府采购中心组织政府采购66次，采购预算金额2410.15万元，实际采购金额2316.42万元，节约资金93.73万元，节约率3.89%。

2012年，会同区法制局等有关部门认真清理基层执法项目，继续推进规范自由裁量权工作，合理配置执法权限，推进综合执法；加强对江门纸厂、汇聪电器厂等“三旧”改造项目，节约用地，保障房建设，胜利南路、连海北路，外海横沥电排站、礼乐虾蛟滘电排站等交通水利设施建设落实情况的监督检查，提出监察建议2条，发现并及时纠正违规问题2个；开展对江海污水处理厂、文昌沙水质净化厂二期、新民污水处理厂等环保重点企业的挂牌督办；配合国土资源部门开展土地矿产卫片执法检查，追究4名违法违规用地单位主要领导人的个人责任；参与对食品生产企业、餐饮单位、学校食堂、集贸市场、商场超市、农产品种养殖基地等133家进行检查，查处无证照或超范围经营食品经营户6家，发出整改通知书2份，立案查处销售假冒伪劣食品案件41宗，检查各类冻品经营户、冷库约400个次，查封问题冻肉100多吨，立案查处案件7宗，补检冷冻动物产品、无害化处理不合格冻肉产品一批；加强对工程建设市场和政府采购的监督检查。

【行政效能监察】 2011年，围绕重点项目、重大活动、民生实事、审批事项和区委区政府重大决策、重大工作部署等开展效能监察。按照江海区《关于建立倒逼机制推动重大工作落实的意见》，实施由区领导挂牌督办，区人大、区政协依法监督，区纪委效能监察的重大工作倒逼机制，加强对45项重大建设项目、89项政府主要考核目标以及创文、扶贫开发等重大任务进展和落实情况的监督检查。坚持发挥行政效能投诉中心的作用，通过公布举报热线电话、电子信箱，设立举报信箱等多种形式，受理群众和社会各界的投诉。对群众反映强烈的部门执法问题或服务项目作为效能监察的重点对象，及时处理好群众的投诉，共收到群众投诉5宗，办结5宗。通过查处群众投诉与实施效能监察相结合，纠正一些部门在机关作风和行政效能方面存在的问题，全年责任追究受通报批评1宗，督促整改2宗，诫勉谈话1人。

2012年，强化专项效能监察工作，包括35项区政府主要考核目标、30项“双十双五”工作、38项重点项目等，内容包括经济结构调整、基础设施建设、节能减排和环境保护、保障和改善民生、水利建设等。开展4次监督检查，区行政效能投诉中心收到群众投诉件6件，全部办结。

□ 组织工作

【主题实践活动】 2011年，围绕“加快转型升级、建设幸福江海”这一核心，推进创先争优活动深入开展。开展转方式先锋行动。推行“转型升级我行动”计划，引导基层党组织和党员制定行动计划，作出承诺，并付诸实践，开展领导点评，民主评议等，确保承诺有行动，不落空；开展我为江海“十二五”开好局作贡献主题实践活动，激发比学赶超热情，推动“十二五”开好局，起好步。开展作贡献先锋行动。开展“党在我心中、建设幸福江海作贡献”主题实践活动，以主题党日活动、纪念征文、知识竞赛、群众歌咏、读红色经典、学习研讨等活动，引导党员增强党性，立足本职岗位，争创一流佳绩。开展建党90周年暨表彰先进活动，做好省、市、区先进集体和优秀个人推荐表彰工作，其中广东大冶摩托车技术有限公司党委获省“先进基层党组织”称号，外海街道金溪社区党支部书记、主任陈国成获江门市“模范党务工作者”荣誉称号。在区“七一”表彰中，江门市长优实业有限公司党支部等34个党（总）支部获“先进基层党组织”称号；林彩娇等72人获“优秀共产党员”称号；陈国成等30人获“优秀党务工作者”称号；陈翠清等3人获“优秀大学生村官”称号。开展

“学身边典型作贡献”教育活动，推广和宣传广东大冶摩托车技术有限公司、外海街道、区人口计生局、区人民检察院等党组织和景文健、黄城光等经验和事迹，组织观看区远程办制作的《奔向富裕文明和谐》《闪光》等电教片，营造“学先进、比贡献”氛围。

【农村党员干部现代远程教育】 2011年，健全现代远程教育网络终端站点的管理、使用和维护机制，规范系统运营管理，确保各站点开机率100%。发挥好远程教育终端站点的作用，进一步强化本地农村党员干部现代远程教育基础设施保障工作，对各个站点进行自查整改并更新管理员名册。组织建党90周年学习教育专题、加强社会建设系列、加快转变经济发展方式专题等收看学习活动20多次，参与的基层党员干部群众15000人次。加强自主制作课件的能力和水平，课件《奔向富裕文明和谐》和《闪光》在江门市第二届党员干部现代远程教育优秀教学课件观摩评比会上获得优秀奖。根据省、市远程要求，为加强非公企业和新社会党员教育管理，确定9个“两新”组织远程教育站点。

【非公有制党建工作】 2011年，按照市委组织部《关于进一步加强非公有制经济组织和社会组织党建工作的通知》要求，各街道分别建立非公有制经济组织50人以上、100人以上，新社会组织15人以上、30人以上的基础台账，规模以上“两新”组织全部建立了党组织；在掌握非公有制经济组织和社会组织底数的基础上，开展查找这些领域中“口袋党员”和“隐身党员”活动，鼓励他们亮身份，主动帮助接转组织关系；已建立党组织的非公有制经济组织和社会组织，进一步建立健全工青妇等群团组织，实现党群共建；尚不具备建立党组织条件的，先行组建工青妇等群团组织，共组建“两新”组织党组织7个，在“两新”组织中发展党员15名。

2012年，深入开展“五好”示范点创建活动。广东银帆化工有限公司成功通过市第一批“五好”示范点检查验收，江门市安诺特炊具制造有限公司成功申报江门市唯一非公有制经济组织“五好”示范点重点创建单位，并获得10万元的创建经费。开展“百日攻坚”行动，在“两新”党组织中开展“双促双强”主题实践活动。抓好符合条件的“两新”组织党组织组建工作，查找“两新”组织中的流动党员，提高党组织在“两新”组织中的覆盖率。全区“两新”组织共615家，已经组建党组织114个，覆盖非公有制企业436家，覆盖社会组织62家，“两新”党组织覆盖率81%。通过摸排，查出流动党员456名，党的工作覆盖率达到100%。

【“两委”换届选举】 2011年，按照省、市的统一安排和部署，从2010年12月22日起全面启动村（社区）“两委”换届选举工作。至2011年3月25日，全区59个村（社区）“两委”换届选举工作按时依法全面完成。全区36个村、23个社区（含五个村改居但集体经济未剥离的社区），经换届选举，村“一肩挑”的比例达到80.6%，社区（含村改居）“一肩挑”的比例达到95.7%，村“两委”成员交叉任职率达到88.5%，社区“两委”成员交叉任职率达到97.3%,每个村（居）委会都至少配备1名女委员。

2012年，推行和实施“书记项目”。在街道，推行党工委书记抓基层党建工作专项述职制度；在区直机关，“书记项目”与“工作创新奖”合二为一，出台《江门市江海区区直机关“工作创新奖”评选办法》，引导和鼓励区直机关开展工作创新，提高工作效能，促进“双十双五”工作和区委、区政府工作目标的完成落实。开展基层党组织分类定级“回头看”。通过“回头看”和整改提高、晋位升级各项工作，基层党组织在原有基础上有所提高，定级“好”“较好”等次的比例分别由原来的23.0%、69.5%提高到25.8%、70.2%，定级“一般”“较差”等次的比例分别由原来的4.2%、3.3%减少为2.5%、1.5%。加强村（社区）领导班子建设。在后备干部培养方面，完善村（社区）后备干部选拔、管理、培养、使用考核机制，建立完善村（社区）“两委”干部人才资源库，每个村（社区）至少保持2名后备干部的常态化管理，全区23个社区36个行政村共建立后备干部培养对象166名，全面实行“定向培养、定岗锻炼、定人带教”培养机制。在制度建设方面，完善党组织领导的村民自治运行机制，探索推行“四议四公开”工作法的具体形式；完善村民会议和村民代表会议议事规则，建立社区议事协商、民主听证制度；完善“三资”（资金、资产、资源）管理制度，健全党务公开、村（居）务公开、财务公开和办事公开制度以及经济责任审计制度。

【干部培训及其锻炼】 2011年，首次运用现代远程教育网络，进行培训视频直播，覆盖到街、村（社区），参加学习、培训2万人次，为全区历年来培训干部范围最广、人数最多的一年。举办现代产业基础知识竞赛，引导党员、干部重视和学习现代产业基础知识。选派处级班干部62名、科级干部24名参加国内和境外知名高校、党校举办的专题研讨班学习，60人参加科级后备干部培训。开通“干部在线学习网”，打造干部自主选学平台。建立干部定单式双向挂职模式，安排6名干部挂职锻炼。交流4名正、副科领导职务和岗位，安排9人参加胜利南路拆迁工程和区LED交易中心建设等重点工作，选配5人参加区帮扶韶关市乐昌县秀水镇工作队的挂职锻炼。

2012年，区委常委会共讨论干部任免7批次，任免区管干部110人次，其中交流干部11人，新提拔干部36人。顺利完成18名政府组成部门负责人的重新任命。理顺环保、国土、规划、社保等市直下放部门的管理，9月挂牌成立江海区国土规划和环境保护局、江海区社会保险基金管理局，班子成员任命到位。选派13名干部在乐昌市秀水镇艰苦地区扶贫；选派4批12人担任区信访督查员，选派2人到东莞调研学习、1名处级干部挂任市直部门副职，70名在职干部参与竞争选拔。

【干部监督管理】 2011年，广泛宣传换届纪律，领导干部全部收到关于换届纪律的短信，凡是组织人事干部必须参加换届纪律培训；按照《江海区规范区管干部选拔任用工作试行办法》，严把提名关、推荐关、考察关、七部门联审关、重大事项报告关、任前公示关等“六大关口”，有效地防止用人不正之风；出台《江海区干部监督工作联席会议制度实施意见》和《江海区干部监督信息沟通试行办法》，加强联席会议成员单位的信息沟通；严格执行领导干部任期经济责任审计制度，全年提请经济责任审计23人；执行区管干部出国（境）政审制度，全年办理出国（境）政审手续239人次；继续实施《关于领导干部报告个人有关事项的规定》和《关于对配偶子女均已移居国（境）外的国家工作人员加强管理的暂行规定》的相关规定。

【人才队伍建设】 2011年，拟订《江海区中长期人才发展规划（2010-2020年）》，把各项目标任务列入相关部门年度考核目标。建立健全人才协调机制。配合做好市中青年专家的跟踪服务工作，推荐4名优秀人才进入第五批中青年专家序列，其中区占市企业类专家人才50%。

【干部人事制度】 2011年，根据镇级换届的规定和机构改革的要求，出台《关于做好街道领导班子换届配备工作的实施方案》，合理设置街道领导职数，对街道党政正职、年轻干部、女干部、党外干部的配备作了硬性规定，有利于优化街道领导班子的年龄结构、学历结构、经历结构。根据机构改革要求，出台《关于2011年区领导班子换届干部分流意见》，按照该政策，部分年纪较大，且任正、副科时间长的干部在离岗后可以享受上一职级的经济待遇，有效地盘活科级干部职数。

2012年，出台《关于江海区区直单位任正股级或副科级职务时间较长人员晋升级别的试行办法》，组织实施《江门市江海区街道领导班子和领导干部落实科学发展观评价指标体系及考核评价办法》，对5个街道的党政领导班子及成员2012年度的工作进行考核，并在实践的基础上进一步完善该办法。坚持和完善竞争性选拔方式提名干部，全年竞争选拔方式产生6名科级领导干部，占全年提拔委任制领导干部总数的40%，完成“新提拔的委任制干部通过竞争方式产生的比例一般不低于1/3”的目标任务。通过公推遴选选拔方式，从优秀村（社区）正职、优秀异地务工人员中选拔基层公务员2名（其中1名为江海区首位聘任制公务员），职员2名。

【老干部工作】 2011年，贯彻落实党的十七大关于“全面做好离退休干部工作”的会议精神，围绕全区工作大局，落实老干部工作的各项方针政策，抓住落实老干部待遇这条主线，以入户走访、召开座谈会等方式，完满完成节日慰问；为老干部征订《江门日报》《南方》《参考消息》《秋光》等刊物，定期组织开展学习、座谈会、茶话会和外出参观学习等活动，开展“与党同呼吸、共命运、心连心”征文活动，加强新形势下离退休干部思想政治建设；落实老干部生活待遇，从政治上尊重老干部，思想上关心老干部，生活上照顾老干部，开展老干部政治理论学习和开展文体活动。

【完善街道实绩考评体系】 2011年，结合新形势发展的需要，修订《关于2011年度〈江门市江海区街道领导班子和领导干部落实科学发展观评价指标体系及考核评价办法〉实绩考核指标体系的意见》，修改部分考核指标，调整个别指标计分方法，增加“农村三资管理情况”等考核指标，使实绩考核指标体系更合理、更体现对各街道的公平性。

【区直机关工作】 2011年，以新的《中国共产党和国家机关基层组织工作条例》的颁布实施为契机，举办区直机关党务工作者培训班进行学习。继续深化学习型党组织建设，把建设学习型党组织与“加快转型升级、建设幸福江海”有机结合起来，创新方法，利用现代信息技术，开辟网络学习平台，倡导互动式、研究式、共享式学习，引导和激励党员干部立足本职岗位需要，拓展学习领域、丰富知识储备，加快知识更新、优化知识结构，深入实践历练、提高工作水平。落实部门党组加强对机关党建工作的指导，主要领导认真履行第一责任人职责，领导班子成员自觉落实“一岗双责”要求，抓好党建工作目标任务的分解、落实。抓好党支部队伍建设，注重从机关年轻干部中发现和培养后备力量。继续抓好基层党组织“双直选”和到期换届选举工作，规范完善现行的党内基层选举制度和选举方式，改进候选人提名制度，严格规范选举程序,以落实党员的知情权、参与权、选举权、监督权为重点，切实保障党员的主体地位和民主权利。抓好党员队伍建设。多层次、多形式加强对党员的教育和培训，进一步推进网络教育，数字教育和多媒体教育，利用QQ平台和OA信息平台等信息手段，加强党员教育管理。举办“入党积分子培训班”和“股级以下党员培训班”，抓好新党员和入党积极分子的培训教育工作。根据机构改革要求，对区直机关党组织作了相应调整，加强机关离退休党支部建设和离退休党员教育管理工作，建立退休支部(或小组)，强化对退休党支部（或小组）的管理和退休党员的教育。选举产生区直机关出席中国共产党江门市江海区第八次代表大会代表56名，在56名当选代表中，有各级领导干部40名，占71.4%；各类专业技术人员8名，占14.3%；劳动模范8名，占14.3 %。女代表11名，占19.6%。

2012年，在区直机关开展义工党员“双向发展模式”，把优秀的义工发展成为党员、把预备党员和入党积极分子发展成为义工。通过制度引领、搭建平台，全区所有预备党员和入党积极分子全部注册成为义工。要求每名入党积极分子和预备党员参与区一级的义工服务时间一年不少于8小时，服务次数不少于2次，并记录在册，放入个人档案，作为入党和转正的重要考察材料。区直机关部门的63名非党员义工中有50名递交入党申请书，有17名被确定成为入党积极分子。

【干部选拔任用】 2011年，围绕提高选人用人公信度目标，加大竞争性选拔干部工作力度，相继拿出区档案局副局长、区检察院控告和申诉科科长职位参加江门市的“联合公选”，拿出区检察院反渎职侵权局局长、滘北街道党工委委员职位进行“两推一评”，拿出区公安分局8个主任科员的职位进行竞岗。区委常委会议共讨论任免干部14批206人次，其中提拔51人次，6名干部按政策享受正科、副科经济待遇。对10名试用期到期的科级干部进行考察，安排4批次12名干部担任信访督查员，安排挂职干部3名。

2012年，完成县处级、乡科级领导班子后备干部的选拔工作，建立后备干部库，其中正处级后备干部4名，副处级后备干部11名，正科级后备干部21名，副科级后备干部95名（其中女干部29人，党外干部11人）。组织开展了后备干部培训两期，提拔后备干部12名。

【实施大学生村官本土化工程】 2012年，大学生村官本土化工程作为“书记项目”被列入省级抓基层党建创新“书记项目”库。在“本土”大学生的村官招录考试工作中，全区农村户籍考生与职位数比例达到10∶1。建立健全专题调研制度、学习交流会制度、科学考评制度、资福利待遇晋升制度、结对帮带制度和表彰激励制度等六项制度。通过“优秀大学生村官”评选活动，成功推荐优秀大学生村官礼乐街道新兴村罗颖君入选首届“市十佳大学生村官”。在公务员、事业单位招考方面，拿出不少于10%的比例定向面对大学生村官进行招考。2009－2011年，全区招聘的38名大学生村官中，9名考取公务员、4名考入事业单位。

【党代表联络工作】 2012年，建立党代表

“三联系”制度，把党代表工作室建成汇集民意的平台，印发《江海区第八届党代会代表开展“三联系”活动方案》，要求各党代表每年开展走访联系活动不少于12次。全区200多名党代表联系所属党组织以及基层农村（社区或“两新”组织）党组织400多个次，困难家庭200多户，帮助解决生活中的实际问题180多个。提升党代表履职水平，把党代表工作室建成推进工作的平台。共安排34人次党代表参加或列席全区性重大会议，278人次党代表参加区委和区政府重大决策、重要方案的意见征询会，24人次党代表协同区有关部门开展重点项目的督查活动，3名市四套领导班子成员党代表组团到区党代表工作室开展接待党员群众工作，并视察部分重点项目工程。全区各级党代表在走访、视察的基础上提出280多条关于经济和社会发展方面的意见和建议，其中240多条被相关部门采纳和使用。

【机关作风考评】 2012年，改进区直机关作风考核方式，出台《2012年江海区区直机关领导班子和领导干部贯彻落实科学发展观考核评价方案》，首次在区直机关实行分类考核，按照部门性质相近、服务的对象和执行的任务相近、考核的可比性原则把全区33个考核单位分为党群人大政协线、经济和执法窗口线、社会事务线三类进行考核和排名。开展“工作创新奖”评比，产生5个“工作创新奖”项目，并把评比结果纳入机关作风考核中。

【创先争优活动总结表彰】 2012年，对全区363个基层党组织创先争优活动开展以来取得的成绩和存在的问题进行总结，表彰一批先进集体和先进个人，其中先进基层党组织20个、优秀共产党员76名、优秀党务工作者20名、优秀大学生村官3名。推荐先进基层党组织3个，优秀共产党员3名，优秀党务工作者3名，作为市创先争优总结大会表彰对象。

【党员教育培训】 2012年，举办入党积极分子培训班，首次开设义工服务课程，在培训班期间组织学员开展义工服务，开创全区党员、义工“双发展”模式；全区村（社区）书记、主任培训班在省委党校举办，80名村（社区）书记、主任参加培训和学习。开展党员干部现代远程教育“领导带学”活动。建立“领导带学”考评机制、示范点制度、积分制度、督查制度、通报制度，其中，江门市中外运仓码头有限公司、礼乐街道新民村定为市级“领导带学”示范点，江南街道桥南社区等5个单位定为区级“领导带学”示范点。全区开展“领导带学”380人次，组织收看学习680场次。

□ 宣传工作

【理论宣传】 2011年，区委宣传部、区委党校以区委中心组为龙头，下发《各级党（工）委党组中心组理论学习意见》和每季度的理论学习计划。组织区委学习中心组集中学习4次，学习内容包括加快转变经济发展方式、提高同媒体打交道的能力、法治广东建设、以及发挥城市规划作用，建设幸福江海等。举办“理论茶点大家叹”江海学习论坛3期；“七一”期间，围绕纪念建党90周年的主题，举办专题理论研讨活动，收到理论研讨文章30多篇，组成宣讲团开展10多场理论宣讲活动；组织开展社科知识进社区进农村活动，播放科普电影3场，开展社科知识讲座、读书交流会以及送书下乡活动。联合区政协、外海街道等部门举办“纪念辛亥革命100周年理论研讨会”。理论教育工作获“江门市第六届社科知识普及活动优秀组织奖”。

2012年，主要围绕深入学习了中国特色社会主义理论体系，进一步坚定走中国特色社会主义道路的理想信念。继续解放思想，深化改革开放，勇于探索科学发展新路，学习贯彻党的十八大精神、省十一次党代会精神、市第十二次党代会精神，加强社会建设、创新社会管理、着力保障和改善民生，加快建设幸福江海步伐等专题学习。修改完善《江门市江海区党（工）委（党组）中心组学习制度》。区委中心组举行10次集中学习与读书讨论交流会，邀请中山大学教授蔡立辉、省委宣传部讲师团团长曾凡光等作专题辅导。组织开展了全民终身学习读书活动，结合创建全国文明城市、社会主义精神文明和思想道德建设、社科知识普及周活动、党的历史与优良传统、爱国爱党爱社会主义等，开展“理论茶点大家叹百姓课堂”全民读书活动、组织指导各街道开展社科知识普及活动。组织全市10多名专家学者对全区推进“双十、双五”工作进行实地调研考察，形成调研文章。组织协调开展各种理论征文与研讨工作，征集到未成年思想道德建设征文30多篇、“弘扬雷锋精神，建设社会主义核心价值体系”理论研讨征文20多篇。组织开展“江海区农村三资管理”课题调研并获市社科调研课题立项。礼乐街道新民村创建为省优秀人文社科普及示范基地。

【新闻宣传和舆论引导】 2011年，以成功创建全国文明城市为目标，围绕“加快转型升级，建设幸福江海”这一核心，深入学习贯彻区委七届十次全会精神，做好形势教育和舆论引导工作。刊出《江海专版》53期，稿件423篇，内容涵盖村、社区“两委”换届选举、LED博览交易中心及连海北路项目建设、招商引资及转型升级、农贸市场升级改造工作、未成年人思想道德建设、深化医药卫生体制改革等全区重点热点工作，结合建党90周年和党代会、人大政协换届会议等开展专题系列报道。对旅游节、晚会、募捐活动等增加图片专题，配以简短说明。对白水带山火、高新区科苑路美艺印模厂工程承包款纠纷、滘头街道五星村网络爆料、胜利南路施工受阻、“4•12”外海市场打人事件和文昌花园53幢地下殴打他人案并引发多人聚集事件等，协助、指导相关部门和街道应对媒体的采访回应，组织省市媒体协商，确保负面新闻不扩大和不被炒作。

2012年，以“双十双五”为主线贯穿全年工作，围绕“加快转型升级，建设幸福江海”这一核心，做好舆论引导工作。是年，省市区媒体刊登区内新闻3000多条次，其中《江门日报》500多篇、市电视台140多条次、电台160多条次，省级及省外媒体120多篇次，外海广播电视站播出900条次，礼乐广播电视站播出900条次；下发《全区每月宣传口径提要》6期53个专题共112条，及时提供贴合实际的宣传标语；出版饭堂宣传栏15期；把江南文化广场宣传栏分别提供给各街道轮流展现，共出版5期。出台《中共江门市江海区委新闻宣传工作意见（试行）》《江门市江海区建立党委新闻发言人制度的实施办法》和《江门市江海区网络评论员工作管理办法(试行)》等制度，其中《中共江门市江海区委新闻宣传工作意见（试行）》规范新闻宣传工作的管理。初步打造新闻发言人队伍、通讯员队伍和网络评论员队伍“三支队伍”，通过相关机制的联系，加强相互间的工作协调和沟通。首次开展“2011年江海区十大亮点工程”评选活动，按网上投票和专家评议相结合，评选全区十件大事。配合做好《鸟瞰新江门》城市宣传片拍摄工作，航拍全区城市标志性建筑、主要街道、重点小区、园林绿化及主要景点、历史文化遗迹、重大项目和重点企业等20个点，展现江海区经济社会发展的新变化，为未来留下一份珍贵的城市影像历史档案。

【党校工作】 2011年，充分发挥党校作为党员干部培训的主渠道、主阵地的作用，实施请进来、走出去的战略，扎实开展党员干部教育培训工作。下发《江海区2011年党员干部培训工作安排的意见》，对干部教育培训的内容、形式、目的、要求进行规划，统筹利用各种有限的资源，开展党员干部教育培训工作。主体班的教学内容设置为转变经济发展方式与当代中国转型、江门“十二五”经济发展趋势分析、江海区八次党代会报告解读、执行力案例研究和村（社区）党组织换届选举工作规程等。与区委组织部、宣传部和区纪委等举办“两委”换届骨干、“两委”干部、科级干部、入党积极分子、转变经济发展方式建设幸福村（居）、股级以下党员干部、村（居）两委实地参观等8期培训班，参加培训2200多人次。

2012年，围绕区委、区政府中心工作，科学设置各培训班次的培训内容，主体班重点推行“两段式培训”和“体现式培训”的教学改革。其中后备干部培训班突出本地研究区外培训的结合，入党积极分子培训班中首推积极分子“志愿服务体现课”，提高针对性。主体班的教学内容设置为学习江门市第十二次党代会的主要精神、江海区第八次党代会的主要精神、科学发展观、转变经济发展方式、提高执行力建设、党风廉政建设教育、农村基层组织和基层政权建设和加强农村“三资”管理等知识等。共举办江海区领导干部贯彻落实市第十二次党代会精神专题研讨班、江海区科级干部深入贯彻落实区八次党代会精神专题研讨班、江海区2012年后备干部培训班及入党积极分子培训班、农村（社区）书记、主任培训班和江海区领导干部学习党的十八大精神培训班等各类党员干部培训班7期，培训党员干部3000人次。

【编印乡土教材】 组织编辑出版江海区未成年人思想道德建设乡土教材系列读本之一《江海英贤（连环画）》，收录区内历史上参加共产主义革命，并具有较大影响的9位英雄人物的感人故事，印刷数量5000册，发至全区各中小学校、村、社区图书馆。该书获全省党史著作类三等奖。

【党史工作】 为做好党史资料的征集工作，组织区内各中小学校有关教师成立编写组，先后6次采访邓文钊、陈少白、赵廷谦、陈照薇等烈士的有关人员和遗址，出版乡土教材《江海英贤》连环画册、《陈少白传》和《江海区历届党代会资料汇编》。举办“地方党史进课堂”专题讲座活动，邀请市委党史办主任吕伟英为全区中小学校上地方党史课8次，听众10000多人。“地方党史进课堂”被市党史部门评为2011年党史工作创新奖。编辑出版《江海区历届党代会资料汇编》，做好《中共江门市江海区大事记》的编纂工作。

【大型宣传活动】 2011年，按照区委区政府的中心工作，以成功创建全国文明城市为目标，围绕“加快转型升级，建设幸福江海”这一核心，做好形势教育和舆论引导工作。《江海专版》刊出53期，稿件423篇，内容涵盖村、社区“两委”换届选举、LED博览交易中心及连海北路项目建设、招商引资及转型升级、农贸市场升级改造工作、未成年人思想道德建设、深化医药卫生体制改革等全区重点热点工作，并结合建党90周年以及党代会、人大政协换届会议等重大活动开展专题系列报道。旅游节、晚会、募捐活动时，开展图片专题活动。组织开展“十大亮点工程”评选活动。区委宣传部承办并发动各级各界推荐评选的“2011年江海区10大亮点工程”，以2011年江海区经济社会文化建设成就为征集范围，由各街道各推荐10件，区直部门推荐10件，共60件，通过网上投票和专家评议相结合的方式进行评选，评选成果在全区巡回展示。

2012年，围绕区委、区政府中心工作，策划“纵览双十双五”“和谐企业看江海”“三打两建进行时”“夯基层、强组织”“行动创文明 江海再出发”“深入走转改 喜迎十八大”“身边好人”和“法制惠民促和谐”等八大专题宣传活动，基本覆盖区委、区政府所有职能部门的工作领域。党的十八大召开前夕，在《江门日报》江海版开辟“深入走转改 喜迎十八大”专栏，分别以党的建设、城市建设、经济发展和民生实事为主题，深入基层一线采访，以群众视角展现全区发展成就，连续专题报道解读性的采访手记。

【中心组理论学习】 2011年，区委中心组开展4次集中学习，学习专题包括学习转变经济发展方式与当代中国转型专题；如何提高同媒体打交道的能力专题；学习《法治广东建设五年规划（2011－2015）》和“发挥城市规划作用，建设幸福江海”。组织区委中心组及各党工委、党组中心组开展一次纪念建党90周年理论研讨活动，收到理论研讨文章30多篇，选送优秀文章参加市委宣传部等单位组织的“纪念中国共产党成立90周年理论研讨会”。

2012年，区委中心组开展10次集中学习与读书讨论交流会，内容包括贯彻落实江门市第十二次党代会精神县（处）级领导干部研讨班；邀请中山大学蔡立辉教授作“加强社会建设创新社会管理”专题报告会；学习贯彻省十一次党代会精神；举办学习贯彻省十一次党代会宣讲报告会，市社科联常务副主席马丹作宣讲辅导；学习网络信息技术实际操作技能；举办推进“双十五”重点工作专家座谈会；举办《公生明、廉生威——领导干部要具备的法治理念》专题讲座；以总结今年工作，谋划明年工作为主题的讨论交流会，传达学习贯彻党的十八大精神；举办学习贯彻党的十八大精神宣讲报告会，由省委宣传部讲师团团长曾凡光作宣讲报告。

□ 统战工作

【开展专题调研】 2011年，组织各民主党派、工商联负责人和无党派代表人士，学习《江海区“十二五”规划纲要》，举办“促进江海区腊味食品生产基地生产标准化、产业园区化、行业品牌化发展”“充分发挥区位优势，建设区域交通枢纽”专题调研。组织区政协、区委统战部干部和区域各民主党派组织负责人，参观腊味食品生产企业并召开研讨会，提出腊味行业“三化”发展的建议；组织参观江海区城市防洪工程标段、横沥水闸和江新联围外海堤段，召开研讨会，提出加快水利工程建设的建议；以纪念辛亥革命100周年为契机，围绕“打造陈少白文化精品，提升城市文化品位”主题进行调研；学习贯彻中央统战部《关于加强统一战线服务社会管理工作的意见》，开展以“创新社会管理模式，确定社会和谐稳定”为主题的调研，组织统一战线成员代表15人，到海南省三亚市参加学习并召开专题研讨会，调研活动以后，及时把调研成果报送区委区政府。组织2个专题调研组，深入街道商会、行业协会和会员企业调研，了解企业生产情况。举办“中秋情交行夜”交通银行与江海区企业联谊会，签订《江海区企业与江门市交通银行合作协议》，帮助企业解决融资难题。

2012年，以农工党江海总支部牵头，会同区政协、区委统战部和区域其他民主党派，以“加快企业转型升级，大力发展战略性新兴产业”为主题，对广东邦民制药厂有限公司、广东恒建药业有限公司等生物医药生产企业，开展专项调研活动，并形成《关于大力推进战略性新兴产业，促进我区生物医药生产企业发展的调研报告》。第二季度，会同区政协组织区域各民主党派，开展以“加大企业帮扶力度，做大做强实体经济”为主题的第29次季度调研活动，赴浙江省温州市全国最大的汽车雨刮制造商胜华波股份有限公司等企业，进行学习考察，并形成调研报告上报区委。会同区政协与区域各民主党派，开展以“创建和谐劳资关系，打造文明幸福江海”为主题的第30次季度调研活动，参观江门荣信电路板有限公司及赫克力士（江门）有限公司，听取企业劳资关系的情况介绍，分析以上代表性较大的企业内部劳资纠纷状况，提出适应形势挑战，创建和谐劳资关系6条建设性意见，形成专题调研报告。

【海外联谊】 2011年，邀请统战骨干队伍回乡联谊，培训4批46人次；4次专程赴港拜访社团首领、知名人士16人；应邀参加香港同乡会、工商界、青联等社团重大庆典活动5批8人次；利用清明节、端午节乡亲返乡等契机，加强江港澳三地之间的联系交流，接待香港外海同乡会、香港礼乐同乡会、区海外联谊会等回乡考察、旅游观光、探亲访友和祭祖等活动的海外乡亲9批102人次。为港澳社团首领、知名人士寄送贺年卡200多张。

2012年，依托区海外联谊会、区工商联和区外侨局 “走出去、请进来”，广交新朋友，巩固老朋友，着力做好“新生代”工作。共邀请统战骨干队伍回乡联谊、培训4批46人次；6次专程赴港拜访社团首领和知名人士24人；应邀参加港澳同乡会、工商界、青联、侨联等社团重大庆典活动8批22人次；接待香港外海同乡会、香港礼乐同乡会、区海外联谊会等回乡考察、旅游观光、探亲访友和祭祖等活动的海内外乡亲11批210人次；向港澳社团首领和知名人士寄发贺年卡片200多张。

【党外人士培养选拔和增补区政协委员】 2011年，结合换届工作，协助区委做好党外人士在区政协的安排。提名党外人士85名担任市、区政协委员。协商区工商联执委会人选从上届53名增至71名，把优秀的企业家代表选拔到区工商联（区总商会）执委队伍中来。

2012年，根据区政协党组关于增补区政协第三届委员的精神，会同区委组织部，下达推荐名单并进行人选考察工作，形成增补区政协第三届委员建议名单12名，其中中共党员5名、非中共党员7名，提交区政协主席会议报区政协常委会协商决定。

【开展扶贫“双到”工作】 2011年，发动企业家捐款100多万元建设韶关乐昌市秀水镇中心小学“江海楼”并落实使用。组织20名企业家赴秀水镇优先招聘该镇富余劳动力就业。引导江海统一战线成员开展“扶贫济困日”“献爱心”等公益活动，共捐款380多万元。

【慈善公益活动】 2011年，民进江海总支组织医疗专家，在江南街道举办群众健康知识讲座，派发健康知识手册200份。民盟江海总支组织文艺和书画爱好者，在礼乐街道人民会堂举行“歌颂祖国与党同心”文艺演出，为群众现场挥毫字画30多幅。外海七西村联谊会为本村60岁以上的老人每人派送米、油慰问品和慰问金200元、资助2名困难大学生每人500元。各民主党派负责人、区工商联会员企业发动420人义务献血。

2012年，统一战线成员合计捐款1050多万元，其中境外社团人士320多万元（区修远向礼乐中学建设图书馆捐款200万元、慰问家乡老人120多万元）；会员企业人士670多万元，其中绿化城市认建认种认养210多万元、“6•30扶贫济困日”活动100多万元、助学20多万元、“慈善公益万人行”活动60多万元、向外海慈善会捐款280多万元；宗教界捐款59.50万元，其中雪峰寺、茶庵寺慰问困难群众折合2万元大米和食油，茶庵寺为150名困难家庭学生发放慰问金4.50万元、助学30万元，“6•30扶贫济困日”活动10万元，向江门幼师西藏班贫困学生捐款6.50万元，“慈善公益万人行”活动1万多元，茶庵寺、法华庵向外海慈善会捐款5.50万元。

【农村联谊会试点】 2012年，成立农村联谊会推进工作领导小组，深入全区40多个行政村进行调查摸底，全面掌握各行政村统战资源情况。树立外海街道麻二联谊会作为全区农村联谊会的典型，通过邀请市、区、街道、村四级干部参观学习等途径，扩大麻二联谊会的示范和辐射作用。共成立外海街道七西、麻二和礼乐街道新华、新丰等4个农村联谊会。农村联谊会开展特色活动，包括参与农村事务管理、开展扶贫助困助学活动、开展敬老爱老活动、为村建设和集体经济发展建言献策；农村联谊会筹集善款80多万元，扶贫助困14户、助学8人、奖励学生6人，重阳慰问和宴请老人460多人。

□ 社工工作

【简述】 2012年3月，江海区社工委成立，在市社工委的指导和区委、区政府的领导下，围绕省委和市委、区委关于加强社会管理工作的整体部署，以构建“党委领导、政府负责、社会协同、公众参与、法治保障”的社会管理体制为目标，以保障和改善民生为重点，以完善社会服务为基础，以创新社会管理为动力，开展全区社会建设总体规划的研究，加强对区直部门和各街道参与社会建设工作的统筹指导和督促检查。

【基本职能】 根据《江门市江海区社会工作委员会主要职责内设机构和人员编制规定》，社工委既是区委的工作机构，又是区政府的工作机构。主要职能是牵头研究拟订并组织实施全区社会工作规划和重大政策，协调有关部门起草社会工作方面的规范性文件草案，研究社会工作重大问题并提出政策建议。统筹指导和综合协调全区开展社会工作，督促检查社会工作规划、政策和重点任务落实情况，建立健全社会建设和管理绩效评估体系。参与拟订教育、民政、司法、劳动就业、社会保障、住房和城乡建设、文化、卫生、人口和计划生育、体育等政策，统筹推进扩大公共服务、保障和改善民生，协调构建综合性社会救助体系。负责推进和创新群众工作，协调建立健全群众利益协调、诉求表达、矛盾调处、权益保障机制。研究推动社会建设和管理体制改革创新，参与拟订社区治理、社会组织培育和发展、社会工作队伍建设等政策并协调实施；协调构建社会治安防控、流动人口和特殊人群管理服务、虚拟社会管理等体系。

【主要工作】 2012年，围绕区委关于加强社会管理工作的整体部署，着力开展全区社会建设总体规划的研究，加强对区直部门和各街道参与社会建设工作的统筹指导和督促检查。研究制定全区社会工作要点，围绕公共服务均等化、社会组织培育发展、城乡社区建设、外来务工人员服务管理、社会矛盾化解、社会创新观察项目建设等内容，在调查研究的基础上，确定全区社会工作的10项要点并分解为54项具体工作任务，印发《2012年江海区社会建设工作任务分解表》；培育社会管理创新观察项目，学习借鉴先进地区的经验做法，以点带面，整体推进全区社会管理创新。建立江南街道的推行社工+义工模式、滘北街道的家庭综合服务中心、外海街道的党代表工作室、礼乐街道的农村“三资”管理平台建设、滘头街道物业管理小区调解体制建设和区民政局的社会组织培育和管理等6个区级创新观察项目，其中滘北街道的家庭综合服务中心建设项目被确定为市、区共建的社会管理创新观察项目；按照“方向要积极、步骤要稳妥”的要求，推动全区社会组织的培育和发展，逐步探索推进街道公共服务社会化。完成行业商会去行政化清理整顿工作，并与区民政局和区总商会督促5个街道商会进行注册登记。以推动街道职能转移，提升街道社会管理和公共服务职能为出发点，以慈善公益类、社会服务类、群众生活类为重点，积极培育街道一级的社会组织，培育区内首家专业社工服务机构——江海区晨光社会工作综合服务中心，确定以居家养老模式作为政府向社会组织购买公益服务项目的试点。召开全区深化社会组织改革工作会议，确定深化社会组织改革工作目标和思路。

江海区人民代表大会

【区八届人大六次会议】 2011年1月25－26日，区第八届人民代表大会第六次会议在区政府机关大院一号楼二楼会堂举行。会议听取和审议《江门市江海区人民政府工作报告》《江门市江海区人民代表大会常务委员会工作报告》《江门市江海区人民法院工作报告》和《江门市江海区人民检察院工作报告》；审议《江门市江海区国民经济和社会发展第十二个五年规划纲要》《江门市江海区2010年国民经济和社会发展计划执行情况与2011年计划草案的报告》和《江门市江海区2010年财政预算执行情况和2011年财政预算草案的报告》，批准《江门市江海区国民经济和社会发展第十二个五年规划纲要（草案）》、2011年国民经济和社会发展计划及2011年本级财政预算。选举陈洽棠、胡影儿为区人大常委会副主任；黄连旺、林壮强为区人大常委会委员。

【区九届人大一次会议】 2011年11月25－28日，区第九届人民代表大会第一次会议在区政府机关大院一号楼二楼会堂举行。会议听取和审议《江门市江海区人民政府工作报告》《江门市江海区人民代表大会常务委员会工作报告》《江门市江海区人民法院工作报告》和《江门市江海区人民检察院工作报告》；选举江门市江海区第九届人大常委会主任、副主任和委员，江门市江海区人民政府区长、副区长，江门市江海区人民法院院长、江门市江海区人民检察院检察长，以及出席江门市第十四届人民代表大会代表。陈洽棠当选为区第九届人大常委会主任，高和庆、周明、李太春、胡影儿、黄卫明、陆润球等6人当选为区第九届人大常委会副主任，黄连旺等14人当选为区第九届人大常委会委员；周惠红当选为区政府区长，伍炜波、吴刚、王长青、陈焕溪、李文聪、刘晓蓉当选为区政府副区长；廖学安当选为区法院院长，李权威当选为区检察院检察长（根据有关法律规定，选出的区检察院检察长须报经市检察院检察长提请市人大常委会批准）。

【区九届人大二次会议】 2012年3月6—7日，区第九届人民代表大会第二次会议在区政府机关大院一号楼二楼会堂举行。会议听取和审议《江门市江海区人民政府工作报告》《江门市江海区人民代表大会常务委员会工作报告》《江门市江海区人民法院工作报告》和《江门市江海区人民检察院工作报告》。

【区人大常委会会议】 2011年，区八届人大常委会共举行8次会议，听取和审议区政府6项工作报告。为推动“一府两院”工作、促进全区经济社会发展、推进民主法制建设，组织开展9项检查、调研和视察活动。补选出缺的区人大代表1人。

2012年，区九届人大常委会共举行7次会议，听取和审议区政府10项工作报告。组织开展10项检查、调研和视察活动。选举区人大代表1名。

【审议决定重大事项】 2011年，区八届人大常委会对重大事项作出决定、决议9项，包括《关于江门市江海区人民代表大会换届选举的决定》《关于设立江门市江海区选举委员会的决定》《关于接受梁君明同志辞去江门市江海区选举委员会主任职务的决定》《关于接受梁许赞同志辞去江门市江海区人民政府区长职务的决定》《关于接受冼坚业同志辞去江门市江海区人民法院院长职务的决定》《关于接受陈锡章同志辞去江门市江海区人民检察院检察长职务的决定》《关于决定周惠红同志为江门市江海区人民政府代区长的通知》《关于决定廖学安同志为江门市江海区人民法院代院长的通知》和《关于决定李权威同志为江门市江海区人民检察院代检察长的通知》。

2012年，区九届人大常委会对重大事项作出决定、决议8项，包括《江门市江海区人民代表大会常务委员会关于进一步加强法制宣传教育的决议》《江门市江海区人民代表大会常务委员会关于召开江海区第九届人民代表大会第二次会议日期和建议议程的决定》《江门市江海区人民代表大会常务委员会关于江海区第九届人民代表大会第二次会议列席人员范围的决定》《关于确定人民陪审员名额的决定》《江门市江海区人民代表大会常务委员会关于修改〈江门市江海区人民代表大会常务委员会议事规则〉和〈江门市江海区人大常委会主任会议议事规则〉的决定》《江门市江海区人民代表大会常务委员会关于修改加强与人民代表联系的若干办法的决定》《江门市江海区人大常委会关于另行选举江海区第九届人民代表大会代表的决定》和《江海区人民代表大会常务委员会关于批准2012年江海区财政预算调整方案的决议》。

【监督工作】 2011年，区人大常委会采取听取汇报、开展专题调研和组织视察等方式，把监督与支持结合起来，加强和改进监督工作，促进“一府两院”依法行政、公正司法。组织常委会组成人员和人大代表对文化建设情况、村级财务管理及村账镇管工作情况进行调研，并听取和审议政府职能部门的专题报告；对全区人口分布和代表资源情况进行调查摸底；开展对上半年国民经济和社会发展计划执行情况、上半年财政预算执行情况以及2010年度本级财政预算执行情况和其他财政资金收支情况审计工作情况的调查；开展依法治区工作专题调研，做好“五五”普法验收工作和“六五”普法规划启动工作。

2012年，组织常委会组成人员和人大代表对区内涝整治工作、区法院执行工作、“三旧”改造工作、农村出嫁女权益保障工作的调查和食品安全法专项执法检查；开展对上半年国民经济和社会发展计划执行情况、上半年财政预算执行情况、2011年度本级财政预算执行情况和其他财政资金收支情况审计工作情况的调查。开展法制宣传工作专题调查。

【代表工作】 2011年3月16－18日，召开2010年度江海区代表工作会议，总结交流2010年代表工作情况，布置2011年代表工作，并组织到邻近地方参观学习。举办第九届人大代表培训班，组织新当选的人大代表学习代表法、地方组织法以及人大制度基本知识，提高代表素质。多渠道引导代表履职，组织代表开展视察，邀请人大代表参加区人大常委会的执法检查、工作调研和列席常委会会议等；组织部分区人大代表参加区长约见活动，引导代表为“创文”工作献计献策；组织代表参加两院的“旁听庭审”“百案调解”和“检察开放日”等活动；组织各专业代表小组的代表先后到基层医院、中小学校、网吧、科研单位、社区、农村和农业生产一线进行调研，广泛听取和反映意见建议，促使政府及共相关职能部门加强和改进有关工作。对八届人大六次会议及闭会期间代表提出的6件建议跟踪督办，代表对答复的满意（基本满意）率100%。

2012年2月23－24日，召开2011年度江海区代表工作会议，总结学习、交流代表工作情况，布置2012年代表工作任务，并组织到邻近地方参观学习。组织代表学习《中华人民共和国全国人民代表大会和地方各级人民代表大会代表法》，开展“人民选我当代表，我当代表为人民”的专题讨论，让代表深刻理解人大代表的义务和如何依法履行好代表职责，发挥代表作用。多渠道引导代表履职，组织代表开展视察，邀请人大代表参加区人大常委会的执法检查、工作调研和列席常委会会议等；组织部分区人大代表参加区长约见活动，组织各专业代表小组和代表围绕“三打两建”、社区矫正与保障性住房等工作开展视察、调研和献计献策活动，使代表了解和掌握区情民意，引导代表为全区经济社会发展积极提出有建设性的意见和建议，促请政府和有关部门加强和改进相关工作。对九届人大一次、二次会议及闭会期间代表提出的34件建议跟踪督办，代表对答复的满意（基本满意）率100%，对承办单位办理建议情况表示满意和基本满意100%。

【任免工作】 2011年，区人大常委会共任命国家机关工作人员31人，免职22人，接受辞职3人（梁君明辞去区选举委员会主任职务不列入此项统计）。

2012年，区人大常委会依法任免国家机关工作人员52人次。其中任命国家机关工作人员36人，免职16人。

【信访工作】 2011—2012年，加强信访件的交办、转办和督办工作。共受理来信来访来电案件23宗，基本得到妥善处理。

【依法治区工作】 2011年5月5日，召开江门市江海区依法治区工作领导小组第十五次（扩大）会议，总结2010年工作，部署2011年的工作。依法治区工作围绕“加快转型升级，建设幸福江海”目标要求，坚持依法执政、依法行政和公正司法，不断加强基层民主法制建设和法治文化建设，在推进经济社会发展、维护社会稳定和改善民生等发挥民主法治的保障和促进作用，包括贯彻《法治广东建设五年规划》，大力促进幸福江海建设；发挥主体作用，不断推动法治政府建设；以群众满意为目标，落实法治惠民实事，进一步完善社会治安防控体系，不断加强和完善维稳机制，创新社会管理模式，社会管理的法治化水平得到不断提高；以加强民主法治建设为着力点，通过加强基层民主政治建设、推进民主法治村（居）创建、探索加强农村“三资”管理新路子等措施，推进民主政治建设；以规范司法行为为抓手，维护廉洁公正司法；以提高公民法律素质为基础，扎实推进法治文化建设；以队伍建设为保障，提高依法治区工作执行力。全区18个村委会、15个居委会创建达标为省级村（居）务公开和民主管理示范单位；区公安分局麻园派出所被评为省级“公安机关基层执法示范单位”；区公安分局高新技术开发区派出所被评为市级“公安机关基层执法示范单位”。

2012年4月25日，召开江门市江海区依法治区工作领导小组第十六次（扩大）会议，总结2011年工作，部署2012年的工作。法治工作加强着力普法宣传和民主法治建设。包括法治政府建设方面，法治政府配套制度不断完善，政务信息公开渠道畅通，行政执法活动规范有序，政风行风建设得到深化，政府效能不断提升；社会管理方面，依法创新服务与管理模式，维稳工作实现“一突破、两减少、三个零”（即解决一批信访的陈案积案，取得了突破性进展；信访案件数比2011年下降1/3，信访人数下降2/3；“三个零”：2011年到京、到省、到市集体上访案件均为零），“三打”工作成绩显著，法治惠民项目初见成效，人民群众对政府依法管理的满意度不断提升；民主法治建设方面，“六五”普法宣传教育不断深化，农村“三资”管理不断规范，村（居）委会民主管理实现良法善治，法治街道、法治村（居）、法治校园的创建活动蓬勃开展；公正司法方面，加强公检法的“阳光司法”平台建设，创新司法服务理念，区法院获得知识产权案件的一审管辖权，为知识产权保护提供了高效到位的司法服务，有利于投资环境的进一步完善；普法宣传教育方面，按照“六五”普法规划要求稳步推进，普法内容贴近群众生活，普法方式突出地方特色。江海区被评为江门市首个“无传销县区”；在江门市信访考核中获一等奖；获得江门市“三打”工作先进（良好等级）市（区）称号；江海区人民检察院、江门市公安分局江海分局经侦大队获得江门市“三打”工作先进集体称号；外海街道直冲村委会成功创建为“省民主法治村”、滘北街道富横社区创建为“省民主法治社区”；江海区人民法院经最高法院批准自9月1日起获得江海区知识产权案件的一审管辖权。

附：江海区人民代表大会常务委员会领导名录

2011年

主　任：梁美贤（女，2011.1.1—2011.11.28）
　　　　陈洽棠（2011.11.28—2011.12.31）

副主任：陈根泉（2011.1.1—2011.11.28）
　　　　高和庆
　　　　谭健立（2011.1.1—2011.11.28）
　　　　陈洽棠（2011.1.26—2011.11.28）
　　　　周　明
　　　　李太春
　　　　胡影儿（女，2011.1.26—）
　　　　黄卫明（2011.11.28—）
　　　　陆润球（2011.11.28—）

2012年

主　任：陈洽棠

副主任：高和庆
　　　　周　明
　　　　李太春
　　　　胡影儿
　　　　黄卫明
　　　　陆润球

江海区人民政府

□　政府工作

【区政府全体会议】　2011年2月18日，召开区政府全体会议，总结2010年区政府考核目标工作完成情况，部署2011年区政府考核目标以及经济社会发展工作。会议提出要倍加珍惜发展成果，乘势而上，坚定加快发展的信心和决心；认清形势，建立倒逼机制，提高政府执行力；突出工作重点，狠抓工作落实，确保全面完成全年各项目标任务。

2012年4月6日，召开区政府全体会议，总结2011年区政府考核目标工作完成情况，部署2012年区政府考核目标以及有关工作。会议要求要肯定成绩，乘势而上，坚定加快发展信心；下定决心，突出重点，全力以赴完成全年各项目标任务；凝心聚力，创新方法，多措并举推动工作落实。

【区政府常务会议】　2011年，先后召开区政府八届四十四次至五十二次常务会议，九届一次至二次常务会议。

四十四次常务会议研究并同意《2010年区政府工作报告（送审稿）》《江海区2011年经济和社会发展预期目标》《江门市江海区2010年国民经济和社会发展计划执行情况与2011年计划草案的报告（送审稿）》《江门市江海区2010年财政预算执行情况和2011年财政预算草案的报告（送审稿）》《江门市江海区国民经济和社会发展第十二个五年规划纲要（送审稿）》《关于会城新西隅路3号楼处置问题的请示》《关于新会龙兴广场处理方案的请示》《关于拟处置下沙32号之二602等物业的请示》《关于审核投资入股农信社并协助农村信用联社转农商行压降不良贷款方案的请示》《关于向区人大上报财政预备费使用情况的请示》《2011年江海区重点项目责任分解及实施计划方案》和《江门市江海区医药卫生体制改革近期重点实施方案（2010—2011年）》。

四十五次常务会议研究并同意《2011年度政府规范性文件制定（修改）计划》《关于解决我区2011年提高一线环卫工人待遇区级财政补贴资金的请示》和《关于增加我区机关事业单位节日津贴的请示》。

四十六次常务会议研究并同意《关于预算安排水利专项明确支出项目的请示》《江海区教育事业“十二五”规划》《江海区劳动和社会保障事业“十二五”规划》《江海区城镇化发展“十二五”规划》《江门市江海区新型农村社会养老保险实施办法》《江门市江海区安全生产责任制实施办法（修订）》《关于引进江门量子高科生物公司项目的请示》和《关于旧办公楼拍卖款支出安排的请示》。会议传达中央、省、市关于医药卫生改革的精神与要求，对下一步的医药卫生体制改革工作提出要求，包括突出医改工作亮点，加快区人民医院创二级甲等医院工作和推进江门市协和医院的建设；抓住医改工作重点，抓好医疗单位体制改革，抓好绩效工资方案，完善健康档案建设工作。会议通报茶庵寺将于6月5日举行大雄宝殿竣工庆典及佛像开光仪式和慈善恤孤活动启动仪式的情况。

四十七次常务会议研究并同意《中国（江门）国际绿色光源博览交易中心项目开发招商条件方案》《促进中国（江门）国际绿色光源博览交易中心发展的暂行扶持办法》《中国（江门）国际绿色光源博览交易中心专项扶持资金使用办法》和《中国（江门）国际绿色光源博览交易中心履约保证金返还办法》。

四十八次常务会议研究并同意提请审议林永豪、黄国平职务任免的问题。

四十九次常务会议研究并同意提请审议李伟煜等职务任免的问题。

五十次常务会议研究并同意《江门市江海区实施〈珠江三角洲地区改革发展纲要（2008—2020年）〉实现“四年大发展”工作方案》《江海区第三产业发展“十二五”规划》《江海区科学与技术发展“十二五”规划》《关于上报十二五内涝整治规划项目的请示》《关于支付水利工程投资有限公司贷款还款的请示》《关于划拨S364线江门新会过境公路江海段工程项目征地补偿款的请示》《关于在府东小区土地出让收益中安排城际轻轨、礼东大桥等建设项目贷款利息的请示》《关于在府东小区土地出让金解决国库暂付城市规划编制费及明渠改暗渠补助的请示》和《关于在府东小区土地出让金专户解决国库暂付基础设施建设借款利息的请示》。会议原则同意《江门市江海区工业项目用地准入评审实施细则》并要求按照会议提出的意见作修改完善。

五十一次常务会议研究并同意《江门市江海区创建广东省推进教育现代化先进区工作方案》《2011年教育费附加使用计划》《江海区文化事业发展“十二五”规划》《江海区先进制造业“十二五”发展规划》《江海区物流业发展“十二五”规划》《江门市江海区公共卫生与基层医疗卫生事业单位绩效工资实施办法》和《江海区建立基层医疗卫生机构经常性收支补偿机制实施方案》。会议原则同意《2012年江门市重点建设项目计划（江海区部分）》并要求按照会议提出的意见完善后报市；会议原则同意《江海区卫生事业“十二五”规划》并要求核定有关数据指标。会议就如何以实际行动迅速抓好区第八次党代会精神的贯彻落实工作，全力推动区政府各项目标任务的全面完成作出部署，要求迅速抓好传达学习，明确目标，统一共识；迅速转变和进入工作角色，以饱满的精神状态投入到实际工作中；倡导简洁明快、雷厉风行的工作作风，切实提高服务能力和执行能力；以团结和实干精神，全力冲刺，确保全年目标任务圆满完成。会议听取区推进三旧改造工作领导小组办公室关于江海区“三旧”改造进展情况、区胜利南路建设指挥部办公室关于胜利南路征地拆迁及安置小区建设进展情况、区重点项目督查办公室关于2011年1—8月全区重点项目建设进展情况和区LED博览交易中心建设指挥部办公室关于中国（江门）国际绿色光源博览交易中心及连海北路建设项目工作进展情况的汇报。

五十二次常务会议研究并同意《第八届区政府工作报告（送审稿）》《江海区申报2012年江门市城市建设项目计划及预备项目计划》《关于下达2011年我区各街道节能目标的请示》和《江海区申报广东省2012年重点建设项目计划和前期预备项目计划》。

九届一次常务会议研究并原则通过《江海区绿道管理实施意见》，由区法制局会同区住房城乡建设局根据会议提出的意见修改。会议审议并原则通过《关于在全区开展法制宣传教育的第六个五年规划》，要求区司法局有针对性并结合区的特点拟定每年的具体实施计划报区政府。会议审议并原则通过《江门市江海区推进基本公共服务均等化实施方案（2009—2020年）》，由区财政局根据会议提出的意见进行修改。会议研究并通过《关于解决礼乐虾蛟滘电排站工程征地补偿费用的请示》，要求工程总价控制在区发改局批复的调整总投资概算内，不能突破，区财政局核准征地面积和补偿费用。虾蛟滘电排站是区重点建设项目，区农林水务局要抓紧组织实施，并与国土部门衔接完善有关手续。会议通报江海区申报2011年度全市城乡居民基本医疗保险工作先进单位及个人的情况。

二次常务会议审议并通过《江海区水利发展“十二五”规划》《江门市江海区安全生产“十二五”规划》《江海区环卫经费分配实施方案》《关于实施永康路的请示》《江海区2011年度科技专项资金安排计划》《关于滘头东路建设项目暂缓实施的请示》和《江海区2012年重点建设项目计划》。

2012年，先后召开九届三次至十一次常务会议。

三次常务会议研究并通过吴旭等职务任免的问题，审议并通过《关于向区人大常委会提请审议<关于进一步加强法制宣传教育的决议（草案）>的请示》《江门市江海区区直预算单位实行公务卡试点工作实施方案》和《江门市江海区区直预算单位公务卡使用和结算管理规范（试行）》。

四次常务会议研究并通过《在区九届人大二次会议上的区政府工作报告（送审稿）》《江门市江海区2011年国民经济和社会发展计划执行情况与2012年计划草案的报告（送审稿）》《江门市江海区2011年财政预算执行情况和2012年财政预算草案的报告（送审稿）》；同意制定《江门市江海区节能奖励试行办法》，修订《江门市江海区政府采购管理办法》和《江门市江海区安全生产责任制实施办法》。

五次常务会议研究并通过召开区政府九届一次全体会议的有关事项，《关于调整我区机关事业单位工作人员和退休人员医疗保险缴费比例的请示》《江门市江海区城乡居民社会养老保险实施办法》《关于向区人大上报2011年财政支出超预算情况的请示》《关于向区人大上报财政预备费使用情况的请示》《江门市江海区人民政府关于推进“三促一帮”的实施意见》；通报2011年区政府主要工作考核目标完成情况及研究2012年区政府主要工作考核目标有关问题、设立市区菜牛定点集中屠宰场所情况。

六次常务会议研究并通过《江门市江海区完善交通枢纽体系发展“十二五”规划》《关于江海区商会大厦选址的请示》《关于支付区水利工程投资有限公司货款还款的请示》《关

于扩大公务卡改革实施范围的请示》《关于申请安排资金偿还广珠城际轨道项目借款的请示》。会议同意《关于提高我区农村五保对象供养标准的请示》，从2012年6月1日起，农村五保集中供养标准由每年6600元提高到7560元，农村五保分散供养标准由每年6240元提高到7320元；会议同意《关于提高城乡低保标准的请示》，从2012年7月1日起，城乡低保标准由每人每月330元提高到350元，农村低保标准由每人每月230元提高到250元；城镇低保对象基本医疗救助标准调整为每月49元，农村低保对象基本医疗救助标准调整为每月35元。会议同意《关于落实安全生产执法办案补贴的请示》《2012年江海区信息化专项经费预算》《江门市江海区节能奖励试行办法》《关于高新区44号地物流项目不再列入2012年江海区重点项目计划的请示》《关于调整2012年江海区重点建设项目计划中建滔电子项目目标内容的请示》。会议传达全国、全省政府信息公开工作电视电话会议精神，学习了《中华人民共和国行政强制法》和《个体工商户条例》。

七次常务会议研究并通过《关于划拨LED及连海北路项目资金的请示》，同意专项资金7000万元划入连海北路建设投资公司的融和农商银行账户，5000万元划入连海北路建设投资公司的建设银行账户；会议研究并通过《关于偿还礼东大桥等7项城建工程项目借款本金及利息的请示》，在府东小区土地收益中垫付9251666.65元用于偿还礼东大桥等7项城建工程项目借款本金及利息；会议同意《关于向金融机构借款有关问题的请示》。

八次常务会议研究并通过中国（江门）绿色光源博览交易中心交通组织平台和天桥连廊特展馆项目的问题，《江门市江海区村务监督委员会管理办法》《关于改善江海区参战涉核退役人员有关待遇的请示》《关于调整我区机关津贴补贴及中小学校绩效工资标准的请示》《关于在府东小区土地出让金偿还2009年地方债券的请示》《关于在金融风险金专户安排资金偿还中央专项再贷款的请示》。

九次常务会议研究并通过关于提请审议陈建强、邓群标职务任免的情况说明，《江海区申报江门市区2013年城市建设项目计划》《江门市江海区科学技术奖励实施办法（修订）》《关于调整江海区外海横沥水闸改（扩）建工程投资估算的请示》《江门市江海区残疾人事业“十二五”规划》《关于推荐诚信守法示范企业的请示》《关于申报“全省民主法治示范村”和“全省民主法治示范社区”的请示》《关于2012年教育费附加使用计划的请示》；会议听取外海街道办事处和区城管局关于改善白水带及周边改善农业生产条件项目工程建设情况的汇报，同意调整该项目的考核目标为2012年年底前完成南山至茶庵寺路段的主体工程。

十次常务会议研究并通过《关于安排永康北路建设费用的请示》《关于返还生物健康集聚发展区土地资金的请示》《江海区现代服务业区域总部扶持办法》《关于审议江海区防灾减灾“十二五”规划》《江海区申报江门市区2013年城市建设项目计划》、确定江海区房屋征收部门的问题、《江海区深化行政审批制度改革实施方案》《区政府工作规则》；会议传达《市委办市府办关于进一步落实厉行节约规范和控制“三公”经费支出的通知》精神，通报2012年江海区重点项目开工竣工活动有关进展情况。

十一次常务会议研究并通过《江海区国土资源“十二五”规划》《江门市江海区妇女发展规划（2011－2020年）》《江门市江海区儿童发展规划（2011－2020年）》《江海区国民

经济和社会信息化“十二五”规划》《江海区2012年度科技专项资金安排计划》和申请实施江海区生活垃圾压缩中转站项目建设问题。

【区长办公会议】 2011年1月21日，召开区长办公会议，研究同意《江门市江海区乡镇卫生院管理体制改革实施方案》和《关于礼乐街道调整村委会规模的请示》。

2月15日，召开区长办公会议，研究同意《关于增加社区居民委会成员职数的请示》和《2011年江门市江海区人民政府主要工作考核目标（讨论稿）》。

4月1日，召开区长办公会议，研究同意2011年江海区外出招商出访计划。会议原则同意《2011年江海区信息化建设专项经费预算》，并要求增加10万元用于LED推广交流和2万元用于购买正版软件的预算。会议研究同意江海区2011年度社会抚养费征收标准问题，同意按照2010年江海区城镇居民人均可支配收入19146.67元，农村居民人均年纯收入外海街道10755元、礼乐街道9930元为基数，计算2011年社会抚养费征收标准。会议研究同意2011年江海人口计划指标问题。会议通报江海区学前教育2011－2013年三年发展行动计划、滘北排水渠改造及泵房搬迁工程“10•3”建筑施工安全事故、2011年与江门高新区赴香港新春招商活动的情况。

8月9日，召开区长办公会议，研究同意《关于安排2011年“双到”扶贫资金的请示》《关于解决外海龙溪和金溪农业开发项目资金的请示》《关于郑锦胜同志所犯错误处理意见的请示》。

10月10日，召开区长办公会议，研究同意《关于安排创文迎国检整治工程专项资金的请示》。会议同意《江海区深入开展“三小”场所消防安全专项整治工作实施方案》，并原则同意对整治验收达标的住人“三小”场所每户补助资金300元，由区财政和街道各负担50%。

11月8日，召开区长办公会议，研究同意《关于增加南冲水闸管理楼基础加固工程费用的请示》《关于进一步增加扶贫资金的请示》和《江海区涉税信息交换与共享实施办法》。会议通报2011年江海区文化旅游暨美食节筹备情况。

2012年3月30日，召开区长办公会议，研究同意《2012年江海区人口计划指标》《关于解决江海区人民医院创二级甲等医院有关费用的请示》。

6月8日，召开区长办公会议，研究《2012年度江海区审计项目计划》，关于永康北路工程实施方案问题，同意（一）永康北路按规划道路实施；（二）对麻三村委会用地实施征地，地上附着物由麻三村委会自行拆迁并给予15万元的拆迁补偿；（三）永星村用地由滘头街道办事处负责实施征地。会议通报全区安全生产工作的情况和礼乐社会福利综合服务中心建设资金筹集情况。

7月11日，召开区长办公会议，研究《关于政府机关正版软件采购经费的请示》，同意按照4∶3∶3比例分三年向微软公司支付212万元的正版软件采购费；研究同意《关于实施江门河礼乐段东岸城市绿道（旧礼东桥—南环路段）工程的请示》。会议通报上半年全区安全生产工作情况，提出下阶段工作重点，要求进一步落实“一岗双责”制度。

9月27日，召开区长办公会议，研究同意《关于实施区直预算单位公务卡强制结算目录的请示》《关于永康北路滘头永星村用地征收实施方案的请示》《关于江海区农村集体土地所有权登记发证工作专项经费的请示》。会议研究《江海区申报江门市2013年重点建设项目计划》。

11月9日，召开区长办公会议，研究《关于安排江门河礼乐段东岸城市绿道（旧礼东桥一南环路）工程建设资金的请示》，原则同意《关于江海区农村集体土地所有权登记发证项目经费的说明》，原则同意（一）该专项经费总预算费用调整为199.908万元，其中中标价190.488万元，分2年支付，年内先解决90万元经费，余款明年解决；（二）该专项经费由区和街道按照7∶3比例分担，其中区本级负担139.908万元，在府东小区土地收益中安排；街道负担60万元，由外海、礼乐街道各负担20万元，滘头、滘北街道各负担10万元。

12月26日，召开区长办公会议，研究同意《2012年江海区政府向社会组织购买服务目录（第一批）》《江海区食品安全责任目标考核办法》。

【经济工作会议】 2011年3月1日，本级地方政府性债务有关会议，传达省审计厅关于审计江门市本级地方政府性债务的有关文件精神，并研究部署全区地方政府性债务审计工作。

4月1日，统计工作会议，传达全省、全市统计工作会议精神，总结2010年统计工作情况，部署2011年统计工作。

5月26日，上半年全区外经贸工作会议，传达贯彻全市外经贸工作会议精神，部署全区外经贸工作任务。

7月21日，上半年经济运行情况分析会议，总结上半年经济运行情况，研究部署下一阶段经济工作。

2012年2月9日，财税工作会议，分析财税收入形势以及确保完成今年财税收入任务，研究部署下阶段工作。

3月16日，统计工作会议，传达全国、省、市统计工作会议精神，总结2011年统计工作，表彰第六次人口普查的先进集体、先进个人，部署2012年工作。

5月，第一季度经济分析会议，传达市政府2012年第一季度经济运行情况分析会议精神，总结第一季度经济运行情况，部署下一阶段工作。

8月22日，财税工作会议，传达全市财税工作会议精神，总结分析2012年1－7月财税工作情况，部署下一阶段财税工作。

9月7日，第一次财税工作联席会议，传达市第一次财税工作联席会议精神，总结促进财税收入稳定增长十六项措施工作进展情况，部署下一阶段工作。

9月19日，统计暨推进重点项目建设工作会议，传达贯彻全市统计工作会议精神，总结全区统计工作和推进统计“四大工程”情况，通报全区重点项目进展情况，部署下阶段工作。

10月19日，财政工作会议，研究分析财政工作面临的形势和任务，部署深化财政管理改革以及加强预算单位财务管理等工作，部署2012年财政收支情况和2013年部门预算编制、厉行节约执行问题、财政资金绩效管理、规范“三公”经费管理等工作。

11月2日，第二次财税工作联席会议，研究促进财税收入稳定增长问题。

【街道书记座谈会】 2011年11月29日，区长周惠红主持召开全区街道党政主要负责人座谈会，市委常委、区委书记旷仁山出席会议。会议听取各街道关于2011年目标任务完成情况的汇报，研究部署下一步工作。周惠红区长就2011年经济指标情况和当前工作作了讲话，要求各街道、部门，咬定目标，重点突破，确保全面完成全年各项目标任务；旷仁山书记强调提倡“清楚明了、务实高效”的工作作风，围绕经济指标、重点项目、民生工程等方面狠抓各项工作落实。

【专项工作会议】 2011年1月27日，全区卫生工作总结会议，总结2010年江海区卫生工作情况，布置2011年卫生工作任务。

2月18日，全区农业农村工作会议，贯彻落实中央粮食生产会议、省春耕生产会议精神，研究部署2011年农业农村工作。

2月22日、9月2日、11月9日，分别召开广珠轻轨江海段征地拆迁遗留问题专题工作会议，讨论、研究了广珠城际轨道江海段征地、拆迁、建设及相关费用等方面的遗留问题，并就相关问题与市直有关部门及广珠轻轨公司达成一致意见，加快解决广珠城际轨道江海段征地拆迁遗留问题。

2月25日，宣传思想工作会议，贯彻落实中央、省、市宣传思想工作会议精神，总结前一阶段宣传思想工作，部署2011年宣传思想工作。

3月10日，民政工作暨福利彩票工作会议，总结2010年民政工作，布置2011年工作任务。

4月8日，LED博览交易中心项目建设工作会议，研究LED博览交易中心项目招投标条件设置和优惠政策等问题。市委常委、常务副市长吴紫骊带领市直有关职能部门到江海区专题研究江海区（高新区）2011年项目用地计划、34号地交地填土和LED博览交易中心及连海北路建设等问题。

5月12日，劳动和社会保障工作会议，总结2010年全区劳动保障工作情况，布置2011年劳动保障工作。

6月13日，人口计生工作领导小组成员会议暨6月份人口计生工作例会，部署流动人口“一盘棋”双向考核迎检工作。

8月10日，信访维稳工作会议，总结上半年信访工作和布置全国“两会”期间以及深圳大运会期间的信访、维稳工作。

9月8日，区长周惠红主持召开江海区庆祝2011年教师节大会。

9月20日，人武部党委第一书记任职命令宣布大会，任命旷仁山兼任人武部党委第一书记。

10月14日，新型农村社会养老保险工作动员大会，动员部署农村居民参加新型农村社会养老保险有关工作。

10月21日，2011年国防动员委员会暨征兵工作会议，总结江海区2010年征兵工作情况，表彰征兵工作全优单位，部署2011年征兵工作。

10月31日，江海区与高新区互动工作座谈会议，研究高新区发展情况、科技部专项督查有关事项和两区的互动发展等问题。

11月10日，水利工作会议，传达中央、省、市水利工作会议精神，部署今冬明春及“十二五”规划水利工作。

11月14日，常务副区长伍炜波主持召开区医改工作领导小组会议和区人民医院创建二甲医院工作会议。

12月29日，区长周惠红主持召开全区人口和计划生育工作会议。

2012年2月17日，江海区绿化绿建工作动员会，根据市委、市政府工作部署，会议就江海区绿化绿建工作的分工、责任、时限等与区直有关部门签订绿化绿建工作责任,确定区级“一点二面三线”和街道“一园二路三厂企”绿化绿建工作任务。

2月29日，人力资源和社会保障工作会议，总结2011年全区人力资源和社会保障局工作情况，研究部署2012年工作。

3月9日，信访维稳工作会议，传达贯彻省、市信访维稳工作会议精神，总结和通报

2011年信访维稳工作，部署2012年信访维稳工作任务。扶贫开发“规划到户责任到人”工作会议，传达贯彻落实2012年全市扶贫开发“规划到户责任到人”工作会议精神，研究部署全区扶贫开发“规划到户责任到人”工作。

3月12日，武装工作会议，总结2011年度工作经验，部署2012年度武装工作任务，表彰2011年度武装工作先进单位和个人。

3月22日，应急管理工作会议，传达省、市应急管理工作会议精神，总结2011年应急管理工作，部署下一阶段全区应急管理工作。

4月20日，社会建设暨政法工作会议，传达贯彻全省社会工作会议、全省政法工作会议、全市社会建设暨政法工作会议等6个会议精神，部署2012年社会建设、政法工作各项任务。

6月5日，“三打两建”暨食品安全工作会议，传达江门市三打两建工作汇报会议精神和江门市食品安全专项工作会议精神，通报全区三打两建工作情况，部署食品安全专项整治工作。

7月27日，龙光塔一茶庵寺段绿道建设工程工作会议，讨论和研究工程设计方案存在的问题，并就相关问题达成一致意见。

8月24日，人力资源社会保障信访维稳工作会议，通报人力资源社会保障信访维稳工作情况；区政府与各街道办事处签订《人力资源社会保障信访维稳及养老保险扩面征缴、高技能人才入户城镇工作责任书》。

9月3日，广中江（江珠北）高速公路江海段征地拆迁工作动员会，对广中江高速公路江海段征地拆迁任务进行分工，明确责任和时限。

10月22日，征兵工作会议，传达上级征兵工作会议精神，总结2011年征兵工作情况，表彰2011年征兵工作全优单位，部署2012年征兵工作。

12月17日，企业职工社会保险扩面征缴工作会议，部署2012年企业职工社会保险扩面征缴有关工作。

【考核目标完成情况】 《2011年江门市江海区人民政府主要工作考核目标》共有90项，按计划完成68项，占总数的75.5%；部分完成9项，占总数的10%；未完成13项，占总数的14.5%。其中完成较好的工作主要有全面完成创文各项目标任务、民生保障和改善工作成效明显、“大部制”机构改革及政府换届工作顺利完成、社会大局保持和谐稳定。

2012年，区政府考核目标共有35项，按计划完成27项，占总数的77.14%；未完成8项，占总数的22.86%。未完成的考核目标全部为经济指标增长任务，包括：生产总值（目标13.5%，完成9%）、人均生产总值（目标12%，完成8.66%）、固定资产投资（目标21%，完成8.1%）、规模以上工业增加值（目标19%，完成13.3%）、社会消费品零售总额（目标16.5%，完成12.06%）、镇级财政一般预算收入（目标14.28%，完成7.23%）、国税完成财政一般预算收入（目标16%，完成-4.5%）、外贸进出口总额（目标10%，完成3.5%）。

【推进重点项目建设】 2011年，按照“四个一”（“一个项目一个领导带一套人马一抓到底”）的要求推进重点项目建设。共安排重点项目44项，完成年度投资额3.6亿元。城市基础设施和配套功能不断完善，广珠城际轨道工程建成并正式投入运营，区内设有江门站、江海站、礼乐站共3个站，江门站于1月7日开通运营。高新区LED产业基地完成征地、交地及三通一平工作；江门健威凯利实业有限公司项目、信义玻璃项目、艾默生二期（钣金）项目建成并投产；南山路工程（五邑路—高新西路）建成通车；东宁路（五邑路-金瓯路段）、永康路、江翠路交叉口路面改造二期工程已全面完工；胜利南路和胜利大桥、礼东大桥、东华大桥、金瓯路升级改造工程、江睦路、永康北路、富民东路等基础设施建设项目扎实推进。

2012年，按照“四个一”（“一个项目一个领导带一套人马一抓到底”）的要求推进重点项目建设。共安排重点项目37项，总投资额130亿元，年度计划投资额27.3亿元，全年累计完成投资28.06亿元，完成率101.39%。重点项目投资占全区固定资产投资的50.65%，有效拉动全区经济平稳发展。其中中国（江门）国际绿色光源博览交易中心及连海北路（江海路至外海中华大道）项目、江门市长优实业有限公司电动汽车电池关键材料及报废电池回收项目、江海区内涝整治工程、江门谦信化工发展有限公司12吨/小时乳液单体扩建项目、协和医院项目等5个项目被列入市重点项目，年度计划投资7.35亿元，全年累计完成投资11.11亿元，完成率138.05%。内涝整治项目中的横沥水闸改（扩）建工程和虾蛟滘电排站工程主体工程已全部完成，谦信化工扩建项目已完成厂房建设并投产。城市基础设施和配套功能不断完善，礼乐大桥、东华大桥建成通车。礼乐大桥全长1015米，桥面宽12.5米,工程于2010年3月开工，2012年8月底试行通车，12月7日举行庆典通车。礼乐大桥是连通江海区、新会区以及江门高新区的重要桥梁纽带，进一步密切礼乐东西两区域群众的沟通。东华大桥为双向6车道的城市I级主干道，道路主线总长为940米，桥宽34.5米，从2011年1月20日动工建设，2012年6月26日建成通车。东华大桥整体设计以“蓬江蝶舞”为寓意，大桥横断面为展翅高飞的蝴蝶造型。

【“三旧”改造】 江海区的“三旧”改造面积1110.8公顷，其中旧城镇7个，面积24.22公顷；旧厂房95个，面积429.2公顷；旧村庄61个，面积657.4公顷。其中：外海街道办事处旧城镇2个，旧厂房45个，旧村庄20个；礼乐街道办事处旧城镇1个，旧厂房16个，旧村庄21个；江南街道旧城镇2个，旧厂房6个；滘头街道办事处旧城镇2个，旧厂房45个，旧村庄20个；滘北街道办事处旧村庄7个，旧厂房13个。2010年，拟改造“三旧”改造项目7个，项目改造面积合计1215.673亩，总投资42.22亿元。同年8月19日，通过市“三旧”办的“三旧”改造项目资料认定；12月29日，江门船厂改造项目、江南华庆里三旧改造项目、兰花食品有限公司三旧改造项目的实施方案经市政府批准实施。2011年，拟新增改造项目16个，改造项目改造面积合计2019.836亩，总投资59.603亿元。其中汇聪电器厂“三旧”改造项目、江门纸厂“三旧”改造项目、江礼塑料厂“三旧”改造项目、联合化纤“三旧”改造项目、新时代粘合胶“三旧”改造项目和江翠路158号地块“三旧”改造项目已通过市“三旧”办 “三旧”改造项目认定，汇聪电器厂及江礼塑料厂“三旧”改造项目于同年11月30日上报项目实施方案到市三旧办审批。

各街道根据区推进“三旧”改造工作领导小组办公室《关于加快办理“三旧”改造项目补办历史遗留用地手续通知》精神，按照实际情况推进补办历史遗留用地问题有关工作。经过对纳入“三旧”改造范围图斑初步排查，礼乐街道共涉及新民、新兴、新丰、新华、敬和、向荣、向民、向前、武东、乌纱、英南等11个村委会28个图斑，其中有21个图斑在开展控规编制的范围内；滘头街道历史遗留问题用地面积共1690.3亩，其中旧厂房面积525.3亩，旧村庄面积1165亩。31宗历史遗留问题用地中，3宗土地性质为国家用地， 28宗土地性质为集体用地。滘北街道有4宗涉及历史遗留用地问题，包括农庄地块、滘北工业二区、北湾工业区、油湾工业区。至此，共上报办理历史遗留建设用地手续问题38宗，面积2646.58亩，其中完善历史用地手续“三旧”改造项目有30宗，外海街道15宗、礼乐街道6宗、滘头街道6宗、滘北街道3宗；集有转国有“三旧”改造项目共8宗，外海街道5宗、礼乐街道1宗、滘头街道1宗、滘北街道1宗。

【“两会”议案和建议提案办理】 2011年，办结市十三届人大六次会议代表建议、政协十一届五次会议委员提案交办件共56件；办结其他人大代表政协委员有关意见、建议4件，办结率100%。办结区八届人大六次会议、政协二届六次会议建议提案件共21件，办复率和满意率均为100%。区九届人大一次会议代表建议和区政协三届一次会议委员提案交办件共36件，其中代表建议20件、政协提案16件，办结35件。根据区委办《关于做好2011年市党政领导重点督办和单位主要领导牵头领办建议提案的通知》，区人大机关每年组织召开主任会议督办代表建议工作现场会，加强重点督办建议的督办工作。区政协出台《江门市江海区政协“一号提案”工作暂行办法》，进一步推进政协提案工作制度化、规范化、程序化。在区党政主要领导牵头办理建议提案方面，主要督办件为《关于加快文化强区建设的建议》和《关于加快我市LED产业发展的建议》。在区委、区政府和各基层党组织的重视下，抓好文化馆、站、室和区、街道文化信息资源共享工程建设，做好江海区非物质文化遗产项目普查名录申报和保护工作。开展群众性文体活动、文化下乡活动，创作文艺精品佳作，规范文化市场管理。广东省（江门）绿色（半导体）光源产业基地和中国（江门）国际绿色光源博览交易中心就在江海区内。绿色光源（LED）产业是江门市委、市政府在“十二五”期间重点发展的战略性新兴产业，是江海区全力打造的重点工程和“一号工程”。区委、区政府高度重视中国（江门）国际绿色光源博览交易中心建设，被列为全区“一号工程”，成立建设指挥部统筹、部署各项工作。指挥部办公室坚持每周召开一次工作会议，形成“抓进度、解问题、促落实”的工作机制。

2012年，办理市、区两会期间及闭会期间建议提案、人大代表约见座谈会、政协委员约见座谈会、人大走访活动等建议及意见共127项。在办理上述建议提案中，坚持“三个第一”力推建议提案办理工作，包括坚持第一高层领导，把建议提案办理工作提高一格；坚持第一现场沟通，提升建议提案办理工作互动性，举办建议提案办理征询会和建立“三见面”的办理模式；坚持第一时间跟踪，增强建议提案办理工作实效性。通过严格落实时间倒逼机制，加强B类件的跟进落实，完善办理考核机制。进一步做好建议提案的办理工作，使具有重要价值和涉及民生的建议提案转化为实实在在的惠民利民成果。

【信访工作】 2011年，以群众工作统揽信访工作为主线，以服务发展和为民为主题，以创先争优活动为动力，以完善三项机制为重点，通过着力抓好源头预防、畅通信访渠道、信访积案化解、工作机制创新等工作。向区委、区政府来信来访212 件次，减少20.3%。其中来信123件次，减少23.6%；来访89批342人次，分别减少15.23%和减少21.37%。没有群众进京上访；群众越级到省集体上访6批51人，同比3批34人次，批次增长100%，人次增长50%；群众越级到市政府集体上访4批77人次，同比2批60人次，增长100%，人次增长28.33%；群众到区政府集体上访16批239人次，减少30.43%，人次减少37.27%。市信访部门交办的信访事项101宗，办结95宗，办结率94 %；市领导交办重要案件63宗，办结61宗，办结率96.82 %。“12345”政府服务热线交办群众投诉案件20宗；群众在网上信访系统投诉案件21宗。在重大节假日和敏感时期没有发生群众进京上访事件。

2012年，以化解信访积案为重点，把“事要解决”和稳控有机结合起来，切实把问题解决在基层、把人员稳定在当地，实现各敏感时期和重大政治活动期间没有发生进京到省集体上访和进京非正常上访事件。向区委、区政府来信来访116件次，减少46%。其中来信87件次，减少32%；来访29批36人次，分别减少66.7%和减少89.5%。市信访部门交办的信访事项51宗，办结45宗，办结率达80.4%；市领导交办重要案件27宗，办结15宗，办结率达88.2%。“12345”政府服务热线交办群众投诉案件18宗；群众在网上信访系统投诉案件14宗。群众进京到省上市集体上访为零，没有群众到区政府集体上访。区委书记旷仁山主持召开信访积案分析研究会，接访信访人，研究具体信访案件，提出处理信访积案工作“12345”原则，即一个提醒：提醒信访人要依法、理性地表达诉求，合法合理地解决问题；两个准备：做好软硬措施的准备；三个区分：区分对错、区分程度、区分内外；四个到位：诉求合理合法的解决到位、诉求不合理不合法的解释疏导到位、生活困难的帮扶救助到位、违法缠访的依法处理打击到位；五个不准：不准妨碍社会管理秩序；不准妨碍党政机关、企事业单位的工作秩序，不准危害群众、社会和他人人身安全，不准教唆、胁迫他人参与缠访闹访，不准在敏感时期非法越级缠访闹访。信访工作实现“一个突破、二个减少、三个零”，即：信访积案化解取得突破；14件信访积案中，4件圆满解决，4件处于平息状态，6件取得进展；来信来访减少；进京到省上市集体上访数为零，没有群众到区政府集体上访。

【应急管理】 2011年，应急管理工作以“强机构、炼队伍、抓保障、保平安”为主线，重点强化基层应急管理机构和应急队伍建设，着力提高干部群众公共安全意识，围绕“无急可应，有急能应”的目标，有效应对各类突发公共事件。包括实施农村（社区）应急管理规范化建设工程。从2011年开始，计划用三年时间，推进全区23个社区居委会、36 个村委会的应急管理规范化建设工作；创建基层应急管理规范化建设示范点。创建外海街道墟镇社区、滘北街道富横社区等应急管理规范化示范村居5个，礼乐街道英南村、江南街道中沙社区等应急管理规范化达标村居6个。应急管理达标农村（社区）应急管理体系基本完善；加强综合应急救援队伍建设。开展实战演练，全年组织演练60次，参演3640人。全年综合应急救援队伍共接警出动87起，出动车辆175辆，出动警力909人，抢救被困人员28人，疏散被困人员160人，为确保辖区内人民生命财产安全作出贡献。依托区内大中型企业，建立安全生产应急救援队伍15支，组建三防抢险应急小分队，强化物价异动专业应急队伍的管理和培训，医疗卫生、市政、供电、民政救助等应急队伍应急能力有效提高；规范避护场所建设。建立区内各个街道30处户外避护场所启用制度，统一设置避护场所指引图、标识等并加强物资储备，区防灾物资储备库动工建设。开展应急物资社会化代储工作，街道、村（居）和辖区企业单位签订协议，逐步建立物资储备的社会联动机制；通过举办应急宣传活动月，开展应急知识“四进”活动、应急图片巡回展、应急主题班会课、逃生演练、专题讲座等活动，普及公众应急知识，提高全社会防灾减灾技能。5月15日，在中环广场举行应急知识宣传月启动仪式暨“防灾减灾日”宣传活动。7月5日，在中环广场举办应急知识竞赛，组织实施广东省“百人百场”应急知识宣讲活动，组织开展了基层应急管理干部培训班、消防培训班、安全生产、森林防火等专题培训班。成立江海区应急救护培训中心，印发《江海区开展应急救护培训工作方案》，全年举办各类应急培训班33次，参加4666人。

2012年，应急管理工作以强化基层应急管理工作为重点，推进基层应急管理规范化建设。创建外海街道金溪社区等应急管理规范化示范村居13个，礼乐街道东红村等应急管理规范化达标村居13个。完善村（居）信息报送、应急处置、应急宣传机制、应急演练等工作机制，全年开展安全生产、森林防火、消防等应急演练60多次，参加8900多人次。构建覆盖区直有关职能部门、街道、村（居）委会、重点企事业单位的值班工作网络。加强节假日值守，做好十八大“百日防护期”、全国“两会”期间以及台风等特别时期的应急值守工作。全年专报突发事件信息116期，上报信息60期。投入40多万元，建成面积686平方米的区应急物资储备库。承办广东省第三届“百人百场”应急知识宣讲活动暨江门市“应急知识宣传周”启动仪式活动。深入学校、企业和社区开展应急救护知识普及培训12场次，参加3600人次。成功抗击“杜苏芮”“韦森特”“启德”等自然灾害；处理群体性劳资纠纷案件（5人以上）41起，涉及人数1857人，追回被拖欠工资1889万元；妥善处置西江水污染、江睦路段自来水污染、礼乐阳光学校伤人事件等突发事件。

【法制工作】 2011年，政府规范性文件监督管理工作有效展开，制定政府规范性文件规划项目2件；审核政府规范性文件3件，分别是《江海区新型农村社会养老保险实施办法（试行）》《江门市江海区安全生产责任制实施办法》（修订）和《江门市江海区绿道管理实施意见》。收到有关行政复议申请5件，2件依法维持；1件不符合受理条件当事人撤回；1件依法终止审查；1件正在处理当中。行政复议案件涉及范围除了劳动工伤以外，还涉及公安、国土等方面。区法制局会同区监察局、人事局组织全区行政执法单位2010年度行政执法案卷评查暨行政执法质量检查活动，抽查区经贸局、区建设局、区农业局、区财政局、区劳动保障局、区卫生局等部门，听取情况汇报和查阅相关材料，对全区行政单位的行政执法水平和行政执法案卷质量作了综合性评价并指出存在问题。严格按照《广东省行政执法证管理办法》和《广东省人民政府行政执法证定期审核办法》的规定，通过广东省行政执法证管理系统，做好对《行政执法证》的审查、办理和监督使用管理工作，定期对现有的行政执法证进行清理和过期证照换领。

2012年，提交《关于提请审议〈江门市江海区节能奖励试行办法〉的意见》，经区政府常务会议审核后印发，并向市法制局备案；提交《关于提请审议〈江门市江海区村务监督委员会管理办法（送审稿）〉的意见》，经区政府常务会议审核通过印发，向市法制局备案；提交《关于提请审议《江门市江海区科学技术奖励实施办法的请示》，经区政府常务会议同意印发，并向市政府备案。修订《江海区人民政府常务会议学法制度》和《江海区政府依法行政工作情况报告制度》，提请政府常务会议审议通过并颁布执行。办理或变更行政执法证件112人次。指导区城管局、区住建局、区安监局等执法部门申请或变更系统用户信息，明确执法主体资格。组织开展全区行政执法单位年度行政执法案卷评查暨行政执法质量检查活动，对各行政执法部门及其所属执法单位(含依法委托的组织)形成的行政许可、行政处罚、行政强制、行政征收等行政执法案件进行评查。共处理征求意见文件100多份，就《广东省户外广告管理规定》《广东省劳务派遣管理规定》《广东省绿道规划建设管理规定》《广东省气候可行性论证管理规定》和《广东省实施〈中华人民共和国劳动合同法〉若干规定》等规范性文件向政府以及相关部门提出具体修改意见。对政府决策提供法律意见，包括《中共江门市江海区委江门市江海区人民政府关于加强外事和干部出国（境）管理工作的意见》《中共江门市江海区委政治协商规程》《江海区小型农田水利工程建设项目资金补助暂行办法》《江海区现代都市农业产业园礼乐主灌河生态防护林网核心区详细规划合同》《江海区村民自治章程》和《江海区深化行政审批制度改革实施方案》《江珠北延线高速公路（江海区段）商品房征收补偿方案》等政策性文件，以及公共资源交易平台建立、礼乐片区污水管网建设、中国（江门）国际绿色光源博览交易中心天桥及特展馆项目建设和江南华庆里三旧改造项目建设等，相应的法律意见得到重视和采纳。

【政府采购】 2011年，政府采购预算金额3555.33万元，实际采购金额3025.7万元，节约采购资金520.63万元，节约率14.9%。其中货物类预算1200.78万元，节约资金111.92万元，节约率9.32%；工程类预算185.79万元，节约资金11.59万元，节约率6.24 %；服务类预算2168.75万元，节约资金406.12 万元，节约率18.73%。采购次数92次。政府采购中心重点完成滘北街道辖区公共环卫清扫保洁、垃圾收集和垃圾（含村居）清运服务承包招标项目、滘头街道辖区公共环卫清扫保洁、垃圾收集和垃圾（含村居）清运服务承包招标项目、江门市江海区江睦路有线电视管线工程施工、江门市江海区劳动和社会保障局办公设备招标项目和江门市外海中心小学校园网络及设备项目等采购工作。

2012年，政府采购预算金额1812.65万元，实际采购金额1616.11万元，节约采购资金196.54万元，节约率为10.84%。其中货物类预算1692.65万元，节约资金182.21万元，节约率10.76%；工程类预算120万元，节约资金14.33万元，节约率11.94%。采购次数58次。政府采购中心重点完成江门市江海区财政投资建设工程项目评审服务资格项目、江门市江海区治安视频监控系统建设项目、江门市江海区农村集体土地所有权登记发证服务项目和江门市江海区教学多媒体设备项目等采购工作。按照法律法规以及请示行业主管部门意见，妥善处理区治安视频监控系统建设项目的质疑，本项目质疑处理作为江门市采购系统的案例；协助做好区教育局教学多媒体设备技术参数标准并重新调整采购预算，本项目实际采购金额比调整前的采购预算节约100万元。

【督办工作】 2011年，落实区委、区政府重要工作部署，按照倒逼机制和督查考核机制要求，制定《2011年江海区重点项目实施计划表》（44项）和《2011年江门市江海区人民政府主要工作考核目标》（90项），报送市政府考核目标完成情况报告5份，督办各级领导批示件和专项督办件23份，印发《江海区督查专报》18期、《江海区督查通报》34期，发出督查通知书4份。组织重点项目现场会15次。

2012年，制定《2012年江海区“双十双五”工作计划》（37项）、《2012年江海区重点项目实施计划表》（37项）和《2012年江门市人民政府主要工作考核目标》（35项），汇编《2012年江海区倒逼项目督查督办手册》，进行定期通报和年终考核。举办全区办公室系统督查培训班1期，创新构建江海区大督查信息平台。共报送市政府考核目标完成情况报告5份，督办各级领导批示件和专项督办件 38份，印发《江海区督查专报》16期、《江海区督查通报》19期，发出督办通知书6份。组织飞行督查工作会12次、重点项目现场会5次。组织举办“2012年江门市江海区重点项目动工仪式”。

【LED博览中心项目建设】 2011年，中国（江门）国际绿色光源博览交易中心项目，由广东光博汇投资发展有限公司投资建设和运营，占地226亩，投资超40亿元人民币，建筑面积近100万平米，计划三年内建成。LED博览交易中心启动建设，快速发展LED新兴产业，产值增长101.37%。

2012年，举办以“推进CEPA粤澳现代服务业合作，全力打造中国绿色照明之都”为主题的中国（江门）国际绿色光源博览交易中心项目奠基动工仪式，LED博览交易中心建设全面启动，产值增长20.90%。

【金融工作】 2011年，落实上市公司扶持政策措施，兑现上市扶持奖励累计600万元，分别为江门市科恒实业股份有限公司、江门市地尔汉宇电器股份有限公司、江门量子高科生物股份有限公司。6月，江门市高新区益丞小额贷款公司成立，辖区小额贷款公司增至2家。扶持企业改制上市工作走在全市前列，江门安磁电子有限公司的母公司广东江粉磁材股份有限公司于7月在深圳证券交易所中小板挂牌上市。配合小额贷款公司、融资担保公司拓展业务。

2012年，引导和培育企业改制上市。3月，江门市科恒实业股份有限公司经证监会审核通过首发申请，并于7月在深圳证券交易所挂牌上市，成为江海区第二家上市企业。4月，江门市蒙德电气有限公司向证监会申报IPO并获受理。5月，江门市地尔汉宇电器有限公司通过证监会首发申请。江海区企业上市的速度和数量位居江门市首位。6月，区政府荣获广东省政府授予的“金融稳定奖”，是江门市唯一获此殊荣的市（区）。

【春茗活动】 2011年2月17日，江门市江海区人民政府和江门高新技术产业开发区管理委员会在香港九龙香格里拉酒店举办新春招商会。出席本次招商会包括市领导、区四套班子领导、高新区领导和在江海区投资的企业家代表、香港社团代表及有关港、澳、台同胞和知名人士共430人。招商会前后，与会市、区领导分别拜会香港叶氏化工集团、香港凌志陶艺有限公司、香港建滔化工集团、香港德龙国际货运公司、香港智利钢铁有限公司及其负责人。

附：江海区人民政府领导名录

2011年

区　长： 梁许赞（—2011.9）
周惠红（女，2011.9—2011.11任副区长、代理区长，2011.11起任区长）

副区长： 伍炜波
梁镜波（—2011.11）
周婉玲（女，—2011.11）

吴　刚
何宁坤（—2011.11）
王长青
郑耀强（—2011.11）
陈焕溪（2011.9—）
李文聪（2011.11—）
刘晓蓉（女，2011.11—）
黎　昱（挂职）

2012年
区　长：周惠红（女）
副区长：伍炜波
吴　刚
王长青
陈焕溪
李文聪
刘晓蓉（女）
李勇战（挂职，2012.2—）
何可刚（挂职，2012.4—）

□　人事工作

【大部制试点】　2011年7月29日，举行党政机构改革新组建部门挂牌仪式，标志着江海区“大部制”改革顺利完成。本次党政机构调整，由原来的33个党政部门和部分双管单位减至20个，优化了组织机构设置，实现转变职能。

【人才市场】　2011年，组织辖区内7家企业选拔27名技术人才参加全市举办的岗位技术能手活动，全区17名技师和高级技师获取高技能人才培训补贴、582人申请企业高技能人才养老保险补贴。依托江门市职业技能鉴定指导中心在本辖区首次开展企业高技能人才生产现场鉴定，为江门市辉隆塑料机械有限公司、江门市三菱重工金羚空调器有限公司、江门市安诺特炊具制造有限公司三家企业的103名优秀员工进行高级工人才生产现场鉴定考核，其中80名员工考取高级工职业资格证书。

【公务员管理和培训】　2011年，编报2012年公开考试录用公务员计划和职位表；完成16个公务员职位的招录工作，并按照公务员培训计划的要求，开展科级、股级、初任公务员等各级别的培训工作。

2012年，共录用公务员19名，其中乡镇公务员3名。完成公务员管理信息系统的建设，共采集全区科级以下公务员560人的基本信息。先后提高企业退休干部职级补贴标准、制定机关单位津贴补贴调整方案、公务员正常待遇调整方案。按照公务员培训计划的要求，开展科级、股级、初任公务员等各级别的培训工作。

【专业技术人才管理】　2011年，出台《江海区人才中长期发展规划纲要（2010—2020）》，为全区中长期人才发展提供政策指导。协助江门市长优实业股份有限公司申请成为国家级博士后工作站，发动高新科技企业参加第十四届中国留学人员广州科技交流会。加大人才评价和管理力度，做好职称考核认定和评审工作。参加《广东加快转变经济发展方式读本》公需课1442人，参加《知识产权法基础与实务》专业课374人。

2012年，开展高技能人才培训工作和专业技术人员继续教育培训和职称考核，为引进高层次人才“一站式”服务。共新增高技能人才378人，新增专业技术人才233人，高技能人才入户2420人。为72人办理高技能人才培训补贴，973人申请高技能人才养老保险补贴。对符合政策规定引进的12名高层次人才兑现经费

10.8万元。江门市长优实业股份有限公司博士后科研工作站、江门市辉隆塑料机械有限公司博士后创新实践基地各进站博士1名。

【军队转业干部安置】 2011年，做好双向选择见面会、上报接收和组织人员报到等相关工作，按照市军转办下达的指标，完成年度4名军队转业干部的接收安置工作。

【事业单位管理】 2011年，组织有关事业单位岗位设置工作的培训班，指导督促各机关和事业单位开展岗位设置和人员聘用等工作，完成全区事业单位岗位设置管理工作。出台《江门市江海区事业单位工作人员工资福利待遇试行办法》，调整包干事业单位的包干经费，进一步规范事业单位工作人员的工资福利待遇。本次工作涉及全区61个事业单位，206名工作人员。出台《江海区公共卫生与基层医疗卫生事业单位绩效工资实施方案》，经市人社、财政、卫生等部门批复同意，区政府审议通过，卫生系统事业单位绩效工资从9月1日起正式实施。

2012年，组织实施事业单位公开招聘3次，共招聘63人。制订事业单位包干经费标准调整方案，指导相关单位实施中小学和基层医疗机构绩效工资工作；制订事业单位绩效工资实施方案，为2013年全区事业单位实施绩效工资工作打下基础。

政协江门市江海区委员会

【二届六次会议】 2011年1月24—25日，区政协二届六次会议在区财政局6楼会议室召开。会前因退休或工作调动请辞委员1名，增补常委1名，应出席委员136名，实到会92名。区政协主席林惠国作常委会工作报告，副主席闭应响作提案工作报告。在“委员论坛”大会发言环节，区委、区政府有关领导听取各民主党派、工商联委员企业代表紧紧抓住“献策‘十二五’，打造幸福江海”为主题的意见。会议表彰一批区政协优秀委员、先进联络组、优秀提案、承办提案先进单位；通过大会决议，增补肖汉华为区政协常委。

【三届一次会议】 2011年11月25-26日，区政协三届一次会议在区财政局6楼会议室召开。会议应出席委员132名，实到会117名。林惠国作区政协第二届常委会工作报告，李光明作区政协第二届常委会提案工作报告，会议同时举办政协委员撰写政协提案知识培训班。会议通过决议，民主选举产生了政协江门市江海区第三届委员会常务委员会：梁镜波当选为主席；冼坚业、林锦集、肖汉华 、李光明、唐 高、董广芬当选为副主席；何国祥当选为秘书长；区伟龙、区卓荣、田吉平、冯式忠、邝耀明、刘心学、刘学岭、麦宇飞、李永灼、李兆中、肖景辉、张锦华、陈伟明、陈华建、陈昌钢、陈健康、林桁峰、欧阳松、唐远廷、黄友柏、黄奔勇、黄俊杰、黄家河、黄培忠、曾小洁、释严光、谭德华当选为常务委员。

【三届二次会议】 2012年3月5日，区政协三届二次会议在区财政大楼召开。会议审议区政协常委会工作报告和提案工作报告;列席区人大九届二次会议，听取区政府工作报告及其他专题报告并进行讨论。在“委员论坛”的发言中，大家围绕如何加快转型升级，进一步推动全区经济平稳较快增长和社会和谐发展，建设幸福江海，提出意见和建议。会议期间，举办政协委员撰写政协提案知识培训班。

【主席、党组会议】 2011年10月11日，区政协党组会议，与区委组织部、区委统战部按照区委批复名额协商酝酿第三届区政协委员、常委建议名单方案。

11月2日，区政协党组会议，研究区政协三届一次会议召开的时间、会议日程、议程等有关事宜。

11月9日，二届三十次主席会议和党组会议，审议区政协三届一次会议有关事项以及区政协第三届委员、常委建议名单。

11月21日，二届三十一次主席会议和党组（扩大）会议，研究区政协三届一次会议会务。

12月14日，三届一次主席会议及党组成员会议，研究区政协主席会议组成人员、党组成员分工安排。

2012年2月24日，三届二次主席、党组会议，研究部署区政协三届二次会议筹备内容；研究区政协联络组人事任免；听取区纪委监察审计局、区法院和区检察院的工作情况通报。

4月1日，三届三次主席、党组会议，传达市政协工作会议精神；审议2012年度季度工作安排；研究修订全体会议工作规则、常委会工作规则、委员参加会议活动的规定、专委会组织通则、联络组活动细则；讨论防内涝和走访委员企业的调研方案。

5月16日，三届四次主席、党组会议，传达学习区委贯彻省第十一次党代会精神；审议确定区政协2012年“一号提案”；审议区政协《关于我区中小企业发展情况的调研报告》；研究区政协换届后完善、修订有关规章制度；通报林惠国因病住院有关事项；商讨筹备第三届“江海华法杯”高尔夫球赛事项。

6月15日，三届五次主席、党组会议，研究区政协三届三次常委会议有关内容；部署区政协机关近期工作；通报林惠国病况。

6月25日，三届六次主席、党组会议，通报林惠国后事处理工作。

7月25日，三届七次主席、党组会议，传达区委工作会议精神；研究联络组工作交流会议安排；研究书画院换届筹备工作情况；研究“江海华法杯”高尔夫球赛筹备工作；研究区政协非驻会领导办公室安排；研究增设区政协常委和区政协委员事项。

10月8日，三届八次主席、党组会议，研究江门市江海区第三届“江海华法杯”高尔夫球赛筹备工作；审议区政协工作五项制度修订稿；研究加强专委会建设；研究增补区政协常委和委员；通报区政协机关车辆被盗情况。

【常委会议】 2011年，共召开7次常委会议。研究区政协常委增补，召开区政协二届六次会议有关内容，听取区委常委吴旭代表区政府作的《政府工作报告》起草情况说明和区纪委、区法院、区检察院2010年度工作情况通报；审议通过《江海区政协“一号提案”工作暂行办法》；研究如何加快推进政协基层联络组建设；免去孙社光经济委员会主任职务；传达区有关会议精神及通报区政协近期工作安排；审议通过增补区政协委员、区政协专委会和联络组人事任职事项，任命麦宇飞为经济委员会主任，林爱贤为区政协香港联络组副组长；任命吴国宪为社会委员会主任；通过吕春德为区政协委员、副秘书长，免去黄俊杰副秘书长职务；审议通过区政协三届一次会议的有关事项以及区政协三届委员、常委建议名单。

2012年2月24日，三届二次常委会议，研究召开区政协三届二次会议有关内容；研究人事任免；听取区纪委监察审计局、区法院和区检察院的工作情况通报。

6月15日，三届二次常委会议，研究区政协人事任免；开展区重点项目督办视察。

12月25日，三届二次常委会议，听取区政府、区纪委监察审计局、区法院和区检察院的工作情况通报；学习贯彻党的十八大精神；审议通过区政协“五项制度”（修订稿）；讨论区政协第三届常委会工作报告（征求意见稿）和提案工作报告（征求意见稿）。

【委员提案】 2011年，区政协二届六次会议共收到提案20件，20件提案中有6件的内容类似，合并为3件；不符合立案条件不予立案的2件。共立案15件，立案率75%。按类别划分，经济方面2件，占13%；城市建设管理方面9件，占60%；科教文卫体方面4件，占27%。15件提案全部办结，满意、基本满意率均达100%。区政协表彰2008年3月以来《为又好又快建设教育强区建言献策》等6件优秀提案，对区城市管理局、区建设局、区教育局等3个承办提案先进单位予以表彰。

2012年6月15日，区政协召开专门会议，听取有关承办单位的情况通报，对相关项目进行实地视察，做好《关于加快江海区内涝整治工作的建议》（“一号提案”）和《关于扶持我区中小微企业发展的建议》（“重点提案”）督办工作，提高督办效果。通过定期召开提案办理情况通报会，争取相关责任单位通报提案办理进度的方式配合区委、区政府做好提案办理工作，收到较好的效果。区政协三届一次、二次会议共收到提案31件，立案26件，答复和办理情况满意率均达100%。区政协召开常委会议，听取外海街道办和区经促局关于LED博览交易中心的进展情况通报，组织视察“中国（江门）国际绿色光源博览交易中心”，推动区政府倒逼机制的落实。区政协常委会和区域各民主党派负责人听取区政府、区纪委和审计监察局、区法院和区检察院的工作情况通报，认真履行党派监督。推荐行风评议监督员、“阳光检务”联络员等各类监督员参与政府的行风监督和检务监督，较好地履行民主监督职能。

【专题调研视察】 2011年4月12日，江门市、江海区两级政协开展“为江门创文加油”专题调研，市政协副主席黎兆元带领市政协社会法制委和市政协驻会常委，区政协领导林惠国、杜远繁、闭应响、林锦集带领区政协机关全体人员，视察江南市场、慈善超市、滘北计生主题公园、外海中心市场、外海体育公园，听取区委常委谢思敏、副区长周婉玲和外海、滘北街道的情况介绍，两级委员分别提出意见和建议。

4月中下旬，区政协副主席杜远繁带队到外海联络组、江南联络组约见委员进行调研，征求委员对第二届区政协工作的评价意见、对区政协今后工作的意见、对第三届委员推荐人选的意见，为搭配下一届委员队伍作调查摸底。

12月，区政协新一届领导班子在区政协主席梁镜波的带领下，对区基层政协联络组进行调研，通过调研活动，进一步加强基层政协联络组的建设，探索创新基层政协联络组的活动方式，努力提高政协委员参政议政、民主监督、政治协商水平。

2012年，开展一系列专题调研活动。为解欧债危机对中小企业发展的影响，对委员企业走访调研，先后走访14家企业，召开3次涉及房地产、化工、餐饮等行业座谈会，听取政府相关部门的情况通报；到南方电网江海区供电局等部门开展调研，就如何提高服务质量，扶持区内企业渡过难关进行了协商。通过调研，形成《我区中小企业发展情况调研报告》，反映中小企业发展现状和企业经营者的需求，提出帮扶发展的意见和建议。

组织民主党派开展季度调研。联合区委统战部、区域各民主党派坚持开展季度调研活动。3月，由农工党江海总支牵头以“加快企业转型升级，大力发展战略性新兴产业” 为主题的调研；6月，由致公党江海总支组织区域民主党派到全国金融改革试点浙江省温州市开展主题为“加大企业帮扶力度，做大做强实体经济”的调研，学习温州企业在化解欧债危机，解决企业融资难方面的先进经验；9月，由九三学社江海支社牵头就如何化解企业劳资纠纷问题开展专题调研，分别视察荣信电路板厂、赫克力士化工厂等企业，各民主党派就如何协调劳资双方关系，创建和谐就业环境进行探讨研究；由民革江海总支牵头开展“注重民生和谐、创建平安江海”专题调研，就如何依靠科技、加强社会治安综合治理提出意见建议。

配合市政协联络组调研。配合市政协江海联络组委员先后到安诺特炊具有限公司、亿源生化工程有限公司等企业开展调研，就如何帮扶企业渡过欧债危机、解决国内企业的生产经营成本不断上升和招工难、融资难等问题，向政府建言献策。

“一号提案”专题调研。与区农林和水务局、区财政局、区城管局等有关部门开展全区内涝整治情况调研，实地察看区内主要排涝设施，形成《关于加快江海区内涝整治工作的建议》并转化为区政协的“一号提案”。

联合调研视察。市、区政协就“完善城市交通设施，确保交通安全，促进园区建设和社会和谐建设”问题开展联合调研视察，对区内路段交通设施欠缺、部分路面损坏严重并且公交车延伸不足等问题，与市、区有关职能部门进行协商。

各基层联络组视察活动。基层联络组组织辖区政协委员，开展视察调研活动。外海街道联络组组织委员视察辖区的重大建设项目，推动重点项目建设；礼乐街道联络组开展集中视察礼乐中心小学附近河涌，向街道反映社情民意；江南街道联络组、高新区联络组联合组织政协委员和浙江企业就如何化解金融危机开展交流活动；滘头街道联络组发动委员企业将原材料发包给残疾人加工的方式进行帮扶；滘北街道联络组定期组织委员走访社区困难居民，听取他们意见，帮助解决生活所需。

【季度民主党派活动】 2011年，共组织开展季度区政协、区委统战部与区域民主党派专题调研活动4次，分别以“促进江海区腊味食品生产基地‘三化’（生产标准化、产业园区化、行业品牌化）发展”“充分发挥区位优势，建设区域交通枢纽”“打造少白文化精品，提升城市文化品位”“创新社会管理模式，确保社会和谐稳定”为主题开展调研活动。

【文化公益活动】 2011年4月19日，在区国税局举行“构建和谐国税，共创幸福江海”书画挥毫活动。区政协领导两次前往乐昌秀水镇何家冲村进行挂钩慰问活动。3月18日，区政协组织委员等共60多人在白水带风景区开展义务植树活动，营造“江海区政协林”，并立石纪念。区政协130多名委员捐资5万元，当日种植树苗200多棵。9月16日，会同市五邑炎黄文化研究会、区委宣传部、区委统战部、民革江海区总支和外海街道联合举办纪念辛亥革命100周年暨弘扬陈少白爱国爱乡精神座谈会。2012年3月，区政协发出了《让森林走进江海》倡议书，号召各政协委员积极参与绿化绿建活动，共筹集认养认种捐资51万元。继续开展“江海政协林”义务植树活动，委员捐资3.7万元，植树300棵。9月，联合区工商联、区文体旅游局举办江海区“交通银行杯”男子篮球赛；联合区教育局举办2012年“文昌杯”江海区青少年书法比赛、“江海政协杯”中小学生象棋赛；组织政协委员参加市政协举办的书画摄影展和市政协举办的省“四洲杯”粤曲选拔赛。10月26日，区政协举办第三届“江海华法杯”高尔夫球邀请赛，加强和联络乡情。

【区政协自身建设】 2011年1月24日—25日，区政协二届六次全会，增补肖汉华为政协常委，替补政协常委筇勤发。

5月27日，麦宇飞调入区政协机关，6月29日，任区政协委员、经济委主任。

7月20日，吴国宪调入区政协机关，8月19日任区政协委员、社会委主任。

8月29日，冼坚业调入区政协机关任党组副书记。

8月29日，吕春德调入区政协机关，9月27日任区政协委员、副秘书长。

8月30日，根据江海委办〔2011〕13号文件，区政协机关核定编制6名（政协正副主席编制单列，不占用机关编制）。正副科级领导职数5名，其中秘书长1名、副秘书长1名，3个专委会（提案与联谊委员会、经济委员会、社会委员会）主任或副主任各1名；股级职数1名。

10月24日，梁镜波调入区政协机关任党组副书记。

11月25日—26日，区政协三届一次会议选举产生新一届政协领导班子成员。政协常委会由35人组成，主席：梁镜波；副主席：冼坚业、林锦集、肖汉华、李光明、唐高、董广芬。秘书长：何国祥。

12月28日，梁镜波任党组书记。

【基层联络组建设】 2011年，全区8个基层联络组基本实现“六个有”，即有牌子、有印章、有经费、有办公场所、有制度、有活动，区委转发区政协《关于加快推进政协基层联络组建设的意见》，为基层联络组的建设，注入新的动力。

【重要会议】 2012年9月18日，召开全区政协工作会议，这是自区政协成立以来首次召开的全区政协工作会议，会议由区长周惠红主持，区委副书记颜强传达全市政协工作会议精神，区委书记旷仁山、政协主席梁镜波分别作讲话。会议印发《中共江门市江海区委政治协商规程》《关于学习贯彻〈中共广东省委关于加强新形势下人民政协工作的决定〉的意见》和《关于建立区政协委员重要建议“直通车”制度的意见》等文件。

【参政议政】 2012年，在区政协三届二次全会上，9名来自各联络组、民主党派、工商联的委员就如何建设和谐幸福江海新跨越等专题，在“政协委员论坛”上发言，为江海区经济社会建设积极建言。区发改局、区经促局等20多个区直部门领导到会。区政协参与政府部门目标任务考核、区直机关作风考核、江海区街道领导班子和领导干部落实科学发展观评价考核；推荐政协委员参加区委决策咨询委员会；配合好区纪检政法部门开展“三打两建”活动，参与迎接省委巡视组的检查督办工作；参与江珠北延线项目征地拆迁工作；做好扶贫开发工作，分别走访帮扶对象芳塘村、何家冲村村委会和联系贫困户，提供种苗开发和启动资金，并就脱贫致富提出了建议。通过发动企业捐资，在五邑路与东宁路交界处安装了交通灯。共收集、整理社情民意8篇，分别提交市政协和区直有关职能部门跟进。

【联谊活动】 2012年初，新一届政协班子联合区委统战部先后到区内各民主党派基层政协联络组开展调研活动；区政协与区工商联联合拜访了澳门江门同乡会；区政协联合区统战部与区政协港澳联络组举行新春座谈联谊活动。

3月，香港维港狮子会到访江海区，参观企业、开展助学和到福利院捐资慈善活动。

5月，区政协领导参加香港四邑商工总会就职典礼。

6月，参加香港新界工商业总会北区分会就职典礼暨香港回归祖国15周年庆祝活动。

9月，区政协到位于高新区的江门市潮资企业联谊会成员企业普加福光电科技有限公司开展调研活动，并与江门市潮资企业联谊会开展联谊活动。

附：政协江门市江海区委员会领导名录

2011年

主　席：林惠国（—2011.11）
梁镜波（2011.11—）

副主席：杜远繁（—2011.11）
冼坚业（2011.11—）
闭应响（—2011.11）
林锦集
肖汉华（2011.11—）
李光明
唐　高
董广芬（女）

2012年

主　席：梁镜波

副主席：冼坚业
林锦集
肖汉华
李光明
唐　高
董广芬（女，—2012.10）

江海区民主党派概况

名　称	成立年份	成员人数	负责人
民革江海区总支部	2004	22	唐远廷
民盟江海区总支部	2004	8	曾小洁
民建江海区总支部	2005	29	李光明
民进江海区总支部	1996	17	陈昌钢
农工党江海区总支部	2004	28	唐　高
致公党江海区支部	2003	6	黄俊杰
九三学社江海区支社	2006	18	黄家河
合　计	—	128	—

群众团体

JIANG HAI YEARBOOK

江海区总工会

【工会建设】 2011年，按照全国总工会“广普查、深组建、全覆盖”的要求，推动企业普遍建立工会组织、开展工资集体协商。重点在非公企业中建立工会组织，全年新增基层工会组织53个，新发展会员5451人。开展创建“职工书屋”活动，在荣信电路板有限公司举行“全国职工书屋”授牌、赠书仪式。江门市总工会副主席罗荣华等领导出席授牌仪式，并赠送23箱书籍，价值2万多元。全市共有6家“全国职工书屋”单位，江海区的多快好省机械有限公司、荣信电路板有限公司是其中的两家。推荐江门市中港宝田摩托车实业有限公司为广东省职工书屋，推荐江门市辉隆塑料机械有限公司和江门市江海规划建筑设计院有限公司等5家工会为江门市职工书屋。以广东恒健药业有限公司、长优实业有限公司和荣信电路板有限公司3家企业作为创建“十有两满意”示范单位，开展创建“十有两满意”示范企业活动。

2012年，区总工会换届完成，黄卫明当选为主席，张运堂当选为常务副主席，戴宏明当选为副主席，与黄金志、赵少源、翁亚强、张悦贞、何其聪、张艳芳等共9人当选为区总工会第七届常委会常务委员。

【维护职工合法权益】 2011年，以健全工资协商等机制为重点，推进和谐劳动关系企业创建。联合劳动部门抓好劳动合同的签订工作，督促企业建立完善工资共决机制、职工工资正常增长机制和支付保障机制，共建立集体合同和工资协商的企业30家，覆盖职工3094人。至此，全区建立集体合同和工资协商的企业225家，覆盖职工29856人。开展创建和谐劳动关系企业活动，把工资协商、民主管理、厂务公开、社会保险、劳动合同作为创建工作重点考核内容。近年，全区1家企业被评为广东省和谐劳动关系先进企业、6家企业被评为江门市三星级劳动关系和谐企业、8家企业被评为江门市二星级劳动关系诚信企业、7家企业被评为江门市一星级劳动关系守法企业。推进厂务公开民主管理，320家企业建立职代会制度，实行校务公开23家，实行医务公开8家，公开率100%；实行厂务公开的非公有制企业296家，公开率92%。

2012年，全区签订集体合同249份，工资集体协议249份，覆盖职工32590人。各级工会积极推进厂务公开民主管理制度，推广市第十一中学的经验，职工民主管理制度不断健全。协调区有关部门在全区企业中开展和谐劳动关系推荐评选活动，12家企业在《江门日报》上进行宣传，评选出江门市安诺特炊具制造有限公司、广东恒健制药有限公司、江门科隆生物技术股份有限公司、江门市中港宝田摩托车实业有限公司、江门市文昌集团有限公司、江门市长威电缆厂有限公司、广东银帆化学有限公司、江门隆固机械制造有限公司、新时代粘合胶企业有限公司、江门市安磁电子有限公司等10家企业为江门市江海区“十大和谐企业”。共有378家企业建立职代会制度，实行校务公开23家，实行医务公开8家，公开率100%；实行厂务公开的非公有制企业355家，公开率94%。

【非公有制企业工会组织建设】 2011年，重点在非公企业中建立工会组织，吸收更多职工群众包括农民工成为工会会员。新增基层工会组织53个，新发展会员5451人。

2012年，新成立非公企业工会47个，机关事业单位工会1个，基层单位新增57个，新发展会员5375人。在建立党支部的非公有制企业优先发展工会，如中岸物流、新明亮文化、英翔会计师事务所。

【工会组织】 2011年，新增基层工会组织53个，新发展会员5451人。至此，全区共有371个工会组织，会员40218人。

2012年，新增基层工会组织47个，新发展会员5375人。至此，全区共有419个工会组织，会员45593人。

【劳模推荐评选】 2011年，开展推荐、评选全国劳模、省五一劳动奖章和市劳动模范、先进集体工作，大力宣传为社会经济建设作出突出贡献的各条战线涌现出来的先进人物。“五一”节前，区委书记梁美贤被评为“广东省五一劳动奖章”称号，中港宝田摩托车实业有限公司、江门市第十一中学英语科组被评为“江门市先进集体”，刘心学、黎振康、舒长红、黄群笑、莫斯汝、马维勇被评为“江门市劳动模范”。

2012年，新增全国文明窗口单位1个、市级以上文明行业2家，文明行业先进单位2个，文明示范窗口和文明窗口10个，模范文明职工2人。“五一”节前，礼乐中学卢美颜被评为广东省劳动模范。区劳模协会组织全区各级劳模到江门市新明亮文化传媒有限公司工会、满居香腊味公司工会参加交流学习。

【开展劳动竞赛活动】 2012年，全区33612人次参加各类经济技术创新活动，提出合理化建议62条，技术革新、技术攻关16项，创效益3万多元；发动300多家企业、450多个班组、13200多名职工参加全国“安康杯”学习和竞赛活动；组织1000名职工参加“安全生产”知识竞赛答题活动。

共青团江海区委员会

【青联工作、对外联谊交流】 2011年，落实江海区青年联合会沟通联系机制，每季度组织一次区内青联委员聚会座谈，组织青联委员特别是企业界青年代表积极为全区经济发展和自身企业的发展建言献策，加强青联会员企业之间的交流合作，以交流促合作，以合作促商机。坚持青联活动“走出去”和“引进来”，发挥青联平台在服务江海区经济社会发展中的作用，包括组织青联委员20人，赴香港澳门与江港交流促进会、澳门江门青年会、澳门江门同乡会、路德会、大埔区家教会、狮子山扶轮社等机构参观交流，推介江海区的经济发展成果和投资环境，学习港澳地区在企业慈善事业、社区管理、义工发展等方面的成功经验；江门青企论坛嘉宾到区内企业走访调研，为江海区汉宇电器有限公司等三家企业未来的上市发展提供经验建议；联系江港交流促进会参与江海区扶困助学活动，结对资助40名困难家庭中小学生；澳门青年会与文昌中英文学校举办外来工子女和留守儿童关爱活动。

2012年，团区委书记陈晓云代表江海区青年参加第三届世青会，与祖籍江门华侨的青年企业家建立关系，为青联换届打下基础。团区委联系江港交流促进会参与扶困助学活动，结对资助46名困难家庭中小学生。与区委组织部、工商联等部门协商，选出11名来自各界代表作为委员参加市第六届青联换届大会。

【义工工作】 2011年，联合区义工联开展各项义工活动，在市义工网发布义工服务活动公告200多条，组织义工服务活动超过300项。义工服务时间累计5万小时，服务群众累计3万多人次，相继开展学雷锋活动、扶贫济困活动、五四“粽子情”“六一”儿童乐、中秋月饼情、启智儿童电影会、万名义工进社区等多项活动。建立区四套班子领导和政府组成人员参与义工服务活动制度。团区委组织义工开展“爱相传-结对帮扶”困难家庭等一系列的探访慰问活动，发扬“传播爱心、传递文明”的精神，帮扶解困。1月23日，团区委、区义工联在中环广场肯德基餐厅举行“迎新春，欢乐肯德基”活动，参加活动的包括30户患有轻度智障或先天性残疾的青少年儿童及其家长，热心义工张小姐提供全部资助。由各级团组织的团员青年和机关干部、义工组成慈善爱心募捐队，分为30支小分队，通过捐款箱和爱心义卖品在市慈善公益万人行活动中筹得善款1.62万元；区四套领导班子成员和区直部门负责人组成的9个义工服务小分队，深入到社区、街头、福利机构，参加义工服务与创文宣传活动。在外海街道墟镇社区举行“爱心企业——得实集团帮扶困难家庭义工活动启动仪式”。市义工联主席司徒捷、团市委书记郑劲龙、区委常委吴旭、团区委书记高英豪等领导及100多名义工代表出席启动仪式。组织30多名义工，举办第一期江海区残障技能培训交流会，培训内容包括认识残障种类、义工服务技巧以及沟通技巧等。

2012年，建立区四套班子领导和政府组成人员参与义工服务活动制度，确定每年正月十五后的第二个星期六为领导义工日并开展第一次活动。全区23个社区全部建立社区义工服务站，建站率100%，义工创文行动扎根在基层一线社区，以23个社区义工服务站和9个青年中心为阵地，每一个青年服务阵地都按照“场地+队伍+活动”三位一体的方式建设，以社工和义工为主体，定期开展兴趣比赛、义教义修、读书活动月、结对探访、心理咨询等各项青年服务活动。团区委鼓励义工骨干通过社工考试考取社工证，确保每个街道办事处至少有1名社工组织开展活动。全力投入巩固创文成果“三大工程”，组织各级义工3000多人次，清理卫生死角；开展“交通协管志愿服务”行动，送出“移动大拇指”贴纸5000多张，对行人和车辆进行交通文明劝导；组织400多名义工到社区入户，社区居民入户宣传率100%。在创文国检阶段，200多人的义工队伍全天12小时值班轮岗。全年在市义工网发布义工服务活动公告260多条，组织义工服务活动超过300项。义工服务时间累计6万多小时，服务群众累计3万多人次，相继开展学雷锋志愿活动月、扶贫济困活动、五四“粽子情”“六一”儿童乐、中秋月饼情、亲子绿田园、志愿服务进村（居）、“南粤幸福周”等多项活动。通过举办丰富多彩的义工活动，丰富义工创文的内容。

【青年文化节活动】 2011年，以创建全国文明城市、迎亚运为契机，开展国情教育和形势政策教育。开展主题团日、队日设计竞赛活动，各团队、学校组织“文明礼仪伴我行”“迎接亚运会创造新生活”等主题团日、队日活动，开展以“弘扬五四精神、绽放青春风采、建文明城市”为主题的2011年江海区青年文化节活动。五四青年节前，区委组织部联合区总工会、团区委、区妇联在江门荣信电路板有限公司举办“创建文明城市、给力幸福江海”庆“五一”迎“五四”党统筹工青妇组织喜迎建党90周年联欢晚会。“七一”前夕，区委组织部、团区委联合举办的庆祝建党90周年“党在我心中，为建设幸福江海作贡献”主题演讲。

2012年，以建团90周年为契机，开展国情教育和形势政策教育和主题团日、队日设计竞赛活动，各团队、学校组织“做一个有道德的人”“红领巾心向党”等主题团日、队日活动，开展以“弘扬五四精神、绽放青春风采、建文明城市”为主题的2012江海区青年文化节活动。举办“植树添绿畅游绿道”活动，通过种植“青年义工林”和骑自行车游绿道的方式倡导健康生活；举办第三届“五四杯”团员青年篮球赛；联合区委组织部、区总工会、区义工联、区人社局、区安监局和外海街道在外海街道直冲工业园区举办庆“五一”迎“五四”江海区2012年关爱新生代产业工人活动启动暨“融和杯”才艺风采晚会；在外海文化中心举办江海区纪念建团90周年经典诗文朗诵会暨第一届中小学艺术节开幕式。

【扶困助学活动】 2011年，结合共青团工作职责，呼应秀水镇青少年的需求，坚持“授之与鱼不如教之与渔”的帮扶思路，开展扶贫济困主题团队日系列活动，向广大团员青年、少先队员、青联企业家、社会热心人士发动捐资助学，筹集爱心助学款9.8万元，结对资助198名秀水镇高中和大学阶段的在读贫困学生，比2010年增加40人，资助金额比2010年增长30%，组织20多名热心人士到乐昌市秀水镇开展江海—秀水扶贫开发助学活动，进村入户慰问受助学生。针对乐昌秀水镇困难青年的就业，配合劳动、农业部门，开展就业技能培训，提供江海企业招工信息，帮助实现转移就业；为帮助秀水大龄青年的婚恋心理问题，做好个案心理劝导跟进；在西河村投资设备建设“希望家园”、提供桌椅、书籍、电视和DVD等文体娱乐设施，满足山区青年的文化学习需要。

2012年，开展扶贫济困主题团队日系列活动，向广大团员青年、少先队员、青联企业家、社会热心人士发动捐资助学，筹集爱心助学款10.2万元，结对资助204名秀水镇高中和大学阶段的在读贫困学生。团区委、区慈善会2012年爱心助学金颁发会在第十一中学召开。全年筹集助学捐款6.85万元，共资助137名学生完成学业。

【重要会议】 2011年1月11日，共青团江海区七届二次全委(扩大)会议召开。会议总结2010年工作并结合创文冲刺阶段提出2011年的工作重点。

2012年6月13日，共青团江海区七届三次全委会议召开。会议选举陈晓云为团区委书记；提出2012年工作重点。11月7日，召开团代表会议，选举出席共青团江门市第十六次代表会议代表以及增补团区委第七届委员会委员、候补委员。

【成人宣誓日系列教育活动】 2011－2012年，先后在外海中学、礼乐中学举行“党旗下成长”成人宣誓活动。开展党史、团史、队史学习和教育，提高学生对队、团、党的认识和归属感。以重大活动、重大事件和重大节庆为契机开展主题教育活动，在学生中开展“民族精神代代传”活动，在青少年中弘扬和培育以爱国主义为核心的伟大民族精神。国庆期间，在中小学校开展“同在党旗下成长”诗歌朗诵比赛。

【青年职工技能培训、青年科技行动】 2011－2012年，推进青年就业创业见习基地建设，共建设新时代黏合胶、中港宝田摩托等29个见习基地，共为900名青年提供不同类别的见习岗位。开展针对不同阶层、不同界别青年的信息技能培训，会同人力资源、社会保障、信息科技、组织和党校等部门，通过“农村信息直通车工程”、农科大讲堂等平台，举办17场针对农村和企业青年的专题培训：在辉隆塑料、大冶摩托、骏达电器等企业中面向生产一线工人举办“我与祖国共奋进”主题巡回宣讲会以及电工技能培训、急救技能培训；举办社区义工工作经验交流培训会；在中环广场组织“理论茶点大家叹-幸福社区建设”论坛；在荣信电路板公司、大冶摩托、骏达电器等企业中面向生产一线工人举办“我与祖国共奋进”主题巡回宣讲会以及电工技能培训、急救技能培训；举办关爱新生代产业工人晚会暨产业工人才艺风采比赛，科普文化知识讲座、青年职业技能培训、送信息科技下乡志愿服务活动和举办摄影、书法展等，帮助农村富余劳动力转移，实现青年成功就业。

【团干部培训】 2011－2012年，制订《江海区团员青年创先争优学习方案》，加强学习制度建设，组织青年团员参加青年夜校和视频会议学习，共组织青年夜校网络学习84期，参与学习950人次。组织60名基层组织团干部参与“加快转变经济发展方式专题研讨班”学习，在机关干部和基层团干中大力倡导读书学习活动。举办江海区少先队鼓号技能培训班，组织中小学少先队辅导员到东莞进行为期一周的鼓号技能培训。安排21名新建非公企业团组织干部及基层团干部参与江门市团校第八期团干部培训班。举办10期专题义工培训班、急救知识及技能培训班。

2012年，与区义工联联合在外海中学举办江海区创文志愿服务义工网络信息管理培训班。组织中小学少先队辅导员到广州进行为期4天的少先队知识培训，提高少先队管理水平。

【非公有制企业团建】 2011年，与团市委到滘北街道青年中心开展青年中心建设工作调研，与团省委权益部一行深入基层一线农村、企业、学校团组织开展为期5天的调研活动，到钻石手袋厂与一线工人制作手袋、到铁金刚机械公司与机械工人熟练机械操作、到荣信电路板公司检测电子线路板。制订《2011年江海区各街道“非公团建”及“两进三同”工作任务倒逼时间表》，要求每个街道的团委干部每个月至少有1天以上的两进三同活动，走进基层，走进青年，进一步强化团干部的服务意识和基层意识。

2012年，借助新兴媒介的交互沟通，了解青少年的想法和诉求，听取青少年的意见和建议，收集青少年的网络民意。与区义工联先后开通加“V”认证的微博，团委全体干部均开通个人微博。区共青团微博粉丝854人，微博发送量278条，通过微博，互动沟通，拉近青少年和团组织的距离。通过团组织微博转发和互动，“两进三同”“扶困助学”“志愿服务进社区”“义教暑期夏令营”等活动信息得到广泛传播。组织各企业联合开展“青春情暖”“关爱新生代产业工人晚会”“情暖专线”“金秋交友”等系列的活动。深入到安诺特炊具制造有限公司、银帆化工公司、中港宝田摩托车实业有限公司和直冲工业园区等企业开展才艺表演大赛、“读书月”和劳动技能比拼等；针对辖区内农村合作组织比较分散和人数较少的实际情况，采取联建、依托建等灵活的方式建立团组织，共建立江海区花木盆景协会、江海区满天星葡萄园等4个基层团组织，联系一批优秀农村青年和农村创业致富带头人。全年共建设非公企业团支部35家，两新组织14家。

江海区妇女联合会

【简述】 2011－2012年，全区各级妇女组织围绕党的中心工作，把妇女工作纳入创新社会管理、加强社会建设大局，从改善妇女民生、反映妇女民意、化解妇女矛盾的角度找准妇联参与社会管理创新的切入点，以社区和农村为工作重心，扎实推进妇女儿童工作。共有88个单位和个人荣获46项全国、省、市、区妇联系统先进集体和个人荣誉称号，其中滘头街道仁美社区获“全国妇联基层组织建设示范社区”称号、区妇联获得“江门市妇联工作争先奖”和两项省级先进集体荣誉并获“2012年江海区区直机关作风建设先进单位”称号，区妇联主席冯少萍获“全国城乡妇女岗位建功先进个人”称号。

【巾帼建功活动】 2011－2012年，共创建省级“巾帼文明岗”3个，市级8个，区级6个。至此，共创建各级“巾帼文明岗”151个，其中全国岗6个、省级岗29个、市级岗54个、区级岗62个。

【实施妇女儿童发展规划】 2011年，区妇儿工委牵头制订《江海区妇女儿童发展规划（2001－2010年）终期评估方案》，成立终期评估领导小组、专家评估组和监测统计组。市终期评估组通过听取汇报、查阅资料、现场评估、反馈意见、出具报告等五种评估形式进行督导检查。76项主要定量目标中有6项属交叉指标，《妇女规划》38项主要定量指标全部达标，《儿童规划》38项主要定量指标达标36项，其中新生儿出生缺陷发生率和低出生体重发生率两项指标未达标，以上两个规划达标率97.36%，通过终期评估。

2012年，区妇儿工委办对接江海区“十二五”规划，组织编制新一轮妇女儿童发展十年规划，并经区政府九届十一次常务会议审议通过由区政府颁布实施。妇女新规划增设妇女与社会保障，将发展领域从6个增加到7个，提出主要目标50项，策略措施66项；儿童新规划增设儿童与福利，儿童优先发展领域从4个增加到5个，提出主要目标48项，策略措施46项。该规划在妇女儿童发展总体水平定位、重点实施项目、推进基本公共服务均等化等方面有新突破，体现男女平等国策和儿童优先原则。规划编制体现江海特色，如后备干部队伍中女干部的比例应当不少于20%等特色指标。全区100%的镇街有1所规范化公办中心幼儿园、建立家长学校或家庭教育指导服务点、卫生村普及率、农村卫生厕所普及率、城镇生活垃圾无害化处理率等8项指标高于市的规划指标。

【增收致富支持行动】 2011年，成立广东省银帆化学有限公司、外海麻三工业区及广悦电化有限公司等3所外来女工学校开展技能培训。全区共有11间外来女工学校和36间农村妇女学校，各培训阵地根据各自的实际情况，对不同文化层次、不同年龄的女工，采取有效的形式培训。会同劳动部门举办农村妇女技能培训4场，培训357名妇女，其中转移就业177名。

妇女小额贷款。会同区财政局、区劳动保障局举办城乡妇女小额担保贷款启动仪式，出台《江海区妇女小额担保贷款财政贴息管理办法》，设立妇女小额贷款基金，为妇女小额贷款带来保障。共有9名城乡妇女成功获贷45万元，带动100多名妇女实现就业。区妇联获江门市妇女小额担保贷款工作二等奖。

培育巾帼创业示范基地。争取省资金20万

元打造省级巾帼创业示范基地“江海区礼乐街道巾帼森林防火生物治理工程示范林”。礼乐街道威西村邓秀莲等15名妇女养殖户共同创建“威西村巾帼水产养殖示范基地”，采取新型“巾帼创业基地+专业合作组织+农户”模式。该基地被评为“江门市巾帼创业示范基地”。

“家门口”就业。在江南街道新中社区设立“家门口加工场”5间，有制衣加工场、无线电电路板加工场、塑料制品加工场、胶花加工场等项目，解决400多名闲散妇女就近就业问题，被评为“广东省充分就业星级社区”。礼乐街道以“千企扶千村”就业工程为契机，27个村（居）建立农村富余劳动力数据库，依托江门市农村信息直通车将招工信息传递到村，由村劳动力就业联络员发动富余劳动力就业。区妇联“家门口就业”民生项目被评为“江门市妇女工作项目创新奖”。

2012年，妇女小额贷款。争取省妇联项目贴息资金10万元，启动“广东省扶持妇女创业小额担保财政贴息贷款”项目。区、街道妇联对37名妇女的贷款申请作审核并送江门融合农商银行审批，其中30万元的大额贷款1人。共有12名农村妇女成功申请60万元贷款用于创业和发展生产，带动100多名妇女实现创业就业。

妇女居家灵活就业。会同区人社局在江南街道新中社区挂牌成立女性就业服务指导中心，该中心的成立为促进闲散妇女就近就业搭建了新的平台。指导江南新中社区积极搭建社区妇女创业就业平台，努力探索“公司+妇联组织+社区妇女”的运作模式，引导妇女在照顾家庭、赡养老人、教育子女的同时，立足乡土就近、立足家园就便创业就业，实现妇女增收、企业发展、家庭和睦和社会和谐的多赢效果。创办制衣外发加工场、无线电电路板外发加工场、塑料制品加工场、胶花加工场等手工业外发加工场项目，解决闲散妇女就业777名。

【广东省市妇联主席工作会议江海区现场会】 2011年8月，江海区被确定为广东省市妇联主席工作会议基层考察点并召开了现场会，广东省政协副主席、妇联主席温兰子带领广东省21个地市妇联主席们实地考察江海区礼乐街道威西村及威西村巾帼水产养殖创业示范基地。会议认为江海区围绕增收致富行动开展工作，对参与社会建设和社会管理有创新之举，在全省先行一步，亮点突出，特别是妇女小额担保工作启动早行动快，妇女转移培训就业多渠道开展，培育示范典型工作服务到位。

【基层妇女组织建设】 2011年，村（居）“两委”换届选举首次实现女性100%进村（居），59个村（社区）共选举产生村（社区）“两委”委员258人，其中妇女干部95人，占“两委”委员总数的36.82%。全区59个村（社区）实现“妇女之家”挂牌全覆盖。以礼乐街道威西村为试点，率先成立江门市首个“五有”标准化的妇女之家，并获得省级“妇女之家示范点”称号。在辖区内民营企业、工业区、行业协会内建立妇女组织45个。全区建立各级妇女组织558个，妇女社团5个；创建市、区级妇女组织“五好”示范点13个，“全国妇联基层组织建设示范村（社区）2个。

2012年，创建省级、市级“妇女之家”示范点4个（外海街道金溪社区，礼乐街道威西村、新民村，滘头街道仁美社区），各村（社区）“妇女之家”组建“巾帼服务队”“巾帼帮扶队”“巾帼文艺队”“巾帼健身队”等4支志愿者团队，有100多名实名制家庭志愿者；组建妇女互助小组、留守儿童关爱小组等参与到综合维权服务、创业就业服务、教育培训服务、家庭教育服务、婚姻家庭服务、帮扶救助服务等工作中；发展培育妇女健身队45支，1支健身队被评为全国妇女健身示范队，举办“百姓健康舞”培训班50期，培训妇女群众近6000人次。“三八”妇女节期间，外海、礼乐、滘头街道妇联分别举办百姓健康舞比赛，40多支舞蹈队近1000名妇女参加比赛和表演，推进百姓健康舞的推广和普及。继续在村、社区、机关、非公有制经济组织等四个不同领域中树立一批统筹党、工、青、妇基层组织建设“五好”示范点。成功创建第一批市级党群共建“五好示范点”3个，区级“五好示范点”9个，并确定第二批区级示范点10个。各示范点创建单位整合党、工、青、妇的力量，开展元旦春节送温暖、关爱困境妇女儿童、开展法律援助等各项志愿服务。相继在市凌志餐厨用品有限公司、市丽比特照明有限公司、广东大冶摩托车技术有限公司等多间非公企业成立妇女之家，组织举办各类培训和讲座等活动，使妇女之家成为提升女职工素质的摇篮和维护合法权益的阵地。在“两新”组织中共建立妇女之家28个，企业妇委会45个，女职工委员会作为妇联的团体会员，在全区范围内已建立了388个，女职工组织覆盖率99.52%。

【维护妇女儿童合法权益】 2011年，建立健全妇女维权网络机构，完善区、街、村（社区）三级维权服务、法律援助、妇联干部陪审员等三大维权机构网络体系，确定每月15日为区妇联主要领导接访日。59个妇女维权服务站全部进入综治维稳中心，有妇联系统信访网络联络员155人，联合综治信访维稳中心接待妇女群众信访105宗，办结率96%。全区3名妇联干部人民陪审员共参与70余宗各类案件的审理，其中妇女儿童权益的案件12宗。开通了“12338”妇女维权热线。专人担任“诉前联调员”，参与江海区法院关于妇女婚姻问题案件4宗，全部达成调解。各街道妇联重点开展以“两性和谐，让家庭远离暴力”为主题的“三八维权周”宣传咨询等活动，举办法律法规宣传咨询活动10场次，咨询群众5000多人次。

2012年，在礼乐街道人民会堂举办江门市首场的《江门市妇女权益保障规定》应用解读培训班，各街道妇联及妇女群众等共600人参加了培训。各街道妇联重点开展“三八维权周”“12•4”法制宣传咨询等活动，举办法律法规宣传咨询活动10场次，咨询群众3000多人次。妇联干部人民陪审员共参与60多宗各类案件的审理，其中妇女儿童权益的案件12宗。专人担任“诉前联调员”，参与区法院调解妇女婚姻问题案件3宗，调解率100%。联合区法院、基层司法所、基层妇联等成功调解各类家庭纠纷案6件次。共接待妇女维权信访71件次，其中婚姻家庭类46件次，财产权益类7件次，其他18件次。

【家庭教育工作】 2011年，为进一步规范社区村家长学校建设，把家长学校逐步延伸到村、社区，全区59个村居“家长学校”建设逐步完善，其中按照“七有”标准运作的家长学校社区覆盖率70%，农村覆盖率50%，为未成年人教育工作的开展提供了组织保障。会同区教育局、区文明办等部门及基层妇联举办201场次的大讲堂活动，参与群众3万多人次。

2012年，面向全区征集20多个家庭教育大讲堂课件参加市评选，共有8个课件获奖，其中滘头小学江泽婷的课件获一等奖，华兴小学吴群燕、麻一幼儿园卢美枝与外海幼儿园陈可乐的课件获二等奖，外海街道中心小学林月娴与陈成就、外海幼儿园马洁秀、滘北小学梁柳媚的课件获三等奖。组织家庭教育骨干参加市家教骨干培训班、组织家教工作者参加全国培训提高指导队伍能力建设；全区共举办家教讲座、指导服务、亲子活动等50多场次，1万多名家长儿童受益。外海银泉小学、江南小学、江南江翠社区等3个留守儿童、流动儿童家教服务试点组织开展留守儿童关爱活动、牵手活动等12场次。外海街道金溪社区、礼乐街道五四村、江南桥南社区成功创建“江门市儿童友好社区（村）”。

【“三八”节活动】 2011年，开展以“为文明城市加分、为幸福江海加油”为主题的系列活动。举办全区文艺汇演，12个单位参与文艺演出；各街道积极宣传小额担保贷款财政贴息政策；与卫生机构合作，为广大女性特别是农村妇女提供妇科病普查普治、“两癌”筛查等服务项目；参与广东省纪念“三八”妇女节“春游绿道•万家同乐”摄影、美术、书法、征文比赛，江海区有3件作品荣获入选奖。

2012年，以“幸福江海情靓丽妇女节”为主题，举办江海区庆“三八”各界妇女代表联欢会；举办一期魅力职业女性形象设计讲座，揭开江海区女性文明礼仪大讲堂活动的序幕，区直机关女干部和各界妇女代表120人参加；在外海文化中心举办“新形象新风采”江海区庆祝“三八”国际劳动妇女节行业女性风采展，来自江海区各界的1000多名妇女欢聚一起，喜迎“三八”国际妇女节的到来，300多名各界妇女参与表演，各级妇联以“倾听妇女心声，关护妇女权益”为主题，开展“三八”维权周活动，各街道共开展维权宣传咨询活动5场次，举办外来女工法律知识学习班1期。

【帮扶困难妇女儿童】 2011年，筹集13.6万元援建4户单亲特困母亲安居房。联合中国移动江门分公司举行“创新广东”信息化扶贫行动之贫困母亲帮扶计划仪式及区妇联2011年援建单亲特困母亲“安居房”援助金发放仪式，资助15户贫困母亲开展蔬菜种植生产自救活动，实现从“输血式”扶贫到“造血式”扶贫。与区团委联合举办“2011年爱心助学、助困款颁发暨少先队工作表彰会”，38名贫困大学生，27名孤儿及4户单亲特困母亲受到资助。

2012年，举办“幸福快车行动项目”帮扶大学生圆大学梦和救助孤儿、“新生命•新希望”救助重症妇女儿童、“幸福妈妈乐安居”援建单亲特困母亲安居房、“幸福手牵手”帮扶困难妇女发展生产4个项目，共筹集善款32.65万元，帮扶2户单亲特困母亲建“安居房”，帮扶250户贫困家庭发展生产，帮扶15名妇女申请小额贷款101万元，资助33名大学生读大学，救助13名孤儿和24名患重症妇女儿童。区妇联和区女企业经营管理者分会获“2012年广东省爱心父母大联盟”集体金奖殊荣；冯少萍、梁泳波、郑绮玲、林悦意、林美兰获省级个人金奖，肖迎春、区焕兰、梁文燕获省级个人银奖。联合市关工委、市老年学学会、区民政局等部门举办外海茶庵寺春节送温暖慈善活动，共筹集善款4.5万元对150户单亲特困母亲及贫困家庭进行慰问。围绕“幸福手拉手、助学圆梦行”主题举办江海区爱心助学会亲活动，对受资助的33名大学生每人发放1000元的资助金。会同江海区女企业经营管理者分会举办江海区“幸福手拉手”国庆中秋慈善爱心助困活动，在江海区女企业经营管理者分会和外海茶庵寺的大力支持下，共筹集善款15.95万元帮扶100户单亲特困母亲家庭、贫困家庭以及23名患重症妇女。联合江门市关工委、市老年学学会、市教育局关工委在外海茶庵寺举办慈善爱心助学金发放仪式，为江海区、开平市的孤儿发放爱心助学金。江海区13名孤儿获得每人3000元的助学金。

【扶贫“双到”工作】 2011年，组织江海区女企业家，全国、省市巾帼文明岗以及江海巾帼志愿者代表等20多人赴乐昌秀水镇何家冲村开展扶贫助学活动，为当地50名贫困学生送上了书包、玩具和糖果饼干等丰富的“六一”儿童节礼物，并为学生开展义务理发。探访慰问何家冲村4户困难家庭，为困难家庭送上慰问物资及慰问金。发动女企业家捐资3万多元对何家冲小学进行修葺改造。

【关爱留守儿童】 2011年，建立江门市江海区农村留守儿童工作部门联席会议制度，制订《江海区关爱留守儿童工作方案》，设立留守儿童家庭教育指导中心和流动儿童家教指导试点各2个，开展8场服务。向社会发出了《关爱留守流动儿童倡议书》，“六一”期间组织30多名留守儿童畅游东湖公园，每名儿童获得由“爱心父母”捐助的奖学金500元及自行车1台。

【联谊交流】 2011－2012年，组织各界妇女代表参加市庆“三八”表彰大会暨巾帼群英汇；与港澳等地妇女组织加强交流合作，拜访香港女企业家、知名人士；“六一”期间组织女企业家代表慰问困难儿童等。鼓励离退休妇女干部在维护妇女儿童合法权益、关心下一代成长、构建和谐家庭、和谐社会方面发挥余热。

【文明家庭建设】 2012年，配合创文工作建立长效机制和管理常态化，会同区文明办以“共建文明和谐家庭，共创民生幸福城市”为主题，以“五好文明家庭”创建为载体，推进家庭文化建设。共计评选“五好文明家庭”1700户。开展“南粤幸福活动周”活动，推荐优秀家庭参选江门市“十大文明家庭”“十大书香之家”以及最美阳台（庭院）评选活动，让家庭成员在参与活动中营造文明健康向上的家庭道德风尚。共有2户家庭分别荣获市“十大文明家庭”和市“优秀文明家庭”称号；3户家庭分别荣获最美阳台（庭院）评选活动一等奖和三等奖。会同区委宣传部等部门发出《人人参与齐齐种树共建绿色生态江海》倡议书，全区150户家庭参与“家庭林”认种认养活动。

【百姓健康舞】 2012年“三八”期间，外海、礼乐街道妇联分别举办了百姓健康舞比赛，共有30多支舞蹈队近1000名妇女参加了比赛和表演，推进百姓健康舞的推广和普及。4月至5月，江海区妇联、礼乐街道妇联联合在礼乐各村文体广场共举办10期百姓健康舞培训活动，共培训学员1500人。组织区直女干部、各街道妇女干部群众进行百姓健康舞培训46场次，培训人数3000人。

江海区工商业联合会

【工作会议】 2011年6月20日，区餐饮协会召开工作会议，选举产生常务副会长，并决定实行每月一次的工作交流制度。7月25日，召开主席会议，讨论筹建区商会大厦事宜，决定成立区商会大厦筹建工作领导小组，推举陈健康任组长、张锦华等为副组长。同日，区餐饮协会在顺德渔村召开第一次工作交流活动会议，会议一致同意对区内餐饮业共同用品特别是基本食品（柴米油盐酱醋茶）进行统一招商、统一采购。

【重要活动】 2011年6月23－24日，区工商联（总商会）负责人6人参加区组织的韶关乐昌市秀水镇扶贫“双到”工作并秀水镇中心小学“江海楼”落成庆典活动。8月4日，区政协、区工商联（总商会）一行20人到鹤山市工商联（总商会）联谊交流，参观鹤山雅图仕印刷有限公司，与鹤山市工商联（总商会）进行会务交流。9月7日，交通银行江门分行与区工商联（总商会）联合举办“中秋情交行夜交通行银行与江海区企业联谊会”，交通银行广东省行有关部门负责人推介交通银行的服务优势、新的服务方式和产品，区餐饮协会与交通银行江门分行签署合作协议。9月20日，区工商联副主席李英明为董事长的广东科隆生物科技有限公司在新会区七堡举行奠基仪式。9月30日，江门市浙江商会与区工商联在金海洋酒楼联合举办国庆晚宴。10月21－23日，应外海商会邀请，河北省临城县党政代表团一行11人访问江海区，参观区内有关企业，了解江海区、高新区经济社会发展情况，并与外海商会进行工作交流，探讨合作前景。10月27日－11月5日，区工商联（总商会）一行17人赴法国、德国、荷兰、比利时等国家进行市场考察，并访问区工商联副主席刘心学在比利时根特市设立的分公司。

【对外交流】 2012年，按照工作计划实现“国外一次、港澳一次、省际一次、省内一次”的交流联谊，包括组团30多人到港澳，与香港九龙工商联会、新界东北区工商联会、澳门工商联会的交流；组团32人赴泰国举办经贸洽谈会，交流、学习泰国中华总商会、泰中和平统一促进会、泰国广肇商会、泰国东盟慈善基金会等办会经验，与泰国广肇商会、泰国东盟慈善基金会和泰国华裔商会结为友好商会；赴贵州省独山县、惠水县交流、学习，与独山总商会和惠水总商会结为友好商会；组团40多人到广州市工商联、惠州五邑商会和惠州市惠城区工商联学习取经。组织区工商联22名企业会员赴泰国交流商会管理和经济贸易，推介江海区投资环境和企业产品，为企业产品开拓泰国市场牵线搭桥。区工商联分别与泰国东盟慈善基金会、泰国广肇商会和泰国华裔商会签订友好合作协议；江门市长威电缆厂与泰国南方钢铁厂签订标的1亿美元的出口合同；江门市古月灯饰器工艺公司与泰方达成出口灯饰意向。区工商联会员与贵州省惠水县签订开发2000亩工业园区的投资协议；江门维达集团与贵州省独山县开展投资贸易项目洽谈。

【换届工作】 2011年12月15日，区工商联（总商会）第三次会员代表大会召开，大会代表200名。会议听取和审议区工商联第二届执委会工作报告；选举产生区工商联第三届执委会成员，包括第三届执委会名额71名、主席（会长）1名、副主席（副会长）30名和秘书长1名。12月20日，第三届执委会第一次会议选举产生新一届工商联（总商会）主席刘心学、第一副主席黄建明、副主席29名、秘书长李贵明。另外，产生名誉主席12名、顾问28名。陈健康为区总商会永远荣誉会长，邓红荔、马国荣、王泽恒、张镇源为荣誉会长，叶钢华、洪世光、伍锦旋、肖景辉为荣誉副会长；刘锡涛为会董。同日，举行新一届执委会成员就职典礼。参与创立区工商联并任第一、二届主席的陈健康任期届满，卸任区工商联（总商会）主席，被推举为区总商会永远荣誉会长。

【建立调解机构】 2012年，成立区工商联调解仲裁中心，联合区法制局和区司法局聘请调解员14名，以商会为平台，开展矛盾纠纷的排查、化解，受理企业投诉工作。成立区工商联更新人士就业中心，以个别引导、个别安排和个别跟踪服务等措施，倡导企业帮助做好劳教刑满释放人员安置就业和帮教工作，有关工作走在全市前列。联合区维稳办、区信访局，开启聘请特约社会管理专员工作，在商会中聘请特约社会管理专员22名，发挥商会、协会在参与社会管理、维护社会稳定的作用。与区法院联手在区工商联设立法官工作站，增强诉前调解协商和法律审判咨询等工作。

【推进商会大厦建设】 2012年，商会大厦建设是江海区2012年“双十双五”工作之一，年内完成选址、确定容积率和建筑面积、立面设计、确定筹资方法等工作，在赴泰国中华总商会参观学习商会大厦建设经验做法的基础上，加快推进建设步伐。

【队伍建设】 2012年，区工商联执委会新产生省工商联执委1名、市人大代表1名、市政协常委1名。至此，共有省工商联执委1名，市人大代表2名，市政协常委1名、委员2名；区党代表3名，区政协常委9名、委员28名。通过开展“两新组织”党组织建设“百口攻坚活动”，共组建党组织123个，其中党委2个、党总支3个、党支部118个，共有党员1153名。规模以上企业中建立党组织74家，党组织覆盖率33.80%。全年区工商联（总商会）会员人数增长20%，其中外海商会、江南商会、滘北商会和区餐饮协会发展会员较多。区工商联被江门市工商联评为2011年先进单位、2012年度先进市区工商联；礼乐商会、江南商会被评为2011年度先进基层商会，区餐饮协会被评为2012年度江门市优秀基层协会。全年共出版《江海商会通讯》17期，在泰国出版《东盟经贸桥梁——江海专刊》1期。

【主席活动日】 2012年，主席活动日是区工商联（总商会）执委会闭会期间高层次的活动，年内共开展4次，包括2月16日评定上年度优秀街道商会和先进商会，通过年度工作计划和年度预算等事项；4月8日与区安监局、江海消防大队等单位联谊；7月18日举行“调解仲裁中心”和“更新认识就业中心”揭牌仪式，聘请调解员和特约社管专员；11月15日研究商会大厦筹建工作和向市边防检查站捐助电脑等。

江海区残疾人联合会

【康复工作】 2011年，累计服务残疾人1467人。实施康复救助779人，其中0—6岁残疾儿童康复服务1人；7岁以上肢体残疾人入院治疗33人、家庭病床5人；白内障复明手术108人；假肢安装2人；助听器配置2人；精神病人入院治疗51人；精神病免费送药214人；辅助器具配送15人；其他276人。

2012年，依托江门市残联康复医院、江门市第三人民医院、江门市五邑中医院、江门市残疾人用品用具供应站、江门市新声听力中心、江门市特殊儿童早期训练教育中心、德林仪肢矫型康复器材（深圳）有限公司中山分公司和新会区新希望眼科医院为区残疾人康复服务机构定点单位，继续做好白内障复明手术、精神病防治、辅助器具供应与服务、康复进社区、聋儿语言康复训练等主要项目的救助救治。共完成530人，其中0—6岁残疾儿童康复服务13人；7岁以上肢体残疾人入院治疗89人，白内障复明手术77人；假肢安装2人；助听器配置

3人；精神病入院治疗69人，精神病免费送药258人；辅助器具配送16人；其他项407人（为残疾人购买城镇职工医保79人，城乡居民医保328人）；开展“康复进家庭、居家无障碍”工程改造21户；开展“阳光家园计划”活动，全年共为867名残疾人提供各种托养安养服务，其中为5名残疾人申请办理机构托养服务，由市福利机构提供饮食起居所需、生活照料和日常护理等服务；为781名居家不能自理的残疾人每月发放100元的护理补贴和1名残疾人提供上门护理服务。

【实施“阳光家园计划”】 2011年，“阳光家园计划”服务对居家生活大部分不能自理，由亲属照料的一、二级智力、精神和肢体残疾人共762人，其中机构托养5人；日间照料69人；居家安养发放护理补贴每人每月100元共688人。

【贫困残疾人住宅无障碍改造】 2011年，居家无障碍改造72户。在2010年为礼乐街道20户残疾人家庭进行住宅无障碍改造工作的基础上，年内完成外海街道22户残疾人家庭的改造工程和江南、滘头、滘北3个街道共30多户符合条件的残疾人家庭无障碍改造。

【建立社区康园中心】 2011年，在建立江南社区康园中心的基础上，年内分别在外海、礼乐和滘头3个街道建立社区康园中心并投入使用。至此，全区共有社区康园中心4个，完成江门市残联提出的“三区所有街道2/3以上街道建成社区康园中心”的工作要求，为全区70多名精神病患者和智力残疾人提供日间照料、劳动技能培训和康乐文体活动等服务。

【残疾人保障就业】 2011年，在《江门时报》刊登残疾人就业年审广告，印发有关就业资料5000多份发至各企、事业单位。全面启用“广东省残疾人就业保障金年审和地税征收系统”，进行残疾人保障金的就业年审和征收工作。结合建立“江海区扶助残疾人就业培训基地”工作以及定期组织残疾人参加市、区劳动保障部门举办的招聘会，帮助残疾人解决就业困难。新增残疾人就业31人，其中集中就业19人、按比例安排就业13人。

2012年，在广东省江门市江海区恒健药业有限公司挂牌建立江海区扶助残疾人就业培训基地。制订《江门市江海区开展2011年“加强残疾人就业培训促进就业年”活动实施方案》，开展2期残疾人就业培训班，共培训100多人，促进残疾人就业和提供劳动就业转介服务。

【提高残疾人就业和教育工作】 2011年，结合“江海区残疾人扶助残疾人就业培训基地”工作，开展第三期扶贫就业培训班，积极帮助残疾人解决就业困难问题。新增残疾人就业51人，就业培训残疾人43人次。实施学前残疾儿童免费三年教育，落实补助经费59670元，资助10名残疾儿童保教费和对10间接收残疾儿童的普通幼儿园给予经费补助。

【残疾人基本状况】 2012年，按照省残联下发的《关于开展广东省残疾人基本情况调查工作的通知》，开展残疾人基本情况调查，掌握残疾人的信息，为开展残疾人享受社会保障以及公共服务的普惠政策提供数据支持。本次调查共登记8574名残疾人或疑似残疾人，通过系统平台录入数据有效率达到99.49%。

【提高残疾人教育素质】 2011年，继续鼓励和资助残疾人入读中央电大远程教育，对参加国家承认学历的残疾人给予资助，其中大专3000元、本科4000元。年内组织5名残疾人参加江门市首期残疾人IYB培训班报名，为他们提供创业理论知识培训。组织发动智残儿童、脑瘫儿家长参加专业培训，宣传早期干预和早期康复知识。在教育、民政等部门的配合下，形成以随班就读为主体、以特殊教育学校为骨干的特殊教育体系。多年来，对7岁以下的贫困残疾儿童，依托江门市特殊儿童教育中心进行康复训练，资助9名贫困儿童接受早期教育康复。至此，全区视力、听力言语和智力残疾等“三残”适龄儿童在读人数62人，就学率98.30%以上。

【对贫困残疾人家庭学生发放补贴】 2011年1月，制订《江海区义务教育阶段贫困残疾人家庭学生发放生活费补贴实施办法》，对贫困残疾人家庭的义务教育阶段学生，发放每月50元的生活补贴，共有141名残疾人及其家庭受惠；制订《江海区贫困残疾人老年人发放生活补贴实施办法》，适当解决享受城乡最低生活保障或有特殊困难的残疾人老年人共68名。

【丰富体育文化活动】 2011年，在江南街道江翠社区举办江海区2011年关爱游园迎新春暨江南街道第九次社区“特奥”活动，150多名残疾人参加。5月12日，组织外海、礼乐和江南街道的康园中心共40多名残疾人乘坐城际轻轨到广州观光。7－8月，组织残疾人运动员12人集训，参加2011年江门市残联系统乒乓球、羽毛球比赛。区残联获得比赛活动的“道德风尚奖”。

2012年，坚持每年开展2次特奥社区运动会，组织各街道康园中心智力残疾人及残疾人协会等150多名残疾人，开展“特奥”趣味运动比赛。继续组织好“残健龙舟队”的训练和比赛工作。6月2日，赴肇庆参加“粤港两地残疾人龙舟交流赛”，与肇庆、中山、香港的残疾人代表队同场竞技，取得了比赛的第一名；7月8日，赶港参加由香港龙舟协会主办的第八届国际龙舟协会世界俱乐部锦标赛，继2011年后再次夺得冠军。

【志愿助残服务】 2011年，制订江海区残联起愿助残服务方案，提供团区委活动经费4000元，对智障儿童、青少年，开展入户探访交流、心理辅导和启发智力游戏等。开展江海区“青春暖流‘结对帮扶’义工新春慰问”活动和“人人做义工，志愿送春风”义工服务活动，到各街道康园中心开展慰问、游玩同乐和制作工艺品等活动。

【残疾人证核发】 2011年，制订核发残疾人证工作实施方案，资助江海区户籍的残疾人到指定的评残机构进行残疾鉴定，定期对核发第二代残疾人证数据情况进行通报。分别组织江门市第三人民医院、江门市残联康复医院的评残医生组成残疾人证核发工作小组，到外海、礼乐街道设点，免费为231名残疾人评残、照相和办理残疾人证。

江海区文学艺术界联合会

【重要活动】 2011年3月11日，江海区关工委书画教育基地揭牌暨启动仪式在银泉小学隆重举行。4月29日，区文联参加江海区“我与税收有个约会”文明风采大赛暨2010年度纳税十强企业排行榜发布会。围绕“文化服务百镇千村行”和围绕重大节日或常规演出组织一系列广场文艺晚会。组织文艺节目每年参与“送戏下乡歌舞晚会”。6月4日，召开区书法美术协会第二届第一次理事会议。会议选出江海区第二届书法美术协会主席：区启森，常务副主席：陈高琼，副主席：陈宗良、蓝超云、陈万丈、冯才基，秘书长：陈高琼（兼），副秘书长：林海忠、梁国俊，理事：戴孝忠、容林、吴柱擎、周仲康、陈学斌、马均贺、吕文晃、陈政军、曾怀芳、张东婉、胡淑霞、林振源、胡洪、韦业欣、钟少明、周俊明、陆鑫明、李东辉、李全海。6月27日，与区政协办、区教育局联合举办2011年“文昌杯”第六届江海区青少年创建全国文明城市书法大赛。“七一”前夕，协办“红歌飞过90年——庆祝中国共产党成立九十周年”歌手大赛；并参加由江门市人力资源和社会保障局主办的“我为党旗添光彩”——江门市人力资源和社会保障系统纪念中国共产党成立90周年合唱比赛并获得金奖。9月16日，由区政协、区委宣传部、区文体旅游局、江海区文联联合主办，江海区政协书画院、江海区书法美术协会承办的“纪念辛亥革命100周年江海区书画作品展览”在江门五邑图书馆开幕。

2012年9月，举办由区文联、江海区书法美术协会联合主办，外海海逸华府承办的“‘外海海逸华府’迎中秋、贺国庆书画进万家雅集”活动。由区政协、区委宣传部、区文体旅游局和区文联联合主办，江海区政协书画院、江海区书法美术协会承办的“‘纪念辛亥革命100周年’江海区书画作品展”，在江门五邑图书馆开幕。本次书画展共展出作品近90幅，其中书法作品50多幅。年底，区舞蹈协会代表队代表江门市参加在央视“百姓健康舞”表演。

江海区科学技术协会

【工作会议】 2011年1月，召开区科协二届七次全会暨科技型企业代表座谈会，区科协主席董广芬代表第二届委员会作了题为《坚持自主创新能力建设增强企业竞争力》的工作报告。

2012年10月10日，召开江海区科协第二届委员会常委会议，会议补选黄剑锋为江海区科协第二届委员会副主席。

【重要活动】 2011年，举办第六届江海区青少年科技创新大赛。新民小学荣获省级交通安全示范学校和市防震减灾科普示范学校称号。银泉小学被评为江门市科普示范学校。在十一中举办“江海区首届校园安全文化节”活动，在新民小学开展地震应急疏散演练活动，在滘北小学举办知识产权讲座。根据辖区内农业生产现状，有针对性地开展蔬菜种植、植物病虫害防治技术等实用技能培训，累计举办农业技术培训班7期，共培训500多人次。

2012年，深入实施“科普惠农兴村计划”，大力培养农村实用技术人才，推荐江海区养猪协会为“2012年江门市科普惠农兴村计划先进集体”；江海区水产协会被确定为第四批广东省科普惠农服务站；组织江海区花木盆景协会参加中山古镇“南方绿博园”举行的2012中国盆景精品展暨广东省盆景协会成立25周年会员盆景精品展中，选送的13盆作品参展，其中3件作品获得金奖，4件银奖和6件铜奖。全年社区组织开展的各类科普培训20多场，组织各类劳动力就业培训200多人次。开展以“健康讲座、反对邪教、低碳环保、防灾减灾、讲文明树新风”为主题的进社区活动，开展社区科普宣传活动20多场，发放社区科普宣传挂图50多套，向社区赠送科普图书1000多册。

政法·军事

JIANG HAI YEARBOOK

社会管理综合治理

【维护社会稳定】 2011年，针对国际金融危机、“煽动非法聚集”等带来的冲击，加强信息情报工作，及时排查企业破产安置、劳资纠纷、经济纠纷、社保医保和征地拆迁补偿等不稳定因素，获取深层次、动态性、内幕性和预警性情报信息95条，抓获多名非法发帖人员，取缔多处非法聚集地点。高度重视社会调查研究和分析研判工作，深入掌握涉军群体、民间高息借贷、涉疆涉少数民族、换届选举、异见人士管控、两新组织、涉外来人员矛盾、宗教领域问题、日本核泄露引发抢购潮等社会稳定情况。印发《江海区防范处置“煽动非法聚集”联合应急指挥组工作方案》和《江海区应对群体性事件和大规模暴力犯罪应急预案》，确保深圳大学生运动会和其他敏感时期的社会政治稳定。加强重点人员稳控，全国“两会”和深圳大运期间，提前策划，周密部署，对缠访案、扬言案，落实领导包案制度和党政领导班子成员公开接访日制度；制定19名重点人员的稳控措施，有效防止工作对象脱线失控上省进京上访。加强对6个宗教堂点的维稳工作，收集宗教活动情报信息5条，出色完成江门教区选圣祝圣活动安保任务。做好反邪教工作，狠抓打击、防控、教育转化各个环节，收缴邪教“法轮功”宣传资料15份；全区邪教“法轮功”在册人员131人，转化率98.5%。

2012年，按照从“被动维稳向主动创稳转变”的工作思路，探索从源头预防和化解社会矛盾的方式和途径，以滘头街道重大事项社会稳定风险评估试点工作为创新抓手，对容易诱发群体性事件的渔山开发工程和矛盾比较尖锐的五星经济社股民代表选举两个事项进行决策风险评估。妥善化解五星经济社67名股民起诉市政府的案件。由区委维稳办、区综治办牵头，在区住建、人社、卫生和工商联等职能部门建立4个专业性调解委员会，共有调解人员27名，为矛盾纠纷的快速化解提供专业性指导意见。区委维稳办、区信访局和区工商联联合出台《关于在商会中设立特约社管专员参与维稳工作的方案》。区餐饮协会、礼乐腊味协会、各街道商会秘书长以上人员被聘为特约社管专员参与维稳工作，构建以商会为平台的矛盾纠纷化解机制。为确保党的十八大召开，根据全国、省、市维护社会稳定工作电视电话会议精神，确定8月26日至11月底为全区社会稳定“百日防护期”。在“百日防护期”期间，各部门分工负责，妥善化解各类矛盾纠纷17起；部署落实14名重点人员管控措施。

【开展严打斗争】 2011年，结合文明城市创建，开展治安重点整治，组织“粤安11”“创平安，迎大运”专项打击清查行动、娱乐场所及其他公共服务场所专项治理、“清网行动”、铁路护路联防等工作，全区刑事发案刑案1220宗，上升6.9%；检察院批准逮捕195件311人，提起公诉162件217人；法院审理刑事案件189件283人。加强重点场所、要害部位和社会面的巡查防控工作，确定江南街道为2011年治安重点整治地区，综治委挂牌督办，投入资金8万余元，加强群防群治队伍、基础设施和技术防范，经过整治，街道治安形势好转，特别是查破盗窃摩托车案件方面取得了很好的成绩，发案明显下降。开展平安社区、无毒社区、无邪教社区创建活动，创建面分别达到90%、80%、90%。加强对易燃易爆、有毒有害化学品管理，加强废旧收购点、娱乐场所、小旅馆、桑拿、沐足中心、反恐重点部位的清查力度，实施网吧上网实名制。

2012年，继续开展“严打”整治斗争，严厉打击各种严重刑事犯罪，开展“打黑除恶”、扫除“黄赌毒”等专项斗争。对全区300多名群防治安队员进行整合，由区公安分局实行统一管理培训。加强社会面巡逻防控，大力推进科技防范，完善治安动态视频监控系统建设，在主要交通路口、治安复杂路段和重点部位建立的区、街道、村（居）三级视频网络监控系统，实行24小时全天值守。深入推进平安建设，广泛开展平安街道、平安乡村、平安社区、平安市场、平安企业、平安医院、平安校园、平安港口、平安铁路、平安家庭等创建活动，全区实现平安创建率100%。

【社会工作管理】 2011年10月，市编委批复成立江海区社会工作委员会，与区委政法委合署办公，统筹推进社会管理创新工作，包括推进流动人口动态管理，完善以居住证制度为核心的“一证通”制度，实现流动人口管理全覆盖，构建起“以证管人、以屋管人、以业管人”的流动人口服务管理新格局；推动社会组织分类管理，江海区被列为“加快社区社会组织发展试点单位”，出台《江海区社会组织登记与备案管理暂行办法》，探索突破现行管理服务模式，拓展社会组织参与公共管理服务的新路子；推进社会治安整体防控，加大治安视监控系统建设、维护力度，改革治安联防机制，适度发展壮大群防群治队伍，不断提升治安防控能力；发挥公安、司法行政机关职能的作用，加强刑释解教、社区矫正、社区戒毒、社区康复、精神病患者等特殊人群的管理；加强网络正面宣传引导，健全网上舆情监测研判机制，提高对司法个案、突发事件的网上舆论引导能力，及时封堵不良信息，有效预防恶意炒作和蔓延而引发的群体性事件的发生。

2012年3月，区社工委挂牌成立，迅速完成筹备工作，落实编制、人员、经费、制度，出台10项工作要点和54项分解任务，稳步推进各项工作。开展社会组织准入登记降低门槛试点和政府购买服务试点，启动滘北街道家庭综合服务中心等6个创新观察项目建设，组织“南粤幸福活动周”活动，率先在全市开通江海区社工委网站微博，回应群众诉求和咨询。综治办、禁毒办等协调公安有关部门，健全常住人口、流动人口、刑释解教人员、社区矫正人员、精神病人、吸毒人员、邪教人员和重点信访人员等信息系统，落实监管、帮教制度，巩固扩大6个戒毒康复就业安置点，落实问题青少年帮教责任，加大重点高危人群管控力度，做到不漏管、不失控。加强信息化和政务公开建设，做好舆情应对和网络安全工作，妥善处理五星问题、礼乐咸鸭蛋问题、上访老户刘卓培问题、江南幼儿园保安非礼女童等网络舆情。加强铁路护路安全工作，强化重点要害部位、重点区域、易燃易爆、剧毒危险品以及新经济组织、新社会组织、网络虚拟社会的管理，加强校园周边环境治理，落实“三警”制度，试点推进十户联防，健全突发事件、群体性事件应急处置机制，有效保障公共安全。

【加强基层建设】 2011年，落实省委加强综治信访维稳中心建设的部署，三级综治平台建设共投入201万元，中心建设9月底全面完成，有效整合了综治、信访、司法、公安、劳动、法庭等部门的资源和力量，达到省考核标准。三级综治平台发挥应有作用，全年三级中心共受理信访、矛盾纠纷385宗，处理率100%。抓好治安视频监控系统建设，区、街共筹集资金180万元，安装摄像头56个，治安防控能力进一步提升。建立外海、礼乐2个检察室，配备专职工作人员。麻园派出所被命名为全国一级派出所。

【禁毒工作】 2011年，深入开展禁毒工作，贯彻“提高认识，教育为先，严厉打击，全员收戒，综合治理”和“四禁并举，堵源截流，严格执法，标本兼治”的禁毒方针，按照中央、省、市禁毒部门的部署，严厉打击毒品违法犯罪活动，强化易制毒化学品和娱乐场所的管理，预防和遏制毒品蔓延；推进吸毒人员社区戒毒和社区康复工作，推动“无毒社区”创建工作，共有337条自然村（里），“一类社区”有160个，“二类社区”有49个，“三类社区”有126个，“减毒社区”有46个。

2012年，发现吸毒人员15名，累计在册吸毒人员770人，现有吸毒人员451人，共查获吸毒人员337人次，查处率74.7%；强制隔离戒毒执行率40.9%；社区戒毒执行率75%；强制隔离戒毒出所未满3年人员管控率68%；社会面阿片类吸毒人员安置就业率59.4%。共破获毒品犯罪案件155宗，上升49%，抓获犯罪嫌疑人158名，缴获海洛因98.1克、冰毒456.5克、氯胺酮24.5克。共抓获吸毒人员175名，送隔离强制戒毒145人、社区戒毒6人、社区康复11人、参加美沙酮维持治疗68人。强化易制毒化学品管理，共处罚违规企业6家，未发生易制毒化学品流失的情况。同时，查处违反《精神药品和麻醉药品管理条例》的药店、卫生所4家。加强娱乐服务场所管理，共查处涉毒娱乐场所4间、其他公共服务场所7间，抓获贩毒人员3人，吸毒人员43人。涉毒场所被取缔的1家、被停业整顿1家、被警告、责令限期整改9家。落实社区戒毒（康复）和戒毒帮教管理措施，完善了7个戒毒康复人员就业安置点的管理。通过创建工作，全区的“无毒社区”从13个增至15个，增幅15.4%；“减毒社区”从5个增至6个，增幅20%。

【防范和处理邪教工作】 2012年，贯彻全国防范处理邪教工作会议精神，以确保党的“十八大”胜利召开为工作重点，加强对重点人员管控和深挖打击力度。全区在册邪教人员130名，其中邪教“法轮功”人员121名，观音法门人员9名。转化邪教“法轮功”人员121名，转化率100%，创建“无邪教社区”达标率97%，没有发生邪教“法轮功”等邪教人员进京上省滋事和非法聚集及公开练功事件，没有发生电视插播事件和较大的反动宣传品散发事件。

【三打两建工作】 2012年，“三打”工作作为区委、区政府的中心工作之一和综合治理工作的首要任务取得阶段性成效，共查破欺行霸市刑事案件172宗，治安案件587宗，打掉欺行霸市团伙12个44人；立案查处制假售假案件184宗，涉案总价值635万元，抓获犯罪嫌疑人52人，捣毁制假售假窝点35个；核实商业贿赂案件线索36条，查处商业贿赂案件34宗；共查处“保护伞”4人。

【社会治安动态调研和管理】 2012年，每季度组织综治、信访、维稳、禁毒、610等部门人员深入基层进行调研，收集研判汇总全区各个时期和敏感时期的治安形势，制定应对措施。综治委成员单位每月收集上报基层工作动态及信息，为区综治工作提供决策依据。组织协调各成员单位进行专项整治，集中解决突出治安问题。进一步深化“一证通”“一站式”服务管理模式，深化外来人员的服务与管理，开展外来人员矛盾纠纷排查化解工作，提供劳动就业、法律咨询服务，保障他们的正当利益。

审 判

【简述】 2011年，区法院通过开展“人民法官为人民”主题实践活动和 “奋力实现排头兵目标年”竞赛活动，狠抓审判执行工作和队伍建设，共受理各类案件2181件(含旧存)，审结、执结2075件，分别比2010年下降0.73%和2.72%，结案率95.14%。其中刑事案件立案207件，结案207件；民事案件收案1325件，结案1246件；行政案件收案9件，结案9件；受理执行案件640件，执结613件。上诉案件202件，维持原判105件，改判31件，发回重审2件，其他56件。

2012年，以改革创新为动力，强化司法管理，努力提高司法能力和执法水平。共受理各类案件3400件，上升55.6%；审结、执结3304件，上升59.23%；解决诉讼标的4.23亿元，结案率97%；上诉案件184件，其中二审维持案件134件，改判案件18件（没有发回重审案件），一审案件改判发回重审率9%（为全市各基层法院最低）。在全省法院“当好排头兵”竞赛活动的15项衡量审判质效的核心指标体系中达标14项，其中有13项核心指标取得了满分，在全市各基层法院中排名第一。

【刑事审判】 2011年，审结各类刑事案件207件，判处犯罪分子302人，分别比2010年上升33.5%和23.8%。包括审结故意伤害、抢劫、绑架勒索等严重侵犯公民人身财产的暴力犯罪及盗窃、抢夺等常发性犯罪案件108件，判处犯罪分子153人；审结合同诈骗、生产伪劣商品等各类破坏社会主义市场经济秩序的犯罪案件5件，判处犯罪分子5人；审结贪污、贿赂、挪用公款等职务犯罪案件3件，判处犯罪分子4人。落实宽严相济的刑事政策，对具有法定从宽情节的，坚持依法从宽处理，适当增加对非监禁刑的适用。共适用缓刑48人、单处罚金17人、免予刑事处罚7人，适用非监禁刑占23.8%。贯彻“教育、感化、挽救”方针，坚持对未成年犯罪人员实行寓教于审，惩教结合，突出刑罚的教育功能。依法对32名未成年人予以从轻、减轻处罚。在全市率先实行未成年人犯罪前科封存制度，减少或消除其“前科”阴影，帮助其心理和行为矫正。通过开展送法进社区、送法进校园等活动，大力开展法制宣传，提高群众的法律素质。

2012年，受理刑事案件229件，审结229件，判处犯罪分子333人，结案率100%。包括审结故意伤害、抢劫、寻衅滋事等严重侵犯公民人身财产、扰乱社会秩序的暴力犯罪及盗窃、抢夺等常发性犯罪案件173件，判处犯罪分子272人；受理刑事审判案件22件，审结22件，判处犯罪分子33人；审结贪污、贿赂、渎职案件6件8人，打击知识产权犯罪，审结假冒注册商标、生产销售伪劣产品等犯罪案件8件8人。实行宽严相济刑事政策，既严惩罪行较重的罪犯，又给予罪行较轻的被告人改过自新的机会，共对6人免予刑事处罚，对59人适用缓刑，单处罚金32人。坚持“教育、感化、挽救”相结合的方针，审结未成年人犯罪案件24件28人，其中适用缓刑8人，单处罚金9人，并对未成年犯罪人发出首张禁制令，禁止未成年人在缓刑考验期间进入酒吧、网吧，督促未成年人有效矫正。

【民商事审判】 2011年，坚持“审判贴近百姓、司法关注民生”的司法理念，发挥民商事审判职能。受理各类民商事案件1325件，上升1.1%；审结1246件，下降2.5%，解决诉讼标的3.3亿元。包括审结婚姻家庭、继承纠纷案件

121件，其中调解和撤诉78件，占64.5%。通过审判活动防范和化解金融风险，共审结各类借贷、房地产和买卖合同等纠纷案件220件，解决诉讼标的1.3亿元；审结农村承包合同纠纷案件15件。外海法庭还积极协助外海街道办事处起草LED博览交易中心与连海北路项目征地补偿协议，提出法律意见，有效地规范了征地补偿工作。

2012年，受理各类民商事案件2410件，审结2332件，解决诉讼标的3.17亿元，结案率96.76%，其中调解率31.58%，撤诉率46.59%。在民事审判中，妥善处理涉及离婚、抚养、赡养等婚姻家庭及继承纠纷案件，受理上述案件125件，审结121件；运用《中华人民共和国侵权责任法》调处各类权属侵权纠纷，尤其是道路交通事故人身损害赔偿纠纷案件，受理上述案件507件，审结493件；审结买卖、房地产开发等合同纠纷案件159件，审结借款、保险、信用卡等金融纠纷案件150件；审结涉外、涉港澳台案件18件；审结工人工资案261件，其中调解188件，占72.03%。

【行政审判】 2011年，有效化解行政纠纷，受理并审结行政诉讼案件9件，上升12.5%，结案率100%。坚持维护当事人合法权益与监督支持行政机关依法行政并重，加大行政协调力度，稳妥处理劳动保障、房屋登记、卫生等行政纠纷。深化行政审判互动联动机制，针对行政审判中发现的行政管理上的问题，深入到行政部门进行调研，及时向有关部门提出司法建议，既提高了相关部门的依法行政水平，又进一步维护了群众的合法权益，共审查各类非诉行政执行案件75件，执结62件，执结标的118.6万元。

2012年，受理各类行政案件8件，审结8件，结案率100%。探索行政案件协调处理新机制，发挥行政审判在依法化解行政争议、促进依法行政方面的作用。深化行政审判互动联动机制。派出行政法官、执行法官到区计生局召开座谈会，对规范社会抚养费征收工作，提高计生工作的行政执法水平提出建议。共审查各类非诉行政执行案件65件，执结65件，执结标的218万元。

【审判监督】 2011年，为促进审判质量、效率、效果与形象四要素的有机统一，成立审判管理办公室，统筹审判执行工作的流程管理、质量评估等工作。对案件审判流程实行统一管理，利用计算机和网络技术对案件审理进行跟踪，定期实行案件督办和催办，促使干警树立均衡结案意识，减少超审限案件的发生。开展案件质量管理，对二审改判和发回重审的案件，定期召开审判委员会进行质量评定，通报评定结果，增强司法公信力。开展常态化案件质量评查，通过自查和上级法院抽查共评查案件219件；开展裁判文书质量评查，评选出6篇优秀裁判文书。推进司法公开试点工作，制定司法公开法院标准和考评办法，全面推进审务公开，规范裁判文书上网等工作。

2012年，受理各类行政案件8件，审结8件，结案率100%；审查各类非诉行政执行案件65件，执结65件，执结标的218万元。

【执行工作】 2011年，把执行工作作为事关法院司法权威的大事来抓，采取有力措施推进，共受理执行案件640件，执结613件，分别下降6.02%和11.42%，执结率95.78%，执行标的2607.45万元。全面推行主动执行制度，把执行效果纳入立、审、执全过程，在立、审阶段，主动告知申请人运用保全措施，防止被执行人转移财产；在立、审调解工作中，促成协议的当场兑付，减少进入执行程序的案件数量；在宣判阶段，在征得债权人同意的前提下，由审判部门主动移送执行机构执行，主动启动执行程序，无需债权人申请。全年来经主动执行进入执行程序的案件107件。在执行过程中严格执行“四查一告知”制度，对恶意逃避执行的当事人公开曝光、限制出境和高消费；对暴力抗法、有能力而拒不执行生效裁判者依法采取司法拘留、罚款等强制措施。有效地维护司法权威，对民生案件实行优先立案、优先执行、优先分配、优先支付的“四优先”政策。开展拖欠工人工资专项执行活动，共执结工人工资案件45件，执行标的达256.6万元。执行最高人民法院《关于执行款物管理工作的规定（试行）》和省法院《全省法院执行款管理专项整治活动方案》的文件精神，开展执行款管理专项整治活动，对多年转存的执行款进行全面清理，共清退执行款人民币984万元。

2012年，受理执行案件753件，执结735件，实际执行率81.50%，执行标的1.06亿元。在执行工作中，注重规范法院执行权内部监督制度，分开行使执行中的裁决权与实施权，加强执行内部制约。推进“反规避执行”专项活动，在执行过程中严格执行“四查一告知”制度，对恶意逃避执行的当事人公开曝光、限制出境和高消费；对暴力抗法、有能力而拒不执行生效裁判者依法采取司法拘留、罚款等强制措施，共对40名被执行人采取司法拘留、对11人采取边控措施，对12宗案件中恶意逃避债务的被执行人进行罚款。开展拖欠工人工资专项执行活动，执结工人工资案件322件，及时向298名工人发放工资277万元。

【队伍建设】 2011年，坚持以“党建带队建促审判”，开展“发扬传统、坚定信念、执法为民”的主题活动、“群众观点大讨论”活动和社会主义法治理念再学习、再教育活动，开展“深化廉政警示教育年”活动。通过“廉政警示教育大家谈”专题座谈会，听典型案例通报，写廉政心得，人人接受教育。落实党风廉政建设责任制，层层签订承诺书，落实“一岗双责”。规范法官与当事人、律师的关系，严明审判纪律。邀请人大代表、政协委员参与“百案释法答疑、百声征求意见”活动，在接受监督的过程中不断提高司法能力。向江海区人大常委会汇报工作，听取人大代表对法院工作的意见和建议，对人大代表提出的问题或意见能及时办理、及时反馈，认真落实监督。

2012年，首创法官工作站，打造司法服务新平台。在全市率先设立“法官工作站”，为群众提供法律咨询、化解矛盾、法制宣传等便民服务，并在各街道选择若干个村、社区设立法官工作站。在区交警大队成立全市首个“交通事故巡回法庭”，派驻法官到“巡回法庭”现场办公，为群众提供咨询、立案、调解等便民服务，与交警联动、快捷处理交通事故，实现交警部门的行政处理和法院诉讼调解的无缝对接。在区人社局设立“法官工作站”，与人社局联手搭建劳动争议纠纷诉调对接平台，共同化解企业与劳动者之间的矛盾。共设立“法官工作站”17个，社区法官接待群众咨询400多人次，为辖区群众调处各类纠纷1180宗，标的金额81.4万元，开展参与社区矛盾排查调处，法制宣传、培训人民调解员等各项工作398人次，有效地发挥“法官工作站”综治维稳中心平台作用。开展形式多样的法制宣传活动。如派出干警参加区政府组织的“为外来务工人员义务普法”活动，通过提供法律咨询、发放传单等形式，积极为群众解答法律疑问。坚持开展送法进社区、进企业活动，组织法官到江门金羚集团公司进行法律宣讲，增强企业防范风险的法律意识。推进“广东法院综合业务系统”的应用。依托信息化手段加强对案件审理的实时、全面监控，狠抓审判质量管理。实行院（庭）领导案件质量把关制度，规范法官自由裁量权、统一裁判标准。制定《关于延长审理执行期限的规定》，健全审判流程管理体系，强化办案效率预警、督办，强化审限管理。依法适用小额速裁机制。外海法庭适用小额速裁机制审理了全市首宗案件。加强具有江海特色的法院文化建设。发动全院干警参与院训、院徽创作的投稿和网上投票活动，确定院徽和“崇法、为民、秉廉、励业”为院训。

【来信来访】 2011年，抓好“充实窗口内容、延伸窗口服务、拓展窗口功能、强化窗口管理、完善信访机制”等工作，做好“重信重访”工作。共接待群众来信来访12人次，通过开展判前辨法析理、判后释法答疑活动，案件当事人对判决有异议时，承办法官运用通俗易懂的语言释法明理，解释法律规定，尽力消除当事人的合理怀疑，让当事人服判息诉。

2012年，推行大立案机制，完善案件的管理、管辖、分流制度，使案件的调配达到科学化、均衡化。建立围绕矛盾化解的门诊式诉讼服务机制，对纠纷进行繁简分流。全年共接待群众来信来访9件20人次。加大司法救助力度，落实诉讼费减免缓制度，依法对938名经济困难的当事人减、缓、免诉讼费93151.6元。

【法庭建设】 2011年，制订《关于建立诉讼调解与人民调解衔接机制的方案》，在礼乐、外海法庭成立人民调解工作室，由镇街综治信访维稳中心与人民法庭共同参与案件调解，初步实现人民调解进法庭的调解新格局。

2012年，法院审判大楼年底动工，对现有的审判综合大楼进行修缮，加快法院信息化建设，完成数字法庭的建设，实现庭审全程同步录像录音。

检察

【简述】 区检察院内设政工科、反贪污贿赂局、侦查科、职务犯罪预防科、检察技术科、办公室、侦查监督科、公诉科、反渎职侵权局、控告申诉检察科、民事行政检察科、案件管理中心等12个内设机构，1个直属机构是司法警察大队，2个派出机构是派驻外海检察室、派驻礼乐检察室，单独设置纪律检查组，分别承办侦查、审查逮捕、审查起诉、接受举报控告申诉等业务。年末共有专项编制49名，在册人数共59人。2011年，被最高人民检察院授予“第四届全国先进基层检察院”荣誉称号。

【反渎职侵权】 2011年，重点查办危害司法公正、执法不严、危害民生民利等渎职侵权犯罪，立案侦查侵权渎职案件2件2人，为国家挽回经济损失20万元。

【刑事检察】 2011年，受理提请批捕案件245宗402人，经审查批准逮捕230宗370人，不批准逮捕15宗32人。批捕案件审结率100%。受理移送审查起诉案件177宗254人，经审查提起公诉206宗287人，不起诉3宗8人。该院在贯彻宽严相济刑事政策的同时，依法打击各类刑事犯罪活动，严厉打击故意杀人、故意伤害、抢劫、强奸、绑架等严重暴力犯罪、毒品犯罪以及盗窃、抢夺、破坏电力设备等严重影响群众安全的多发性犯罪，坚持贯彻“从严从快、特案特办、快捕快诉”的办案原则，共批捕上述案件191宗296人，占批捕总数的80%，提起公诉163宗220人，占起诉总人数的76.7%。

2012年，受理提请批准逮捕案件232宗399人，经审查批准逮捕215宗353人，不批准逮捕17宗46人。批捕案件审结率100%。受理移送审查起诉案件333宗469人，经审查提起公诉234宗339人，不起诉4宗4人。该院在贯彻宽严相济刑事政策的同时，依法打击各类刑事犯罪活动，严厉打击故意杀人、故意伤害、抢劫、强奸、绑架等严重暴力犯罪、毒品犯罪以及盗窃、抢夺、破坏电力设备等严重影响群众安全的多发性犯罪，坚持贯彻“从严从快、特案特办、快捕快诉”的办案原则，共批捕上述案件159宗242人，占批捕总数的74%，提起公诉133宗222人，占起诉总人数的59%。

【未成年人犯罪前科封存】 2011年，会同区法院、区公安分局、区司法局率先出台《关于未成年人犯罪前科封存制度的规定》，细化未成年罪犯前科封存制度的适用范围，明确公、检、法、司部门对未成年人犯罪前科资料封存的时间和程序。制度出台为未成年罪犯回归社会提供制度保障，开创全省司法机关贯彻落实未成年人犯罪前科封存制度的先河。《南方日报》《江门日报》、江门电视台等媒体对此进行报道。

【职务犯罪预防】 2011年，利用派驻检察室、“阳光检务”联络员和街道广播站这一平台，开展法律宣传活动，深入基层了解社情民意。把LED产业基地、胜利大桥等重点建设工程和“三旧改造”工作作为预防重点，综合运用检察建议、警示教育、预防咨询和宣传等措施，把好源头治理，加强对政府投资安全的司法保护；重点对新选任的村、社区“两委”干部和交警、地税、安监等部门领导干部进行职务犯罪预防警示教育。

2012年，在打击各类职务犯罪的同时，深化职务犯罪预防工作，加强侦防一体化建设。结合“三旧”改造、农村集体“三资”管理、“三打两建”等重点工作，综合运用检察建议、警示教育、预防咨询等措施，把好源头治理，加强保护国家集体财产安全和维护社会主义市场经济秩序。重点对法院、财政、国税、地税、工商、食品安全、建设等行业和部门领导干部进行职务犯罪预防警示教育。全年共接受行贿犯罪档案查询申请53批次，涉及被查询对象130多个，发出《查询行贿犯罪档案结果告知函》53份。

【列席审判委员会】 2011－2012年，坚持检察长列席法院审判委员会会议制度，每年列席审判委员会会议1次，并发表对一宗刑事案件的处理意见，加强协调配合，强化对法院审判工作的监督制约。

【阳光检务】 2011－2012年，通过推行检察文书说理制度、扩大“检务公开”的内容和范围、建立“检察开放日”和“阳光检务”联络员制度、邀请人大代表和政协委员监督指导工作等方式，广泛征求群众对检察机关的意见和建议，进一步增强检察机关办案的透明度和公信力。

【诉讼监督】 2011年，围绕“强化法律监督，维护公平正义”的工作主题，坚决纠正有罪不究、裁判不公、违法办案和超期羁押等问题。包括加强立案监督。与行政部门加强沟通，完善刑事司法与行政执法执纪的有效衔接，拓宽监督途径，通过讯问犯罪嫌疑人或发放《听取犯罪嫌疑人意见书》的方式，及时听取犯罪嫌疑人辩解，核实案件情况，加强对证据的审查和非法证据的排除力度。强化“提前介入”案件侦查，建立“提前阅卷”制度，加强对公安机关移送起诉案件定性的审查，发挥《退回补充侦查提纲》和《提供法庭审判所需证据材料的通知》的作用；刑事审判监督。通过审查起诉和出庭支持公诉、审查裁判文书等环节，重点对有罪判无罪、无罪判有罪、轻罪重判、重罪轻判进行监督，切实加强对法院判决、裁定的审查力度，共提起抗诉3件3人；民事行政监督。抓好不服民事、行政判决的申诉，构建抗诉与其他监督方式相结合的多元化监督格局。加大建议抗诉书、提请抗诉书的说理力度，与市检察院和区法院的协调配合，在办案中做好释法说理，开展阳光息诉工作和控告申诉举报。落实检察长接待日制度和接访首办责任制，采用主动约访、联合接访与上门家访等多种方式听取当事人意见。落实涉检信访风险评估制度，主动做好息诉罢访。

2012年，继续探索监督途径，不断强化监督手段，包括加强立案监督。加强对证据的审查和非法证据的排除力度，注重各内设机构的工作联系，强化各内设机构与派驻检察室的联系、沟通，通过派驻检察室加强宣传检察机关的立案监督职能及拓宽案源。共受理立案监督线索16件18人，其中派驻检察室发现监督线索9件9人，书面建议公安机关作立案处理4件5人、撤案处理6件6人，均被公安机关采纳；刑事审判监督。重点对有罪判无罪、无罪判有罪、轻罪重判、重罪轻判进行监督，并把引导侦查取证工作作为重点，通过细化退查提纲、邀请侦查人员旁听法庭审判和召开座谈会等方式，引导侦查人员取证。共改变侦查机关定性11件28人，不起诉4件4人，退回补充侦查96件121人，纠正漏诉2件2人，追诉漏罪4件5人；民事行政监督。重点抓好不服民事、行政判决的申诉工作。以证据为核心，对确有错误且符合抗诉条件的申诉案件重点办理，并注重民行案件具体审查方法的总结和运用，加大建抗书、提抗书的说理力度，加强与市检察院和区法院的协调联系，抓好民行提抗案件质量。共受理民事行政申诉案件17件，其中向市检察院提请抗诉后获得该院采纳向法院抗诉2件，向市检察院建议提请抗诉并获省检察院采纳向法院抗诉2件，不建议提请抗诉3件，不提请抗诉2件，终止审查3件，发出检察建议7份；控告申诉举报。落实检察长接待日制度、接访首办责任制和涉检信访风险评估制度，听取来访人员意见，细化案件调查核实工作，对其中的不合理诉求，通过耐心的释法说理，协调相关部门妥善处理。共受理举报申诉案件39件，其中举报线索19件，控告案件7件，申诉案件13件。

【反贪污贿赂】 2011年，从群众反映强烈的热点和影响社会稳定的难点入手，查处大案要案、司法系统腐败案件、损害人民群众切身利益的涉农案件。立案侦查贪污贿赂案件7宗7人，为国家挽回经济损失人民币360多万元。继续深挖“9•1”法院系统腐败案中的介绍贿赂、行贿等犯罪，快办快结涉农案件。

2012年，围绕党委中心工作的重点、群众反映强烈的热点和影响社会稳定的难点，查办贪污贿赂犯罪案件，立案侦查贪污贿赂类6件6人，为国家挽回经济损失和追缴赃款赃物折合人民币670万元。在查处某办副主任受贿案中，发现区建设系统内部贪污受贿窝案，立案4件4人，占立案总数的66.7%。利用派驻检察室贴近基层、贴近群众的优势，联合派驻检察室加强对被调查人涉嫌犯罪行为可能发生的领域、环节等的调查取证工作，成功收集职务犯罪案件线索4件4人，占受理案件线索总数的44.4%。

【人民监督员】 2011年，坚持人民监督员制度，把2宗2人符合条件的案件提交人民监督员讨论评议，全部同意江海区检察院办案部门拟不起诉意见，增强检察院办案透明度，促进检察机关执法水平和办案质量的提高。

2012年，把3宗3人符合条件的案件提交人民监督员讨论评议，经讨论后，全部同意检察院办案部门拟不起诉意见。

【派驻镇（街）检察室】 2011年，按照“半周坐堂、半周走访” 的要求，宣传检察职能和工作性质，开展走访和社会调查工作，创新社会管理模式和服务基层发展的工作思路，从外海、礼乐街道各村委会委员中聘任46名“阳光检务”联络员，进一步拓宽检察室了解民意，倾听民声的渠道。在村、社区“两委”换届选举期间，检察室充分发挥贴近基层的优势，联合预防科等部门开展社会调查、法律宣传、图片展览和警示教育等活动，深入选举现场进行监督，保证村、社区“两委”换届工作的顺利开展。共办理群众来访16件，协助初查职务犯罪案件3件，发现职务犯罪线索4件，对公安立案监督1件，开展预防职务犯罪活动2次，走访村（社区）和行政、司法机关130次，开展法制宣传和法律咨询57次，发放宣传资料650多份，收集意见和建议41件。

2012年，派驻基层检察室立足法律监督职能，化解基层矛盾，维护社会和谐稳定和服务农村经济发展。指派1名责任心强且富有基层工作管理经验的班子成员专门负责检察室工作，调整2名业务能力强、经验丰富的年轻干警到检察室工作，并且该院制定派驻检察室与各内设机构的工作衔接制度，形成对农村基层法律监督工作的合力。派驻检察室从人大代表、人民调解员以及村委会理财小组成员、社区或村合作社工作人员中增聘联络员19名，拓宽收集职务犯罪线索和了解掌握基层司法诉求的渠道；在江南、滘头、滘北街道分别建立检察巡回工作站，通过定期面对面交流与发送检务联系卡、建立政务信息发送平台等方式，主动加强与“阳光检务”联络员的联系，及时掌握基层民情动向；化解农村矛盾纠纷，参与农村矛盾纠纷的调解和群体性、突发事件的处理。共受理群众来信来访42次，走访行政司法机关、企业、村委会（社区）和群众428次，开展法制宣传和法律咨询165次，发放宣传资料7300份，发现和接受群众举报职务犯罪线索10件，协助侦查职务犯罪案件和线索19件次，化解或者协助化解矛盾纠纷8件，处理各种纠纷14件。

【简易程序】 2012年，针对修订后的刑事诉讼法要求简易程序公诉案件一律派员出庭的新挑战，联合江海区法院在全省率先出台《办理简易程序案件工作实施细则》，确立“集中办理、集中起诉、集中审判、集中监督”的办案机制。该做法在江门市乃至全省均属创新，并被省检察院作为先进经验在全省范围内进行推广。共有61件简易审案件分批次进行集中办理和集中起诉，且均派员出庭支持公诉，出庭率100%，确保了办案质量，提高了办案效率，节约了司法资源。

【三打两建】 2012年，配合“三打两建”（打击欺行霸市、打击制假售假、打击商业贿赂、建立社会信用体系、建设市场监督体系）

工作，建立健全信息通报、联席会议、重大疑难案件协商等长效机制，采取专人专案、提前介入和优先审查等措施，有效保证案件的快捕快诉。共受理“三打两建” 案件90件120人，其中制假售假类案件48件59人，欺行霸市类案件34件51人，商业贿赂类案件8件10人。经审查后，批准逮捕12件21人、不捕2件6人，提起公诉22件33人，退回补充侦查51件58人，侦查机关撤案2件3人。

【检察技术和司法警察大队】 2012年，按照上级检察机关的部署，不断增强检察工作的科技含量，推行讯问犯罪嫌疑人全程同步录音录像工作。落实《人民检察院司法警察暂行条例》和《人民检察院司法警察执行职务细则》要求，完成追捕逃犯、看管押解犯罪嫌疑人，送达法律文书，维护群众来访秩序和安全保卫等工作，共执行警务151宗229件，出警212人次。

公安

【简述】 2011年，以构建“和谐平安江海”为目标，紧紧围绕“大运安保”“创建全国文明城市”“清网行动”等中心工作，深入排查化解社会矛盾，不断提高打防管控效能，共立刑事案件2888宗，破案1253宗，破案率43.4%；妥善处置礼乐街道英南村村民因怀疑移动塔站辐射问题堵路，礼乐街道新民村、滘头街道五星村基层村务及高新区24、14号地劳资纠纷等群体性事件8起。

2012年，以“抓一化促八率”工作为主线，抓好党的十八大安保、“粤安12” “三打两建”“南粤亮剑012战役”“破案会战”等工作，推进社会治安视频监控系统建设和社区警务工作。共接报刑事治安有效警情4478宗，下降9.1%；刑事案件破案1584宗，上升25%；查处治安案件4825宗，上升23.3%；重特大和严重暴力性犯罪案件呈下降趋势。

【打击刑事犯罪】 2011年，先后组织开展“粤安11”“雷霆11”“创平安、迎大运”“断源”、打击“两抢一盗”等一系列专项行动。通过如实立案，深入分析研判全区治安形势和发案规律及特点，为打防决策提供第一手资料，严厉打击群众反映强烈的 “两抢一盗”、故意伤害等案件，重点整治治安复杂地区和场所，共立刑事案件2888宗，破案1253宗，破案率43.4%，成功侦破“9•10”滘北抢劫杀人案、“10•6”外海绑架勒索案等一批重大案件。

2012年，以开展打击欺行霸市、“南粤亮剑012战役”“粤安12”等专项行动为载体，以黑恶势力、八类严重暴力性及“两抢两盗”等多发性侵财犯罪为打击重点，共立刑事案件3514宗、破案1584宗，破案率45.1%。成功侦破白水带公园系列撬车盗窃案、礼乐系列盗窃保险柜案、供电局配电房系列盗窃案、金环岛汽车财物被盗案、外海陈淑珠特大集资诈骗案、礼乐区荣耀特大合同诈骗案等一批大要案件。

【出入境管理】 2011年，推出“我的E证空间”“无线城市我的掌上办证大厅”、IC卡便民自助签证服务、为企业开辟绿色服务通道等便民举措。受理香港澳门个人游26970个，探亲1650个，商务310个，护照1200个，受理单程563人，获批207人。深入开展清理“三非”（非法入境、非法居留、非法就业）外国人专项行动，共查处“三非”越南人5人。加强对冒名顶替、虚假资料申请办证、网上追逃人员等违法行为的查处力度，共查处违法违规办证人员7人。

2012年，受理往来港澳通行证旅游签注27530个，探亲签注1530个，商务签注310个，护照1480个，受理前往港澳通行证420人，其中获批286人。先后推出出入境受理窗口前移至派出所；江门市居民可在江门地区跨区、市异地就近办理赴港澳个人游证件（新证、旧证换发和再次签注）以及内地居民往来台湾旅游证件及其签注；江门市居民办理赴港澳个人游再次签注的，只需提供有效的往来港澳通行证，免填表，无须提供照片、身份证和户口本的原件及其复印件等便民举措。

【公安指挥中心工作】 2011年，做好指挥协调工作，加强信息收集报送工作，共报送信息106条。加强调查研究，组织撰写江海治安联防队伍建设、治安视频监控改造升级等10篇专题调研报告。在国家级媒体上刊发稿件4篇、省级媒体33篇、地级市媒体115篇。推进信息化建设，组建通讯股，开展网络安全检查，维护公安业务系统网络安全运行。处理群众来信、来访77次，“12345”政府服务热线436宗。

2012年，抓好“十八大”安保、“三打两建”“南粤亮剑012”“破案会战”等中心工作的指挥、协调、落实工作加强情报信息收集报送，共收集报送信息153条，为党委、政府和上级公安机关决策提供依据。推进区视频监控建设，积极与区委区府办、财政局、采购中心等部门沟通协调，顺利完成江海区社会治安视频监控工程建设。在国家级媒体上刊发稿件9篇、省级媒体81篇、地级市媒体115篇。处理群众来信、来访32次，“12345”政府服务热线525宗，成功化解17宗信访案件。牵头成立了情报中心，加强治安卡口和大情报平台建设。

【警务监督】 2011年，强化对民警的廉洁自律教育，对39名新提拔股级以上干部进行任前廉政谈话，对10名警衔晋升的民警进行了集体廉政谈话。开展涉案财物管理问题专项治理，建成面积350平方米的涉案财物管理中心，对涉案财物集中统一管理，并建立健全涉案财物台账、档案等管理资料。集中整治执法过程中涉案人员非正常死亡专项治理活动。

2012年，抓好“十八大安保”“三打两建”“三访三评”等重点活动的检查落实，对派出所接处警情况进行模拟警情测试。加强公安队伍内部管理，有针对性地开展纪律作风教育整顿和廉政风险防控工作，开展领导干部廉政测评和信访谈话，抓好领导干部个人重大事项报告、述职述廉、民主生活会等党内监督制度的落实。

【经济犯罪侦查】 2011年，坚持“破大案、打团伙、捣窝点、追逃犯”的工作思路，着力提高打击、防范经济犯罪能力，共立各类经济案件17起，涉案总值800万元，其中合同诈骗案8起、职务侵占案1起、挪用资金2起、非法经营2起、有毒有害食品案1宗、信用卡诈骗案1宗、偷税案1宗、侵犯商业秘密案1宗。破案8宗，抓获各类犯罪嫌疑人14人，刑事拘留11人，挽回经济损失500多万元。成功侦破高迪食品有限公司涉“塑化剂”案件和江门市首宗跨境电子邮箱诈骗等重大案件。

2012年，深入开展打击经济犯罪“破案会战”和“三打两建”打击制假售假等系列专项行动，受理经济犯罪案件60宗，立案55宗，破案 47宗，挽回经济损失1000万余元。抓获经济犯罪嫌疑人56名，其中刑事拘留54人，提请批准逮捕30人，移送起诉35人。

【巡逻防控】 2011年，以提高见警率、增强群众安全感为出发点，强化社会面巡逻防控，加大巡逻盘查力度，深入开展打击以“两抢一盗”为主的犯罪活动，遏制街面现行违法犯罪，共出动警力4260人次，盘查可疑人员9500多人，抓获各类违法犯罪嫌疑人207人。

2012年，坚持以“警务高效、治安平稳、服务为先、警民和谐”为目标，继续深入推进治安“大巡防”工作，着力完善城防卡哨建设，严密社会面治安防控。共出动巡逻警力5260人次，盘查可疑人员12500人，抓获各类现行违法犯罪嫌疑人242人。

【队伍建设】 2011年，落实《广东省公安机关创新队伍建设的意见》，推进“幸福警队”建设，轮岗科级干部5人、股级9人、民警16人，提拔科级干部15人、股级干部24人。对民警绩效考核结果三挂钩进行重新调整，落实从优待警措施，形成“解警困、暖警心”长效机制；落实“三个必训”“战训合一、轮值轮训”制度，开展以应急处突、媒体应对、危机处置、信息化应用系统、群众工作基本功、执法安全和网上作战等内容的岗位专业练兵，提高民警的履职能力和实战水平。警月发帖量均超省厅下达的200%任务，民警研处留言63条。

2012年，创新“战训合一、轮值轮训”教育训练模式，逐步形成“岗位练兵”“战训合一”与“专业训练”三位一体的工作架构，组织民警26名参加“战训合一”培训，推荐民警59名参加市公安局警衔晋升训练，基层所队领导干部参加全省基层所队长培训班17名。4个基层单位被区政府和市公安局评为专项工作先进集体，17名民警被省公安厅和市公安局评为先进工作个人，14人立功，评选4名“警队之星”。年内，轮岗股级干部5人、民警11人，提拔正股级干部3人、副股级干部1人，调入民警1人、新招录民警5人、调出民警8人。

【治安管理】 2011年，以治安防控体系建设为重点，以社会管理创新为载体加强社会治安管理。严管严控爆炸、剧毒、危险化学品等危险物品。查处涉枪案件3宗，查处违法人员5人，收缴涉案枪支9支、子弹436发、管制刀具37把、仿真枪279支，督促全区25间剧毒化学从业单位安装实时监控和信息采集系统。落实校园“五个一”安保制度，对校园周边环境进行整治。大力查处游戏机赌博违法行动，销毁游戏机921台。深入开展“打四黑除四害”专项行动，破获生产有毒有害食品案1宗，依法取缔无证经营的收购站7间。加强对出租屋、旅业、旧货业、机动车修理业、歌舞娱乐场所、按摩服务等行业场所的信息采集，强化行业监管。

2012年，以基层基础工作为起点，深入推进社区警务工作。推行治安“大巡防”工作，组织机关民警会同边检官兵深入治安复杂区域开展武装巡逻，提高见警率。加强精神病人管控工作，年内未发生精神病人肇事肇祸事件。落实各项公务枪支管理制度，深入开展缉枪治爆专项行动，加强对涉爆涉枪重点违法犯罪人员进行管控，强化特种行业检查登记和剧毒易制爆化学品日常监督管理。

【公安法制】 2011年，大力抓好执法规范化建设，开展公安机关基本级执法资格考试、扎实抓好执法质量考评和执法规范化示范单位创建活动，高新技术产业开发区派出所被评为

"全市公安机关基层所队执法示范单位"，麻园派出所正式被批准为 "全省公安机关执法示范单位"。法制部门认真履行执法监督职责，共考评各类案件2300多宗近3000次，发出整改通知书1800多份，督促办案单位整改执法办案中存在的问题。

2012年，进一步推进执法规范化建设，重点开展取保候审专项治理。共审核刑事案件1322宗、取保候审案件265人、行政案件695宗；向检察院移送审查起诉263宗352人。加强执法质量考评工作，全年考评各类案件4255宗，发出整改通知书3842份。抓好执法同步录音录像和执法办案场所改造，共采购执法记录仪30台，大力改造四区五室(四区：接待区、办案区、办公区、生活区；五室：人身检查室、信息采集室、讯问室、询问室、辨认室)，在机关大院兴建多间讯问室等办案用房。在全市公安机关法制员业务技能竞赛中，区公安分局代表对获得团体全市第一的好成绩，被授予"2012年度江门市公安机关法制员业务技能竞赛一等奖"荣誉称号。

【缉毒工作】 2011年，以打击零星毒品犯罪和新型毒品犯罪为重点，严厉打击毒品违法犯罪行为，破获贩卖毒品犯罪案件103宗，抓获毒品犯罪嫌疑人106人；破获吸毒案144宗，抓获吸毒人员167名；缴获海洛因、冰毒、K粉、麻古等各类毒品2600克。共办理易制毒化学品购买备案证和运输备案证2242份，处罚违规企业10家；查处涉毒娱乐场所及其他公共服务场所13家。

2012年，以深化打击破案、严密防控体系为切入点，建立禁毒工作联席会议制度，强化禁毒工作措施。破获毒品刑事案件154宗（其中重特大案件3宗），缴获毒品海洛因99.6克、冰毒461.5克、氯胺酮24.5克；破获吸毒案件180宗，查处涉毒娱乐场所和其他公共场所11家，抓获吸毒人员222人，其中执行强制隔离戒毒150人，收戒率115%。办理易制毒化学品购买备案证和运输备案证2244份，查处违规单位13家。

【警务保障】 2011年，坚持开源节流，实现公安基本经费拨入正常化，进一步完善暂扣款的清理、财务集中管理、财政资金集中支付、部门包干经费管理等各项财务管理制度。采购警用装备物资150万元，全面完成派出所"消防监督室"建设任务。

2012年，深入推进公安机关"210工程"建设，进一步做好基层所队的人、财、物等方面保障工作，采购警用装备物资135万元和一批警用车辆，保障了各项公安业务工作的正常开展。

交警

【道路交通安全管理】 2011年，以压事故、保安全、保畅通为工作目标，以"创文"迎国检和"大运"安保为契机，以"大走访"为工作牵引，扎实地开展交通管理工作。包括路面管理：出动警力2.9万余人次，警车2.1万余辆次，查处现场交通违法行为10335宗，暂扣车辆2936辆，其中摩托车1918辆，教育劝导5.9万余人次。查处非现场交通违法行为52499宗，其中违停行为9687宗。开展"摩托车行驶秩序""酒后驾驶""违法停放车辆""公路客运交通安全教育"及 "超标助力车、非法改装和悬挂非正式号牌摩托车等违法行为"等多个专项整治行动；开展"护卫天使行动"，在金瓯路江门市第一中学校门周边路段设立女警"护学岗"，创新交通管理工作，着力解决辖区中小学校和幼儿园上下学期间校园门前道路交通秩序混乱、交通拥堵突出等问题，出动女警386人次，安全护送重点学校学生上下学36000多人次；检查危险化学品运输车辆112辆次，查处危险化学品运输车辆各类交通违法行为9宗；开展“三超一疲劳”和接送学生车辆专项整治行动，共检查客、货车、校车1600余辆次，查处超载行为32宗，暂扣货车32辆，超员行为4宗，暂扣客车4辆。交通宣传：推进“文明交通行动计划”和“客运交通整治”“醉驾入刑”“创建全国文明城市”“清网行动”等专项宣传工作，开展主题大型交通安全宣传活动24次，在国家、省、市各级的电视、报纸、电台、互联网上共刊登新闻报道251篇次，插播交通安全宣传短片共计1280次，悬挂横幅标语共计180条，派发宣传资料20余万份。设施建设：完成东海路吉田路口、南环路与江珠高速礼乐出口交汇路口，南环路英南村路口、南环路与东环二路交汇路口等路口交通信号灯的建造工程；协助市政部门完成江翠路南泉路口的扩宽改造工程和蓬江桥南的渠化改造工程；在江海一路、东海路、江翠路、新中大道、礼乐一路等停车问题凸显的路段，设置停车位1000多个；在滘北街道江海二路两侧人行道设置车辆停放区域，江海一路设置中心物理隔离，在外海街道的中华大道、中华路等路段设置中心物理隔离，先后完善江门一中、江门十一中、银泉小学、江南幼儿园、外海中心幼儿园等50多所中小学校、幼儿园的周边设施。

2012年，以压事故、保安全、保畅通为目标，以创文复评和党的“十八大”安保工作为主线，努力营造出安全、有序、文明、和谐的道路交通环境。包括路面管理：出动警力5.8万余人次，警车3.7万余辆次，查处现场交通违法行为12105宗，暂扣车辆3382辆，其中摩托车2336辆，教育劝导4.1万余人次。查处非现场交通违法行为（移动电子警察）148899宗，其中违停行为4392宗。做好春运期间的道路交通安保工作，启动外海大桥春运执勤服务点，检查客运车辆1310辆次，查处各类交通违法行为284宗，其中查处客车超员3宗，超员22人，扣留违法车辆118辆；配合全市“全国文明城市”复评验收工作。创文固定岗位，由原来6个扩充到14个，抽调民警协助执勤；加强摩托车、危险化学品运输车、校车、泥头车、营运客车和农用运输车等重点车辆的监督管理；加大非现场执法力度；开展社区交通警务，增设交通违法处理办证窗口，成立事故巡回法庭等。交通宣传：做好春运期间交通安全宣传工作，开展交通安全宣传“五进”和创建“交通安全文明示范单位”活动，开展主题大型交通安全宣传活动27场次，在国家、省、市各级的电视、报纸、电台、互联网上共刊登新闻报道632篇次，插播交通安全宣传短片1280次，悬挂横幅标语180条，为社区、厂企、学校更新交通安全宣传栏25个，发布处理违法车辆《公示》5次，在《江门日报》，外海、礼乐广播电视站发布追逃信息16次，派发宣传资料16万份，教育人员20万人次。设施建设：开展“增设停车位”“更换、翻新标志标线”“安装中央防跨护栏”“完善学校周边交通设施”等工作，增设小车位282个，摩托车位29个，停车标志牌29套，警示标志牌21套，翻新、修复路面标志标线2504.9平方米；在五邑路东宁路口、五邑路龙溪路口（南方职业学院）设置交通信号灯和配套电子警察设备，有效消除该路口的交通安全隐患。

消 防

【社会火灾防控】 2011年，召开消防安全委员会会议、消防责任人会议和专项消防工作会议12次，签订消防安全责任书64份，印发26个文件部署消防工作。推动各街道、各部门完善消防安全组织，从部门、街道、社区（村委）选拔、培训200多名消防监管工作人员，初步建立基层消防安全“网格化”管理。先后开展“粤安11”、社区居民住宅楼、消防产品监督管理、消防安全示范学校、滘北火灾隐患重点地区整治、“三小”场所专项治理等专项工作，实施政府牵头联查、消防部门重点排查、行业系统自查、派出所全面清查和“错时”夜查等“五个检查”，严抓隐患整治责任、时限、结果“三个到位”，排查社会单位2699家、隐患2891处，整改隐患2823处，发出责令改正通知书944份、行政处罚决定书65份、临时查封决定书43份，责令“三停”单位28家，罚款金额506500元，拘留14人，连续九年保持全区火灾事故零死亡。

2012年，围绕党的“十八大”消防安保主题，做好防火灭火、抢险救援等各项工作。先后开展“清剿火患”“三小”场所、外海火灾隐患重点地区整治、火灾隐患排查整治专项行动、消防产品监督管理等专项工作，实施政府牵头联查、消防部门重点排查、行业系统自查、派出所全面清查和“错时”夜查等“五个检查”，严抓隐患整治责任、时限、结果“三个到位”，实现全区41家消防安全重点单位，288家企业，106家公众聚集场所，10个高层民用建筑，20所中小学校校舍，7个文物单位排查率、建档率2个100%。开展监督检查单位2523家，排查隐患4788处，整改隐患4767处，发出责令改正通知书1195份、处罚决定书64份、临时查封决定书37份，责令“三停”单位23家，罚款金额467400元，拘留9人。

【灭火应急救援】 2011年，构筑“防火墙”工程，扎实开展“五大活动”和“清剿火患”战役，完成以防火、灭火和应急救援为中心的各项工作任务，包括完成中华情中秋晚会、大运会、两节两会、中秋国庆等消防安全保卫任务，接警出动269起，出动车辆589辆次，消防官兵3005人次，抢救被困人员22人，疏散人员101人，抢救财产价值2164.3万元。

2012年，共接警出动269起，出动车辆589辆次，消防官兵3005人次，抢救被困人员22人，疏散人员101人，抢救财产价值2164.3万元。圆满地完成了LED绿色光源博览会、中秋国庆、重阳登高、党的“十八大”等消防安全保卫任务。完成“7•19”恒健药业有限公司火灾等灭火救援任务，并被支队选为“建筑消防设施测试”工作试点单位。全区发生火灾118起，死0人，伤0人，直接经济损失156万余元，火灾起数下降12.5%，直接财产损失下降19.8%，连续10年保持全区火灾事故零死亡。

司 法

【普法教育】 2011年，推进党员领导干部学法的制度化建设，抓好一年一度的学法考核工作，开展新任村、社区两委干部培训，进一步完善学习中心组学法制度、干部任前学法制度和常务会议学法制度等。推进村村（社区）聘任法律顾问工作，开展法制书屋、法制课室建设，全区民主法治村（居）建设工作得到市检查验收组的充分肯定， 92%的村居被评为江门市民主法治村（居）。加强法治文化建设，编印《青少年法制教育读本》2000本，作为青少年法制教育的基础教材。做好春季外来务工人员的法制宣传工作、“三八”妇女节法制宣传活动、“3•15”消费者权益保护日的相关法律法规宣传、税收宣传月的宣传、“保护知识产权宣传周”的宣传活动、应急知识宣传月和防灾减灾日的宣传活动、“参与禁毒斗争，构建和谐社会”专项宣传活动、举办领导干部法律知识学习班、个体私营协会以“光彩服务日”活动宣传《个体工商户条例》、开展“12•4”全国法制宣传日系列宣传活动等。今年是“六五”普法的启动年，区委、区政府转发了《区委宣传部、区司法局关于在全区开展法制宣传教育的第六个五年规划（2011－2015年）》。年内宣传的主要法律法规有45个，出法制宣传资料12期，法制简报10期，法制宣传挂图300份；派发法制书本6000多本，法制宣传小册子43000多份，专业法宣传资料12期2700份，其他宣传资料120000多份，制作黑板报、宣传栏658期；播放录像13场，电视广播300多次；上法制课55场次；举办法律咨询10场次，图片展览15场次，文艺表演6场；编印《青少年法制教育读本》2000本。

【基层调解】 2011年，发生民间纠纷97宗，调解97宗，调解率100%。从队伍建设、制度建设、基础设施建设、人民调解、法制宣传、安置帮教、指导基层法律服务、综治维稳工作等方面，加强对辖区5个司法所和5个街道调委会的考核，健全“五簿一册”工作台账和人民调解、安置帮教、社区矫正等档案资料。在村居两委换届期间，排查矛盾纠纷10宗，调处10宗。在大运安保期间，排查出重大社会矛盾隐患5宗；配合区禁毒办对全区吸毒类的社区服刑人员和刑释解教人员开展排查登记和管控工作。

2012年，调处民间纠纷208件，调解率及调解成功率均为100 %，涉及当事人1250人，涉及金额1090万元，调解疑难复杂案件13宗，有效防止12起群体性上访事件，涉及人数427人。在全国“两会”、省“党代会”召开和党的十八大、“百日防护期”安保期间，组织开展矛盾纠纷排查25次，调处各类矛盾纠纷87宗，涉及当事人233人。调解组织发挥“第一道防线”作用，对辖区内发生的各类矛盾纠纷，按照属地原则，落实专人负责，立足“抓小、抓早、抓苗头”，将矛盾化解在基层，化解在当地。现有调解组织83个，调解员486人；相继成立企业性、行业性和专业性调委会等新型调解组织19个，在法庭设立调解室，在各街道设立劳动争议调解室。加强新型人民调解组织建设，分别成立外海街道直冲工业园区人民调解委员会和全市首家江海花园物业管理人民调解委员会。坚持以维护社会稳定为目标，落实各项综治工作措施，严格执行维稳工作制度，落实“调防结合、预防为主”的方针，实行“谁主管、谁负责”的原则。把矛盾纠纷研判工作常态化，每季度及时分析全区矛盾纠纷的类型、特点、成因和趋势，提出应对措施。

【安置帮教】 2011年，全区共有在册刑释解教人员156 人，其中刑释140人，解教16人。安置率、帮教率均为100%，没有出现刑释解教人员重新违法犯罪现象。安帮机构多次到江门监狱和劳教所，面对面地对辖区内的服刑、劳教人员进行帮教；组织人员落实对辖区近五年刑满释放人员情况进行调研，为今后落实相关帮扶工作措施作准备；对刑释解教人员做好登记、谈话，办理衔接、建档工作；开设“心理咨询热线”，及时、有效地解决安置帮教对象的心理问题；日常坚持家访，落实帮教，及时为刑释解教人员排忧解难。

2012年，共有在册刑释解教人员99人，其中刑释94人，解教5人，衔接率、安置率均达100%。通过建立各司其职、各负其责、协调配合的部门安置帮教联动机制，共同做好刑释解教人员的安置工作；组织人员到江门监狱和劳教所，对辖区内的服刑、劳教人员进行面对面的帮教；全区5个司法所先后与7个过渡性安置基地（实体）续签《江海区安置帮教实体协议》，在安置帮教工作中突出“人性化”的特点，力求把基地建设成为刑释解教人员的“第二个家”。

【法律服务】 2011年，全区各法律服务所担任常年法律顾问42家，其中各类企业和经济组织10家，办事处和村居32家，代理民事诉讼66宗，协办公证（非诉讼法律事务）801宗，办理法律见证202宗，接受法律咨询217人次，业务收入139万元，为有关企业和当事人避免和挽回直接经济损失58.5万元。通过开展法律服务业务，对江海区重大工程项目出具法律意见书，审定法律文本，草拟拆迁合同，为拆迁户办理公证业务，使敏感案件、易引发的不稳定因素得到化解。法律服务所担任街道、村委会和社区居委会的法律顾问，发挥法律服务所和公证处的职能作用，当地公民、法人提供法律服务，帮助解决在经济发展中遇到的法律问题。

2012年，全区各法律服务所共担任常年法律顾问55家，代理民事诉讼88宗，代理非诉讼法律事务995宗，解答群众咨询239人次，为有关企业和当事人避免和挽回直接经济损失114余万元。开展律师事务所与基层司法所和村（居）结对活动，加强律师事务所与基层司法所和村（居）联系，共接受群众咨询88件，为当地群众解答法律疑难问题，指导群众通过法律途径维护自身的合法权益。

【法律援助】 2011年，区法援处为困难群众提供法律援助案件80宗，接受法律咨询800多人次；为当事人挽回直接经济损失 170多万元。落实案件回访制度，除了刑事案以外，做到对每件法援案件和受援人跟踪回访。区法律援助服务点试点工作取得成效，得到市的肯定，并把江海区的经验作为全市开展法律援助进村进社区活动的典型向全市推广。

2012年，办理法律援助案60件，法律咨询650多人次，刑事27件，民事13件，公证6件，非诉讼14件，受援助人满意率100%。进一步完善“半小时法律援助圈”，建立起多元申请机制，共建立法律援助站10个，法律援助联络点59个。健全法律援助联络员制度，共有法律援助联络员116名，建立收集信息常态机制，及时收集法律援助需求信息，做到“法律咨询不出村（居），法律援助不出街道”，扩大法律援助覆盖面，适时调整经济困难标准，完善法律援助便民利民服务措施，推进农民工维权、帮老、助残等服务，将农民工、残疾人、特困企业员工、扶贫对象等纳入重点援助对象，推行十大便民利民措施，建立援调联动、援裁对接、援检共建机制。

【社区纠正】 2012年，新增社区服刑人员52人，期满解除矫正24人，变更居住地社区服刑人员2名，截至12月25日，在册社区服刑人员57人，男性51人，女性6人，其中含未成年罪犯6人。经教育矫正，无脱管漏管，无重新犯罪。司法所接收社区矫正人员，建立以司法所工作人员、派出所民警为主，以村居委治保主任和社区服刑人员家属为辅的社区矫正监管小组，对社区服刑人员实施监管教育。全区建立社区服务基地9个，定期组织社区矫正人员参加社区服务活动。在司法局和街道设立心理咨询室，聘用专业心理咨询师对社区服刑人员进行心理矫治。2012年，心理矫治工作由街道向社区延伸。滘头街道各社区均设立心理咨询室，安排具有国家二级心理咨询师资格的人员负责。同时，利用心理咨询热线和QQ驿站平台，安排心理咨询师，为刑释解教人员和社区矫正人员进行心理辅导。利用“社区矫正信息化教育管理平台”，向社区矫正人员宣传法律法规知识。首推未成年人犯罪前科封存制度，建立未成年人犯罪案件前科封存登记，未成年社区矫正人员解除社区矫正后，封存有关资料，相关案卷材料归档成册由司法所保管。

【普法教育】 2012年，发放法制书籍5000多本，法制宣传挂图1300多份，印发专题宣传资料12期2500多份，其他宣传资料20000多份，黑板报、宣传栏400多期，拉挂宣传横幅20多条，电视广播50多次，图片展览20多场次，上法制课30多场次，开展法制知识竞赛1场，法制文艺表演1场，上报普法信息（含简报）41篇，被《广东普法》杂志采用5篇，被《江门日报》采用3篇，被市普法部门采用8篇，区依法治区办采用11篇，法律咨询30多场次。推进党员领导干部学法。组织全区公务员参加珠三角规划纲要知识测试和副科以上领导干部参加国家工作人员任前法律知识考试。区委、区政府对“五五”普法先进进行表彰，评出“五五”普法先进集体10个，“五五”普法先进工作者60名。举办校园禁毒宣传暨安全知识图片巡回展览活动，参与“三打两建”宣传工作。编印了《打击欺行霸市、共建公平市场》《打击制假售假、维护消费安全》《打击商业贿赂、共建良好投资环境》等法制宣传专刊三期1000多份，并把《江门市三打两建法律知识宣传手册》3000本派发到户。推荐外海街道的直冲村和滘北街道的富横社区分别为全省“民主法治村”和“民主法治社区”。引入LED流动宣传车滚动播放法制宣传动漫片的宣传形式，取得较好的效果。

【公证业务】 2012年，公证处共办结各类公证事项2212件，其中民事案件2122件，经济案件90件。通过开拓新的公证业务形式，办理网络保全证据公证。通过办理网络保全证据公证，维护和保障当事人正当权益，发挥公证在维护社会稳定和促进经济发展中重要作用。对“三打”方面的违法行为采取优先办理、上门服务等措施，引导当事人借助公证手段调节经济关系和民事关系，维护合法权益。举办公证信息员培训班，增强公证信息员对公证工作的了解，在每个村(居)委设立公证信息员，并公开办理公证的流程、人员等信息。

【法律工作】 2012年，全区3个社会律师事务所共担任法律顾问133家，担任刑事辩护87件，代理民事诉讼案件444件，代理经济诉讼370件，代理行政诉讼7件，代理非诉讼法律事务41件。逐步完善法律服务行业的诚信制度体系，做好律师公益法律服务进公安派出所工作。华南律师事务所、三良律师事务所分别与礼乐派出所和外海派出所结对，在公安派出所成立江海区律师公益法律服务工作室。为群众和基层服务，共接受咨询30人次，提供法律意见12条，协助处理案件12 起。做好律师进村居工作。分别与59个村居委和35名律师进行对口服务联系工作，把派驻律师姓名、联系电话、服务内容等信息公开，接受群众监督。

4个律师事务所分别与5个司法所签订“所所结对”协议书。

武装

【军事训练】 2011年，围绕城市防空袭、重要目标防卫、动员支前、处置突发事件等课题，结合实际完善《江海区应急防卫作战方案》《协助地方维护社会治安方案》等方案和预案，加强实地演练，提高行动能力。坚持每月集中落实1个“军事周”，组织干部职工学习组织指挥、领导协调、动员业务、军事体能等；组织全区民兵营（连、排）长按防空、电力、维稳、抢险等专业类别进行一周的封闭式集训，组织广东大冶摩托车技术有限公司民兵连民兵进行军事基础科目训练；组织民兵轻舟分队在西江开展应急动员、组织指挥、救灾技能、兵力编组为主要内容的抗大洪救大灾演练；组织民兵高炮分队进行为期20天的强化训练，并参加市民兵高炮分队合练和省“粤防一12”演练。组织森林防火分队训练，人员到位率、武器装备携带率、军容着装合格率达到100%。采取上下结合、点面结合等方法，对全区各单位参战支前力量、经济动员、人民防空、交通战备等国防动员潜力进行调查。根据辖区非公有制企业比重大的特点，把民兵组织扩展到民营和三资企业，实行统编统训，保证全区基干民兵的专业落实、成分落实和年龄落实，并吸收有一技之长的专家、学者进入民兵组织，使专业技术兵和大专以上学历人员大幅增长。

【基层建设】 2011－2012年，完成基层民兵营（连）和作战、应急分队“四个基本”建设100%达标的基础上，按照军分区党委提出的新投入、新突破、新发展的思想，指导街道武装部继续巩固深化达标成果，查漏补缺、固强补弱，如加大对广东大冶摩托车技术有限公司民兵应急连正规建连的力度，从主要职能、政治思想、军事训练、内外秩序等各方面予以规范化有关做法，受到省的肯定。

【征兵】 2011－2012年，对辖区应征青年情况进行调查的基础上，调整新兵征集主体的变化和身体检查项目，及时调整征兵工作机构，召开征兵工作会议，举行全区应征青年报名仪式，组织体检组和政审组岗前培训，抓好体检、家访、政审、定兵和送兵等工作，圆满完成新兵征集任务。

【战备演练】 2012年，组织专武干部、民兵营长业务集训各1期。先后6次组织点验拉动民兵应急分队。结合军分区“十二五”建设任务及措施，深入研究大规模作战背景下地面防卫作战组织指挥、战法运用等重难点问题，加强参加对台大规模作战、维护海防稳定、动员海上力量和物资、支援地方社会主义建设等“四项任务”的认识。修订完善大规模作战主体方案及相关配套计划，完善现有战备方案、保障计划和应对突发事件总体预案，制订抢险救灾、反恐维稳、处置群体事件等专项计划和预案，健全各级各类指挥机构编组方案，加强军警民联防体系建设，强化抗洪抢险、森林防火和应急分队配套建设。完善人武部和民兵武器仓库视屏监控系统，实现军分区、人武部和民兵武器仓库三方对接。完成民兵武器装备仓库正规化建设达标工作。添置冲锋舟、救生衣、森林灭火工具等一批应急器材。

经济管理与监督

JIANG HAI YEARBOOK

发展和改革管理

【规划发展】 2011－2012年，为深入贯彻实施《珠江三角洲地区改革发展规划纲要（2008-2020）》（下称《珠三角规划纲要》）的重要时期。作为“十二五”规划的开局之年和新一届政府任期的开局之年，出台《江门市江海区国民经济和社会发展“十二五”规划纲要》和《江门市江海区实施〈珠江三角洲地区改革发展纲要（2008－2020）〉实现“四年大发展”工作方案》，以转变经济发展方式为主线，以建设幸福江海新跨越为奋斗目标，加快经济转型升级，提高经济总量和发展质量；加快重点项目及城市基础设施建设，提升城乡均衡发展水平；落实惠民民生保障措施和改善民生。

【宏观经济分析与预测】 2011年，受欧债危机持续影响，对外经济面临严峻考验，经济增长速度逐步放缓。国内经济同时面临转型升级等诸多矛盾，特别是投资与消费比例不协调，产能过剩问题比较突出，内外需不平衡依然存在，就业形势不容乐观。是年国民经济和社会发展的主要预期目标：地区生产总值增长16%；人均生产总值增长15%；全社会R&D投入占GDP比重达1.3%；二氧化硫和化学需氧量排放总量减排完成市下达的“十二五”规划目标；单位生产总值能源消耗下降2.6%；地方财政一般预算收入增长15%；规模以上工业增加值增长23%；固定资产投资增长25%；社会消费品零售总额增长19%；外贸进出口总额增长10%；城镇居民人均可支配收入增长12%；农村居民人均纯收入增长12%；城镇登记失业率控制在4%以内；人口自然增长率控制在7‰以内。

2012年，在安排全区经济社会发展主要目标时，既把保持经济平稳较快发展作为解决民生问题的关键，又通过保障和改善民生为扩大内需、促进经济发展创造良好条件。是年全区经济社会发展的主要预期目标：地区生产总值增长13%；人均生产总值增长10%；规模以上工业增加值增长19%；地方财政一般预算收入增长13%；固定资产投资增长19%；社会消费品零售总额增长16.5%；外贸进出口总额增长10%；城镇居民人均可支配收入增长13%；农村居民人均纯收入增长13%；城镇登记失业率控制在3.2%以内；单位生产总值能耗下降和主要污染物减排完成市下达的目标任务。

【重点建设项目安排】 2011年，安排重点项目44项，其中现代农业和水利工程3项、先进制造业工程11项、交通运输体系工程8项、环境工程3项、现代服务业工程6项、社会发展工程4项。其中S270－S272省道连接线礼东大桥工程、中国（江门）国际绿色光源博览交易中心、江门市鹿茵酒店、江门市长优实业有限公司技术改造工程、协和医院、江海区人民医院、江海演艺中心、江海区三旧改造等项目纳入了江门市重点建设项目，是年投资9.23亿元。

2012年，安排重点项目37项，总投资额130亿元，年度投资额27.3亿元，完成投资28.06亿元。重点项目投资占全区固定资产投资的50.65%，有效拉动全区经济的平稳健康发展。其中中国（江门）国际绿色光源博览交易中心及连海北路（江海路至外海中华大道）项目、江门市长优实业有限公司电动汽车电池关键材料及报废电池回收项目、江海区内涝整治工程、江门谦信化工发展有限公司每小时12吨乳液单体扩建项目、协和医院项目等5个项目被列入市重点项目，年度计划投资7.35亿元，完成投资11.11亿元。

【国民经济和社会发展计划执行情况】 2011年，全区实现地区生产总值109.67亿元，增长8.32%；地方财政一般预算收入4.85亿元，增长23.69%；固定资产投资总额51.25亿元，增长22.39%；社会消费品零售总额26.01亿元，增长18.19%；外商直接投资0.88亿美元，下降36.28%；进出口总额20.27亿美元，增长14.57%，其中进口总额7.03亿美元，增长15.10%；出口总额13.24亿美元，增长14.28%。农村居民人均纯收入12020元，增长16.45%；城镇居民人均可支配收入21744元，增长13.56%；人口自然增长率2.73‰。

2012年，受全球经济发展放缓影响，全区经济呈现增速回落态势，部分指标未能达到预期目标，各项主要经济指标增幅基本与全市持平。全区生产总值120.53亿元，增长9.9%；人均生产总值4.76万元，增长8.5%；单位生产总值能耗下降4.50%；地方财政一般预算收入5.37亿元，增长10.72%；固定资产投资55.4亿元，增长8.1%；社会消费品零售总额26.30亿元，增长12.06%，高于全市平均水平2.06个百分点；进出口总额21.31亿美元，增长4.2%；城镇居民人均可支配收入24614元，增长13.20%，农村居民人均纯收入13661元，增长13.65%。三次产业结构的比例为3.31∶65.35∶31.34。

【制定和实施产业规划】 2011-2012年，在欧债危机持续影响国家投资和进出口贸易的情况下。坚持把加快经济结构战略性调整作为转变经济发展方式的主攻方向，培育发展战略性新兴产业，发展现代服务业，推进以先进制造业和现代服务业“双轮驱动”的现代产业体系建设，出台江海区先进制造业“十二五”发展规划、第三产业发展“十二五”规划、“十二五”物流业发展规划第15个重点专项规划。

【固定资产投资】 2011年，固定资产投资51.25亿元，增长22.39%。经济类型中，国有经济投资2.28亿元，下降73.43%；港澳台、外商经济投资16.76亿元，增长23.21%；民营经济投资24.36亿元，增长49.29%。产业中，第二产业投资27.89亿元，增长21.13%，第三产业投资23.36亿元，增长22.97%。房地产开发投资15.27亿元，增长20.30%；商品房施工面积113.19万平方米，增长50.73%；商品房竣工面积27.75万平方米，增长93.94%；商品房销售面积22.60万平方米，增长10.38%；商品房销售额13.47亿元，增长29.83%。

2012年，固定资产投资55.40亿元，增长8.1%。经济类型中，国有经济投资3.42亿元，增长50.0%；港澳台、外商经济投资12.50亿元，下降25.4%；民营经济投资30.59亿元，增长25.6%。产业中，第二产业投资25.74亿元，下降7.7%；第三产业投资29.66亿元，增长27.0%。全年房地产开发投资14.97亿元，下降2.0%；商品房施工面积140.72万平方米，增长24.3%；商品房竣工面积9.14万平方米，下降67.1%；商品房销售面积39.72万平方米，增长75.8%；商品房销售额22.44亿元，增长66.6%。

统计工作

【年报和定期报表】 2011年，为统计“四大工程”的试点年，把好数据质量关，提高“三上”企业数据的真实性，按照统计“四大工程”新体制纳新扩容扩大“三上”企业量，应统尽统，保证经济运行监测的数据质量。开展统计“四大工程”中的“一套表”和“网上直报”企业业务培训工作，采取分街道、分专业、小班教学、现场演示答疑的模式，举办培训班8场，培训企业230多家。第一阶段试点，全区全部报表的直报率和直验率分别为94.03%和93.15%，比全市平均水平高2.56和14.07个百分点。

2012年，召开全区统计工作会议，对统计“四大工程”的开展、经费保障、数据质量等问题提出要求，全区年报网上直报率100%，月报的总体直报率超过99%，部分专业的月报上报率100%。各专业狠抓源头数据质量，对筛选出来的异常数据进行查询和审核，组织基层和相关专业的工作人员通过名录库对比和资料审核。根据企业所在行业、员工人数、实际用电量等比照数据对全区184家规模以上工业企业的生产运营情况进行监测，严防个别企业报假数、出错漏。

【统计信息自动化建设】 2011－2012年，建立健全统计信息网络安全和管理制度，规范上网行为，加强网络管理，确保统计信息网络安全。建设省市区视频会议系统，提升全区统计信息化水平。视频会议系统通过测试，联网会议效果良好，提高了统计信息工作效率。

【统计法规宣传和执法检查】 2011年，开展统计法律告知工作，加大普法宣传力度，开展执法检查，强化统计监督职能。对企业统计员进行业务培训的同时，为每个企业印发《统计法律事务告知书》，告知企业按时、如实上报统计数据和统计人员需持证上岗等法律事务。通过组织开展全区统计执法检查，提高社会各界尤其是企业调查对象依法统计的意识，要求企业严把数据质量，加强统计基础建设。

2012年，加大统计普法力度，结合统计“四大工程”的开展，继续开展企业统计法律告知工作，把法律事务告知工作形成制度。会同区监察局、法制局、经促局、财政局、住建局、司法局、工商分局和地税局等部门组成4个检查组，开展对工业、房地产业、建筑业、批零餐饮业共14家企业的执法检查，并对区财政局、区地税局开展部门统计的执法检查；配合市对14家企业开展企业“一套表”联网直报联合专项督查工作；根据市督导要求，联合区直8个部门对全区重点行业、重点企业进行“一套表”督导。

【统计人员培训】 2011年，加强基层统计人员业务培训工作。参加统计继续教育培训的共103人，报名初级、中级和高级专业技术资格考试的分别为15人、18人和2人。

2012年，报名参加初级和中级专业技术资格考试、统计从业资格考试分别为26人、24人、120人，报名参加统计继续教育培训共47人。

【基层统计网上直报】 2011-2012年，推进统计“四大工程”建设，不断提高基层统计网上直报率。全区年报网上直报率100%，月报的总体直报率超过99%，部分专业的月报上报率100%。

【抽样调查】 2011-2012年，把城乡居民收入调查列入发改统计局年度考核任务，定期开展督查，通过上门访户和辅导记账等措施，掌握调查户每月收入和支出的变动情况，完成上级部门下达的景气调查、禽畜调查和非公有制人才调查等工作任务。

【第六次全国人口普查】 2011-2012年，开展人口普查数据审核、专项审核、光电录入和普查总结等工作，根据普查数据调整历史年份的有关数据，做好数据的分析和衔接工作；及时利用第六次全国人口普查数据开展普查数据研究分析，发布《江门市江海区2010年第六次全国人口普查主要数据公报》，撰写《浅议我区出生人口性别比例失衡现状》《江海区人口结构变化与产业结构调整》《江海区十年来人口变动特点及对经济社会的影响》《流动人口对经济社会发展的影响》等文章，为区委、区政府提供决策服务。

物价管理

【价格管理和收费管理】 2011年，联合财政、审计部门开展行政事业性收费年审工作，对全区30多个行政事业性单位进行收费年审，对在年审中发现问题的单位及时提出整改意见。对列入物价部门管理的经营服务性收费、教育收费（含强制性培训收费），按照相关程序规定做好价费审批和管理工作。共核（换）发行政事业性、经营服务性和社会力量办学等收费许可证48个。开展医疗服务和药品价格相关收费检查12次。对机关门诊、外海医院和礼乐医院等医疗单位开展医疗收费和药品价格检查，规范全区药品的销售管理。规范公办幼儿园政府定价收费管理和做好民办幼儿园提价备案管理。对江南幼儿园和多间民办幼儿园开展成本监审，调整江南幼儿园保教费的收费标准，为26间民办幼儿园办理提价备案手续。核定民办中小学校收费标准，审核阳光学校的教育培养成本，制定该校的书杂费等收费标准。

2012年，联合财政、审计部门开展行政事业性收费年审工作，对全区28个行政事业性单位进行收费年审，对在年审中发现问题的单位及时提出整改意见。对列入物价部门管理的经营服务性收费、教育收费，做好价费审批和管理工作。共核（换）发行政事业性收费许可证40个，经营服务性许可证12个，教育和社会力量办学许可证18个。规范医疗服务价格管理，对上级部门出台的属政府指导价格的药品价格的下调及时跟踪检查。为区内30间民办幼儿园办理了提价备案的手续，审核文昌中英文学校、博雅和陈伯坛学校等三所民办学校的教育培养成本，并制订这三所学校的书杂费等收费标准。

【价格监督检查】 2011年，开展经营服务性收费和社会团体收费检查，抓好涉农、涉企、教育、医疗收费等专项检查。对全区的商品房进行明码标价检查，做好价格举报投诉处理工作。共接各类投诉（咨询）34宗，其中由政府服务热线“12345”转来24宗，办结率100%，实行经济制裁5100元，其中退还群众5100元。

2012年，红眼病事件影响期间，加强对药品等重要商品价格的市场巡查，防止价格异动。开展商品房明码标价检查。共接各类投诉（咨询）38宗，其中政府热线“12345”转来24件，办结率100%，经济制裁1425852.77元，其中退还用户75990元，没收849862.77元，罚款500000元。

【价格监审和监测】 2011年，为区内物业公司超指导价收费进行收费成本核定，其中对海逸华庭、君汇熙庭等新楼盘的物业管理公司的成本进行测算，合理核定该楼盘的物业成本。节假日、自然灾害，特别是食盐抢购期间，加强对市场价格的巡查，做好粮食、食用油、猪肉、副食品、化肥、药品、成品油、液化石油气等重要商品市场价格动态的日常监测，及时掌握市场价格动态，防止哄抢物品、哄抬物品价格事件的发生。针对辖区内出现由于日本大地震引起的抢购食盐现象，加强对食盐价格市场巡查，宣传有关法律法规。

2012年，开展中小学教育成本两年一审的工作，通过对不同等级学校2010、2011年成本情况进行定点抽审，了解义务教育免书杂费政策实施前后成本变动情况，为教育投入决策提供依据。对君汇熙庭、奕聪花园、海伦湾等新楼盘的物业管理公司的成本进行测算，合理核定该楼盘的物业成本。加强对市场价格的巡查，做好粮食、食用油、猪肉、副食品、化肥、药品、成品油、液化石油气等重要商品市场价格动态的日常监测，开展“菜篮子”价格、平价商店价格监测。

【价格评估鉴证】 2011-2012年，推进价格认证工作，配合公、检、法、司部门做好刑事和民事案件物品价格鉴定，包括涉案财产价格鉴定和道路交通事故车物损失价格鉴定，接受各类价格鉴证1700宗，评估金额13630万元。

【涉企收费治理】 2011-2012年，根据国家、省的一系列政策，取消多项行政事业性收费项目，涉及江海区的收费有45项，组织人员到有关责任单位检查贯彻落实情况。

【价格调控】 2011-2012年，贯彻落实省政府稳定物价保障民生的23条政策措施，大力推进平价商店、蔬菜大棚和冷藏设施等“三项建设”，建成平价商店20间。

【价格应急预警】 2011-2012年，完善《江海区价格异常波动工作预案》等制度，建立价格应急工作联络体系，加强与应急成员单位和各街道、各社区价格监督员的沟通联系；出台《江门市江海区价格异常波动应急预案操作手册》，进一步细化价格应急工作指挥部成员的工作职责。按照一般的惯例，春节期间蔬菜价格比平常稍高，指导平价商店在节前把大白菜、菜心、椰菜、马铃薯和奶白菜等蔬菜按照不高于年二十八当天的售卖价格出售。台风“韦森特”受灾影响期间，平价商店再次用相同的措施实施价格调控。平价商店的带头作用，起到稳价惠民和应急的社会效果。

审计工作

【审计成果】 2011年，完成审计项目32个，为年初计划的267%；审计查出管理不规范金额24347万元，提出并被接纳合理化建议35条，提交审计报告32篇，提交专题工作报告和审计信息12篇。

2012年，完成审计项目31个，为年初计划的100%；审计查出管理不规范金额2160.48万元，提出并被接纳合理化建议23条，提交审计报告31篇，提交专题工作报告2篇。

【财政审计】 2011年，对区本级2010年度预算执行和其他财政收支情况进行审计，查出管理不规范金额2492万元，提出审计建议7条；查出财政预算暂存款余额18106万元，清理成效不佳；查出区防范化解金融风险准备金1760万元用于补充地方财政资金不足，用途超出该专项资金的使用范围；查出专项资金22944万元滞留财政专户，未能充分发挥专项资金应有的效能和作用；查出各专项账户累积应收未收的借出款、暂付款项29051万元，存在一定的资产损失风险；查出区政府负有偿债责任的债务53714.35万元，存在一定偿债压力。对区16个部门预算执行审计，查出部分单位存在固定资产管理不够完善，往来款挂账未能及时清理，经常性经费存在超支情况，应缴财政专户款长期挂账的现象；查出个别基层单位未能及时全额取得支出发票，专项资金核算不够规范。

2012年，对区本级2011年度财政预算执行和其他财政收支情况进行审计，查出管理不规范金额1781.15万元，提出审计建议7条。审计查出行政事业性收费专户有570.54万元余额在财政专户管理未及时缴库，没有按规定纳入预算统一管理；查出部分农业土地开发项目进展缓慢，造成专项资金沉积在财政专户，影响资金效益发挥；查出借出有偿使用的科技资金30万元没有及时记账反映，支付卫生专项资金180.61万元没有取得收据或发票等入账依据，专项资金管理欠规范；查出各街道办财政预算编制欠规范；查出借入上级财政专项借款1000万元没有挂账反映；查出往来款清理效果不理想，且部分挂账时间较长，各账套累计借出款、暂付款项余额43795万元，其中财政预算暂付款余额22752万元，各专项账户累积应收未收的借出款、暂付款项21007万元，存在一定的资产损失风险。区直预算执行单位审计查出部分单位存在固定资产管理不够规范，往来款长期挂账未能及时清理，经常性经费超支，应缴财政专户款长期挂账等现象。乡镇财政审计查出预算收支计划编制不够全面，追加预算审核程序欠规范，往来款挂账未能及时清理等现象。

【经济责任审计】 2011年，对19人进行经济责任审计，查出管理不规范金额17043万元。在审计实施过程中，坚持审前公示制度、召开进审座谈会、发放调查问卷等审计程序，做到审计内容全面，定性评价准确，较客观地反映出被审对象的经济责任履行情况，使经济责任审计成为加强领导干部监督、管理和使用的重要手段。

2012年，对18人进行经济责任审计，查出管理不规范金额115.49万元。经济责任审计工作中，充分发挥联席会议作用，加强与纪检监察、组织人事等部门的沟通协调。注重完善操作层面上的方法，审计内容由注重领导干部财务责任向注重领导干部全面经济责任转变；审计评价由注重对单位评价向注重对领导干部的全面经济责任评价转变；审计技术方法由注重财务收支向注重核实领导干部经济责任的履行情况转变。

【专项审计】 2011年，先后完成全国及全省性项目2个：江海区地方政府性债务审计，江海区人民医院2009-2010年度药品、医疗服务收费项目审计；执行中小学校舍安全工程跟踪审计；组织开展LED博览交易中心工程项目资金和江珠北延线高速公路工程项目资金的审计；开展农村义务教育债务审计核实、普通高中债务专项审计调查、新型农村合作医疗专项资金审计、“广东扶贫济困日”活动捐赠资金物资专项跟踪审计等。

2012年，先后完成江海区2005年至2011年社会保障资金的审计，LED博览交易中心工程项目资金审计、江珠北延线高速公路工程项目资金审计，中小学校舍安全工程跟踪审计，“630扶贫济困日”活动捐赠资金物资专项跟踪审计，政府机关使用正版软件情况审计调查等。

安全监督管理

【简述】 2011年，坚持“安全第一、预防为主、综合治理”的方针，以强化企业安全生产主体责任为重点，以实行地方党政领导干部安全生产“一岗双责”和安全生产标准化建设为抓手，深化安全生产“三项行动”和“三项建设”，有效防范和遏制较大事故，共发生1起工伤死亡事故，死亡1人，辖区安全生产事故死亡人数控制在市下达的指标范围内（市下达死亡控制指标为3人）。

2012年，坚持“安全发展”的理念，以强化政府部门监管、落实企业安全生产主体责任为重点，加大隐患排查治理力度，强化安全生产执法监察，有效遏制较大安全事故和减少一般事故的发生，共发生工矿商贸死亡事故1起，死亡1人，辖区安全生产事故死亡人数控制在市下达的指标范围内（市下达死亡控制指标为3人）。

【基层机构建设】 2011年，加大委托街道安全生产行政执法工作的力度，利用深入企业开展执法检查的契机，加强对街道执法人员安全生产行政执法工作的传、帮、带，完善行政执法简易程序流程图及有关指引，全年街道共实施行政执法案件14宗。

2012年，加强执法监察装备建设，投入14万元订制统一的执法监察服装、12万元定制13辆统一安监标识的摩托车，发放到街道巡查队用于安全生产日常巡查。

【危险化学品安全监管】 2011年，制订危险化学品生产、经营企业日常安全督查工作方案，加强危险化学品生产企业和经营（带储存）单位日常安全生产督查和专家现场核查工作，督查危化品生产企业48家次、危化品经营企业126家次、成品油加油站32家次，专家现场核查企业49家次，督促整改隐患112处。

2012年，加强危化类企业的日常监管，做好危化品生产、经营许可证申请资料核查工作；共受理危化品生产、经营许可证申请资料32项，做好区内16家危化品生产企业安全生产许可证换证工作；督促危化类企业完成安全隐患整改82处。督查危化品生产企业35家次、危化品经营企业90家次、成品油加油站35家次，专家现场核查企业28家次，发现安全隐患96项，完成整改94项。

【重点监控企业（部位）监管】 2011年，分别与区内5家重点监控企业签订《重点监控企业（部位）责任书》，并悬挂“重点监控企业（部位）”标志牌，每季度定期对重点监控企业（部位）进行督查，共督查企业58家次，督促整改隐患18处，完善企业安全管理制度6项。

2012年，与区内4家重点监控企业签订《重点监控企业（部位）责任书》，并悬挂“重点监控企业（部位）”标志牌，定期每季度对重点监控企业（部位）进行督查，共督查企业22家次，整改安全隐患26处，完善企业安全管理制度12项。

【安全生产监管和执法监察】 2011年，结合安全生产月“安全责任、重在落实”活动主题开展“安全生产执法监察警示”活动和“平安大运”安全生产执法监察专项行动，重点突出对危险化学品、机械制造、冶金、塑料制品等行业（领域）生产经营单位的执法监察检查，出动执法检查人员8508人次，监督检查各类生产经营单位、场所3525家，发现一般安全隐患1668处，当场整改1588处，责令限期改正80

处，发出《责令限期改正指令书》35份、《整改复查意见书》35份、《强制措施决定书》3份，责令停产停业整顿企业3家，立案查处安全生产违法违规行为企业或个人15宗；结合"治隐患、防事故、保创文"专项整治行动，深入开展安全生产大检查工作，重点对危险化学品、烟花爆竹、机械、冶金和塑料制品等行业加强专项执法检查，出动执法人员683人次，检查企业、经营户、学校等单位1208家，发现事故隐患146处，要求企业当场立即整改隐患117处，发出《责令限期整改指令书》责令企业限期整改隐患29处。

2012年，通过指标任务分解、落实领导包片以及经费奖励等方式，大力推进企业标准化建设，全区规模以上企业165家，其中危化企业9家；危化类企业标准化完成率100%，规上其他企业完成率70%。开展安全生产领域"打非治违"专项行动，以道路交通、消防安全、建筑施工、危险化学品、烟花爆竹、民用爆炸物品、教育、农业、公共文化服务、职业卫生、旅游、市场经营秩序、冶金（含有色、工贸等企业）等行业领域为重点，发挥属地管理和行业监管的作用，出动检查人员4268人次，检查企业4318家次，责令改正、限期整改、停止违法行为621起，责令停产、停业、停止建设16家，排查出一般事故隐患1962项。

【安全生产宣传教育和培训】 2011年，根据《中华人民共和国安全生产法》《危险化学品安全管理条例》和国务院《关于进一步加强企业安全生产工作的通知》精神，举办了危险场所电气防爆安全知识培训班，相关企业负责人、安全生产管理人员及各街道安全监管人员参加了培训，提高了相关企业主以及安全生产工作人员做好危险场所电气防爆安全管理工作的知识水平；首次以在企业现场开展宣传服务日活动的形式，在江门荣信电路板有限公司举办宣传服务日活动，活动内容包括有奖知识问答、安全知识谜语竞猜和消防演练等，扩宽了安全生产宣传教育的途径；在新英职业学校举办初级安全主任培训班，共81人参加；举办100多人参加的危险化学品经营单位主要负责人和安全管理人员继续教育培训班，就企业安全生产管理、危险化学品安全管理、企业伤亡事故管理、企业安全生产标准化基本规范等内容结合案例进行专题讲授。

2012年，围绕"科学发展，安全发展"的主题，开展安全生产咨询、事故警示教育、知识问答等形式的集中宣传服务活动，与市安委会在高新区管委会门前广场联合举办安全生产宣传服务咨询日活动，组织了市、区两级安委会成员单位及企业单位代表共1000多人参加。通过活动，向企业员工和社会群众广泛宣传"安全第一、预防为主、综合治理"方针、"科学发展、安全发展"理念，安全法律法规和安全知识，提高全社会关注、关心、重视、支持安全生产的意识。

【应急救援】 2011年，结合区内高危行业和企业分布情况，对安全生产应急救援队伍的实际情况进行分析研究，整合应急资源，加强危险化学品安全生产应急救援队伍建设，全区有专业应急救援队伍1支，非专业队伍14支，人员组成主要来自高危行业及规模以上企业；通过开展应急企业预案编制工作，加强各生产经营单位安全生产应急预案编制工作的指导和督查，督促、引导企业完善企业安全事故应急预案体系，全区984间企业修订应急预案，举办6次综合性应急演练、18次有关危化品的应急演练、30次其他方面的应急演练，参演人数

5000人次。

2012年，修改完善安全生产预案的编制、评审和备案程序，提高预案的针对性、可操作性。完成备案企业120家，全区危化行业企业应急预案覆盖率100%，形成了覆盖政府、部门、企业“横向到边、纵向到底”的安全生产应急预案体系。以全国“安全生产月”应急预案演练周活动为契机，督促企业开展应急演练、综合演练和专项演练等，共举行应急预案演练51次，参加8829人次。

信息化管理

【简述】 2011年，全面推进区电子政务、信息化和工业化融合、农村信息化、社会各领域信息化工作，进一步提升全区国民经济和社会信息化水平，全区信息化综合指数107.43，互联网普及率66%。

2012年，互联网普及率75%，家庭宽带普及率69%，行政许可网上办理率85%，每百人互联网网上购物人数41%。电信、移动均在小区内推进光纤到户工程，移动3G覆盖全区，主要公共场所均有4G网络。

【门户网站和区网上政务办事大厅】 2011年，对网站进行改版，增加区政府及各街道的政府信息公开平台，增设政府信息公开专栏数据库。完善江海区政务网上办事大厅，集信息公开、咨询服务、网上办事、网上审批于一体的电子政务应用平台。实行“逻辑集中，物理分散”的运行模式，将分散的部门集中到一个虚拟的网上服务窗口，为企业、群众提供一站式、跨地域、全天侯、全透明的行政咨询、审批、办事服务。网上办事大厅的开通运行，加快服务型政府和法制型政府的建设，提升政府服务能力。

2012年，按照省、市的统一部署，开展广东省政府服务大厅江门分厅江海分站的建设，向社会提供全程网络化、高度信息化的公共管理和服务，成为深化行政审批制度改革、加快政府职能转变、建设服务型政府的主要平台。江海区是江门市的试点，是第一批完成并投入试用的单位之一。

【专项资金管理】 2011年，按照先急后缓的原则安排年度信息化专项资金300万元，统筹全区电子政务系统的建设，并指导区直各部门开展各业务系统的建设。

【信息化和工业化融合】 2011-2012年，协助中港宝田摩托和天钇金属进行两化融合项目立项，争取省经信委的现代信息服务业战略重点领域两化融合专题的扶持资金。中港宝田摩托车有限公司和大冶摩托车有限公司成为省工业化和信息化融合示范企业。开展电子商务及企业信息化培训，协助企业应用信息化系统及建设多语言电子商务平台，引导企业进行应用信息技术改造升级，提升企业竞争力。

【信息化培训】 2011年，在电子政务培训方面继续实施全区干部信息能力提升工程，开展新版办公自动化系统、行政审批系统、行政审批电子监察系统、工程建设领域信息公开平台和区政府信息公开平台等系统的使用培训，培训人数300人次，提高公务员的信息技术应用能力。组织企业人员参加省市组织的有关信息化、两化融合等方面的培训。通过农村信息直通车工程，利用农村党员干部现代远程教育系统、农村信息化体验中心等以及举办讲座、培训班，免费发放信息化书籍等方式，对2000人次的农民进行信息化培训。推进办公自动化系统、人口管理系统、农村妇女信息服务系统进入基层村委会，所有村居均能通过网络连接到区基层ＯＡ系统收发公文，能够进入妇女信息服务系统开展各项工作。所有村居连接互联网，初步实现基层管理信息化。

2012年，开展区党政领导班子的网络信息技术实操技能培训，以提高领导班子成员的信息化水平，熟练掌握网络信息技术技能。培训采取集中培训、一对一培训与个别辅导相结合的方法进行。

【信息平台建设】 2011年，按照省、市建设工程建设领域项目信息公开和诚信体系建设工作的要求和统一标准，建设全区的工程建设领域项目信息和信用信息公开平台，并实现与市双平台的数据对接。系统建成后组织工程领域相关单位的项目负责人开展应用培训及督促开展资料录入工作。

2012年，完成江海区治安视频监控系统建设，区政府投入900多万元的由中国联通中标的区治安视频监控系统于12月投入应用，为全市最新最先进同时也是建设模式最新颖的一套系统。完成江海区农村集体“三资”管理系统的建设工作，实现村集体、经济组织资产的有效管理、监管，保障群众的合法权益，促进农村社会的和谐稳定。构建江海区政务督办系统，系统在2012年底试用，建立起一套督查有力、管理透明、落实及时、处理完备的行政督查模式和运行体系，成为政务OA系统中重要的应用分支。完成江海区机要保密网络及其机房建设，进一步加强技术防范和管理，做好涉密网络规划建设和使用维护。

【构建区数据中心】 2011－2012年，针对区中心机房2003年建成投入使用后，存在着机房使用面积小、电源容量偏小、核心设备老化和缺乏异地数据备份等问题，对区中心机房进行全面升级，更新基础骨干网络交换设备，构建新的数据中心。新中心机房分成物理隔离的两个部分，网络中心、备份中心仍设在旧机房，数据中心则设在新机房，两机房通过千兆网络进行数据交换，提高全区网络、数据的安全性。全面完成机房升级以后，政务网络核心全部实现升级，新核心由两台交换容量达5Tbps的华为交换机支撑，新建成中心机房自动气体消防系统；信息中心完成区所有应用系统的硬件虚拟化和备份虚拟化，实现用虚拟服务器来支撑应用系统的运行和数据备份。

国土资源管理

【盘活存量土地】 2011年，对区内的已供未建和闲置土地进行调查，掌握全区存量土地的出让情况、办证情况、抵押融资等详细信息，建立台账管理。共有存量建设用地总面积6148亩，其中已供未建设面积2831.167亩，占46%。通过分类处理、合理调整、实施整合等措施，督促项目上马，完成盘活存量土地任务978亩，优先满足重点项目和优质企业项目需求。

【土地规划修编和基本农田保护】 2011年，江海区全面完成区、街道两级土地利用总体规划修编工作。区级和礼乐、外海土地利用总体规划先后获市政府、省政府批复实施，江海区内的土地资源开发利用全面纳入规划管理。结合新一轮土地利用总体规划修编，对下达的基本农田保护任务共10220亩进行划定，区政府与街道、街道与村、村与村小组层层签订基本农田保护责任书208份，落实责任人74人；树立基本农田保护牌2个；基本农田规划数据库以及图件制作、基本农田保护台账、工作报告书、责任书等相关资料完成归档。

【用地保障和供应】 2011年，根据市下达到江海区的年度新增建设用地指标情况，按照中心城区“一年一报批”要求，合理安排年度用地指标，着重解决LED博览交易中心、LED产业及先进制造业园区和重点交通运输等项目用地安排。完成土地征收2970亩。拟定50宗供地方案推进项目供地工作，需供地面积2706亩。其中民生公共设施用地面积356亩；工业用地面积1967亩；LED市场用地面积226亩；农村建设用地面积157亩。

2012年，按照“保重点、保发展”的原则，优先解决河南下沙保障性住房、光博汇、轻轨江门站配套设施等一批市、区重点项目需求。共供应储备地土地16宗，面积2738.37亩。其中保障性住房和中低价位、中小套型普通商品住房用地2宗，面积53.46亩；公共设施和道路交通用地4宗，面积2024.02亩；工业和商服用地10宗，面积660.89亩。执行“一户一宅”政策，加强宅基地审批管理，批准农村个人建房用地285宗，面积36.62亩。执行国家土地管理有关法律法规，拟定合理土地征收补偿方案，落实留用地政策、征地补偿资金和社保资金，分12批次向省国土资源厅申报办理农用地转用和征收报批手续，征收农村集体土地1979.01亩。

【土地执法监察】 2011年，开展2010年度违法违规专项整治行动、国家第十一次土地矿产卫片执法检查，先后经甄别、查阅、审查、立案等阶段，相关违法用地单位和个人按照行政处罚决定书要求进行整改。责成违法违规用地单位自行拆除其乱搭乱建的违章建筑物1500平方米；督促完善补办用地手续并缴纳罚款13200元；完成78.3亩复耕复绿整治工作任务并恢复土地现状。立案率、查处率、拆除率和复耕复绿率均为100%；违法占用耕地占新增建设用地占用耕地面积的实际比例为0。年度土地卫片执法工作检查成果通过省、国家的检查验收。

2012年，贯彻“预防为主、查防结合”方针，落实土地动态存查责任制。开展2011年度土地卫片执法检查工作，对检查发现17宗涉及58.4亩（其中耕地23.7亩）的违法违规用地案件移交市国土资源局作立案查处，追究违法用地单位（个人）责任，责成其作拆除和复耕复绿处理8宗，拆除违法建筑物9061平方米，复耕复绿31亩；责成违法用地单位补办完善用地手续9宗，面积27.4亩；追缴罚款167751元。

【地籍管理】 2011年，按照国家和省统一部署和技术规程，农村土地的调查外业、内业和建库成果于2010年3月获省国土资源厅检查通过。至是年，完成江海区47.8平方千米的城镇、农村地籍测量和42平方千米的城镇地类调查工作，占总测量任务的64%；完成建立13155宗城镇土地权属地类调查的数据库信息。完成土地登记发证共5223本，其中国有土地使用权证3684本；集体土地使用权证1439本；办理土地抵押100宗、抵押面积2203亩、抵押贷款金额131038万元。

2012年，完成土地登记发证共4651本，其中国有土地使用权证4196本；集体土地使用权证317本；办理土地抵押138宗，涉及抵押面积5354亩，抵押贷款金额312315万元。

【土地例行督察】 2012年，国家土地督察广州局对江门市近年来执行国家土地管理法律、法规、政策和土地管理工作情况开展土地例行督察，发现江海区在土地利用、管理及涉及行政许可方面存在问题有40个，涉及违反规划批准农地转用和土地征收、建设项目用地未批先用，违法违规出让土地、闲置土地处置不到位、土地登记违规抵押融资、违法违规占用土地以及涉地部门违规批准建设项目等七大类。按照《国家土地督察例行督察意见书》要求，江海区成立整改工作机构，制订整改工作方案予以整改。土地例行督察整改工作成果通过国家验收。

【农村集体土地所有权登记发证】 2012年，按照国家、省、市对农村集体土地所有权登记发证的工作要求，完成技术队伍招投标工作，全区90个村民小组（经济社）全面启动农村集体土地所有权登记发证工作，完成界线核定；完成所有权证发到村民小组（经济社）一级发证70个，完成率77.8%；集体建设用地使用权完成初始登记12357宗，完成率99.9%；宅基地使用权完成初始登记发证29894宗，发证率98.3%。

工商行政管理

【内资企业登记管理】 至2011年末，内资企业410户，其中国有企业45户，集体企业150户，公司211户，股份合作制企业1户，其他3户，注册资本（金）229337.12万元。内资企业数量增加11户，升幅2.76%。新登记内资企业26户，注册资本12450万元，分别减少3.7%和8.79%，共注销、吊销内资企业23户。

至2012年末，内资企业428户，其中国有企业45户，集体企业151户，公司228户，股份合作制企业1户，其他3户，注册资本（金）245504万元。内资企业数量增加18户，升幅4.39%。新登记内资企业21户，注册资本6700万元，分别减少19.23%和46.18%，共注销、吊销内资企业7户。

【外商投资企业登记管理】 至2011年末，外商投资企业574户，注册资本163730.1582万美元。新登记各类外商投资企业21户，注册资本1281.65万美元。

至2012年末，外商投资企业586户，注册资本169218.11万美元。新登记各类外商投资企业25户，注册资本2260.063万美元。

【商标管理】 2011年，结合打击侵犯知识产权和制售假冒伪劣商品工作，建立常态查处机制，开展保护商标、保护知识产权的专项检查，利用企业信用分类管理、精细化监管等系统和手段，加大市场巡查和监控力度，共立案查处冒充注册商标案件1宗，商标侵权案件5宗，没收侵权商品12065件。

2012年，以保护商标专用权为重点，围绕商标侵权的重点行业、重点商品开展商标专项治理，共立案查处各类商标违法案件24宗，没收侵权商品1218件，其中涉及食品类的有8宗，没收侵权商品73件。

【推动企业实施商标带动战略】 2011年，加强商标分类指导服务，建立重点培育服务机制，加大机电、化工、食品、LED等行业品牌的扶持力度，帮助企业有效提升产品附加值、扩大市场份额。实行商标“网格化”管理，落实企业创牌挂钩帮扶机制和驰名、著名商标企业回访制度。开展进企业送法活动32次，对江门市江晟电机厂有限公司、广东恒健制药有限公司等6家大型企业的驰名、著名商标申报工作进行具体业务挂钩帮扶指导，引导企业注册商标38件，新增驰名商标1件、省著名商标1件。是年，全区共有驰名商标3件、省著名商标9件。

2012年，加大服务企业商标战略的工作力度，对科技含量高、发展前景好、综合实力强的企业进行全方位跟踪，认真筛选申报省著名商标企业，鼓励企业通过产品质量创新、技术创新、管理创新来提高商标的知名度和信誉度。引导企业注册商标40件，新增省著名商标2件。是年，全区共有驰名商标3件（行政认定2件，司法认定1件）、省著名商标10件。

【经济合同管理】 2011－2012年，把开展“守合同、重信用”活动作为诚信建设工程的重要工作来抓，加大宣传教育力度，使诚信意识和守合同重信用观念深入人心，全面提高守合同重信用活动的含金量和生命力。经过考核和公示，共有126家企业被认定为“广东省守合同重信用企业”。

【广告管理】 2011年，以整顿广告市场秩序、净化广告市场环境为目的，以直接关系人民群众切身利益的家电、医疗、药品、食品等商品和服务广告为监管重点，开展专项检查行动，切实强化广告市场监管。共监测医疗药品等信息广告123条次，纠正问题广告10条次，查处户外违法广告案件2宗。

2012年，加大广告市场的整治力度，抓住直接关系人民群众健康安全的药品、保健食品、医疗广告作为整治重点，对内容违法的广告通知其立即拆除，修改广告内容至规范并申请登记后方可发布，对拒不整改的广告发布者和广告主依法立案查处。共监测检查电视、户外等媒体广告313条次，立案查处虚假广告宣传案件2宗，防止广告中使用夸大、歧义词句误导消费者，净化广告市场。

【查处制售假冒伪劣食品违法行为】 2011年，组织开展“打击非法添加和滥用食品添加剂”“查处销售过期食品”“清查塑化剂问题食品”等食品安全专项整治行动13次，出动执法人员4840人次，检查食品经营户6885户次，查处食品违法案件76宗。加大食品市场源头治理，抓好索票索证和进货台账制度的落实，以大昌超市中环店为试点推行“食品e通”系统，深入开展创建“食品安全示范店”活动，创建10个县级示范店和1个市级示范店。

2012年，依托网格化监管平台完善“一户一档”的食品经营主体档案，抓好索票索证和进货台账制度的落实，以大昌超市中环店为试点大力推行“食品e通”系统，深入开展创建“食品安全示范店”活动，创建13个县级食品安全示范店。重拳打击问题猪肉、问题咸鸭蛋等重大危害食品安全事件，组织开展食品安全专项整治行动15次，查处食品违法案件70宗，查获问题食品2.7吨，对142批次食品进行抽检，合格率100%。

【整顿和规范市场经济秩序】 2011年，查处各类违法案件403宗。包括依托网格化监管平台，把全区3630户重点行业经营户资料纳入网格化监管系统，实行一户一档管理，对不同等级实施不同级别监管手段；加强与各职能部门联动合作，开展安全生产整治行动6次，实地检查生产经营单位和重点行业企业6135户，消除安全生产隐患110个，责令停产停业76户，查处违法生产经营案件52宗，取缔易诱发安全生产事故的无照经营户86户；联合19个职能部门开展为期100日的“查无照督亮照”专项整治行动，向个体户推出“亮照专用营业执照”，查处取缔无照经营户252户，引导办照386户，实现市场主体100%亮照经营的工作目标。抓好打假打私、扫黄打非、禁毒防艾等工作，加强学校及周边环境综合治理，查处“双打”案件13宗，集中销毁4万余件假冒伪劣商品，查处取缔“黑网吧”8户。

2012年，查处各类违法案件298宗。包括加大对制假售假、问题食品、商业贿赂、欺行霸市等违法行为的打击力度，开展专项行动20次，查处制假售假案件95宗、商业贿赂案件7宗、欺行霸市案件109宗，捣毁制假售假窝点7个；开展安全生产“百日防护”专项整治行动，排除各类事故隐患70个，对全区499户重点行业经营户建立动态监管台账，查处违法生产经营案件17宗；以迎接省二类城市语言文字评估和全国文明城市、卫生城市复检为契机，抓好无照经营、违法广告、扫黄打非、禁毒防艾、安全维稳等市场综合治理，查处无照经营户105户。

【农资市场整治】 2011年，开展“红盾护农”行动，完善49个红盾服务维权工作站建设，严防上级通报的不合格化肥在市场流通，培育“农资放心店”4家；落实市场准入扶持政策，扶持农民专业合作社2家，帮助其畅通销售渠道，降低本地经营交易成本。

2012年，开展农资打假，严查销售掺杂使假、以次充好的假冒伪劣农资商品，把好生产资料、劳动设备等方面的质量安全关，立案查处农资案件2宗。培育“农资放心店”5家，推进农资企业信用体系建设。

【消费维权】 2011年，以“12315”实现并网为契机，建立健全“指挥调度、快速处置、分析发布、后续处理”机制，提高消费维权的工作效率。在商场、超市、市场、企业、景区等建立12个“消费维权服务站”，建站率71%，为消费者提供快速维权渠道。投诉举报中心共发布消费警示信息20条，受理消费申诉举报246件，为消费者挽回经济损失2.47万元。

2012年，推进“12315”“五进”规范化建设，在辖区商场、超市、市场、企业、景区等新建13个“消费维权服务站”，累计建站25个，建站率80.6%，满足消费维权需要。围绕“消费与安全”年主题，开展“3•15”国际消费者权益日宣传咨询活动。“12315”举报中心全年受理消费申诉举报269宗，成功调解涉及通信、服务、零售等行业的消费投诉纠纷59宗。

【打击传销活动】 2011-2012年，深化打传联防化机制，加强源头防范管理，抓好规范直销企业经营活动、登记备案和检查工作，抓好56个“无传销社区（村）”和礼乐“无传销街道”的成果巩固工作。创建全市首个“无传销县（区）”，巩固了江海区打传“四类地区”的工作成果。

【集贸市场秩序整治】 2011-2012年，抓好辖区16个集贸市场升级改造工程，提前完成麻一市场、礼东市场、中路市场和海恒产品交易市场等9个创文迎检市场的升级改造工作，市场面貌焕然一新。

【个体劳动者协会】 2011-2012年，区个体劳动者协会有基层协会3个，会员小组77个，行业协会3个；在个体劳动者协会内有妇女组织3

个、党支部3个，党员32人，团支部3个、团员51人。个体劳动者协会会员为扶贫、救灾、支教、助学等社会公益事业捐款总额120273元，吸纳下岗职工32298人。

【私营企业协会】 2011-2012年，江海私营企业协会有基层协会3个，行业协会1个；在私营企业中有工会3个，党员18人，团支部10个、团员427人。私营企业协会会员企业为扶贫、救灾、支教、助学等社会公益事业捐款，总额279809元，吸纳下岗职工69446人。

国有资产管理

【国有资产监管】 2011年，制订《江海区资产系统公司管理方案》《江门市江海区区直企业财务管理制度》和《江门市江海区区直企业资产管理租赁管理制度》，成立江海区资产系统内审小组，组织对江海区资产经营管理公司及属下公司每个季度的财务状况进行内部审核。对管理的51套房屋及新会区会城新西隅路3号楼（1-12层）进行转让处置，委托有资质的拍卖机构以经过区政府批准的底价公开拍卖，拍卖后回笼资金2132.70万元。

2012年，盘活出租16套长期空置的物业共2935.71平方米；对存在零散出租的原有厂房资产进行整合，完成年度租金收入855.85万元；通过拍卖以4075万元价格成功将新会信金公司（新会龙兴广场）股权处置，比区政府抵债价格1500万元增值2575万元。

【解决历史遗留问题】 2011年，通过法律程序追收历史债权，对江日企业集团公司等四家公司进行起诉。对拖欠二合山工业区土地款的3家企业进行起诉，收回土地款69.51万元。配合区法院清收礼乐建委房地产公司历史欠款191万元。

2012年，向江门市高路华集团公司、江门市江日企业集团有限公司、江门市江海区江鸿经济发展公司、江门中裕摩托集团有限公司等债务人依法提出诉讼，经法院审理后分别作出民事判决并进入执行程序；跟踪处理东方资产公司诉区财政局担保责任案，通过市中级法院二审终审，最终区财政局胜诉；对华庆里33号土地及物业转让争议案，向法院提出执行异议并召开听证会，争取尽快返还重叠部分土地款；对债务人邓国楼抵偿的礼乐中学教工2号楼108被查封案，向新会区法院提出执行异议，经法院审理后执行解封，并争取尽快过户办证；与外海街道麻二、直冲和滘头街道等村委会签订《五邑路退股协议书》，支付五邑路退股金621.93万元。

【管理体制】 2012年，区财政局草拟《江门市江海区行政事业单位国有资产处置办法》和《江门市江海区行政事业单位国有资产管理暂行办法》，待报区政府批准后执行。

基本建设

【江海绿道网】 2011年，统筹协调集民生、生态、环境和经济于一体的江海绿道网系统建设工程取得阶段性成效，项目累计投入95.13万元。全面完成省立绿道及城市绿道（江海路—龙光塔）工程，新增城市绿道（外海河堤段、白水带桃源浦段）的划线和标识。釜山驿站、白水带驿站投入使用。

【建筑业安全生产监管】 2011年，贯彻执行《中华人民共和国安全生产法》和《建设工程安全生产管理条例》，与各施工单位签订安全生产责任书，落实安全生产“一岗双责”。先后出台《关于加强江海区危险性较大工程安全专项实施方案编制论证审查的通知》《关于进一步加强我区建筑起重机械管理的通知》等文件，加强建设工程项目的安全技术管理、施工现场建筑起重机械管理和重大危险源监控。重点对鹿茵酒店、江海碧桂园、江海花园和浪琴湾等在建工地开展施工安全生产检查4次，检查在建项目149项，查处一般安全隐患726处，发出限期整改通知书149份。

【宜居城乡创建】 2011年，发挥创建宜居城乡和村庄规划、整治工作牵头单位的统筹、指导和协调作用，完成全年工作任务。累计完成21条村（居）的整治规划编制和17条村（居）的整治工作。3条实施村庄整治投入整治资金426.321万元，新建道路3.325千米，改造排水渠1.47千米，进一步优化村民居住环境。开展滘北街道创建宜居城镇、外海街道中东村和礼乐街道五四村创建宜居村庄的试点工作。

【制定“十二五”相关规划意见】 2011年，会同有关单位先后制定《江海区完善交通枢纽体系发展“十二五”规划》《江门市江海区城镇化发展“十二五”规划》和《江海区散装水泥发展和应用“十二五”规划的意见》等专题规划，明确“十二五”期间江海区住房和城乡建设规划目标任务。

【“三旧”改造项目房屋测绘】 2011年，为推进“三旧”改造工作，分别对外海街道麻二工业园、麻三工业园、东升工业园、石鹤利工业园，礼乐街道新民村，江南街道华庆里，滘北街道五星村、银星村、红星村、南雄村，滘北街道片区，江门造纸厂，江门市味精厂，江门船厂和金溪鸿基物业管理有限公司等13个“三旧”改造项目的房屋共322间进行测绘，其中民房1242间、商品房及商铺1102套，厂房884间。测绘面积1271959.69平方米，其中建筑物面积1229467.83平方米、构筑物面积42491.86平方米。

【小区物业管理】 2011年，区内现有住宅小区27个，实施物业管理的小区16个。南泉花园、翠鸣苑、裕安花园、江海路52号和54号成立业主委员会，江海碧桂园进行前期物业管理备案。

【精品工程战略】 2011年，组织区施工、监理单位在荣获2009年度广东省优良样板工程的礼乐中学教学综合楼召开现场观摩会，宣传省、市级优良样板工程。通过实施创优评优，宝利德厂房工程项目荣获江门市和江海区优良样板工程称号，易兴7号厂房工程荣获江海区优良样板工程称号。

【基础设施建设配套】 2011年，投入基础设施建设2645万元，其中包括建成道路12737.80米、新建桥梁2座、新建箱涵1座、新建排污管道6214.80米，新建园林及道路绿化7680平方米。全面完成南山路（五邑路—金瓯路）、五邑路南北匝道（礼乐大道—礼义路）工程。基本完成省道S272（外海—睦洲）外睦路大修工程。扎实推进江翠路交叉口和路面改造二期、永康路北延线、富民东路、胜利南路、金瓯路扩宽工程和江睦路（五邑路—金瓯路）等基础设施项目。

2012年，投入基础设施建设3870万元，建成道路14510.8米，新建桥梁3座、箱函1座，新建排污管道9688.8米，新建园林及道路绿化14450平方米。全区绿道网按时保质贯通，江翠路交叉口及路面改造（二期）完成，胜利大桥建成通车(单边)，配合江珠高速北延线江海段、金瓯路、江睦路、富民东路等城区主干道建设和区间道路建设，金瓯路（江门水道一港澳码头）改造工程动工。

【重点项目开发建设】 2011年，重点推进府东小区、鹿茵酒店、府西小区项目开发建设，新开发并部分建成江海碧桂园、濠江花园、天鹅湾、翠湖湾、华茵堡、天骄半岛、海逸华庭、奕聪花园、帕佳图等一批中高档房地产项目。以“整体开发、高标准建设”开发思路调整府西小区实施方案。鹿茵酒店项目的酒店地下室及一、二层完成施工。胜利南路、银城安置小区动工建设。LED博览交易中心及连海北路安置区完善设计方案。

2012年，按照“三年成型、五年见效”和“打造江海中央商务区”的目标要求，推进府西小区和明泰江海新城项目整合开发，加快鹿茵酒店开发建设，着力打造江海中央商务区。府西小区开发实施拟把28个地块整合为5个。明泰房地产（江海新城）项目的规划方案按照市规划局审查意见修改待规委会审批。鹿茵酒店主楼A区完成20层楼面施工；B区、C区动工建设。胜利南路安置小区银城小区商住楼完成天面楼面施工；渔山小区2号商住楼完成土石方开挖及桩基础工程。

【工程项目开工建设管理】 2011年，执行《施工许可证管理办法》《广东省加强建设工程项目开工管理若干规定》等法定建设程序，建立健全建筑市场管理工作机制，把好工程形工审批与交付使用关。区属建安产值2.48亿元，增长12.73%；颁发施工许可证108项，建筑面积182万平方米，工程造价22亿元；办理工程竣工备案61项，建筑面积83万平方米。

2012年，实施建筑市场与施工现场两场联动机制，落实建筑施工安全生产“一岗双责”，通过采取“周报”“月报”等方式，对工程质量和安全进行常态化、制度化监管，建筑工程质量、安全平稳受控。区属建筑业企业实现建安产值4亿元，增长16%；颁发施工许可证67项，减少38%；建筑面积100.9万平方米，减少44%；工程造价13.8亿元，减少37%。办理工程竣工备案74项，建筑面积90.5万平方米。

【房地产开发】 2011年，完成房地产投资总额13.05亿元，增长35.62%；报建面积66.58万平方米，增长115.40%。商品房销售面积20.96万平方米，增长44.45%。商品房销售额125467万元，增长72.12%；平均单价每平方米5984元，增长19.13%。江海碧桂园联体别墅均价每平方米9822元，大幅拉升全区楼市均价。

2012年，在国家制定房价控制目标、制定并实施保障住房建设指标、提高首付比例、提高贷款利率、问责约谈等一系列具体房地产政策调控下，市场趋于平稳健康发展。商品房完成投资14.98亿元，下降1.90%，销售面积39.72万平方米，上升76.45%，销售金额22.44亿元，上升66.59%；平均房价每平方米5649元，下降5.58%，环比下降0.49%。

【住房保障工程】 2011年，为做好保障性住房建设任务，多渠道筹集公共租赁住房房源，经过筛选，江门市凌志餐厨用品有限公司、江门江益磁材有限公司、江门市歌德照明电器有限公司和江门市树成实业有限公司等4家企业被列入江海区2011年公租房项目建设单位，共建成公租房348套，建筑面积1.696万平方米，总投资1647万元，超额完成江门市下达的333套公租房的建设任务，并全部开工建设。审核新增廉租住房保障申请32户，经济适用房购买资格112户，发放租金补贴57075.4元。投入资金45.50万元，完成5户贫困户改造。

2012年，落实公租房房源292套，总投资2528万元（含中央补助61万元），建筑面积15426平方米。其中外海街道四大股份合作经济联合社125套、广东德力光电有限公司167套。跟进2011年结转的348套公租房建设项目，抓好建设项目的安全、质量和验收工作。凌志餐具、江门江益磁材宿舍楼通过验收，树成实业、歌德照明宿舍楼项目准备验收。审核廉租住房保障资格和经济适用房购买资格工作，实物配租11户，经适房抽签中签32户。发放租金补贴330户787人共105073元。

【建筑节能】 2011年，加强新型墙体材料专项基金返退管理，完成建筑节能备案230宗，审核返退散装水泥专项基金14宗。对72个建筑工程实施使用新型墙体材料情况和建筑节能措施情况的检查，发出整改通知书10份，督促不按图施工、严重违反建筑节能强制条例的工地限制整改。按照市的要求做好江海区散装水泥的应用和推广。

2012年，严把建筑节能设计审查备案关，落实建筑节能政策和执行标准规范推广应用新型墙材，发展散装水泥，逐步推行绿色建筑。完成建筑节能备案86宗，审核返退散装水泥专项基金24宗，审核返退墙材专项基金61宗。推广绿色建筑纳入年内提高城市化水平和宜居城市建设评估的基本指标体系，江海花园、海逸酒店两个房地产项目正在申报设计阶段的绿色建筑评价标识。

【建筑工程招投标管理】 2011年，进入江门市建设工程交易中心江海窗口招投标的建设工程共18项，最高限价合计4046万元，中标价合计3820万元，中标下浮率5%，节约资金226万元。招标投标工作没有投诉，没有发生建设工程承发包违法案件，从源头上防止建设领域职务犯罪的发生。

2012年，严格执行《关于加强江海区工程建设项目招标投标受理的意见》，进一步规范受理镇村集体资金投资100万元以下的小型建设工程项目。进入江门市建设工程交易中心江海窗口招投标的建设工程共有8项，最高限价合计2355万元，中标价合计2220万元，中标下浮率5%，节约资金135万元；在江门市建设工程交易中心交易的建设工程共有17项，最高限价合计11921万元，中标价合计11258万元，中标下浮率5%，节约资金663万元。

【村镇建设】 2012年，发挥创建宜居城乡和村庄规划、整治工作牵头单位的统筹、指导和协调作用，完成全年工作任务。完成5条村的整治规划编制和5条村的整治工作。全年共投入整治资金496.85万元，主要建设道路6.8千米，改造排水渠7.8千米，改造危房19间。结合绿道网的规划建设、村庄规划整治，重点推进路边、山边和水边的绿化改造建设工作，以及“一园二路三厂企”的绿建，提高城市河道排洪能力，改善城市生态环境，营造宜居城乡。

【建筑行业技术培训】 2012年，为贯彻行业标准《施工现场临时用电安全技术规范》

（JGJ46-2005），提高建筑工程技术人员的技术水平，江海区建筑工程学会结合2012年“安全生产月”活动，特邀东莞市土木建筑学会常务理事邝成子高级工程师到江海区开展建筑施工现场临时用电安全技术培训讲座，区属施工、监理、建设以及区内各工地项目部等相关单位80多名工程技术人员参加培训，以提高工程技术人员有关建筑施工现场临时用电的业务知识水平。

城市管理

【城建项目】 2011年，广珠城际轨道江门江海段建设工程通车运行。高新区龙溪路道路工程施工。永康路至麻园河排水渠工程、永康北路工程完成工程可行性研究报告及施工设计。白水带龙光塔至茶庵寺段道路工程更名为江门市江海区外海改善白水带及周边改善农业生产条件项目，完成可行性研究报告、实施方案、预算造价编制、规划报建等工作。外海麻园三街道路改造工程全长555米沥青改造完成。东宁路工程完成道路工程和路灯工程。完成江海污水处理厂首期工程和二期扩建前期工作。

【环境卫生】 2011年，全区道路清扫保洁面积380万平方米，其中机械化清扫面积200万平方米。生活垃圾清运量8.35万吨，生活垃圾无害化处理率100%。制订江海区环卫改革方案，推进江海中心垃圾压缩中转站的论证工作。

2012年，全区环卫保洁从业人员800余人（其中街道523人、村居300人），日常管护公厕71座、垃圾中转站19座、垃圾收集点41个、果皮箱1300余个，日清扫保洁面积250余万平方米，日清运生活垃圾量250余吨，垃圾收集清运量9.14万吨，垃圾无害化处理率100%。通过开展“大清洁、乡村美”农村清洁专项整治活动，各村居的积存垃圾得到彻底清理，清理乱堆放177处、积存垃圾300吨、“牛皮癣”32493张，辖区农村及城乡结合部的卫生状况得以改观。新建垃圾中转站4座，其中外海街道1座、礼乐街道2座、滘头街道1座；新增果皮箱601个，其中外海街道300个、礼乐街道150个、滘头街道101个、滘北街道50个；新建公厕3座，其中外海街道2座、礼乐街道1座；改造公厕10座，其中外海街道3座、礼乐街道1座、滘头街道6座。安装“四防装置”923个，至此全区共有“四防”装置3131个。

【市政设施建设和维护】 2012年，维修道路路面面积267.3平方米、沥青路面维修364.27平方米，新建沥青路面维修1026.96平方米,维修路侧石475米、人行道维修124.75平方米。完成下水道改造167.2米、更换砂井套102套、新建砂井79座、清疏楼宇运身渠386.7米、清疏砂井906次。

【城市建设监察管理】 2012年，拆除乱搭乱建15088平方米，拆除河堤违建1500平方米；查处违规室内装修及改建加建197宗；清理整治占道经营2140余宗，清理乱摆卖1863宗，流动摊档850余宗；学校周边整治176次，占道经营1722宗；组织清理违章户外广告202宗、乱拉挂174宗、乱张贴170宗。全年启动“语音提示”电话号码200宗，责令清理各种乱张贴500张。

【污水处理厂建设】 2012年，江海污水处理厂二期污水管网工程计划总投资8457万元，建设截污管网22.72千米。截污范围7.18平方千米，龙溪污水提升泵站1座，设计规模每天排污量4万立方米。完成申请报告、环评报告、勘察和设计招标、施工监理招标及管网施工图设计、规划报批、施工图审查和清单计价等工作。文昌沙污水处理厂二期礼乐配套管网工程计划总投资6151万元，建设排水方渠3.73千米，污水管网4.08千米。服务范围包括礼乐街区1.26平方千米和文昌沙片区0.71平方千米，收集面积1.97平方千米。完成项目申请报告、环评报告和施工监理招标、勘察、设计招标工作，设计方案通过评审；施工图设计正在完善。高新区综合污水处理厂工程总投资12174万元，规划用地面积25亩，设计处理污水量首期每天1万立方米。项目定位为综合污水处理厂，总纳污范围356.8万平方米。完成施工图设计和专家评审、土地平整和三通一平、场地清理和进厂便道施工工程。

【创建卫生城市】 2012年5月29日至5月31日，全国爱卫会对江门市进行国家卫生城市复审工作，江海区通过完善和改造区内环卫基础设施，开展相关主题活动，做好迎接检查工作，包括新建和改造垃圾中转和公共厕所一批，新装果皮箱600个、新建垃圾中转站1个，改造垃圾中转站6个；在江南街道开展清理城市“牛皮癣”专项行动，在滘头街道开展清理城市建筑垃圾专项活动，对区内主干道路乱搭乱建进行整治以及流动摊挡进行规范和整治，并对全区户外广告进行登记建档。是年，顺利通过2012年国家爱卫会的复审。

【绿化工作】 2012年，按照江海区委、区政府开展绿化绿建工作精神和“一公园二道路三厂企”绿建工作标准要求，开展“森林围城、树林进城”绿色行动，对各街道进行指导和支持，完成示范性绿化绿建工作和绿化工作任务。区级重点绿化绿建工程完成4项，包括麻园河（五邑路至高新区管委会办公楼段）两边绿化种树工程、江睦水道（旧礼东桥至虾蛟滘闸）段绿道绿化建设、西江沿岸外海河堤（横沥水闸至外海大桥）段绿道绿化建设、城际轻轨沿线示范段（东海路至永康路500米）绿化工程。各街道“一园二路三厂企”示范绿化绿建工程建设基本完成。全区种植各类树木10000株、灌木5万平方米。

【绿道建设】 2012年，主要实施白水带龙光塔至茶庵寺段道路绿道工程，绿道全长2.64千米，设计道路路基一般段宽度8.96米，工程投资1800万元。南山路至艺华学院段进入施工阶段。

【户外广告管理】 2012年，结合国家卫生城市、国家环保模范城市以及国家文明城市复审工作，加大对江海区各类广告牌的管理力度。通过普查，登记建档；对不符合补办手续的广告进行综合整治。共办理广告登记300宗，集中清理违章户外广告202宗；清理乱拉挂174宗、乱张贴170宗；治理各类小广告，启动“语音提示”电话号码200宗，责令清理各种乱张贴500张。

【创建文明城市工作】 2011年，为迎接9月中央文明委对江门市创建国家文明城市测评，区城管系统（含城管一线执法、市政维修、环卫保洁人员）出动1510人全力完成相关工作，包括市政设施建设与改造：完成区直和各街道共

29项市政道路维修与整治工作，总投入1700万元。整治道路坑洼面积49000平方米、排水渠4000米；环卫市保洁及设施改造：在环卫保洁队伍一线投入826人，日均清扫面积30余万平方米，清洗管护公厕68座，管理维护垃圾中转站27座。日均清运生活垃圾量245吨，年均无害化处理生活垃圾84500吨，垃圾无害化处理率100%。市容市貌整治：2009-2011年创建国家文明城市三年期间，清理暴露积存垃圾1000余吨、清理坑渠32189米、清理城市“牛皮癣”10万张。2009-2011年，全区投入民生建设资金2亿元，各级投入社区民生“四件实事”经费1500万元；粉刷楼道55850平方米，改造道路2550米，改造下水道1200米，维修小街小巷、路面9800平方米。改造公厕13座、新建设公厕2座、更新和增设两箱式果皮箱572个。开展环境卫生、占道经营、市场环境、交通秩序、公共交通、社区环境、广告秩序、消防安全、宠物扰民等整治活动，美化城市环境。2009-2010年共创建广东省文明单位1个、市级文明先进镇（街）1个、市级标兵文明村1条、市级文明单位4个、市级文明社区4个、市级文明生态村2个、市先进个人5名；区级文明单位10个、区文明社区3个、区级文明村3条、区先进个人10个；市创文先进单位3个、市创文先进个人6个、未成年人思想道德建设工作先进集体1个、先进个人3名。2011年，培育市级标兵文明村1个、市级文明村2条、市文明社区3个、市级文明单位3个、区级文明村2条、区级文明社区2个、区级文明单位5个。举办形式多样文化活动宣扬文明江海形象。全区各类群众文艺团队90多支，文体小广场36个、总面积20万平方米，农家书屋36间，省级示范点2间，户外宣传橱窗、阅报栏120多个。送文化下乡超过1300场次，其中免费放映电影350场次，戏剧、综艺演出100场次。印发《文明礼仪知识手册》，编制《江海区市民礼仪手册》和《江海区学生礼仪手册》22.3万份、创文宣传品12万多份。走访居民15万户次，走访工人、学生5万人次。外海、礼乐广播电视站制作播放创文漫画、小知识等宣传资料34个，新闻300多条，播放8937次。印发宣传单17070张，更换宣传栏80多次，制作创文横幅54条。江门电视台播放江海区的新闻稿件累计119条，江门电台播放江海区的新闻稿件累计44条。

2012年，继续开展基层文明创建工作。外海麻三村争创2012年度市标兵文明村；礼乐街道威西村申报2012年度市生态文明村；外海街道四大社区申报2012年度市级文明社区；滘头街道滘头小学、滘北街道江海区机关幼儿园、区直机关区供电局和区教育局申报2012年度市级文明单位；区民政局属下慈善超市申报2012年度市级文明窗口；申报推荐市文明先进工作者5人，以及2012年江海区“十大和谐企业”10个。全区户籍数51995户，文明户达到12100户，评选“五好文明家庭”1700户，其中外海街道600户、礼乐街道600户、江南街道250户、滘头街道200户、滘北街道50户。开展“南粤幸福活动周”系列活动，举行“金秋助学”幸福礼包发放仪式，为困难职工的67名学子发放助学金；举办“幸福手拉手、助学圆梦行”爱心助学会亲活动；举办“关爱老人，颐养天年”爱心义诊活动。配合江门市开展“我推荐、我评议身边好人”活动，收集身边的好人先进事迹材料48份，向市创建办推荐身边的好人共28名。组织开展净化社会文化环境促进未成年人健康成长和校园周边环境专项整治行动。举办青年“植树添绿，畅游绿道”和团史进校园课外活动，和谐企业评选活动、“抗美援朝”故事演讲会活动和诗文朗诵会暨中小学生艺术节、中小学生体育节运动、中小学生科技节活动和“大手拉小手”励志教育活动等，与江海交警大队开展交通安全经验现场交流会活动。区法院率先成立学雷锋志愿服务队，之后8支队分别成立，其中社会自发成立的青年义工组织队伍的区义工联“心手相连”义教服务队和长期结对服务区内30户智障儿童的“拥抱阳光”启智义工服务队，每月上门入户到智障儿童家庭进行探访和心理辅导，定期举办户外体验活动。开展道德讲堂活动5场，建立健全创文长效机制，组织开展每月交叉检查1次，并定期通报督查情况。

规划管理

【简述】 2011年，办理各类规划业务案件853件，其中规划用地业务类325件，工程业务类183件，村民住宅用地项目345项。处理、答复各级人大代表、政协委员建议提案12件，答复群众投诉25件。

2012年，办理各类规划业务案件684件，其中规划用地业务类179件，工程业务类183件，村民住宅用地项目229项。处理、答复各级人大代表、政协委员建议提案12件，答复群众投诉2件。

【规划编制】 2011年，完成滘头地段、江海中心区地段，高新区4、11、12号地段，釜山地段等控制性详细规划编制工作。参与市区快速路、主要交叉口、主城区交通优化规划的研究和编制工作；参加江海高新区城市综合发展规划研究方案（含市政专项）的审查工作；参与市区车用加气站点专项规划和江海区胜利变电站、江海变电站规划选址专项研究，开展白水带风景区周边建设控制区和西江、蓬江河岸线利用方面的研究；参与府西小区开发实施方案的研究和制定工作；完善省立绿道配套设施规划和建设，开展城市绿道的规划选线等规划编制工作。

2012年，规划编制方案，其中滘头地段、江海中心区地段，高新区4、11、12号地段，釜山地段等项目通过市规划委员会的审议；新增礼乐乌纱地段、武东地段、外海金溪地段等新编制控规项目。至此，江海区行政区域城市建设范围内除了高新区工业用地以外，控制性详细规划的覆盖率80%。

【建设用地规划管理】 2011年，完成凯旋堡、濠江花园、海逸名苑、江门江海供电局、利生车城、广珠城际轻轨江门站配套设施工程、江海区人民法院审判大楼等规划方案的审批，完成河南下沙保障性住房建设用地、华润燃气天然气综合站、七东村老人活动中心、外海麻二安置小区、礼乐社会福利综合服务中心、高新区工业污水处理中心等项目的选址工作。

2012年，配合市重点项目绿色光源交易博览交易中心建设，完成该项目D区的建筑方案审批工作，项目建设涉及110千伏桥头变电站的搬迁选址出具规划条件；做好明泰公司江海新城、西江绿化公园规划，礼东大桥公园及绿道示范段、礼乐机电工业园、崇达电路板、银雨芯片、德力西光电、量子高科等一批市、区重点项目的规划跟踪服务工作。

【建设工程规划管理】 2011年，完成建设工程的规划管理以及重大基础设施和市重点工程建设项目规划的相关工作。完成滘头永星村麻园路拆迁安置公寓房、江海碧桂园商业街、外海街道中心小学、江海区人民法院审判大楼、江门市协和医院、信义玻璃、崇达电路技术有限公司、江海污水处理厂、益能贸易有限公司、树成实业有限公司、新时代粘合胶企业有限公司等建设工程的规划审批。参与江珠高速北延线选线方案优化，胜利大桥及胜利南路、东华大桥南引桥交通组织与疏导方案，完成江睦路、五邑路扩建工程等市政基础设施项目的项目可行性研究和方案审查工作。

2012年，协助有关部门优化江珠高速北延线选线方案、配合胜利大桥及胜利南路开工建设、开展东华大桥南引桥交通组织与疏导方案研究、配合做好高新区工业污水处理中心选址、江海污水处理厂生活粪便处理车间工程和江睦路、五邑路扩建工程等一批市政公用设施设计方案审查，办理江海污水处理厂配套管网金星提升泵站、江南提升泵站规划验收手续。配合市发改局等有关部门处理完成广珠城际轻轨江门支线及沿线站场配套设施征地拆迁遗留问题。江海污水处理厂一期及配套管网一期建成并投产、东华大桥竣工通车、胜利大桥开工建设。

【城市规划监察管理】 2011-2012年，加强对区内主要城市干道和批后项目的规划执法检查和监督管理，查处违法建设85项。

环境保护

【主要污染物总量减排】 2011年，结合江海区经济运行、重污染企业及其他污染源的发展情况，确定2011年主要污染物减排项目15项，其中化学需氧量（COD）减排项目6个，氨氮减排项目6个，二氧化硫（SO2）减排项目3个。年内，15项目主要污染物减排项目工程完成。

2012年，联合农业部门开展畜禽养殖业减排和污染防治工作，负责辖区内农业畜禽养殖业污染减排，结合各村的社会综合发展状况，以农用地资源、环境承载能力为依托，严格控制养殖量加强污染治理设施建设，全区农业源污染COD排放量900吨，氨氮排放量100吨。

【建设项目环境保护竣工验收】 2011年，审批建设项目171个，否决多个选址不当的工业、餐饮等项目，为促进产业结构调整和经济增长方式的转变发挥重要作用；严格验收项目污染防治设施和运行处理效果，完成“三同时”验收项目87个。

【建设项目环评审批】 2012年9月，市环保局下放“六种行业”审批权限，由江海区环保窗口处理“六种行业”审批权限内环评审批、环保验收、核发排污许可证等业务，共审批“六种行业”建设项目17项，完成“三同时”验收项目26项，发放《广东省污染物排放许可证》41个，其中第三产业新办证26个，变更发证15个。

【麻园河水环境综合整治】 2012年，迎接国家环境保护模范城市复核工作，启动麻园河综合整治工程，对裕泉街和高新区河段进行清淤，清理淤泥8000立方米；委托华南理工大学实施生物治理方案，在主要河段投放IBC生物酶，利用微生物的作用，快速原位降解水中有机污染物；加强综合调水，利用机械调水和潮汐调水，引入江门河水冲刷河道。通过整治，麻园河水质有较大好转并通过复核验收。

工业 商贸 外贸

□ 工业

【简述】 2011年，全区实现工业总产值378.02亿元，增长22.06%。其中规模以上工业总产值350.90亿元，增长22.77%，实现规模以上工业增加值82.12亿元，增长21.70%。其中国有及国有控股企业下降12.5%，民营企业增长29.4%，外商及港澳台投资企业增长20.7%，股份制企业增长25%，集体企业增长21.4%。分轻重工业，轻工业增长18.8%，重工业增长24.3%。在四市三区中，江海区规模以上工业经济总量排名第六，占全市工业比重的7.26%。增长速度在全市排名第四，高于全市平均水平1.6个百分点。

2012年，全区实现生产总值 121.99亿元，增长9.0%。其中第一产业增加值4.04亿元，增长2.2%，对GDP增长的贡献率0.79%；第二产业增加值79.72亿元，增长11.9%，对GDP增长的贡献率85.38%；第三产业增加值38.23亿元，增长3.9%，对GDP增长的贡献率13.83%。三次产业结构的比例为3.31∶65.35∶31.34。实现工业总产值278.02亿元，增长12.9%。其中规模以上工业总产值257.46亿元，增长13.4%，实现规模以上工业增加值56.26亿元，增长13.3%；其中轻工业增长7.0%；重工业增长19.0%。分经济类型，国有及国有控股企业下降7.6%，集体企业下降19.0%，股份制企业增长1.1%，外商及港澳台投资企业增长19.0%，民营企业增长8.5%。在四市三区中，江海区规模以上工业经济总量排名第六，占全市工业比重的9.68%。增长速度在全市排名第六，高于全市平均水平1.9个百分点。

【支柱产业发展】 2011年，全区总产值排名前5的行业分别为化学原料及化学产品制造业、电气机械及器材制造业、通信设备计算机及其他电子设备制造业、交通运输设备制造业和金属制品业。五大行业实现规模以上工业总产值262.07亿元，占全区规上工业总产值（350.9亿元）的74.49%，比2010年的比重降低1.47个百分点。化学原料及化学制品业是工业第一大行业，工业总产值74.03亿元，增长17.50%，占全区工业总产值的21.10%。主要产品包括醋酸酯、荧光粉、镍镉电池等。电气机械及器材制造业为工业经济第二大行业，行业工业总产值61.37亿元，增长11.43%，占全区工业总产值的17.49%。主要产品包括家用电器、小电机、精密空调等。通信设备、计算机及其他电子设备制造业工业产值48.83亿元，增长17.54%，占全区工业总产值的13.92%，为工业第三大行业。交通运输设备制造业为第四大行业（船舶企业除外）。在广东大冶摩托车技术有限公司和中港宝田摩托车有限公司等骨干企业的带动下，行业工业总产值比重逐年提高，年内为47.84亿元，增长28.24%，占全区工业总产值的13.63%。金属制品业为新兴行业，工业总产值30亿元，增长18.26%，占全区工业总产值的8.55%。绿色（半导体）光源产业实现产值13.4亿元，增长101.37%，为发展较快的产业。

2012年，全区总产值排名前5的行业分别为化学原料及化学产品制造业、电气机械及器材制造业、通信设备计算机及其他电子设备制造业、铁路、船舶、航空航天和其他运输设备制造业和非金属矿物制品业。五大行业实现规模以上工业总产值189.97亿元，占全区规模以上工业总产值257.46亿元的73.79%，比重降低0.7个百分点。化学原料及化学制品业工业总产值56.61亿元，增长7.23%，占全区工业总产值的21.99%。电气机械及器材制造业工业总产值达46.07亿元，增长19.80%，占全区工业总产值的17.89%。通信设备、计算机及其他电子设备制造业工业产值41.15亿元，增长10.31%，占全区工业总产值的10.31%。铁路、船舶、航空航天和其他运输设备制造业工业产值26.98亿元，增长19.15%，占全区工业总产值的 10.48%。非金属矿物制品业为新兴行业，在信义玻璃的带动下，工业总产值18.97亿元，增长82.78%，占全区工业总产值的7.37%。绿色（半导体）光源产业实现产值11.1亿元，增长20.9%。

【重点企业】 2011年，共有规模以上工业企业161家，产值350.9亿元，增长22.77%。其中亿元企业68家，产值296.58亿元，亿元企业产值占规模以上企业总产值的84.52%，提升10.73个百分点。工业上缴税收9.39亿元，占全区工商税收的62.02%。化学原料、电气机械、通信设备、交通运输和金属制品等优势产业，包括艾默生网络能源（江门）有限公司、赫克力士化工(江门)有限公司、西铁城精电科技（江门）有限公司和江门市福宁电子科技有限公司等世界500强公司的投资子公司。

2012年，共有规模以上工业企业181家，产值257.46亿元，增长13.4%。其中亿元企业58家，产值200.91亿元，亿元企业产值占规模以上企业总产值的78.04%，提升1.51个百分点。工业上缴税收9.15亿元，占全区工商税收的55.79%。

【实施四大“百亿工程”】 2011年，落实培育年产值超30亿元的企业集团目标，金羚集团实现产值27.39亿元，增长12.87%；落实培育年产值超200亿元的工业强街目标，外海街道实现工业总产值200.11亿元，增长29.81%；落实培育产业集群，电子信息制造业实现工业总产值110.19亿元，增长13.71%。摩托车及零配件制造业工业总产值46.17亿元，增长27.88%。电气机械器材制造业工业总产值61.37亿元，增长11.43%；化学原料及化学制品制造业工业总产值74.03亿元，增长17.5%；非金属矿物制品业工业总产值22.64亿元，增长141.5%。

【企业改制上市】 2011年，江门量子高科生物股份有限公司在创业板上市。江门市科恒实业股份公司和江门市地尔汉宇电器股份有限公司完成企业改制，申请IPO。选定江门市长优实业有限公司、江门市谦信化工发展有限公司、江门长利光电科技有限公司、广东邦民制药厂有限公司和广东省银帆化学有限公司等5家企业为后备上市企业，并配合市金融办等有关部门对这批企业进行培训。

2012年，把企业上市培育工程作为一项长期化、专门化、常态化工作，开展帮扶措施，企业上市速度和数量居全市首位，江海区成为全市唯一荣获省“金融稳定奖”市（县）区。江门科恒实业股份有限公司的首发申请获得证监会审核通过并在深交所创业板发行；江门市地尔汉宇电器有限公司的首发申请获得证监会审核通过；蒙德电气向证监会申报IPO并获受理。通过发动，把侍卫长、长优实业、嘉诺化工、银帆化工等企业培育成为上市后备企业，形成上市企业、报会企业、辅导企业和股改启动企业的上市梯队。

【工业技改】 2011年，纳入技改导向计划的项目26项，其中新增16项，结转10项。项目计划总投资10.88亿元，年度计划总投资6.58亿元，预计达产后新增销售收入24.27亿元、利润5.6亿元、税收1.3亿元。

2012年，纳入技改导向计划的项目42项，项目计划总投资11.09亿元，年度计划总投资4.73亿元，预计达产后新增销售收入16.87亿元、利润2.38亿元、税收1.46亿元。

【节能降耗】 2011年，落实节能预警调控，大力推进清洁生产、节能技术改造，单位GDP能耗下降4.88%，超额完成年度目标。

2012年，全区单位GDP能耗下降 4.5%，超额完成年度节能目标。

【推进重点工业项目建设】 2011年，加快重点工业项目建设，确保全区工业经济发展后劲。其中建滔化工增资扩产项目，2栋2层厂房和围墙竣工，设备进行安装、调试，预计2012年9月投产。江门谦信化工发展有限公司每小时12吨乳液单体项目环评工作得到批复，进入厂房工艺设计阶段。

2012年，谦信化工增资扩产项目建成厂房框架，正式安装设备，预计2013年投产；地尔汉宇电器二期项目的新生产大楼封顶，预计2013年完成内部装修。

【帮扶中小企业发展】 2012年，出台推进“三促一帮”25条的具体帮扶措施和帮扶企业调研工作方案，帮助企业化解金融海啸对企业造成资金紧缩等消极影响，积极协助企业申报各类国家、省和市财政补贴资金，有效缓解企业融资难矛盾。成立江海区中小企业服务中心，为全区中小企业发展服务。

□ 商贸

【商业网点建设】 2011年，江海区一批商业项目如中环广场、利生车城、麻园商贸城等相继建成。江海区商业中心以中环广场为核心，以东海路、麻园路、滘头路、胜利南路商业街为支架的商业中心。全区较大型商业网点11个、专业市场2家，分别是利生旧机动车交易市场和江南水产批发市场；农贸市场18个，其中实施升级改造11个。开发胜利南路两旁的服务业，推进海逸酒店、演艺中心、协和医院、明泰房地产、天鹅湾、翠湖湾、香港建设和泰山房地产等一批三产项目建设，推动江海区商贸物流业发展。

【现代物流业发展】 2011年，辖区有江珠、江中高速出入口，并接驳佛开、新台、江鹤、沿海高速等多条高速公路，珠三角城际轻轨江门段建成通车，江肇高速、港珠澳大桥等工程进入建设阶段，全区交通枢纽地位凸显，具备发展现代物流业的交通基础，而交通运输、仓储及邮政业发展较慢。借助交通优势大力发展现代物流业，建立了中岸物流和货物联检场、德龙国际（航空）物流、银洲物流公司、华坚达运输有限公司等专业物流公司，但是物流业的发展还没有进入快速增长的阶段。2011年，江海区交通运输、仓储和邮政业占GDP比重4.99%，占第三产业的比重17.3%。

【酒类专卖】 2011-2012年，酒类生产企业4家，取得批发资格企业14家、酒类零售经营许可证企业超过130家。按照国家和省酒类监管法规，加强酒类经营市场检查，建立健全溯源制度。多次联合公安、工商和酒类专业打假人员，重点检查热销的名牌白酒、洋酒等，共查获售假案件3起，涉案总金额3.86万元，缴获涉嫌假酒195瓶，抓获犯罪嫌疑人2人。

【经贸洽谈会和展销会】 2011年，组织区内企业参加2011年中国（江门）绿色（半导体）光源国际博览会，组织发动企业参加安徽经贸活动、第八届中博会、第七届泛珠洽谈会等展会。

2012年，组织区经贸代表团跟随市经贸代表团赴湖北、河南开展经贸活动。按照市的要求，发动企业参加江门市组织的首次省外大型展销活动——成都江门名优商品展销会，发动和组织35家企业参展，其中3家特装展位、32家标准展位，企业产品包括电子电器、食品、LED照明、五金卫浴等。组织有关企业参加第九届中国国际中小企业博览会和第八届“泛珠洽谈会”。配合市经贸局开展“促销月”“诚信兴商宣传月”活动，组织和发动区内企业参加；按照省、市工作要求，发动区内企业参加“广货网上行”活动，共有4家企业在网上注册。

【商贸经济指标】 2012年，全区完成社会消费品零售总额18.42亿元，累计增长12.37%，完成计划的67.43%。批发零售业15.43亿元，增长12.19%，住宿餐饮业2.99亿元，增长13.30%。

【家电下乡】 2012年，按照国家、省、市有关“家电下乡”的政策要求，做好“家电下乡”工作，5家电下乡备案企业按照《广东省家电下乡销售网点代理审核并垫付补贴资金协议书》进行规范操作，家电下乡销售量894件，财政补贴金额30.94万元。

【行政许可服务企业】 2012年，开展各类经营许可年审工作，解答企业的咨询，对94家酒类零售企业进行年检，为11家酒类批发企业办理年检初审并上报通过初审的资料；协助3家持省证的酒厂按有关规定转为申请国证资格。初审后上报的2家典当行与2家拍卖行的材料都顺利通过省的年审。办理3家批发、36家酒类零售商户的专卖许可证。对新申请酒类批发企业，按照相关法规严格把关，指导和协助企业做好有关的资料申报工作。

□ 外贸

【对外贸易】 2011年，全区外贸进出口202742万美元，增长14.56%，完成计划的105.07%。其中出口132415万美元，增长14.28%；进口70327万美元，增长15.10%。

2012年，全区外贸进出口213131万美元，增长4.22%，完成计划的97.52%。其中出口总值138676万美元，增长4.08%；进口总值74455万美元，增长4.47%。

【企业扶持】 2011年，组织50家企业参加“实施企业碳管理战略，实现企业可持续发展”专题讲座；申报中小企业国际市场开拓资金、进口贴息资金、“两新”产品专项资金、江门市外贸发展资金等10多项扶持资金，共兑现企业扶持资金16个批次，金额637.35万元，受惠企业245家次。

2012年，组织50家企业参加实施企业碳管理战略，协助企业申报中小企业国际市场开拓资金、进口贴息资金、“两新”产品专项资金、江门市外贸发展资金等多项扶持资金，共兑现扶持资金21个批次，金额815万元，受惠企业274家次。

【推动企业转型升级】 2011年，发动有条件的企业创建自主品牌，帮助企业申报各项品牌和认证，艾默生网络能源（江门）有限公司申报国家级高新技术企业；广东大冶摩托车技术有限公司、江门市中港宝田摩托车实业有限公司、江门市时尚五金实业有限公司获得广东省名牌产品企业；江门市科恒实业有限责任公司、江门量子高科生物股份有限公司获得广东省著名商标企业；企业在境外注册品牌数量4个：江门健威国际家具有限公司、广东大冶摩托车技术有限公司、江门市中港宝田摩托车实业有限公司、江门建滔积层板有限公司；企业引用母公司品牌数量3个：三菱重工金羚空调器有限公司、金羚电器有限公司、长优实业有限公司；研发机构1家：江门市汉宇电器有限公司；不停产转型2个：江门市江海区振兴塑料包装制品厂、江门市江海区永贸贸易有限公司；三方联网企业7个：江海区对外加工装配公司、西铁城公司、其信五金公司、得实公司、金羚电器公司、谦信化工公司、亿都电子。

2012年，组织企业参加在市委党校举办“产品设计与企业创新”系列讲座，组织24家主要加工贸易企业参加市外经局举办的“三方联网”培训班，力争实现加工贸易三方联网监管；举办中美海关——商界反恐伙伴计划培训讲座；组织企业参加出口品牌和产品设计培训，推动外贸企业加快从OEM（原始设备制造商）向OBM（原始品牌制造商）转型。健威国际家具装饰有限公司评为国家级加工贸易转型升级示范企业；推荐江门谦信化工发展有限公司、新时代合成材料有限公司、广东春燕纺织有限公司申报“加工贸易转型升级示范企业”；中港宝田摩托车实业有限公司和广东大冶摩托车技术有限公司被评为“国家摩托车及零部件外贸转型升级基地”企业。税务部门确定转型升级的来料加工企业有18家，同意转型的有江门精工谦和制衣厂有限公司、江门建欢化妆品有限公司、吉华光电精密有限公司3家，从来料加工转进料加工逐步过渡，不同意的有7家，暂不转的有6家，跟母公司在探讨的有2家。建立外贸中小企业融资帮扶机制，制订涉及科技型中小企业政府贴息贷款、中小企业信用担保体系、地方性微小金融机构建设、有效期3－5年的中小微企业扶持政策。引导银行业金融机构增加对中小企业出口信贷的投放。加快开展进口信用保险产品的开发和推广，对企业投保进口信用保险保费支出给予一定的扶持。为有融资需求的企业如今朝日用品有限公司需融资500万元、金鹰皮具制品有限公司需融资100万元等提交融资计划。会同海关召集中岸集团、优美科长信、西铁城、讯科电子等外贸龙头企业召开加工贸易工作座谈会，听取企业对海关成立外海加贸科的意见；召集中岸集团、盈正进出口公司、明洋贸易公司等主要外贸进出口公司，听取有关企业经营状况，预测外贸发展形势，制订相关外贸扶持措施。

【经贸洽谈会展销会】 2011年，加强与省、市贸促会和香港贸发局的沟通联系，有针对性地开拓港澳以及海外市场，共组织各类型产品展示会40多个。参加“粤港经济技术贸易合作交流会”“广东省与世界500强和境外大型企业合作交流会”“粤港－波兰经济技术贸易合作交流会”“广东国际旅游文化节泛珠三角旅游招商会”等大型招商洽谈活动，在招商洽谈活动中，促成项目签约11宗，签约合同外资金额14593万美元。

2012年，组织企业参加每年的广交会和一些传统地区如中国港澳地区、欧美等地的各类型产品展示会、产品博览会、产品交流会，如2012年香港春季灯饰展、2012年香港秋季电子展和第70届意大利米兰国际摩托车展览会等；组织企业参加非洲、南美、中东、东盟、东南亚等新兴市场举办的国际性展会，如南非约翰内斯堡展、印度孟买展等，开拓一批新兴的贸易市场。

【项目引进】 2011年，依托高新区4平方千米LED产业园区，通过市、区、街道、村四级招商联动，引进规模以上的外资、民资项目22个（包括房地产项目），项目投资额56.7亿元。其中大型项目一诠科技项目投资6000万美元，奥伦德项目投资60000万元，德力西项目投资80000万元。

【外资管理与服务】 2011年，按照法律、法规规定的职责，对外商投资企业进行行政管理，按照权限和规定办理外商投资企业的设立和变更；依法监督检查外商投资企业执行法律法规和合同、章程的情况并协调解决有关问题；组织协调有关部门对外商投资企业进行联合年检等，提供规范的文本资料、办事指南，提供免费代办各种证照的服务。组织外商投资企业参加海关、商检、税务等各部门的最新政策、信息发布会，优惠政策宣讲会和经营管理经验交流会等。

2012年，协助企业用好“广东易发网”“江门贸易通”“江门外贸扶持资金”，制订对2012年做出贡献的外贸企业进行奖励等措施，加大对重大进出口企业的扶持和引导。建立政府牵头、部门参与、商会主导的进出口协调机制，争取建立更多的国家、省外贸转型升级示范基地。进一步完善保税物流设施建设，完备保税仓功能。重点培育以中岸集团为龙头的大型外贸企业服务平台，为进出口企业提供报关、报检、物流仓储和进出口保税业务一条龙服务。

【利用港澳台资】 2011年，全区新批外商投资企业23家，合同外资金额20992万美元，增长67.82%，完成年度计划108.27%；实际利用外资8836万美元，下降36.28%，完成年度计划的58.46%。外商投资行业，新批项目中制造业项目17项，合同外资17391万美元，所占比例82.9%；服务业项目6项，合同外资3591万美元，所占比例17.1%。外商投资来源，新批项目全部来自港澳台地区，其中来自中国香港投资18项，所占比重97.62%；来自中国澳门3项，所占比重1.65%；中国台湾2项，所占比重0.73%。

2012年，市下达给江海区的外资工作任务为合同利用外资20000万美元，累计完成20088万美元，完成率100.44%；实际吸收外资任务11230万美元，累计完成11241万美元，完成率100.1%；服务外包任务为离岸合同金额200万美元，离岸合同执行金额100万美元，完成率100%。

农业

【农业生产】 2011年，全区农民人均纯收入11664元，增长13%；农业总产值6.1亿元，增长2.8%；畜牧业1.42亿元，增长5.19%，其中生猪上市量11.4万头，家禽上市量9万只，水产2.65亿元，增长6%。

【社会主义新农村建设工作】 2011年，根据市委、市政府《关于统筹城乡发展建设幸福新农村的若干意见》的精神，按照“生产发展、生活富裕、乡风文明、村容整洁、管理民主”的要求，制订《关于统筹城乡发展建设幸福新农村的若干意见》《江海区打造名村示范村带动农村宜居建设实施意见》《江海区2011年名村示范村建设实施方案》。在创建活动中，坚持“规划先行、分类指导、以人为本”的原则，以农村环境综合整治、提升基础设施、优化农村管理等重点项目建设为抓手，推进创建幸福新农村名村示范村。选择外海街道东南村、礼乐街道向荣村等5条村作为全区第一批先行示范村，推荐礼乐街道向荣村为市级创建示范点。投入新农村建设补助专项资金44万元，带动群众投入创建资金860万元，建设项目75个，累计完成村庄规划21个，村庄整治17条，改善农村生产生活环境，提升农村宜居水平。

2012年，按照省、市政府关于打造名镇名村示范村带动农村宜居建设的工作部署，以农村环境综合整治、改善村容村貌重点项目建设为主线，推进创建幸福新农村名村示范村。计划从2011－2015年，每年选择5个村开展。分别在外海街道七东村、东宁村，礼乐街道新华村、新民村、英南村开展名村示范村创建活动，投入新农村建设补助专项资金40万元，带动群众投入创建资金516万元，建设项目18个，累计完成村庄规划26个，村庄整治22条，完成创建区级示范村5个，创建市级示范村1个。

【农村土地流转承包】 2011年，全区涉及农业生产土地的主要有外海、礼乐街道共34个村委会。从2000年开展第二轮农村土地承包以来，依法开展农村土地承包工作，推进农村土地承包经营权有序流转。

2012年，随着工业化和城镇化的发展，农业用地日益减少，各级农业部门大力鼓励和推进农业用地流转。全区累计农业用地流转面积2.5万亩，占农用地面积的50%，主要是用于水产养殖、蔬菜、花卉，通过委托集体统一流转、农户入股为主形式流转。

【农村安居工程】 2011年，为改善农村贫困户的生活居住条件，解决好贫困户住房难问题，继续推进农村“安居工程”建设，落实专项资金开展危房改造。通过区、街道两级财政补贴，区直部门支持和群众自筹等多渠道，筹集危房改造资金68.3万元。经调查核实7户贫困户居住的危房符合改造条件，计划建筑面积572平方米，年内全部完成建设。

2012年，继续开展农村“安居工程”，组织开展农村贫困户危房改造。完成贫困户危房改造3间，建筑面积165平方米。

【农业产业化经营】 2011年，为提高农民在生产、销售、服务过程中组织化程度，推进农业产业化、规模化、集约化发展，按照《中华人民共和国农民专业合作社法》的精神，加强扶持培育经营规模大、服务能力强、产品质量优、民主管理好的农民专业合作社发展壮大，引导江海区富农畜牧发展专业合作社进行规范化发展，成立江海区富农生猪协会，带动生猪养殖户126户，养殖母猪1800多头，年上市生猪3.8万多头，占全区上市量的41%。

2012年，发展培育江海区满天星葡萄专业合作社、江门市银丰金银花种植专业合作社、江门市江海区大洋水产专业合作社等3个农民专业合作组织。全区农民专业合作组织增加到7个，其中农民专业合作社4个、专业协会3个，会员380人，辐射、带动农户6000多户，种养面积1.5万亩。

【农业科技】 2011年，扶持新技术的引进推广，补助农户开展铁皮石斛的种植技术试验，开展EM菌在提高猪免疫力的应用等项目。做好新品种的引进工作，引进了雪松牌花椰菜、绿州青花菜、农芥一号芥菜、翠秀苦瓜、华冠上海青等6个蔬菜新品种，补助种植户开展种植试验，提高良种覆盖率。根据农业生产现状，有针对性地开展蔬菜种植、植物病虫害防治技术等共6期农业技术培训班。

2012年，引进华冠菜心、绿秋甘蓝、农友长茄等5个蔬菜新品种进行试验推广，补助礼东街道的丰盛蔬菜基地、五四等村的种植户开展种植试验，提高良种覆盖率。开展农药经营管理、蔬菜种植技术、农机安全等实用技能培训，举办培训班5期，培训400多人次。

【水利工程建设】 2011年，全面推进内涝整治工程建设，外海横沥水闸改（扩）建工程和礼乐虾蛟滘电排站工程开工，礼乐中沙水闸重建工程经市发改委批复同意立项。成立江海区第一次全国水利普查领导小组，推进水利普查工作，加强水资源管理和水政执法工作。

2012年，外海横沥水闸改（扩）建工程投资估算2295.12万元，土建工程中标价1315.09万元，主体工程基本完成，完成外墙装修，进行水泵和电机安装调试工作。礼乐虾蛟滘电排站工程投资估算1829.41万元，土建工程中标价1161.40万元，主体工程基本完成，完成外墙装修，进行设备安装调试。为保证全区用水总量、用水效率等控制在市下达的指标内，区水资源实时监控管理系统一期工程投资27.53万元，对7家用水企业安装取用水计量设备，完成一期工程的硬件安装和软件系统的试运行。

【三防工作】 2011年，组织汛前5次检查，各险闸、险段、在建工程和内涝重灾区域被列入检查范围，把度汛除险措施纳入政府督办工作，对礼乐中沙水闸、南冲水闸管理楼、外海西江大堤横海南电排站等存在安全隐患的地方采取相应的整改措施，年内共生成20个热带风暴或者台风，均未造成影响。

2012年，区三防指挥部启动防风应急响应共6次，其中启动Ⅱ级应急响应1次，Ⅲ级应急响应3次，Ⅳ级应急响应2次，强化组织汛前检查，对电排站运行造成一定的威胁情况采取措施进行清淤；签订防汛责任书，汛期实行24小时值班制度；按照《广东省省级防汛物资管理暂行办法》规定，配备砂石、编织袋等防汛物资料；组建以民兵、基层群众等为主体的1213人的防汛抢险队伍。对重点水利工程安装实时监控系统，完成3个视频监控点建设并接入市三防指挥中心视频监控平台。成功抗击“韦森特”等台风和8场强降雨的侵袭，实现全区无一水利工程出险、无一防汛安全责任事故发生。

【扶贫工作】 2012年，全区扶贫开发“双到”任务投入财政帮扶资金161万元，完成帮扶项目19个，6个被帮扶的村集体经济收入全部超过3万元的脱贫线，有劳动能力的贫困户脱贫率100%。根据省、市扶贫开发“规划到户、责任到人”工作的部署，继续对口帮扶韶关市乐昌市秀水镇田心、西河、秀水、何家冲、芳塘、大罗岭6个贫困村和938户贫困家庭、4440名贫困人口。三年来，以增加贫困户收入和改善贫困村生产生活环境为目的，深入实施项目带动、产业与就业扶贫、观念扶贫、固本强基“四大战略”，累计落实到村到户帮扶资金2378万元，其中全区帮扶单位投入1280万元，当地自筹1098万元；实施帮扶项目264个，完成贫困户危房改造187户，14584平方米；完成道路硬底化建设26.94千米，完成安全饮水工程建设17项，解决饮水困难户1310户，建成农业产业基地2440亩，带动贫困户853户，实现转移就业贫困户数697户1190人；有劳动力的贫困户人均纯收入6480元，脱贫率100%，贫困人口新农合、新农保参与率100%。通过省、市的年度考核并取得优异成绩，完成市交给江海区的三年帮扶目标任务。

【主要经济作物】 2011-2012年，辖区主要经济作物仍为甘蔗，种植面积8000亩。

【农业基础设施】 2007-2008年度市本级农业土地出让金项目的外海街道龙溪、金溪农业土地开发项目动工兴建，总投资200万元；2011年、2012年分两年度下达资金，总投资1150万元的江海区外海白水带及周边改善农业生产条件项目动工兴建；礼乐街道的丰巨围威西、敬和无公害蔬菜基地动工兴建，总投资350万元。

【农产品安全监管】 2012年，制订农产品监测检测方案，按照方案加强蔬菜农残检测，加强农药化肥等农业投入品执法检查力度，共抽检蔬菜样品2475个，合格率99.8%，其中生产基地共抽检蔬菜样品825个，合格率99.4%，市区两级共抽检基地和农贸市场样品1650个，全部合格。

【参与市农博会】 2012年11月30日至12月2日，第三届江门市农博会举行期间，围绕“都市农业幸福农村”的主题，推介江海区农业的新发展，展销区摊位19家企业销售额20万元，现场签约招商引资项目3个共3.4亿元。来自礼乐街道的大和源（锦鲤园艺）在农博会同期举办的中国自产锦鲤大赛上送展的锦鲤获得全场总合冠军和超75部A类总合冠军。

财政 税务

□ 财政

【简述】 2011年，以建设法治财政、民生财政、绩效财政、阳光财政为目标，狠抓增收节支，推进公共财政建设。全区地方财政一般预算收入完成48534万元，为年度预算45125万元的107.55%，超收3409万元，比2010年收入完成数39239万元，增收9295万元，按照可比口径增长23.69%。地方财政一般预算支出66449万元，为年度预算51979万元的127.84%，比2010年支出完成数58286万元增加8163万元增长14.01%。一般预算超收收入中76.24%用于改善社会民生事业及推进基本公共服务均等化等方面的支出。面对社会经济增长下行、物价上涨，部分企业生产经营困难、市县财政收入分成比例下降等实际，加强与税务部门的沟通协调，实现全区地方财政一般预算收入比2010年增长23.69%，增速位于全市第四位；在保稳定、保运转的基础上，压减一般性支出，集中财力保障教师工资福利待遇“两相当”、医疗卫生体制综合改革、区重点工程项目等一系列改善和保障民生政策落实的资金需要。其中做好支农资金预算和防洪防汛工程资金安排，落实全区农村政策性住房补贴，及时兑现种粮农民农资综合直补、家电下乡和汽车摩托车下乡等强农惠农政策，确保完成对口帮扶韶关市乐昌市秀水镇6条贫困村的扶贫开发工作任务；足额安排专项资金落实国务院确定的城乡居民医保补助标准政策、基本药物制度、乡镇卫生院补助及农村卫生站补贴；义务教育经费总投入1336万元；实现中小学教师工资平均水平达到当地公务员工资平均水平100%的预期目标；对被征地农民养老保险资金的筹集和管理，实行专户管理，专款专用；通过提高城乡低保标准和分类施保标准、发放90岁以上老人政府高龄津贴、落实孤儿最低养育标准等措施，完善优抚对象、低收入群体、贫困重度残疾人等分类医疗保障和救助机制，提高一线环卫工人待遇，每人每月增加300元，争取上级扶持企业的专项资金的审核申报和资金划拨工作，全年累计申报项目225个，申报项目补助资金9589万元；通过财政国库集中支付、预算动态监控、财务集中核算远程监控、政府采购远程监控、公务用车在线监督等监督手段，加大对财政资金使用情况、政府采购实施情况和公务用车维修、加油、投保情况的监管力度，开展“小金库”专项治理复查。

2012年，致力稳增长，调结构，狠抓增收节支。全区地方财政一般预算收入53689万元，为调整预算52417万元的102.43%，超收1272万元，比2011年收入完成数48534万元增收5155万元，按照可比口径增长10.62%。地方财政一般预算支出70558万元，为调整预算59595万元的118.39%，比2011年支出完成数66449万元增加4109万元，增长6.18%。地方公共财政收入53689万元，加上税收返还、上级补助19990万元、调入国债转贷还本资金2885万元、上年结余2318万元，当年地方财政总收入78882万元。公共财政支出70532万元，加上各项上解支出4142万元、国债转贷还本支出3000万元，财政总支出77674万元，总收入和总支出相抵后结余1208万元（其中中央代发地方债券结转下年支出926万元），净结余282万元，转入2013年公共财政安排使用。坚持财税联席会议制度和财税情况分析报送制度，与税务、发改、经促等主要经济职能部门以及各街道加强沟通联系，贯彻落实16项促进财税收入稳定增长工作措施，参与研究招商引资和转型升级工作，强化税源调查分析预测，突出加大土地增值税清算力度、抓好企业所得税汇算清缴的后续工作，开展属地建筑安装项目税收专项检查；压减一般性支出，重点保障教育、三农、卫生、社保等民生项目的支出。其中提高教育保障水平，拨付教育资金16412万元，使义务教育阶段生均公用经费水平提高到每年每个学生100元，实现3-6岁残疾儿童享受3年免费学前教育；确保各项支农惠农政策的落实，农林水事务支出4580万元；推动医药卫生体制综合改革，拨付医疗卫生资金5166万元，确保基本公共卫生服务经费标准达到人均25元以上。拨付社会保障和就业资金7411万元，落实城乡居民医疗保险补助水平提高到240元，从2012年7月起，城镇低保金标准由每人每月330元提高至350元，农村低保标准由每人每月230元提高至250元，确保五保供养标准全部达到当地农民人均纯收入的60%以上，继续给予全区80岁以上老人发放政府高龄津贴；拨付就业补助资金254万元，帮扶就业困难人员再就业和农村富余劳动力转移就业。拨付文化体育与传媒资金524万元，其中拨付政府机关正版软件经费62万元等；通过财政国库集中支付、预算动态监控、财务集中核算远程监控、政府采购远程监控、公务用车在线监督等监督手段，以及公务卡改革、规范财政资金专户管理，清理归并专项资金账户17个，加大对财政资金使用情况、政府采购实施情况及公务用车维修、加油、投保情况的监督管理力度，开展各项专项资金检查、会计信息质量检查，实施本级联动监督检查，开展村级清产核资工作。

【完善财政管理体制】 2011年，是区对街道财政管理体制的第二年，街道一般预算收入33931万元，增长22.73%，根据区街财政体制，各基层可用财力22408万元。

2012年，是江海区对街道财政管理体制的第三年，街道一般预算收入36385万元，增长7.23%，根据区街财政体制，各基层可用财力25686万元。开展财政管理体制调研，为调整和完善区街财政管理体制做准备。草拟《江门市江海区行政事业单位国有资产处置办法》和《江门市江海区行政事业单位国有资产管理暂行办法》报区政府批准执行。

【落实重大财政政策】 2011年起，全省实施新的财政分配体制，省市共享税种分享比例由“四六”调整为“五五”，市县分成比例下降，为此重抓税收收入和非税收入征管，确保完成收入任务。实施家电以旧换新政策，兑付家电以旧换新2800件，资金77.7万元；兑付“家电下乡”补贴产品744件，资金17.54万元；“摩托车下乡”补贴产品3372辆，资金206.08万元；农资综合直补补贴面积1865.85亩，补贴标准每亩56元，补贴资金10.45万元；种粮直补补贴面积1865.85亩，补贴标准每亩8元，补贴资金1.49万元。

2012年，实施“营改增”等结构性减税政策，一定程度影响财政增收，对“营改增”新老税制转换增加税负的试点企业，实行过渡性财政扶持政策。兑付“家电下乡”补贴产品894件，资金30.94万元；“摩托车下乡”补贴产品3338辆，资金203.55万元；农资综合直补补贴第一批面积1529.78亩，补贴标准每亩57元，补贴资金8.72万元；农资综合直补补贴第二批面积1529.78亩，补贴标准每亩17元，补贴资金2.60万元；种粮直补补贴面积1529.78亩，补贴标准每亩8元，补贴资金1.22万元。

【税费改革】 2011年，江门市下达农村税费改革专项补助，安排外海街道15万元、礼乐街道30万元，以减少税费改革后对基层的影响。

2012年，江门市下达农村税费改革专项补助，安排外海街道20万元、礼乐街道30万元。对广东省营业税改征增值税试点过程中确因新老税制转换增加税负的试点企业，实施过渡性财政扶持政策。

【重点项目支出管理】 2011年，配合做好胜利南路、LED博览交易中心、现代物流产业园三个区重点基础建设项目，分别设立相应项目公司，配合做好前期工作。胜利南路项目在原有贷款13350万元的基础上新增贷款4000万元，争取上级专项资金4772万元；LED博览交易中心项目在原有贷款1亿元的基础上，新增筹集资金5000万元，配合项目公司向市争取土地整理成本资金7000多万元。

2012年，落实项目资金2.79亿元，其中LED博览交易中心项目2.42亿元；胜利南路工程0.37亿元。

【政府债务监管】 2011年，全区地方政府性直接债务余额62980万元，比2010年年底减少4863万元。其中区本级46630万元，占总额的74.04%；街道16350万元，占总额的25.96%。

2012年，筹措和安排资金偿还各种债务合计19108万元。全区地方政府性债务余额44679万元，比2012年初减少18327万元。其中区本级29549万元，占总额的66.14%；街道15130万元，占总额的33.86%。

【民生保障支出】 2012年，拨付民生资金

25116万元，增长12.1%。其中教育、文化体育与传媒、农林水事务、资源勘探电力信息等事务民生支出有较大幅度的增长，分别增长18.1%、18.28%、50.61%和51.15%。

【收支两条线管理】 2012年，江海区非税收入管理系统正式运行，上线非税系统的执收单位17个，通过非税收入管理系统征缴的各类行事收费1849.24万元。建立健全基层医疗卫生机构“收支两条线”制度，制订经常性收支差的区、街两级分担比例，推动本区基层医疗卫生事业单位绩效工资的实施。

【行政事业资产管理】 2011年，组织开展全区142个在册登记的行政事业单位进行资产年审工作，经审定行政事业单位资产总额72752万元，负债总额23230万元，净资产49522万元，固定资产44397万元。

2012年，组织开展全区144个在册登记的行政事业单位进行资产年审工作，经审定行政事业单位资产总额7.55亿元、净资产总额5.21亿元、固定资产总额4.51亿元；在册登记的32个行政单位共有297辆公务用车，入账总值4426.95万元。在册登记的109个事业单位共有59辆公务用车，总值767.97万元。

【预算编制】 2011年，全区地方财政一般预算收入拟安排54843万元，比2010年完成数48531万元增加6309万元，增长13%。地方财政一般预算收入加上预计省市税收返还款和上年结余，减除各项上解款后，预计可支配财力62021万元，全部用于安排支出。

2012年，完善部门预算软件，把“人性化、高效化、科学化”的理念融入部门预算管理中，提升编制能力。全区地方财政一般预算收入安排57985万元，比2011年增收4296万元，增长8%。地方财政一般预算收入加上预计省市税收返还款和上年结余，减除各项上解款后，预计可支配财力64546万元，拟全部用于2012年安排支出，即公共财政支出相应安排64546万元。

【国库管理】 2011年，完善国库动态监控机制，全面实施预算执行动态监控机制，实时监控财政资金支付全过程，及时发现和有效处理违规或不规范操作问题，加强国库集中支付内控管理和外部监督，从而防范和控制财政资金支付风险。

2012年，在国库集中支付系统增设人大监督用户，以便实时了解预算的具体执行情况；推进公务卡改革，共有36个一级预算单位将纳入公务卡改革管理；对全区财政专户进行清理整顿，清理后全区专项资金专户仅为23个。

【基金管理】 2011年，基金收入2697万元，其中残疾人就业保障金418万元、城市公用事业附加（电费附加）1310万元、福利彩票公益金212万元。基金收入加上上级补助1416万元和上年结余897万元，总收入5010万元。基金支出3962万元，总收入和总支出相抵后结余1048万元。基金专款主要用于残疾人事业、城市公用事业、民政、教育等有关方面的支出。

2012年，基金收入2783万元，其中残疾人就业保障金441万元、城市公用事业附加1115万元、福利彩票公益金306万元、地方教育附加921万元。基金收入加上上级补助1529万元和上年结余1036万元，总收入5348万元。基金支出4320万元，总收入和总支出相抵后结余1036万元（其中结转下年支出

807万元），净结余229万元。基金专款主要用于残疾人事业、城市公用事业、民政、教育等有关方面的支出。

【财政监督检查】 2011年，开展5项检查，检查行政事业单位6个、企业4个、社会团体1个和局内设股室6个及属下事业单位2个，纠正违规金额496.80万元，追缴财政资金46.88万元。对2008年农村劳动力培训就业省级补助资金检查发现的问题进行处理，纠正会计核算不正确金额53.63万元。

2012年，开展4项检查，检查10个行政事业单位和1个企业。对区城市综合管理局的江海区行政小区永康路工程项目资金使用情况发现的问题进行处理，纠正违规金额1134.87万元。出台《江海区财政局本级联动监督检查工作实施方案（试行）》和《完善和加强社会组织财务监督管理工作方案》；开展建立完善民生资金监督管理机制调研，向市财政局提出相关建议。

【政府采购管理】 2011年，集公务用车维修、加油和保险管理于一体的“江海区公务用车管理系统”启用，一般办公用品实行网上询价的限额标准由2010年的1-20万元提高到2011年的1万元-30万元。开展广东省实施《中华人民共和国政府采购法》办法执行情况专项检查，发现问题及时督促整改。建成政府采购现场远程监控系统并投入使用。全年实施政府采购99次，采购预算金额4714.48万元，实际采购金额4138.89万元，节约资金575.59万元，资金节约率12.21%。节能产品采购金额258.73万元，同类产品采购总金额433.98万元，节能产品采购比重59.62%。

2012年，拟订《江门市江海区政府采购管理办法（修订稿）》；制定《江海区30万元内一般办公用品网上询价操作指南（2012年版）》，明确网上询价的采购程序、质疑、特殊情况处理等方面的监督管理；印发《关于加强江海区政府采购预算和计划编制工作的通知》（江海财采购〔2012〕17号），明晰采购预算和采购计划的编制、审核和调整的程序以及规避政府采购、公开招标的认定和处理。全年实施政府采购71次；采购预算金额2793.24万元；实际采购金额2550.59万元；节约资金242.65万元，资金节约率8.69%。

【财政投资评审】 2011年，完成预、结算项目评审涉及资金28958万元，其中评审预算项目145个，送审金额26043万元，核减金额1440万元，核减率5.53%；评审结算项目59个，送审金额2915万元，核减金额52万元，核减率1.79%。主要完成江海区审判大楼、礼乐虾蛟滘电排站和外海横沥水闸改（扩）建等项目的预算审核和永康路、银泉小学体育馆、礼乐小学教学楼和前进路改造等项目的结算审核。

2012年，累计支付工程资金272笔11040万元。审定工程预算8890万元，核减1255万元，核减率12.37%。审定工程结算13895万元，核减204万元，核减率1.45%。主要完成虾蛟滘电排站工程、横沥水闸改（扩）建工程、中沙水闸重建工程、江门河礼乐段东岸城市绿道（旧礼东桥—南环路段）工程、礼乐社会福利综合服务中心、礼东大桥重建工程和胜利南路等。对《委托中介机构评审江海区本级财政投资项目业务管理制度（试行）》进行修订。

【会计管理】 2011年，办理会计从业资格证338个，办理会计人员有关资料调入和调出70人，会计从业资格证书遗失补办手续6人，注册登记4人，变更信息21人。全区1068人报考会计从业资格考试，其中450人报考电算化考试，32人报考注册会计师考试，411人报考2012年度全国会计专业技术资格考试。启动全国会计人员信息调转平台统一办理会计人员从业资格人员档案跨省调转业务。

2012年，办理代理记账许可证2个，会计从业资格证255个，办理会计人员有关资料调入和调出135人，会计从业资格证书遗失补办手续6人，注册登记65人，变更信息13人。全区762人报考会计从业资格考试，411人报考电算化考试，9人报考注册会计师考试。参加全国会计资格考试合格43人，其中中级资格考试合格11人，初级资格考试合格32人。组织江海区会计领域人士及关心支持会计工作的各界人士参加中国会计文化建设征文活动，江南财政所梁子贵《关于不做假账之社会环境的思考》一文获得二等奖。

【财政核算中心】 2011年，全区财务统管账103套，其中按照单位及审计局要求对原江海区人民政府办公室行政账分设为江海区人民政府办公室、打私办、胜利南指挥部、信访维稳中心、江珠高速公路北延线项目征地拆迁工作领导小组办公室、三旧改造办和污染源防治普查办共7套账，共用一个银行存款账户，合并7套数据做会计决算。新增江海区工商联账1套，基建账2套。档案室保管2001－2011年会计资料共14988册，其中凭证12034册，账簿2063册，报表842册，移交资料20册，其他29册。

2012年，到位人员7人（编制7人），统管会计账101套（行政事业账75套，基建账24套，公司账2套），档案室保管会计资料15002册，其中凭证12048册，账簿2061册，报表842册，移交资料20册，其他资料31册。

□ 国税

【简述】 2011年，实现工商税收收入79871万元，增长26.42%，增收16694万元。其中增值税收入65720万元，增长28.90%，增收14733万元；企业所得税收入14029万元，增长16.41%，增收1978万元；剔除免抵调库，实现直接税收收入63871万元，增长17.89%，增收9694万元。实现区级一般预算收入9811万元，增长23.10%，增收1841万元。

2012年，实现工商税收收入73857万元，其中增值税收入59474万元，下降9.50%，减收6246万元；企业所得税收入14208万元，增长1.28%，增收179万元；剔除免抵调库，实现直接税收收入64757万元，增长1.39%，增收886万元。实现区级一般预算收入9033万元，下降7.93%，减收778万元。

【税收管理】 2011年，加强重点税源企业的跟踪管理，及时掌握重点税源企业的生产经营状况和纳税变化情况。完善纳税评估机制，注重日常评估和专项评估相结合，重点对开票数额大、低税负及制衣等行业的进行重点纳税评估。汇算清缴与纳税评估相结合，强化评估管理和报表审核，汇缴企业亏损面仅为11.32%，汇缴企业亏损面连续三年大幅下降。建立监控预警、税源动态管理和巡查评估三项机制，做好达标小规模纳税人认定及后续管理，加强门前代开发票跟踪管理。加强零散税源控管，开展查“三假”（假停业、假失踪和假注销）工作，合理调增个体工商户定额，税额调增幅度18%。

2012年，实施营业税改征增值税试点改革，全区210户纳税人被确认为首批试点范围。加强对达标及临界点小规模纳税人的监控，把零申报或申报异常的纳税人列为重点监控对象，26户超标小规模纳税人认定为一般纳税人。开展企业所得税汇算清缴工作，汇算清缴增收821万元。对金属制造业、灯饰行业、销售收入高、税负偏低、下脚料产废率不正常的企业开展纳税评估，查补税款183万元。实施灯饰行业专业化管理，灯饰企业一般纳税人户数增长61%。实现税款入库4571万元，增长150.6%。强化“双定户”的定额管理，个体工商户税款入库1777万元。

【税收执法】 2011年，开展打击发票违法犯罪活动、混凝土搅拌经销、房地产、化工行业和资本性交易项目等税收专项检查和加强日常检查，立案检查企业18户，查补税款、罚款和滞纳金607万元，核查和处理虚假发票160份。加强执法管理信息系统监控管理，强化问题剖析研究、强化人机结合跟踪监控及强化考核通报和经济惩戒，提高执法考核正确率。

2012年，开展以减免税、简易征收和滞纳金及欠税清理等情况为重要检查内容的2012年税收执法督察工作。重点开展化工行业和成品油行业专项检查查补税款、滞纳金罚款309万元。查处2宗接受虚开发票案，涉税金额205万元，查补税款38.6万元。立案检查企业17户，查补税款、罚款和滞纳金478万元。

【税收宣传】 2011年，规范医药、灯饰、汽修及腊味行业管理，举办4期小规模纳税人税收政策宣传会，引导企业转变经营理念。组建全市首个“区级”税收宣传教育基地、举办全区中小学生“我与税收有个约会”税宣文明风采大赛。

2012年，举办2012年江海区“税务杯”羽毛球邀请赛暨2011年度纳税十强企业排行榜发布会；推行税法进校园，举办“我的税收第一课”税收知识讲座和办税服务厅“开放日”活动；举办税收政策宣讲会。

【发票管理】 2011年，对使用千元版以上普通发票纳税人推广使用网络发票管理系统，使用率98%，大部分用户基本实现在线网络验票。抓好新版普通发票的宣传和监控，全面清理核销旧版发票。

2012年，推广使用网络发票实时查验平台，倡导维权辨伪。开展网络发票使用情况专项检查，共检查用票户353户，网络发票56415份。

【纳税服务】 2011年，整合办税服务厅零散的条形显示屏系统、排队叫号系统和大屏幕显示系统，实现三大系统信息发布同步管理。推广应用网上抄报税系统，网上抄报税推广进度比例88.42%。落实小型微利企业等各项结构性减免税政策，抓好龙头企业的政策辅导和办税服务，帮扶企业渡过难关。抓好网站信息发布和及时更新维护，利用政务公开网向纳税人宣传税收政策、公开税收信息。

2012年，定期召开国地税联席会议。联合区地税局开展2010－2011年纳税信用等级评定工作。做好高新技术企业的管理服务工作。落实企业所得税优惠政策、提高增值税起征点、免收小型微利企业发票工本费、免征蔬菜、部分鲜活肉蛋产品流通环节增值税等优惠政策。开通使用财务会计报表网上报送功能，启用自主研发的新版“纳税人社区”网络信息交换平台，推广使用“纳税人网络学堂”。

【出口退税管理】 2011年，继续加强出口退税的管理，严格按照安全、高效的原则办理出口退税，建立出口退税预警工作机制。办理出口退税16089万元，增长19.66%，免抵税额16000万元，增长77.78%，办理出口退（免）税总额再创历史新高。

2012年，贯彻执行出口退税新政策，强化免抵退税审核管理，规范对外支付税务证明的开具。对非居民企业管理实行合同一台账一账簿“三连营”管理模式。共办理出口退税16855万元，增长4.76%，免抵税额9100万元，减少43.13%。

【税务信息化】 2011年，自行设计开发企业进销存监控数据平台，通过录入购销客户和进销商品信息数据，填补税务机关不再保管企业抵扣联后缺失企业经营资料的空白。开通“客服易”自动语音短信平台，为纳税人提供更人性化的办税服务。

2012年，自主研发“江海国税查询系统”，为日常税收管理新增开发“企业所得税档案管理”、“灯饰行业管理”、“所得税季度环比变动率”等模块。使用江门市国税系统内网数字证书，推广使用税收执法风险防御系统。

□ 地税

【简述】 2011年，组织各项税费收入148442万元（不含省固定）增长37.66%，增收40610万元。其中地方税收收入71354万元，增长31.27%，增收16997万元。市区库收入39911万元，增长32.38%，增收9762万元。征收社保基金收入58649万元，增长48.07%，征缴率98.98%。征收契税收入4678万元，增长22.46%；耕地占用税收入3006万元，下降29.3%。

2012年，组织各项税费收入171348万元（不含省固定）增长15.43%，增收22906万元。其中地方税收收入89902万元，增长13.75%，增收10864万元。市区库收入55809万元，增长17.26%，增收8214万元。区级财政一般预算收入28501万元，增长17.3%，增收4204万元。征收社保费69711万元，增长18.86%，征缴率99.33%。另外，征收堤围防护费4186万元，增长3.15%；征收教育费附加3869万元，增长9.39%；征收地方教育附加2584万元，增长21.54%。

【税收管理】 2011年，推进涉税信息交换，共取得涉税信息6900条，包括土地出让资料、闲置土地情况、报建项目和企业登记情况等，累计增加税收超过5000万元。坚持“同征、同管、同查、同服务”的社保费催报催缴工作，提高征缴率。做好收入预测，开展税收征管调研，掌握税源变化情况。做好房地产企业税收的催缴追收工作房地产业税收收入2.105亿元，增长60.06%，税收贡献率46.25%。税收增收5757万元，其中新增涉外城建税3697万元，土地增值税因预征率提高而增收2060万元。加大纳税评估力度，向评估要税收。累计日常评估收入2708.41万元，专项评估128.34万元，合计2836.75万元。

2012年，成立“强基础”规划专项工作小组和促收领导小组，强化对房地产业和建安行业的征管；加强股权转让所得税征管；做好企业所得税汇算清缴工作和年所得12万元以上个人所得税自行纳税申报；做好存量房交易评估系统的上线管理和营业税改征增值税工作；加强土地增值税清算，加大清理欠税的力度。

【依法治税】 2011年，坚持规范执法，把“疏于管理、淡化责任”转变为“实时监控、责任明确”，落实各项税收减免总额59.97万元。

开展个人所得税专项检查、企业所得税评估和税收专项检查，加大对群众举报案件的查处，堵塞税收漏洞。

2012年，坚持规范执法，把“粗放管理、责任不清”转变为“科学监控、责任明确”，落实各项税收减免总额2682.3万元。继续开展个人所得税专项检查、企业所得税评估和税收专项检查。

【税收宣传】 2011年，开展全国第20个以“税收•发展•民生”为主题的税收宣传月活动。联合国税等部门，创新税收宣传形式，扩大宣传范围。在外海街道中华大道建设“税费宣传示范街”；在礼乐中学建立江海区首个税收宣传教育基地；举办江海区中小学生“我与税收有个约会”文明风采大赛暨2010年度纳税十强企业排行榜发布会等，在社会上形成有效的税收宣传影响。

2012年，推广纳税服务平台应用，定期迅速发布税收新政策法规，畅通纳税人对税收和社保问题的咨询渠道；加强与纳税人的沟通，举办“地税开放日”活动；快速处理“12345”“12366”平台接收的投诉和咨询。开展全国第21个以“税收•发展•民生”为主题的税收宣传月活动。联合国税等部门，创新税收宣传形式，扩大宣传范围。举办2012年江海区“税务杯”羽毛球邀请赛暨2011年度纳税十强企业排行榜发布会；开展税法宣传进校园活动，举办“我的税收第一课”税收知识讲座活动，建立税收宣传栏；举办税收宣传月专题摄影比赛等。

【税收信息化】 2011-2012年，进一步丰富自助办税柜员机功能，以缓解服务大厅工作压力，方便纳税人。建立“电子”地图，全面监控工程项目税收。推广纳税服务平台应用，畅通纳税人对税收和社保问题的咨询渠道，提高纳税人的廉政监督作用。

科教文卫体

JIANG HAI YEARBOOK

科学技术

【省部产学研合作】 2011年，全区获省以上科技计划立项9个，其中产学研结合项目6个，包括基于大功率白光LED路灯照明的高效散热模组、驱动电源模组及配光的关键性技术研究；高级艺术玻璃产品开发及制造工艺技术研究；无溶剂单组分聚氨酯胶粘剂关键技术开发；小排量可变气道四气门摩托车发动机；原位插层改性制备高性能PET柔性扁平线缆（FFC）热封膜等。其中由江门奥伦德光电有限公司、中山大学、华南理工作合用科技攻关计划获得广东省战略性新兴产业专项资金LED产业项目立项。

【科技成果鉴定和管理】 2011年，8项科技研究项目通过了市以上科技成果鉴定，其中科隆生物技术股份有限公司的红曲酶菌种新工艺研究与工业生产、低橘霉素高品质红曲红的研发与产业化生产，通过省级成果鉴定；高性能低能耗共挤纸塑（铝）软包材生产线及关键技术研发、液化甘蔗渣制造环境友好的聚氨酯硬泡保温材料和固定化β-半乳糖苷酶的研究，通过省项目结题验收。9个成果参与区级科技奖评审，推荐6个参与市级科技奖评比；省级科技奖申报2项；获区以上科学技术奖励项目18个。其中红曲酶菌种新工艺研究与工业生产、高性能低能耗共挤纸塑（铝）软包材料生产线及关键技术研发等8个项目，获得市以上的科学技术奖励。

【高新技术产业】 2011年，组织9家企业申报国家级高新技术企业，第一批2家通过认定，第二批6家通过认定。包括江门安磁电子有限公司、广东恒健制药有限公司、江门隆固机械制造有限公司、亚泰数控抛光有限公司、江门市江海区凯辉电器厂有限公司、江门市得实计算机外部设备有限公司、江门市江海区嘉诺化工发展有限公司、江门市安诺特炊具制造有限公司和江门市丽比特照明有限公司。外地迁入国家级高新技术企业1家为江门市蒙德电器有限公司。

【民营科技企业】 2011年，组织2个批次共10家企业申报省级民营企业全部通过认定。组织4家企业申报市级民营科技企业项目，全部通过认定。其中省级民营科技企业包括江门市奇德工程塑料科技有限公司、江门市中意灯饰水晶有限公司、广东聚科照明股份有限公司、江门市新侨光电科技有限公司、江门市江海区凯辉光电器材厂有限公司、永坚精机（江门）有限公司、江门市长利光电科技有限公司、江门市高力依科技实业有限公司、江门市联创发展有限公司和江门吉华光电精密有限公司。市级民营科技企业包括永坚精机(江门)有限公司、江门美格顿光电科技有限公司、江门市高翔自动化设备有限公司和江门市创艺电器有限公司。组织2006年以来省级民营科技企复查工作，提交20多份复审材料，全部重新取得省级民营科技企业证书。

【高新技术产品认定】 2011年，组织12家企业共32个产品申报广东省高新技术产品，包括醋酸丁酯、低聚半乳糖、环保型低VOC高温汽车面漆等27个产品取得广东省高新技术产品证书，至此全区高新技术产品总数120多个次。

【科技型中小企业技术创新专项基金】 2011年，组织12家企业申报各级中小型企业创新基金项目，其中6家企业获市级立项，4家获省级立项，获市以上扶持资金200多万元。包括新一代高性能环保硅能蓄电池、多元接枝复合共聚一步法制备造纸干强剂；塑料件表面质量自动检测控制系统、地沟油资源化利用和无害化处理生产精细天然皂粉、环保微生物型厨余垃圾处理系统的产业化、大功率和贴片式(LED)封装产业化、高效光伏扬水系统的研制及产业化应用、高效节能空气能热水器、功能导电聚丙烯高分子材料和无甲醛薄膜胶。

【知识产权管理】 2011年，申报广东省知识产权优势企业项目4个；江门市知识产权优企业项目3个，批准2个。推动中港宝田、地尔电器和其他外观专利较多的小家电或灯具照明行业企业申报省级以上外观专利奖。

2011年，申请专利898件，其中发明156件、实用新型313件、外观429件；专利申请量增长10.07%，发明专利申请量增长11%；授权687件，其中授权发明48件，实用新型267件，外观372件。

【科技计划项目】 2011年，组织申报省级以上科技项目33项，申报市级科技计划36项，申报区级以上科技计划43项。获省以上科技计划项目立项9个，市级科技计划立项17个。

2012年，组织申报省重大专项7个，其中科恒与外海电器厂2个企业在5月19日接受省答辩，并获得省100万元的扶持资金；组织嘉诺化工和量子高科2家企业申报省第二批战略性新兴产业、长利光电等8家企业申报省第三批战略性新兴产业LED专项；申报市级科技项目3个，其中医疗卫生项目1个，社会发展类2个；区级科技计划收到45个申报项目。通过专家评审并确定立项35个项目。嘉诺化工、亿源、银帆三家企业申报并通过市级工程研究开发中心认定。

【科技统计】 2011年，组织52家企业进行广东省高技术产品统计、35家企业进行民营科技企业统计、21家企业（包括原省级高企）进行国家高新技术产业开发区企业统计，完成年度全区科技统计工作；19家企业进行省、市两级的工程技术研究开发中心调查统计。

【科技产业政策调研】 2011年，通过组织专项调研，拟出《关于贯彻落实市科技局〈关于鼓励企业加大研发投入的工作意见〉的意见》《江门市江海区区域现代农业技术需求调研》《关于我区设立高合金激光高速熔敷研究中心的意见》和《隆美雅光电科技公司LED灯散热系统初步评价》等科技产业政策调研材料。

【科技下乡活动】 2012年，协助市科技局在东湖广场开展知识产权宣传，组织10多家企业向群众展示企业专利产品；在各街道宣传“低碳生活”“节能减排”挂图展览；开展人口计生和生殖健康知识的有奖问答、义诊等活动。

【科技兴农】 2012年，江海区农林和水务局与江门市植保站、市农业技术培训中心联合在礼乐街道英南村举办农药安全使用技术培训班70人参加了培训，培训班现场派发作物病虫害防治、优良新品种推介等资料300多份，免费发放一批农资产品。

教育

【完善教育资助政策】 2011年，继续落实省下达的每学期对小学、初中学生进行生活补助的制度，半学年有78名学生受惠；建立普通高中国家助学金制度，投入51万元资助340名高中学生；继续落实江门市普通高中困难家庭学生资助和困难复转退军人子女资助制度，本学年分别有83人和21人受惠。

【教师工资福利待遇】 2011年，实施中小学教师工资福利待遇“两相当”，全区中小学教师平均工资水平达到当地公务员平均工资水平的100%。

【高考中考】 2011年，全区高考报考人数967人，入围人数742人，入围率76.7%；本科上线人数144人，增加32人，增长29%。

【基本情况】 2011年，现有公办中小学校20所，其中完全中学2所，初级中学4所，小学14所。在校学生24063人，其中高中学生3450人，初中学生6911人，小学生13702人。公办学校教职工1290人。九年一贯制民办学校3所，在校学生3149人，其中初中学生828人，小学生2321人。幼儿园44所，在园幼儿7613人。制订《江海区教育事业“十二五”规划》和《江门市江海区创建广东省推进教育现代化先进区工作方案》，提出力争在2014年前把江海区创建成为广东省推进教育现代化先进区的工作目标。全区公办中小学教职工共有1288人。小学有653人，其中大专以上学历人数占94 %；初中有413 人，其中本科以上学历人数占88 %；高中222人，本科以上学历占95%。

附：

专任教师学历结构

类别	专任教师人数	学历合格情况		研究生程度（含课程班）		本科毕业		专科毕业		中师毕业（高中阶段）	
		人数	%	人数	%	人数	%	人数	%	人数	%
小学	649	649	100	3	1	414	64	195	30	37	6
初中	398	398	100	8	2	355	90	30	8	5	2
高中	213	213	100	14	7	196	92	3	2	0	0
合计	1260	1260	100	24	2	965	77	228	18	42	4

专任教师专业技术职务结构

类别	专任教师人数	副高级职务		中级职务		初级职务		未评级	
		人数	%	人数	%	人数	%	人数	%
小学	649	2	1	505	78	123	19	19	3
初中	398	49	11	280	72	64	16	5	2
高中	213	39	16	104	52	60	29	10	5
合计	1260	90	7	889	72	247	20	34	3

专任教师年龄结构

类别	专任教师人数	其中女教师		30岁及以下		31—40岁		41—50岁		51—60岁	
		人数	%	人数	%	人数	%	人数	%	人数	%
小学	649	491	76	118	19	311	48	167	26	52	8
初中	398	217	55	64	16	174	44	120	31	40	10
高中	213	97	46	60	2	101	48	41	20	11	6
合计	1260	805	64	242	20	586	47	328	26	103	9

【教育经费】 2011年，义务教育阶段学校就读的本省所有户籍学生均能享受到免收书杂费入学的待遇，春季和秋季2个学期分别有16913人和16740人受惠，免收书杂费金额1283.1万元。生均公用经费得到保障，义务教育阶段的生均公用经费均超过省市要求的标准，即小学550.68元，初中831.83元。

2012年，城乡同享免费义务教育，在读的本省户籍学生和符合省规定条件的省外户籍学生均能享受到免收书杂费入学的待遇，受惠33186人次；力争生均公用经费提高至每个学生每年100元；即小学662.64元、初中932.19元；继续落实省下达的每学期对农村中小学困难家庭子女进行生活补助的制度，20%的比例享受特困生待遇，补助提高到每学期小学250元，初中375元；落实普通高中国家助学金制度，343名学生受惠。

【创建优质学校】 2011年，经区政府批准，成立由校长、园长和市基础教育督学等26位人员组成的专兼职督学队伍。

2012年，经江门市一级幼儿园评估专家组评估，同意江海区机关幼儿园为江门市一级幼儿园。经江门市语言文字规范化示范校评估小组评估，外海中心小学被评为“江门市语言文字规范化示范学校”。

【基础设施建设】 2011年，外海中心小学校本部启用。推进新民小学教学楼的建设，确保在2012年投入使用；筹备完全中学运动场改造；完善校安工程档案，继续监督学校安全使用校舍；

2012年，投入建设资金854万元，包括新民小学教学楼投入300万元，外海中学、礼乐中学和麻一佑启小学运动场地改造投入554万元，以上工程如期竣工投入使用。

【普及九年义务教育】 2011年，高标准普及九年义务教育，小学适龄儿童入学率100%，年辍学率控制为零，小学毕业生升学率100%；初中毛入学率127.48%；适龄残疾儿童入学率在100%。高质量普及高中阶段教育，高中阶段毛入学率96.02%，高中阶段优质学位100%。加快发展学前教育，学前三年入园率99.04%。义务教育阶段规范化学校100%。各项教育指标均达到市或超过市定标准。共招小学一年级新生2386名，初中一年级新生2340名。普通高中共录取新生1207名，加上区外普高、职高、中专以及技工学校等录取人数，初中升学率99.08%。区外户口学生在江海区义务教育阶段学校就读13476人，占全区义务教育阶段学生总数的48.7%。区外户口学生入读公办学校10296人，占区外户口学生在校生总数的76.4%。通过积分制入户农民工其子女100%入读义务教育阶段公办学校。依托江门市启智学校推荐22名江海区户籍残疾学生就读；安排自愿留下的15名残疾学生随校随班就读，安排辖区内市福利院的残疾学生在就近的滘北小学就读。

2012年，高标准普及九年义务教育，小学适龄儿童入学率100%，年辍学率控制为零，小学毕业生升学率100%；初中毛入学率100%，辍学率0.3%；适龄残疾儿童入学率100%。义务教育阶段规范化学校100%，各项教育指标均达到市或超过市定标准；根据实际制订义务教育阶段学校招生简章，本地户籍适龄儿童入学率100%，确保通过积分制入户的外来工其子女入读公办学校100%。公办学校共有学生24206人，其中区外户籍9976人，占41.2%。公办小学一年级招生2539人，其中区外户籍占54.8%，首次超过本区学生；初中一年级新生2192人，其中区外户籍占38%。

【民办教育】 2011年，全区共有文昌中英文学校、博雅学校、阳光学校和陈伯坛实验学校等4所九年一贯制民办学校。民办学校在校学生3693人，占全区义务教育阶段学生总人数的15.2%。

2012年，坚持“积极鼓励，大力支持，正确引导，加强管理”的方针，完善民办学校准入和退出制度，定期开展年审和督查活动。大力扶持接收外来工子女就读的民办学校并纳入义务教育阶段学校管理范畴，确保民办学校在分类定级、教育培训、职称评定、表彰奖励等方面与公办学校具有同等地位；确保民办学校师生享有与公办学校师生参加教育部门举办的各类活动同等权利。全区共有文昌中英文学校、博雅学校、阳光学校和陈伯坛实验学校等4所九年一贯制民办学校，民办学校在校学生3955人，占义务教育阶段学生总人数的14%。

【学前教育管理】 2011年，编制全区学前三年行动计划，各街道按照要求建立中心幼儿园，其中外海、礼乐、江南等街道的中心幼儿园，为市一级幼儿园。

2012年，区财政预算安排60万元支持学前教育的发展，全区学前三年入园率99.06%，学前三年入园率99.06%。对全区幼儿园的产权归属、师资队伍建设和在建小区幼儿园和中心幼儿园的发展状况进行调研，制订《江海区公办（公助）幼儿园实施方案》、《江海区公办中心幼儿园发展方案》、《江海区托幼机构教师大专学历培训补助计划》和《江海区等级优质幼儿园奖励方案》等，以落实国家学前教育发展政策。

【教师公开招聘】 2011年，公开招聘教师39名，其中高中教师15名，小学教师24名，本次招聘实行竞争性选拔考试。

2012年，实行竞争性选拔考试，择优录用，公开招聘教师45人，其中高中教师20人、初中教师4人、小学教师21人。

【教师继续教育】 2011年，组织中小学校长培训，其中国培中小学校长远程培训65人、农村中心小学校长省级培训1人、校长提高班2人、研修班3人、校长省内挂职2人；组织完成了中小学教师培训，其中公需课培训659人、教育技术中级培训129人、素质提升非学历培训

191人、高中教师职务培训89人、英特尔培训20人、微软携手助学培训22人、国培义务教育骨干教师远程培训25人；组织357名教师参加心理健康教育C证培训，40名教师参加心理健康教育B证培训。

2012年，完成英特尔V10课程160人参加培训，高中职务培训196人，微软项目培训32人，华东师大骨干教师培训12人，北师大骨干教师培训13人，省骨干教师培训10人，义务教育教师学历与综合素质提升培训264人，中级教育技术能力培训21人。组织江海区中小学校长高级研修班和香港学校交流活动。

【教育科研成效】 2011年，制订《江海区教育科研“十二五”规划》和《江海区教育科研“十二五”课题指南》，18所学校被定为江海区教育科研“十二五”规划实验基地、70项课题获得区级立项。指导和推荐7个课题参加区级以上课题申报并获得立项。对已立项的“十一五”省、市、区级课题进行指导和检查，4个课题成功结题。全区教师参加各类优质课比赛、教学课例和论文评比等活动，获市以上奖励306人次。学生在各类竞赛中，获国家级以上奖161人次、省级奖242人次、市级奖271人次。

2012年，组织教师参加省、市各项教学竞赛，9人次获省级奖励，3人次获市级奖励；组织和指导学校参加各学科学生竞赛，52人次获国家级奖励，9人次获省级奖励，168人次获市级奖励，区教研室、十一中和外海中学获得2012年全国初中学生英语能力竞赛优秀组织奖。

【校安工程】 2011年，实施中小学校舍安全工程，100%完成改造任务。投入3000多万元建成外海中心小学新校区并投入使用；投入500多万元建成礼乐中心小学综合教学楼；投入120万元完成第二批中小学校的心理咨询室建设，公办中小学100%配备心理咨询室。完成10栋建筑面积11151平方米的校舍整改，新建校舍3栋，建筑面积20354平方米，完成校安工程任务。

2012年，开展交通安全教育和联合整治校车专项行动；制订年中小学防溺水工作方案，做好各项预防工作，开展防控春季传染病工作，通过检查和联合整治，提高中小学、幼儿园食堂食品安全卫生管理水平；组织防震、防火、防空等应急演练，提高师生应急自救能力。

【高中阶段教育】 2012年，高质量普及高中阶段教育，高中阶段毛入学率在96.08%，高中阶段优质学位100%。普通高中共录取新生1248名，加上区外普高、职高、中专以及技工学校等录取人数，初中升学率100%。参加普通高考本科上线人数145人，专科以上入围率87.4%。区教育局获得“市高考质量优秀管理奖”，外海中学、礼乐中学获得“市高考丰收奖”，外海中学通过高中教学水平评估并获优秀等次。

【深化人事制度改革】 2012年，深化人事制度改革，做好教师职称评聘工作。申报职称有中学高级62人；中学一级51人；小学高级47人；初级58人。通过竞岗上岗和考核聘任两种方式完成校长考核和第七轮换届工作。

【教学研究活动】 2012年，采取多种形式，组织教师外出观摩学习，各学科开展形式多样的教师培训活动，举办各项教学竞赛活动，并组织相关学科教师参与听课评课，启动并探讨江海区“高效课堂”教学模式。

【教育信息化建设】 2012年，推进信息技术与学科教学的整合，实现区域教育资源优质化，完成外海中学、新民小学申报广东省第五批现代教育技术实验学校确认工作。在此基础上，再申报一所江门市教育信息化示范学校。第十一中学投入40多万元，配置1个计算机室，更新机房配置，以高分通过江门市教育信息化示范学校的评估。至此，共有3所教育信息化示范学校，占全区学校15%。

【学校布局调整】 2012年，为迎接省教育厅对外海街道“教育强街”的复评，结合《江海区基础教育“十二五”发展规划》精神和外海街道的实际，对外海街道部分学校进行合并调整，包括沙清小学合并外海中心小学；外海中心小学和沙清小学人、财、物合并，撤销沙清小学；外海中心小学迁至新校址，沙清小学、外海中心小学校本部、直冲校区的学生安排到新校址上课。

文化 体育 新闻出版

【新闻出版、包装印刷业管理】 2011年，完善协会网站服务功能，为行业会员提供更好的信息服务；组织行业会员参加广州第十八届华南印刷工业展；组织行业理事会成员参加江门市蓬江区印刷协会换届选举就职典礼和江门市印刷业商会成立七周年志庆活动。

【文艺创作】 2011年，参与“五个一工程”的文艺创作作品，包括礼乐中学邓荣忠创作小品《猜猜她是谁》获江门市群众文艺作品评选三等奖；区文化馆何峰创作的歌曲《永远的承诺》入选全国第二届“生命之歌”安全生产征歌活动；区音协创作的歌曲作品《五邑，我热恋的故乡》（何峰词曲）参加江门市音协新年音乐会的演出。

2012年，邱菁萍创作的舞蹈《开饭了》荣获中共江门市委宣传部、江门市文学艺术界联合会主办的江门市第十届“五个一工程”文艺精品奖入围作品奖。邱菁萍创作的百姓艺术健康舞《厨房欢歌》荣获中共广东省委宣传部、广东省文学艺术界联合会主办的2012广东省百姓艺术健康舞展演最佳编创奖。邱菁萍创作的百姓艺术健康舞《相亲相爱》荣获中共广东省委宣传部、广东省文学艺术界联合会主办的2012广东省百姓艺术健康舞展演最佳编创奖。曾小洁创作表演唱《乐在其中》获广东省第四届老年艺术节二等奖。邓荣宗创作话剧小品《绿化树》获江门市群众文艺作品一等奖。懒帆创作话剧小品《较量》获江门市群众文艺作品二等奖。

【文化市场综合执法】 2011年，贯彻落实《文化市场行政执法管理办法》，每家网吧检查的次数不少于15次，加大8小时以外特别是营业高峰时段的检查力度，对网吧出动执法人员1854人次，检查网吧496家次；启动“刷第二代身份证上网制度”，对上网消费者进行实名登记，并保存登记内容和记录备份；江门市网吧远程网络实时监控中心的设立，为依法管理网吧提供技术手段，全区网吧全部安装摄像设备，实施实时监控，并协同工商、公安部门对游艺娱乐场所的机型、机种和未成年人进入等问题加强管理。

2012年，配合区工商分局对无证娱乐场所经营活动进行查处，取缔无证经营游艺娱乐场所3家、“黑网吧”2家。全区网吧安装摄像设备并实施实时监控，进一步加强和规范网吧的管理。

【体育基础设施建设】 2011年，全区文体活动面积34.85万平方米，人均面积1.394平方米。在完成44个文体小广场基础上，把外海街道茶庵寺公园侧打造面积5000多平方米全民健身广场，建有标准灯光篮球场地，乒乓球、羽毛球和健身路径。继续实施外海街道沙津横社区沿江路、礼乐街道向荣村、滘头街道仁美和银星新村文体小广场规划、改造工作。

【全民健身运动】 2011年，以“全民健身”为主题，结合“体育节”推进群众体育活动。举办龙狮贺新春机关干部游园会、江海区万千农村篮球选拔赛，组织区威风鼓队、机关干部300人参加江门市慈善公益万人行活动，组队参加江门市第七届“中国移动农信通杯”农民运动会。抓好“体育进乡村社区”工作，贯彻落实《全民健身计划纲要》，组织300多名不同年龄的群众、企业人员参加国民体质监测及开展三级社会体育指导员的培训。建立江海区体育舞蹈协会和江海区龙狮武术协会。

【群众性体育活动】 2011年，开展农民运动会、赛艇、篮球、龙狮武术等传统特色群体活动，组织举办30多项群众体育活动，包括江门市“新明亮杯”羽毛球团体赛、龙狮贺新春机关干部游园会和全区机关干部拔河赛。组织礼乐街道英南村篮球队代表江门市参加广东省“体彩杯”首届万千农村篮球赛并获得男子篮球第四名。会同市体育局在外海、礼乐街道组织开展“体彩杯”体育进社区和“顶瓜瓜”挑战投篮球王活动，组织江海区礼乐龙舟队代表市参加2011香港国际龙舟邀请赛并取得第一名，组队参加江门市“体彩杯”体育系统运动会，组织外海中学、礼乐中学和礼乐小学参加江门市“体彩杯”中小学生篮球赛。举办有600人基层群众参加江海区百姓健康舞比赛活动，组队参加江门市及广东省百姓健康舞比赛并分别获得金奖，比赛队伍还参加江门市承办广东省农民运动会开幕式表演节目。结合江海区旅游美食节，组织300多名来自各行业的代表开展白水带登山活动。

【体育竞技与交流】 2011年，在江门市第七届运动会期间，组团139人参加比赛，其中运动员114人，教练员15人，参加参赛项目有10大项、22小项，取得14面金牌、12面银牌、21面铜牌的成绩，团体总分680分，代表团分别获得体育道德风尚奖及射箭项目最佳赛区。

【刊物出版】 2011年，组织专家、学者编写和出版《陈少白传》，主笔司徒沛。

【文艺下乡演出】 2011年，为庆祝中国共产党成立九十周年，由区文化馆承办和组织20场文艺下乡演出，分别到外海街道麻一村、南山村，礼乐街道向前村、英南村，滘头街道永星村和滘北街道北湾社区，共演出戏剧、曲艺5场，歌舞5场。

2012年，文艺下乡演出活动60多场，分别是外海街道20场、礼乐街道30场、江南街道3场、滘头街道4场、滘北街道3场。

【文化体制改革】 2011年，区委宣传部与区文体旅游局合署办公，区委宣传部挂区文明办牌子，区文学艺术界联合会机关归口区委宣传部（区文体旅游局）管理，原区经贸局的旅游职能划归区文体旅游局。

2012年，经江海区机构编制委员会办公室批准，江海区文化馆为公益一类事业单位，其主要任务负责全区群众性文化活动的策划、组织、辅导和培训；收集和整理有关群众艺术的资料和档案；负责执行全区非物质文化遗产保护的规划、计划和工作规范；指导和组织实施全区非物质文化遗产的普查、认定、申报、保护和交流传播工作；组织开展群众文化艺术创作和理论研究等相关工作。

【群众文化活动】 2011年，组织举办江海区直机关龙狮贺新春民间艺术汇演；与江门市五邑图书馆、礼乐街道在礼乐街道图书馆联合举办“四•二三世界读书日”活动，200多名小学生和社区群众参加，活动有知识问答、成语接龙、猜谜、英语游戏、现场漫画制作等；在外海文化中心举办“红歌飞过90年——庆祝中国共产党成立九十周年”歌手大赛；承办江海区文化旅游节暨美食节；在江南文化广场举行以我舞蹈、我健康、我快乐为主题的“百姓健康舞大赛”；在礼乐街道文化中心举办“扬正气促和谐”江海区党风廉政建设文艺晚会。送电影下乡超过409场次，送戏下乡30场次。

2012年，送戏下乡30场，送电影下乡放映408场次；举办区机关游园会、区春节文艺演出、“幸福江海情”各界妇女代表联欢会、百姓健康舞推广计划活动、文艺下乡下基层慰问演出、区党风廉政建设文艺演出和区首届文化艺术节开幕式暨南粤幸福活动周。

【非物质文化遗产保护】 2011－2012年，赛龙舟（礼乐龙舟）准备申报国家级非物质文化遗产项目，申报文本基本完成，开展专题片制作。

【图书馆管理】 2011年，加快街道农家书屋（社区图书室）建设，设立外海街道麻三村、东南村，礼乐街道镇龙村、五四村，江南街道新中社区、蓬苑社区，滘头街道永明社区共7间农家书屋（社区图书室）。全区建成农家书屋（社区图书室）43间。争取市五邑图书馆支持，在外海街道前进村设立五邑图书馆前进村流动图书室，由市五邑图书馆定期更新图书。全区设立五邑图书馆分馆或流动图书室7间。

2012年，完成新建社区图书室（农家书屋）17家，全区社区图书室（农家书屋）建成59家。

【基层文化站】 2012年，江海区基层文化站5个，均为省达标文化站。外海街道文化站为省特级文化站，礼乐街道、江南街道、滘头街道、滘北街道文化站为省二级站。基层文化站在各街道负责开展基层文化工作，组织各种文化活动。

【旅游宣传】 2011年，举办2011江海区文化旅游暨美食节；在白水带风景区举办2011江海区文化旅游暨美食节开幕式，安排“走进绿色•江海”环保创意登山比赛、“寻找江海最美”江海文化旅游摄影展览、文艺表演和特色美食展等活动，体现绿色、环保和美的主题。

2012年，举办江海区首届文化艺术节暨南粤幸福活动周开幕式暨南粤幸福活动周，连续8天，文化艺术节期间的美食和文艺节目吸引上万群众参与。

【旅游资源开发建设】 2011－2012年，推进旅游酒店项目。海逸酒店和鹿茵酒店是新上马的星级酒店，是全区重点项目之一，正在加快建设。策划以礼乐南冲水闸附近为中心，规划建设占地面积3000亩的农业生态休闲旅游园，打造发展城郊型都市特色农业和休闲旅游度假业。落实规划700-1000亩，完成前期开发准备工作，并在市招商推介会进行专题推介。

【文化信息资源共享工程】 2012年，区级和街道文化信息资源共享工程建成并投入使用，通过互联网等途径充分利用文化共享工程资源，对外开展文化信息资源服务，促进全区公共文化服务体系快速发展。

【文物保护和管理】 2012年，组织街道对文物保护单位进行安全检查，对外海五大祠、桃溪祠和礼乐跨龙桥等市级文物保护单位进行维修。

【广播电视管理】 2012年，江海区现有外海、礼乐2个广播电视站，分别为街道的集体单位。外海广播电视站对机房进行改造，更换调制器17台，更换解调器4台，铺设光缆2100米，改造网络9300米，增加12兆瓦光发射机2台，更换放大器101个，安装及更换光接收机9台，新装开户455户。礼乐广播电视站自筹资金改造光纤线路10多公里，设光点100多个，全街道放大器从原500兆赫带宽改为750兆赫带宽，更换不锈钢箱和放大器各700多台，实行双向传输。

【“江海八景”简介】

茶庵古寺 茶庵寺又名六祖寺，坐落于江门市江海区外海街道五马归槽山麓，始建于明代万历年间。唐代高僧一行禅师，曾结庵小住，名曰“茶庵”。茶庵建成后，经过大小修缮不下十余次。历来供着六祖惠能大师、观音、伽蓝等塑像。寺前筑有“洗衲池”“关刀池”“拜佛亭”“化字炉”以及一石门牌坊。牌坊前面刻有“小朱明洞”四字，后面刻有“佛境”二字，都出自清代名人手笔。茶庵寺后山，有辛亥革命四杰之一陈少白先生之墓，庄严肃穆，壮丽雄伟。二十世纪八十年代初期，市政府十分重视这一文物古迹的保存，把茶庵风景区命名为“茶庵公园”，列为江门市风景区之一。1981年以来，江门市市政府、江海区政府不断拨出款项作修葺和扩建茶庵。经过几年的努力，原有的古迹已经修葺一新，且还新建了一批亭台楼阁，开设了茶厅餐馆，又开辟了一个可供划船玩乐的人工湖。寺内四季如春，古木苍翠，鸟语花香，环境清幽，曲径亭台，四通八达，清泉涤俗，净土消烦。游人到此，如入蓬莱仙境，既可饱览风光，又可凭吊古迹。

白水龙光 白水带旅游度假区有一溪、三泉、五山环抱，总面积有700余亩。一溪即麻溪，三泉即红桃泉、龙口泉、涤净泉。五山即大华山、锄头山、松仔山、红桃山、葫芦山。白水带旅游度假区有40余座山峰，风景区内有溪旁山麓、姻缘石及密密麻麻的鸭脚木、相思树、山松树等百年以上的老树，浓密遮天。为了进一步发展旅游事业，江门市人民政府于1985年拨款新建混凝土公路，并竖起雄伟的前后门楼牌坊，增建了亭台石桥，还建起了一座有现代化设备的餐厅及抱翠画廊。目前，景区除了原建有的水月宫、三圣庙、龙母庙、江天一览凉亭、青云桥、姻缘树、采莲船等遗址古迹，还增建了香港回归亭、澳门回归廊、龙光塔、餐厅等景点和旅游设施，白水带已渐渐成为一个新型的旅游观光胜地。

江南雅韵 江南文化广场位于东海路与江海路交叉口东侧，是江海区重要的文体设施建设项目之一。广场规划用地面积3.3万平方米，绿化面积1.5万平方米。该工程主要包括表演舞台、健身广场、活动场地、休闲步道及广场四周环路等，并配套路灯、园林景观、停车场、公厕、化妆间等设施。工程于2005年11月28日正式开工，2006年春节前完成并投入使用。现在已成为江海区居民文体活动、休闲健身的好去处，也是群众自娱自乐、歌舞曲艺荟萃场所。

羽林春秋 江海区礼乐街道礼东主灌河沿岸遍种落羽杉，树高林密，环境优美，交通顺畅，具有“田成方、林成网、路相通、渠相连”田园风光的现代生态旅游景观。全长4公里的主干河，将礼东分为东西两边，支长30公里，使礼东呈现河直、路直、基直、林带直的田园林网化新貌，吸引大批市民前来观光。早在1995年，礼东主灌河就被联合国科教文组织誉为“人与大自然的最佳结合”。主灌河生态林带由3万多株杉树和少量蒲葵组成，株距不足0.5米，株高平均超过10米，组成了一道天然绿色屏障，以抗击台风、龙卷风和暴潮的侵袭，保障当地农业生产。主灌河沿线，蔬菜新鲜，水产丰富，花木奇异，水果飘香，被广东省评为“省级农业生态示范区”。主灌河旁边，有丰泽园、桂花园、杨桃园、顺水楼、荷花世界、吉田美食等10多家田园美食企业连绵十里，成行成市，到这里旅游饮食的市民络绎不绝。

绿海丹心 绿海丹心即江海绿化广场，位于东海路与金瓯路的交会处，规划总面积262.65亩，交通便利，规划将设置中心广场、图书馆、会议中心、产品展示中心等配套设施。广场内绿树成荫，环境优美，成为众多市民休闲散步的好去处。

釜山明珠 釜山明珠即釜山公园，位于美丽的蓬江河东南岸，倚邻秀美的白水带风景区，从江门大桥至白水带公园入口处，规划面积为10.34公顷，是集生态、景观和休闲于一体的滨江公园。釜山公园建筑格调为开放式的休闲性公园，由釜山景观瀑布、景观平台、中心广场、航模基地、滨江大道及“七大星月”等组成。内设园林小景、滨江走廊、亲水平台、喷泉步道、景观廊、休息廊、花架等，配备了高级的音响和路灯灯饰，成为市民理想的休闲活动中心。

少白故居 少白故居位于江门市江海区外海镇南华里，由中国民主革命先驱陈少白自行设计。故居分两处，一桥（白桥）相隔。桥的一边是“白园”，另一边是一座“三合院”式的居所。始建于1929年，1931年落成。自陈少白逝世后，其家人多旅居外地，楼宇日久失修。1991年春，外海镇政府（现外海街道）对“白园”和园内的“莎萝坪”“粥锅亭”“瞻云台”等建筑，以及“三合院”和院内的“亚字楼”等都进行了修复，并在故居内设立“陈少白事迹陈列馆”，陈列大量名人字画及历史文物，使故居还其原貌，焕发青春。

五祠泽香 外海陈氏五大祠是外海陈氏宗亲的祖祠，建于赤岭山下，朝列莘隐陈公祠（始祖）、泉石祠（4世）、桃溪祠（5世）、定息祠（6世）、筠轩祠（3世），统称五大祠。五大祠始建于清朝咸丰年间，五大祠堂紧密相连，横列成排，面积约4100平方米。2000年9月25日，五大祠被市政府列入第三批市级文物保护单位。2002年4月27日，五大祠由江海区政府移交给外海镇管理（现为外海街道）。外海街道计划将五大祠内的朝列大夫祠作为陈氏的纪念馆；将桃溪祠建为外海发展史展馆；定息祠建为民俗风情馆；筠轩祠作为外海文化展览馆；泉石祠建为爱国主义教育展馆。

卫 生

【医疗机构管理】 2011年，出台规范卫生系统人事和工资管理的措施，加强对各医疗单位的财务、业务、人事、作风建设等考核工作，全区医疗机构业务总收入8250.01万元，增长39.38%，增幅位居江门市首位。

2012年，完成包括管理体制改革、人事制度改革、分配制度改革、药品采购配送制度改革和补偿机制改革的基层医疗卫生机构综合改革工作，制订公共卫生与基层医疗卫生事业单位绩效工资实施办法，在基层医疗机构实行收支两条线管理和绩效工资，全区医疗机构业务总收入9693.53万元，增长17.45%，增幅列全市首位。

【医药卫生体制改革】 2011年，全面实施国家基本药物制度，对参加江门市职工、城乡医疗保险的人员实行药品零差率销售，基本药物报销比例高于非基本药物10%。全年门诊人次上升12.88%，每门诊人次药品费用上升2.5%，进一步解决看病贵问题。

2012年，实施国家基本药物制度，对参加江门市职工、城乡医疗保险的人员实行药品零差率销售，基本药物报销比例高于非基本药物10%。全年业务收入上升17.45%，其中门诊人次上升7.43%，住院人次上升23.65%，进一步解决看病难问题。

【基层医疗机构综合改革】 2011年，按照医药卫生体制改革的要求，辖区医疗机构开展核编定岗并将其定义为公益一类医疗机构；实行核编定岗不裁员、院长聘任制、竞聘上岗、人员聘用制度和岗位设置管理制度等制度。基层医疗卫生事业单位实施绩效工资，区人民医院和礼乐人民医院参照执行。基层医疗卫生单位建立基本药物采购机制，实施阳光采购，实现药品配送制度改革，建立基本药物采购机制和基层医疗卫生机构多渠道补偿机制。

2012年，基层医疗卫生事业单位继续实施收支两条线管理和绩效工资，区人民医院和区中西医结合医院离退休人员参照标准落实离退休费补差。基层医疗卫生单位建立基本药物采购机制，开始新一轮国家基本药物遴选工作。

【公共卫生服务均等化建设】 2011年，全面启动建立居民健康档案、健康教育、免疫规划、传染病防治、儿童保健、孕产妇保健、老年人保健、高血压管理、Ⅱ型糖尿病管理、重性精神疾病患者管理和卫生监督协管等11类国家基本公共卫生服务项目。公共卫生投入增长20.7%，居民健康档案建档率67.46%；农村孕产妇住院分娩补助309人，补助金额38.22万元。

2012年，继续实施11类国家基本公共卫生服务项目。公共卫生投入增长35.61%，居民健康档案建档188322人份，其中城市居民和农村居民建档率分别为81.95%和70.54%；农村孕产妇住院分娩补助446人，补助金额76.85万元。

【医疗卫生服务体系建设】 2011年，为加快构建和完善医疗卫生服务体系，在各街道建立健全5家社区卫生服务中心、4个社区卫生服务站、32个卫生站。

2012年，进一步健全各街道社区卫生服务中心的设置和功能，共建成村卫生站30间、社区卫生服务机构9间，基本实现村卫生室、社区卫生服务机构网点全覆盖。

【公立医院建设】 2011年，推进区人民医院创建二级甲等综合医院工作，完成住院大楼的改造工作，与市中心医院开展全方位、多层次的紧密合作，区域医疗资源有效共享，医疗服务能力和服务水平明显提升。决定把礼乐人民医院发展成为中医特色的中西医结合医院。是年，礼乐人民医院被定为江门市中医科中药房规范化建设试点单位，该院中医科中药房成为江门市乡镇卫生院中医科中药房规范化建设首批示范单位。

2012年，礼乐人民医院升格为江海区中西医结合医院。该院还与五邑中医院签订紧密合作框架协议，引进中医药人才，加强专科建设，改善就医环境方面进行全方位、多层次合作。区人民医院引进一批中高级卫生人才，服务项目进一步扩展。

【公共卫生应急体系建设】 2011年，加强突发公共卫生事件的应急处理和传染病防控工作，区安监部门在高新区进行医疗救护演练。开展多次传染病常规督查和传染病防控知识培训班。完成25间中小学校25101名学生的健康体检工作。全区医疗机构传染病网络直报2401例，其中乙类传染病报告509例，丙类传染病报告1892例，无疫情暴发流行和甲类传染病发生。

2012年，强化医疗救护演练，开展传染病常规督查和传染病防控知识培训班。完成25间中小学校共25412名学生的健康体检工作。全区医疗机构传染病网络直报2716例，其中乙类传染病报告512例，丙类传染病报告2204例，无疫情暴发流行和甲类传染病发生。

【妇幼卫生保健】 2011年，区卫生、民政和计生部门联合设立免费婚检服务中心，提供一站式的免费婚前检查和保健咨询业务，婚检率56.54%。开展产前、孕前免费检查和新生儿疾病筛查等各项工作。婴儿死亡率6.85‰；防艾滋母婴传播检测率100%；产后访视率93.90%；儿童计划免疫建证率100%，免疫接种率98.6%，孕产妇住院分娩率100%。服食叶酸1256人，对准备怀孕的农村妇女免费增补叶酸，着力降低先天性神经管畸形的发生。

2012年，开展婚前孕前优生健康检查工作，不断提高出生人口素质，降低出生缺陷，免费婚前孕前优生健康检查率91.67%，上升36.24个百分点。开展产前、孕前免费检查和新生儿疾病筛查等各项工作，婴儿死亡率3.4‰；防艾滋母婴传播检测率100%；儿童计划免疫建证率100%，免疫接种率98.8%，孕产妇住院分娩率100%。服食叶酸人数1153人。

【社区卫生服务】 2011-2012年，开展“医疗服务进万家”工程和人才队伍建设工程，开展城乡居民健康档案建档工作，完善医院与社区卫生服务机构的双向转诊制度，基本做到“小病不出社区、防治未病在社区”。推进三级医院对口支援社区卫生服务机构规范化建设，把滘头、滘北、江南街道社区卫生服务中心纳入规范化建设试点单位，分别与市人民医院、中心医院、五邑中医院结成对口帮扶关系；礼东社区卫生服务站按照社区规范化建设的要求加强软硬件建设，升级改建为礼乐街道社区卫生服务中心并投入使用。

【人才及临床重点专科建设】 2011年，制订《江海区2011-2013年基层卫生人才提升工程实施方案》《江海区临床重点专科评估标准》和《2011年江海区继续医学教育学习培训计划》并组织实施。共引进高级职称医护人员4名，中级职称5名；开展继续医学教育讲座5期，628名医护人员参加学习；派出医疗骨干到上级医院进修学习11人；完成全科医师转岗培训7人、全科护士6人。招聘录用70人。区人民医院和礼乐人民医院加强临床重点专科和特色专科建设，区级临床重点专科、特色专科初具雏形。礼乐人民医院在2011年江门市乡镇卫生院医疗急救技能大赛中获团体总分第二名。

2012年，开展继续医学教育讲座20多期，医护人员参加学习的2328人次；派出医疗骨干到上级医院进修学习20人次；参加省、市的全科医学岗位培训医护人员18人。区人民医院的心血管内科、创伤骨科、产科被评为江海区首批临床重点专科。

【爱国卫生运动】 2011年，以卫生创建工作为主线推进环境卫生综合整治、除四害、卫生城市管理、农村改厕和健康教育等工作。开展各项全区性爱国卫生活动9次，辖区内全民灭蚊、灭鼠28次。每季度至少进行一次全区性的灭鼠灭蚊大行动。创建市卫生镇（街）1个、省卫生村2条、市卫生村3条，创建全国亿万农民健康促进行动广东省示范镇1个，建设健康社区示范点1个，通过省卫生先进镇复查2个。完成市下达400户的改厕任务，农村无害化卫生户厕普及率99%。

2012年，以创卫、创文复检为契机，继续推进环境卫生综合整治、除四害、卫生城市管理、农村改厕、健康教育等工作。开展各项全区性爱国卫生活动15次，全民灭蚊、灭鼠35次。完成创省卫生镇（街）2条，创省卫生村2条，创市卫生村5条，超额完成创建省卫生镇（街）1条，省（市）卫生村4条。完成市下达400户的改厕任务，农村无害化卫生户厕普及率99%。

【健康教育】 2011年，继续开展健康教育进万家工程，结合创文明城市、爱国卫生月、农村卫生创建等活动，利用黑板报、宣传专栏、广播电视和标语等大力宣传健康知识，开展健康教育讲座培训8次，参加培训1809人次，发放控烟标志800多块。邀请中国工程院院士、中国治疗呼吸系统疾病的领军人物钟南山作健康知识辅导。全年参加各类座谈会、学习班等2500人次。

2012年，开展健康教育讲座培训80多次，参加58000人次，设置健康教育专栏35个。推进健康教育入校园工程，充分利用中小学开学第一课，对全区25所中小学27000多名师生开展春、秋季传染病防控知识和食品卫生安全知识宣传学习等。参加各类座谈会、学习班等2500人次。

【打击非法行医】 2011年，开展打击非法行医专项整治行动4次，出动卫生执法人员100多人次，执法车辆38车次，查处取缔非法行医点8个，其中牙科诊所6间，无证药店2家，没收牙椅3张、牙科压缩机2台、药品和其他医疗器械一批。妥善处理包括“12345”政府服务热线转来的事项、群众来访反映事项。

2012年，加强制度建设和专项整治行动，开展打击非法行医专项整治行动6次，共出动卫生执法人员150人次，执法车辆40多车次，查处取缔非法行医窝点18个，收缴牙科治疗椅、压缩机以及药械一批。

【红十字会工作】 2011年，开展“红十字博爱送万家”活动，为全区96位70岁以上贫困老人家发放总价值5万多元的春节慰问款物。协助市红十字会和市潮资联谊会联合开展“关爱贫困家庭儿童”助学活动，为全区70名困难家庭儿童连续5年发放每年5万元的生活补助。开展“一元爱心日”募捐活动，筹得善款235604.82元。深入基层、企业和社区开展初级急救员培训班6期，发放初级急救员证109个，普及救护知识培训2700人次。

2012年，为全区66位70岁以上贫困老人家发放总价值3万多元的春节慰问款物。协助市红十字会和市潮资联谊会联合开展“关爱贫困家庭儿童”助学活动，为全区70名困难家庭儿童发放3.5万元的助学金。“一元爱心日”活动筹得善款51458.30 元，共为15名先天性心脏病儿童开展手术。制作公共汽车候车亭预防艾滋病知识广告灯箱一批、印刷艾滋病预防知识三折页5万多份、设置面积90平方米的红十字会备灾救灾仓库。深入企业、学校和社区开展初级急救员培训班5期，发放初级急救员证136个，普及救护知识培训2700人次。

【无偿献血】 2011年，开展无偿献血进学校、进厂企、进农村、进社区活动，落实每月的采血计划。无偿献血工作纳入区直各单位机关作风考核和各街道党政领导班子年度实绩考核。全年累计完成献血任务555610毫升，完成市下达任务的102.19%，确保江海区临床用血100%来自无偿献血。全年没有经输血传播艾滋病等传染病重大事故发生。

2012年，全区累计献血量达615615毫升，完成市下达任务的107.87%，全年没有经输血传播艾滋病等传染病重大事故发生。

【食品安全监督】 2011年，区政府与各街道签订《食品安全工作责任书》，明确属地责任，加强督查落实。组织开展全区性食品安全专项检查行动8次，出动执法人员1259人次，执法车辆257车次，检查食品生产、销售、餐饮企业、农贸市场个体户等452户次，查处违法案件77起，涉及总货值金额11.15万元。开展大型食品安全宣传活动3期，食品安全宣传讲座及科技下乡培训班12期，共派发《中华人民共和国食品安全法》《广东省食品安全条例》和各种食品宣传小册子4710多份；举办面向厂企、中小学、托幼机构集体食堂的专题食品安全培训班和健康教育课程3期。全年没有发生重大食品安全事故。

2011-2012年，组织开展食品安全专项检查行动4次，出动执法人员243人次，执法车辆52车次，检查食品生产、销售、餐饮企业、农贸市场个体户等183户次，查处违法案件21起，涉及总货值金额8.15万元。开展大型食品安全宣传活动共2期，食品安全宣传讲座及科技下乡培训班2期，派发《中华人民共和国食品安全法》《广东省食品安全条例》和各种食品宣传小册子8000多份。举办面向厂企、中小学、托幼机构集体食堂的专题食品安全培训班和健康教育课程2期。全年没有发生重大食品安全事故。

【行风建设】 2011年，在开展江海区卫生系统“病人如亲人，春风满杏林”医德医风建设活动的基础上，全面开展“三好一满意”及民主评议行风工作，会同区纠风办联合开展收受医药回扣专项治理工作，组织学习卫生部《关于进一步深化治理医药购销领域商业贿赂工作的政策规定》，各医疗单位建立了医药代表监控巡查登记制度、医药代表接待日等制度，与医药企业签订廉洁协议。共有63人次上缴医药回扣，缴款总金额11315元并划入市廉政账号。

2012年，成立打击商业贿赂专项行动领导小组，加强对卫生系统打击商业贿赂专项行动的统筹协调和组织实施。各医疗单位建立了医药代表监控巡查登记制度、医药代表接待日等制度。开展党风廉政宣传教育培训班4期，专题会议8次，逐级廉政警示提醒谈话200多人次，配合纪检监察部门查处事业单位违纪案件1宗。

档案 地方志

□ 档案

【档案馆业务建设】 2011年，以省一级档案馆复查验收为重点，做好新中国成立初期档案的修裱工作，共修裱35176页档案，接收区政府办公室、区保密局、区档案局、区法制局、区计生局和区政法委等单位的光盘档案、会计档案、基建档案、文书档案、计生专门档案共4张、467卷、259件，接收和录入文件级目录49789条，案卷级目录8702条。档案消毒18473卷；做好档案数据的备份工作；全年利用档案资料353人次，档案512卷（件），组织19名档案员参加由市档案局举办为期15天的江门市档案专业人员岗位培训班，系统学习档案概论、文书档案、科技档案、档案保护、档案利用及电子文件6门课程；派员参加省档案局和省地方志办公室举办的各类培训。

2012年，接收档案6110卷（件、张），整理征集档案199件，电子文件41291件。其中接收文书档案1052卷、3818件，婚姻档案52卷，公证档案44卷，荣誉实物57件，照片1046张，光盘41张。鉴定档案454卷，其中开放档案362卷，共2999条文件级目录。消毒档案2.4万卷，把城信社退社档案3.3万卷重新排架。

【基层单位档案管理】 2011年，加强全区档案安全管理和档案资源体系建设，对实现档案目标管理的单位进行档案执法检查。协助区纪委通过省特级档案综合管理认定，指导银泉小学、麻一小学筹备和申报档案目标省特级管理单位。全区实现档案目标管理的单位共有43个，其中机关单位39个、事业单位4个。

2012年，印发《江海区村委会和社区档案归档范围与保管期限表》，供各村委会和社区参照执行，使村级档案的收集和分类工作有章可循，分别在礼乐、外海街道举办村级档案业务培训班，培训人员包括各街道办事处的档案员、事业单位及村和社区的档案员共115人参加。

【档案信息化】 2011年，初步完成新档案软件的调试和开发，对65万页馆藏档案进行拍照录入，完成档案拍照总数208万页。继续完善江海区档案方志网站，上传现行文件138份，网站点击量152万次，增加34.37%。

2012年，实现馆藏档案全文数字化41万页，录入案卷级目录77871条、文件级目录280467条。印发《关于开展档案数字化工作的通知》，规范各单位对到期移交的档案进行数字化处理。地情网开放档案的卷内目录上传“江海区档案方志信息网”9145条，累计点击数1671080次，增加9.37 %。接待档案利用人数249人次，利用档案、资料2194卷(件)，为市民办理婚姻登记、公证、祖传宅基地和房屋查册，提供方便快捷的服务。

【档案编研工作】 2011年，结合辛亥革命100周年纪念活动，配合做好外海籍革命先驱陈少白的档案资料收集及整理；广泛收集整理本区籍名人陈祖沛、伍光建、曾一行的档案资料，建立名人档案库，为人文历史信息的开发与编研做好准备。与区委宣传部联合编纂《中国共产党江门市江海区历次代表大会及全会》文献汇编，做好纪念建党90周年《江海英贤》连环画丛书的编写、审核工作。深入开展档案编研工作，分别将《江海区大事记》《江海区组织机构沿革》《江海区档案馆全宗指南》续写至2011年；整理《历年获市级以上表彰奖励的单位和个人名录》、区内各部门机构设置和干部任免的文件汇编。与区委宣传部联合编纂《中国共产党江门市江海区历次代表大会及全会》文献汇编。

□ 地方志

【地方志编纂】 2011年，江海区首部地方综合志书《江门市江海区志》通过江门市地方志编纂委员会的终审，并按照市领导、专家的审稿意见，对志书全稿作进一步的修改、补充和完善。《江门市江海区志》送交方志出版社进行审核。组织专门人员进行了5次的志书校对工作。

2012年9月，《江门市江海区志》公开出版，字数139.2万字，印刷3000册。同年12月，召开《江门市江海区志》赠书座谈会，向区直各单位、部门、个人赠送志书。

【年鉴工作】 2011年，召开江海年鉴组稿动员会议，江海区首部综合年鉴《江门市江海年鉴（2009-2010）》编修工作正式启动。

2012年，收齐各承修单位2005-2010年共6年的年鉴资料稿并进行梳理和编排。年底完成年鉴初稿的总纂。

社会事务

JIANG HAI YEARBOOK

民 政

【换届选举】 2011年，圆满完成村（居）委会换届选举工作。按照省、市的统一部署，在区委的领导和有关部门的密切配合下，全区36个村、23个社区顺利完成2011年村（居）两委换届选举工作，村“一肩挑”的比例80.6%，社区（含村改居）“一肩挑”的比例95.7%，村“两委”成员交叉任职率88.5%，社区“两委”成员交叉任职率97.3%。每个村（居）委会都至少配备1名女委员。

【地名工作】 2011-2012年，全区办理地名命名14个。

【社会福利企业】 2011年，全区福利企业2家，销售收入29695.64万元，职工总人数533人，安置残疾人256名，残疾职工月均收入1534元。

2012年，全区福利企业2家，销售收入29579万元，职工总人数550人，安置残疾人246名，残疾职工月均收入1808.5元。

【福利彩票公益金筹集及使用】 2011年，筹集资金235.38万元，支出205.25万元，其中社区建设类投入116.5万元、救助类投入29.89万元、慈善超市及社区一站式服务中心投入47.32万元。

2012年，筹集资金282.95万元，支出229.9万元，其中救助类投入12万元、救社会公益类投入120.9万元、其他47万元。

【殡葬管理】 2011年，制订《江海区殡葬改革宣传活动实施方案》《江海区2011年清明节期间群众祭祀活动安全保障工作方案》和《江海区清明节期间祭祀活动突发事件应急预案》，安排人员值班。外海、滘北街道与区林业局组织殡葬执法队成员和殡葬管理信息联络员、护林员上山检查；区殡葬执法队开展不定期的巡查、监控，发现问题及时处理。全区火化率保持100%，全区有5户、10名先人参加市举办骨灰撒海活动。7月1日起，免费为低收入群体提供殡葬基本服务。

2012年，加强殡葬改革宣传，全区遗体火化率100%。规范骨灰安置管理，推广树葬、海葬等节地葬法，逐步改变以骨灰占地墓葬为主的局面。清明节期间，结合市开展第三次骨灰撒海活动，全区5例骨灰参与海葬活动。全年办理免除低收入群体殡葬基本服务对象43宗，免除金额64380元；处理无人认领遗体11具，支付费用45420元。

【“双拥”工作】 2011年春节、“八一”期间，组团慰问江门军分区、江门武警支队、江门边防支队、江门市公安消防支队、江门边防检查站、江海区人武部、江海区公安消防大队和广州军区微波通信连（大华山通信连）支出慰问经费65万元。慰问优抚对象180多户，发放慰问金（品）15万元。

2012年春节、“八一”、中秋节期间，组团走访慰问江门军分区、江门武警支队、江门边防支队、江门市公安消防支队、江门边防检查站，江海区人武部、江海区公安消防大队和广州军区微波通信连（大华山通信连）支出慰问经费78万元。慰问优抚对象510多户，发放慰问金（品）33万元。

【退役士兵安置】 2011年，接收2010年冬季退役士兵32人，其中城镇退役士兵10人，发给一次性自谋职业补助金17.6万元，安排在社区居委会工作2人；发放农村退役士兵扶持生产补助金7万元，推荐安排农村退役士兵就业22人；报名参加中等职业技能培训15人，参加高等职业技术院校1人，安置率100%。城镇退役士兵自谋职业一次性安置补助金标准为上年度在岗职工人均收入的100%；提高进藏兵退役一次性安置补助金标准，按照上年度在岗职工人均工资收入120%的标准发放。

2012年，接收2011年冬季退役士兵32人，报名参加中等职业技能培训23人，接收符合政府安排工作条件的转业士官4名，安置率100%。

【抚恤优待】 2011年，发放优抚对象优待金69人，其中义务兵家属59人、烈士家属1人、孤老复员军人7人、伤残军人2人，发放优待金40.5万元。2007年以来，开展部分军队参战涉核退役人员身份认定工作，全区共有参战退役人员323人，其中符合享受参战退役人员补贴304人，每人每月发放补助金310元。对部分直接参与铀矿开采的军队退役人员进行身份认定，共认定2人，每人每月发放补助金310元，从2011年8月起补发。对1954年11月1日试行义务兵役制后至《退役士兵安置条例》实施（1987年12月13日）前入伍、年龄在60周岁以上（含60周岁）、未享受国家定期抚恤补助的农村籍无退休的退役士兵进行身份认定工作，共认定298人，按照每服役一年义务兵役每月补助10元的标准，从2011年8月起补发。

2012年，提高部分重点优抚对象抚恤和生活补助标准，优抚对象子女上大学49人符合条件，发放助学优待金17.3万元。发放优抚对象170人参保补贴36.7万元，增加礼乐人民医院为优抚医疗费“一站式”结算单位，方便了优抚对象就近看病问题。对部分军队参战涉核退役人员做好身份认定工作，共有参战退役人员323人，其中符合享受参战涉核退役人员补贴312人，其中参战退役人员307人，涉核（铀矿开采）人员5人，每人每月发放补助金370元。新增年龄60周岁以上含60周岁、未享受国家定期抚恤补助的农村籍无退休的退役士兵身份认定人员38人，认定332人，按照每服役一年义务兵役每月补助10元的标准发放。

【救灾救济】 2011年，对全区困难群众缺衣缺粮情况进行排查，下拨春荒救济粮款10.4万元，采购大米、食油、粉面等口粮，通过区慈善超市进行实物救助。制订冬令救济方案，购买一批御寒衣被对困难群众实施救助。礼乐街道文苑社区、滘北街道富横社区开展“全国综合减灾示范社区”创建活动并通过省减灾委的检查验收。把礼乐街道文昌花园文锦苑5幢物业建设成为江海区救灾物资储备库，其功能包括江海区救灾物资储备仓库、江海区慈善超市救助点和江海区红十字会备灾救灾仓库，建设总面积686.16平方米，其中首层113.97平方米，二层572.19平方米，工程造价预算286768.78元，预计2013年上半年竣工。

2012年，及时下拨春荒救济粮款14.98万元，采购一批物资，通过慈善超市向困难群众1165户、3189人进行发放，缓解春荒期间群众生活困难问题。外海街道银泉社区、江南街道桥南社区开展“全国综合减灾示范社区”创建活动。以区慈善超市为依托，开展以募集和发放为主要形式的社会捐助或社会救助。慈善超市拥有物品种类100多种，包括粮油面食品、副食调料、衣被、鞋子、日常用品等，共向1300多户、9000多人次发放救助物品30多万元，发放特困对象150户、486人次慈善捐赠物品2万多元。

【慈善公益活动】 2011年，举办慈善公益万人行、“扶贫济困日”等形式的慈善募捐活动，募集善款255万元，其中慈善公益万人行捐款75万元、扶贫济困捐款180万元。“广东扶贫济困日”，市下达捐款任务200万元，全区捐款募集统筹资金240万元。区慈善会开展“助困、助学、助医、助残、助老”等各种慈善救助和定向慈善公益活动，救助303人，发放各类慈善款24.8万元。其中发放27名孤儿助困款8.1万元；发放95名特困学生助学款7.7万元；发放16名特困人员重大疾病助医款16万元；发放165名困难老人助困款7万元；支持开展困难群众帮扶服务活动资金2万元。

2012年，举办慈善公益万人行、“扶贫济困日”、绿树认建认捐、秀水扶贫等形式的慈善募捐活动，全区共募集善款658.52万元。其中慈善公益万人行捐款139.14万元，扶贫济困日捐款243.08万元，绿树认建认捐232.72万元，部门捐赠收入28.47万元，秀水扶贫捐款收入12.11万元，其他收入3万元。区慈善会开展“助困、助学、助医、助残、助老”等各种慈善救助和定向慈善公益活动，发挥慈善会在完善社会保障体系和构建和谐社会中的积极作用，共开支慈善资金294.9万元。其中，慈善公益资金助困支出54.5万元、助学支出38.3万元、助医支出21万元，支持3个公益福利项目支出70.3万元，扶贫开发“双到”支出35.8万元，用于其它慈善公益及援助项目支出合计15万元，汇缴省慈善总会扶贫济困捐款60万元，受益人数达1300多人。

【城乡居民最低生活保障】 2011年，全区共有城乡低保对象1354户3350人，其中城镇低保对象514户1133人，农村低保对象840户2217人，发放低保金500多万元。城镇低保标准由310元提高到330元，农村低保标准由210元提高到230元；较大幅度提高低保分类施保标准，城镇和农村低保对象月均补差分别为220元和160元。全区共有孤儿28人，其中机构养育孤儿14人（全部集中代养在市社会福利院），每人每月养育标准1000元，社会散居孤儿14人，每人每月养育标准600元，共开支孤儿养育资金58.6万元。各级和慈善机构先后向五保、低保等困难对象发放临时补贴，人均补助735元，共发放补助资金300多万元。资助五保户、低保户及重点优抚对象3196人参加城乡居民基本医疗保险12.8万元，发放困难对象320人次临时补助57.8万元，人均救助1800多元。依托市社会救助管理站开展流浪乞讨人员救助工作，救助100多人次。

2012年，全区共有城乡低保对象1354户3350人，其中城镇低保对象514户1133人，农村低保对象840户2217人，发放低保金500多万元。城镇低保标准由330元提高到350元，农村低保标准由230元提高到250元；城镇和农村低保对象月均补差分别为250元和190元。全区共有孤儿28人，其中机构养育孤儿14人（全部集中代养在市社会福利院），每人每月养育标准1000元，社会散居孤儿14人，每人每月养育标准600元，共开支孤儿养育资金58.6万元（包括机构养育孤儿的日常医疗保健费用）。先后向五保、低保等困难对象发放临时补贴300多万元。资助五保户、低保户及重点优抚对象3136人参加城乡居民基本医疗保险15.7万元，发放困难对象325人次临时补助65.8万元，人均救助2000多元。依托市社会救助管理站开展流浪乞讨人员救助工作，救助80多人次。

【“五保”供养】 2011年，全区共有“五保”户53人，集中供养标准每人每月550元，分散供养标准每人每月520元，发放“五保”供养金33万元，供养标准均达到不低于当地年度农村居民人均纯收入60%的要求。

2012年，全区共有“五保”户53人，集中供养标准每人每月630元，分散供养标准每人每月610元，发放“五保”供养金32.5万元，供养标准均达到不低于当地年度农村居民人均纯收入60%的要求。

【社区建设】 2011年，分4批完成23个社区的创建工作，全区“六好”平安和谐社区创建率100%。

2012年，完成15条村农村社区建设。全区农村社区创建率41%。

【基础建设】 2011-2012年，开展“一中心二服务站”试点工作，在理顺政府与政务服务中心、社区与公共服务站的职能方面进行探索。滘北街道办事建立“一站式”政务服务中心并投入服务。全区23个社区办公用房面积达到80平方米以上的要求，社区办公用房面积平均120平方米。全部社区建立“一站式”服务平台并配备电脑和必要的办公配套设施，社区办公实现网络化、信息化。全区共有3个社区卫生服务中心、5个社区卫生服务站，17个计生服务室，17个残疾人活动场所，24个户外文体活动小广场，102个社区服务设施，78个便民利民网点。根据省民政厅等部门加强广东省城乡社区基础设施“六个一”工程建设的要求，滘北街道被定为江海区家庭服务中心试点。

【村务公开】 2011-2012年，根据村（居）务公开民主管理示范单位创建活动的要求，推进村（居）民主管理工作深入开展，全区村（居）务公开面100%，公开规范化90%以上，全面落实基层村（居）务公开民主管理工作，完成全区13条村、8个社区的广东村（居）务公开民主管理示范单位创建工作，走在全市前列。

【老年人活动】 2011-2012年，各街道、区直各单位、各村（社区）分别组织乒乓球、登山、外出旅游等活动。组织参加市老年人乒乓球赛、老年人柔力球赛等项目，并分别取得老年人乒乓球赛、柔力球赛团体第三名的好成绩。根据市府办《关于扩大江门市区高龄老人政府津贴发放范围的通知》，政府津贴发放范围扩大到80周岁以上。制订“社会养老服务体系建设年”活动暨“敬老爱老助老工程”实施方案，建立养老服务财政补贴制度、高龄老人政府津贴制度和统一的老年人优待办法。

【送温暖献爱心活动】 2011年，开展“春节”及“重阳节”期间走访慰问老年人活动，向340多名90周岁以上具有江海区户籍的长者发放重阳节慰问金；各街道开展各式各样的敬老慰问活动，上门慰问困难老人258人次，全区各村（居）开展重阳敬老聚餐共34场次，参与聚餐活动老人15220人次。敬老月期间，募得敬老善款220万元，发放慰问品、慰问金及聚餐开支273万元。礼乐街道新民村成立村爱心协会，对12名90周岁以上老人，每人发放金牌1个。

2012年，全区老龄人口2.1万人，发放高龄津贴125.47万元，发放标准80-89岁每人每月30元，90-99岁每人每月100元，100岁以上每人每月300元。开展社会福利综合服务中心建设，使之成为一家社会福利院和老年人社会服务福利机构；采取政府购买服务项目的方式，开展居家养老服务项目，逐步铺开以社区养老为依托、机构养老为补充的社会化养老服务体系。

【老年人基础设施建设】 2011-2012年，投入资金43万元，在江南街道建设面积200平方米的江海区居家养老中心。计划在礼乐街道建设建筑面积10578.5平方米、床位500个、投资规模1560万元的江海区礼乐社会福利综合服务中心。共筹集到位资金523万元，争取昌兴关爱基金100万元的支持。向国家发改委申报养老体系建设项目并通过省发改委和省民政厅的联合审核，为江海区礼乐社会福利综合服务中心落实支持资金190多万元。

【社会组织登记管理】 2011年，简化社区社会组织登记手续，出台《江门市江海区社区社会组织登记与备案管理暂行办法》，降低登记门槛，建立江门市首个社区社会组织登记、备案的双轨管理体制，成立江海区礼乐新民爱心协会，为江海区首家慈善公益类的社区社会组织。江门市江海区晨光社会工作综合服务中心正式以民办非企业身份注册成立，成为江门市第二家、江海区首家专业社工服务机构。由区民政局出资，晨光社会工作综合服务中心将和中国移动合作，在社区实行居家养老的平安钟服务，标志着江海区以社区养老为依托、机构养老为补充的社会化养老服务体系逐步铺开。

2012年，共培育登记社会组织13家，达到每万人拥有5.7家社会组织，比例位居江门市首位。各街道完成5家社区社会组织的备案登记。成立外海慈善会和4家农村联谊会。与江海区晨光社会工作综合服务中心签订《2012年江海区居家养老服务项目协议书》，晨光服务中心完成江南、滘头、滘北三个街道居家养老对象初步调查、分析和统计分析报告；与江海区晨光社会工作综合服务中心签订《2012年江海区“婚姻家庭心理咨询”项目计划书》，聘请专业心理咨询师进驻江海区婚育服务中心。成为江门市首家有心理咨询师进驻的婚姻登记处。

【婚姻登记】 2011年，共办理结婚登记1484对、办理结婚补证137对；办理离婚288对、办理离婚补证0对。2011年7月1日民政部发布实施《婚姻登记机关等级评定标准》以来，对照婚姻登记机关等级评定标准，从机构性质、人员配制、工作经费、场所设置、设施配备、服务管理等软硬件设施进行自查，对1990以来的婚姻档案信息进行数据补录，为申报国家3A级婚姻登记机关等级评定标准做准备。

2012年，共办理结婚登记1467对，离婚登记321对，补发婚姻证件129对，出具证明510份。补充录入1990-2005年历史档案数据15190条，为创建国家3A婚姻登记处打下基础。

劳动保障

□ 劳动管理

【农村劳动力转移就业培训】 2011年，根据企业生产和用工市场对人才的需求，开发计算机图形图像处理、维修电工和收银员等职业资格培训项目。培训农村劳动力850人，培训后转移就业786人，就业率92.47%。对522名培训人员进行职业技能考核鉴定，合格率80%以上。

【劳动监察和仲裁】 2011年，坚持“快立、快调、快审、快结”的工作原则，优先处理拖欠农民工工资、涉及工伤待遇的仲裁案件，劳动争议立案275宗，涉及513人，金额1089万元，处理214宗，结案率77.8%；不予受理9宗。

【劳动维权】 2011年，加强监察、仲裁与信访结合的工作模式，接待群众来电来信来访2176宗，涉及2800多人，涉及金额329.7万元，上级部门转办案件13宗，受理市政府“12345”热线30宗。举办人力资源社会保障接访专项活动。

【劳动者权益保障】 2011年，以中小企业和劳动密集型企业为重点，加强对企业与员工签订劳动合同、购买社会保险及工资支付情况的检查力度，组织开展农民工工资支付情况专项检查、清理整顿人力资源市场专项执法行动、进城务工人员居住条件检查工作和建筑施工单位工资支付情况专项检查行动等专项行动，日常巡查341户次，涉及劳动者17056人次，督促补签劳动合同1650份，督促企业参加社会保险42户，共为117名劳动者追回工资和经济补偿金26.4万元。

2012年，开展外来务工人员工资支付、用人单位遵守劳动用工和社会保险法律法规情况、建筑施工单位劳动保障联合执法检查等专项检查，日常巡查941次。创建和谐劳动关系示范区工程示范点2个。江海区企业劳动合同签订率88.31%，已建工会企业集体合同建制率82.26%。受理信访案件1213宗，处理轻微劳资纠纷和受理政策咨询1173宗，涉及5351人，金额2057.5万元。其中处理群体性突发案件41起，涉及人数1857人，追回被拖欠工资1889万元。劳动争议案件立案561宗，结案539宗，涉及人数770人，涉案金额1891万元，结案率96%，调解率52.3%。处理工伤认定申请案件666宗，增长30%。

【人力资源市场】 2012年，把“春风行动”、春运组织民工有序流动工作和“南粤春暖”就业服务月活动有机结合，健全就业援助体系，开展高校毕业生的就业跟踪服务工作和帮扶困难人员就业服务。城镇新增就业5483人，城镇失业人员再就业4451人，就业困难人员实现再就业364人，农村富余劳动力转移就业1078人，分别完成目标任务的101.5%、101.2%、104%、134.75%；城镇登记失业率2.36%，比计划控制率低0.84个百分点；扶创业带就业实现创业329人；高校毕业生创业9人，农民工积分制入户631人。区职介服务中心举办大中小型各类招聘会85场，进场企业1594家，提供岗位27512个，进场求职者13622人，初步达成就业意向4132人；发布招聘信息6550条，岗位31841个，海报张贴1340张，求职者13379人，推荐41263人次。

【军队转业干部安置】 2012年，做好军队转业干部接收安置和随军家属就业安排的双向选择见面会、上报接收和组织人员报到等相关工作，完成4名军转干部的安置任务，安排6名随军家属，为2名退休军转干部补缴医疗保险。

【工伤认定管理】 2012年，启用工伤认定简易程序，开辟“快速认定通道”，加快处理速度，缩短认定周期，由原来认定需要60个工作日缩短为15个工作日，共受理工伤案件613件，认定602宗，不予认定11宗。

【退休职工管理中心成立】 2012年，成立江海区企业退休职工管理中心，该中心为全市第一家区级企业退休职工管理中心。全区退休人员10299人，纳入社区管理8722人，企业退休人员社区管理服务率84.69%。

【社会保障体系建设】 2012年，启动城镇居民社会养老保险制度，城乡养老保险实现制度全覆盖，新型农村居民社会养老保险制度和城镇居民社会养老保险合并为城乡居民社会养老保险制度。农村居民养老保险参保率100%。企业职工养老保险、城乡基本医疗、失业、工伤、生育保险参保分别为10.92万人、19.49万人、7.25万人、7.24万人和7.16万人。征缴收入分别为4.52亿元、2.60亿元、0.34亿元、0.12亿元、0.06亿元。本省户籍第二产业、第三产业从业人员参加养老保险比率95.41%。企业退休人员社会化管理服务率84.18%，养老金人均每月增加149.37元。医疗保险住院报销比例提高10个百分点，基金最高支付限额提高2万元，三个特定病种基金支付年使用定额由9600元提高到2万元，居民医疗保险财政补助标准提高到每人每年240元，门诊特定病种由原来12种扩大到23种。

【职业技能鉴定】 2012年，开展农村劳动力技能培训842人、职业技能培训12089人、职业技能鉴定738人，获得职业资格证书576人，鉴定合格率78.05%。

□ 社会保险

【实施社会保险扩面征缴】 2011年，通过部门联动扩面征收、强化地税全责征收、落实与税费同征同管同查同服务等措施，加强日常的执法检查，提高社保费征缴质量，推动各险种参保人数、基金收入均衡增长，全区基本养老保险（含企业养老）、基本医疗保险、失业保险、工伤保险、生育保险参保人数分别完成省下达计划的106.1%（其中企业养老106.34%）、104.28%、111.29%、109.07%（其中农民工参加工伤保险完成114.59%）、111.74%。

2012年，全区基本养老保险（含企业养老）、基本医疗保险、失业保险、工伤保险、生育保险参保率平均达到省下达计划的129%（其中企业养老133.11%）、100.98%、108.15%、109.54%（其中农民工参工伤保险完成111.51%）、108.45%。根据《关于2012年度江门市社会保险费征收有关问题的通知》，降低城镇职工基本医疗保险单位缴费费率，职工基本医疗保险用人单位缴费费率降低1个百分点，由原6.5%降至5.5%，个人缴费费率仍按2%执行；降低工伤保险缴费费率，企业缴纳的工伤保险费费率由原1%降低为按0.9%缴纳。

【养老保险】 2011年，全区城镇职工基本养老保险参保9.55万人，增加11.7%；在领养老金154532人，月人均养老金1368.96元，增加147.97元。城镇职工基本养老保险基金征收收入33672万元，增长55.54%。根据《关于我市2011年度调整企业退休人员基本养老金的通知》，提高13228名企业退休人员基本养老金，调整后江海区企业退休人员月人均养老金由1220.99元提高到1368.96元，人均增加147.97元。《江海区新型农村社会养老保险实施办法》从2011年10月1日起实施，参加农村社会养老保险48990人，45周岁以上农民参保人数和60周岁以上农民参保人数分别完成市下达任务的142.49%、122.63%。被征地农民参保5831人。

2012年，全区城镇职工基本养老保险参保

12.64万人，增加32.36%；在领养老金15144人，月人均养老金1433.27元，增加64.31元。城镇基本养老保险基金征收收入43943万元，增长30.5%，完成目标任务的124.84%。根据《关于2012年度调整企业退休人员基本养老金的通知》，参加养老金调整14334人，调整后平均养老金1498.46元，人均增加153.38元；高级职称的企业退休科技人员143人，其中正高职称 2人，人均增加620.74元，调整后平均养老金2845.59元；副高职称141人，人均月增加571.58元，调整后平均养老金2672.72元。满75周岁退休人员2260人，一次性发放每人600元。

【失业保险】 2011年，全区职工失业保险参保6.67万人，增加11.5%；领取失业金5806人次，减少36.53%。职工失业保险基金征收收入2785万元，增加106.76%。2011年3月1日起，失业保险金标准由每月648元调整为每月760元，即每人每月增加112元。

2012年，全区职工失业保险参保7.25万人，增加8.7%；领取失业金8537人次，发放待遇648.96万元。职工失业保险基金征收收入3125万元，增加12.21%。

【基本医疗保险】 2011年，全区职工参加基本医疗保险9.45万人，增加10.69%。享受基本医疗保险住院待遇全年累计9663人次，支付基本医疗保险待遇7812万元。职工基本医疗保险基金征收收入22482万元，增加49.09%。城乡居民基本医疗保险参保9.82万人，增加547.75%。城乡居民基本医疗保险基金征收收入2488万元，增加757.93%。根据《印发江门市城镇职工基本医疗保险市级统筹工作方案的通知》，2011年1月起提高医疗保险待遇水平，扩大基本医疗保险特定病种门诊覆盖范围，由原来的9个病种增加到20个病种；城镇职工基本医疗保险住院待遇大幅提高，最高支付限额由原来的15万元提高到30万元。建立普通门诊医疗费用统筹制度。12万参保人办理普通门诊定点机构登记，享受普通门诊待遇91568人次，基金支付待遇323.91万元。

2012年，全区职工参加基本医疗保险10.38万人，增加9.82%。享受职工基本医疗保险住院待遇10795人次，发放待遇8877万元。职工基本医疗保险基金征收收入19775万元，减少12.04%。城乡居民基本医疗保险参保9.11万人，减少7.32%。享受城乡基本医疗保险住院待遇9011人次，发放待遇3195万元。城乡居民基本医疗保险基金征收收入2768万元，增加11.25%。根据《印发江门市2012年城乡医保宣传发动工作方案的通知》，城乡医保个人缴费标准由每人每年40元提高到50元。住院医疗费用累计最高支付限额提高到10万元，住院基金支付比例在《江门市城乡居民基本医疗保险暂行办法》的基础上提高10个百分点。扩大特定病种门诊覆盖范围，由原来的12个病种增加到23个病种。

【工伤保险】 2011年，全区职工参加工伤保险6.58万人，增加12.39%；享受工伤待遇全年累计523人次，发放工伤待遇437.81万元。职工工伤保险基金征收收入1051万元，增加90.74%。实施新《工伤保险条例》提升工伤待遇标准，把一次性工亡补助金的标准，由原来的48－60个月的统筹地区上年度职工月平均工资，提高到上一年度全国城镇居民人均可支配收入的20倍；住院伙食补助费、到统筹地区以外就医的交通食宿费、一次性医疗补助金原由用人单位承担调整为由工伤保险基金支付。

2012年，全区职工参加工伤保险7.24万人，增加10.09%；享受工伤待遇624人次，发放工伤待遇631.02万元。职工工伤保险基金征收收入1130万元，增加7.52%。根据《关于2012年度调整工伤伤残津贴的通知》，从2012年1月1日起，调整工伤伤残津贴，按照普通调整与适当倾斜相结合的原则，采取定额调整与定比调整相结合的办法，适度倾斜特定人群，调整后月人均伤残津贴1455.04元，人均增加148.35元。

【生育保险】 2011年，全区职工参加生育保险6.57万人，增加13.71%；享受生育待遇全年累计788人，发放生育待遇181.08万元。职工生育保险基金征收收入470万元，增长33.14%。

2012年，全区职工参加生育保险7.16万人，增加8.98%；享受生育待遇980人，发放生育待遇224.4万元。职工基本生育保险基金征收收入540万元，增长14.9%。

【《中华人民共和国社会保险法》实施】 2011年7月1日起，颁布实施《中华人民共和国社会保险法》，由于该法部分法律条文与现行社保制度政策相冲突、或者缺乏清晰的执行标准，在该法实施细则出台前，暂时按照省人社厅和省地税局会议研究决定的要求处理业务。

【机构改革】 2012年7月，根据《印发〈江门市江海区党政机构改革方案实施意见〉的通知》。区社保分局由市垂直管理调整为区政府管理，原名为市社会保险基金管理局江海分局，更名为江门市江海区社会保险基金管理局，为隶属区人力资源和社会保障局管理的事业单位。

【农村社会养老保险】 2012年，城乡居民参加社会养老保险5.26万人，完成目标任务100.73%。累计发放养老待遇157066人次，累计发放金额1082.91万元。

【基金管理】 2012年，加强对全区社保基金运行情况的分析、统计，严格执行基金财务管理制度，实行收支两条线管理。全年支付社会保险基金 56085 万元，其中企业职工基本养老保险29089万元，机关养老保险110万元，失业保险930万元，工伤保险981万元，生育保险278万元，医疗保险23162万元，城乡居民社会养老保险1535万元。

人口和计划生育

【简述】 2011年度（2010年10月1日至2011年9月30日），全区户籍总人口160680人，出生1561人，人口出生率9.74‰，上升0.14‰；人口自然增长率4.06‰，下降0.42‰；符合政策生育率97.57%，上升0.63个百分点；出生人口性别比106.75，性别比在正常值范围。征收社会抚养费660.79万元，增加90.59万元，当年征收率59.36%，历年征收率74.80%。流动人口124465人，出生1208人，政策外出生77人，符合政策生育率93.63 %。无政策外多孩出生；无政策外出生村（社区）45个，增加9个，占比76.27%，上升13.11%。

2012年度（2012年1月1日至2012年12月31日），全区总人口258122人，其中户籍人口162086人、流动人口96036人；已婚育龄妇女64723人，其中户籍34670人、流动30053人，累计出生3686人，其中政策内出生2905人，政策外出生781人；户籍人口累计出生1941人，其中政策外出生286人，符合政策生育率85.27%；人口出生率12.02‰，自增率5.62‰；户籍人口婴儿出生男性995人、女性946人，出生人口性别比105.18。

【计划生育优质服务】 2011年，计生人员上门服务33000次，送出宣传品35000份，小礼品7万多份，避孕药具2325份，保健品1000份。投入127.8万元新建改建村级办证大厅（室）21个、服务室63个、咨询室31个，为群众提供更便捷的综合服务平台。发挥计生服务阵地设施作用，为群众提供开展宣传、咨询、查环查孕、术后随访、避孕药具发放等免费的优质服务，落实“四术”1658例（其中结扎272例，上环1143例，补救措施241例），参加查环查孕93421人次，查环率96.44%，生殖健康普查18961人次，并指导患病人员治疗；免费进行出生缺陷筛查1234人，对患病孕妇及时督促其治疗，有效地降低出生人口的缺陷发生率。

2012年，坚持错峰工作制度，上门服务24183人次，送出避孕药具17490多份。成立区人口计生义工服务队，首次注册义工309名，为计划生育家庭开展多种形式、面对面的直接服务和困难扶助，共服务263次，总时长1418.5小时。拓宽服务领域，依托早教基地，探索开展科学育儿工作，江海区被省初步确定为四个试点单位之一。

【完善计划生育利益导向机制】 2011年，投入资金454.13万元，兑现各项奖励政策。其中农村部分计划生育家庭奖60.8万元，受益609人；农村计划生育节育奖21.77万元，受益424人；独生子女家庭特别扶助8.3万元，受益39人；城镇独生子女父母奖励269.48万元，受益1059人；减免农村独生子女和纯生二女户农村合作医疗（城乡医保）费用41.62多万元，受益10655人；出资11万多元为3874个计划生育家庭购买意外伤害保险；发放独生子女保健费40.78万元；农村独生子女户和纯生二女结扎户的孩子240人享受升中考试加10分的奖励。节育奖发放范围扩至1980年2月2日以来落实结扎术而未享受过节育奖励的群众，从2010年10月计发。外海街道、滘北街道以及滘北街道北湾和富横社区对当年考上大学的计划生育家庭给予助学金奖励131人18.6万元；礼乐街道新民村每年为本村所有实行计划生育的村民购买一份意外伤害保险；外海街道金溪社区、礼乐街道五四村等建立计生家庭优待奖励制度，奖励扶助计生家庭55户66人4.2万元。春节期间投入23.2万元开展“春风送温暖”等慰问活动，对254户困难计生家庭和24名困难计生工作人员进行慰问。会同区红十字会延续“一元爱心”捐献活动，对计划生育家庭的心脏病患儿进行免费手术，10名儿童落实免费手术。

2012年，全面实施“惠一生”工程，推动民生普惠政策与计生政策对接创新，全区兑现“奖、优、免、补、扶、保”资金共521.94万元，190人享受农村独生子女和纯生二女升中考试加5分的奖励，全面足额兑现规定的各项奖励扶助政策。与区红十字会一起开展“一元爱心”活动，筹集款项73.2万元，累计救助15名“先天心”儿童免费施行手术。各街道和各村（居）结合实际出台多项措施，对计生家庭、独生子女户、农村纯二女户给予优待。

【综合治理出生人口性别比】 2011年，制订集中整治非医学需要的胎儿性别鉴定和选择性别终止妊娠行为专项行动工作方案，联合市食（药）监、区妇联、卫生、公安等部门对医疗机构和药品零售企业开展2次专项整治活动，共清查医疗机构5个，2个社区门诊、村卫生室5个、药店6个，对个别诊所超出执业许可范围开展B超检查、非法销售人流、引产药品进行查封和处理。全区出生性别比106.75，在正常范围内。

2012年，继续开展“关爱女孩”“婚育新风进万家”和“十佳自强女孩”深化宣传等活动。成立领导小组和联合执法队，把举报奖励金额由每例1000提高至5000元；联合执法队开展4次专项行动，查处2宗“两非”案件，给予罚款和吊销执照等处理。全区出生性别比105.18，在正常范围内。

【预防出生缺陷】 2011年，稳步推进出生缺陷一级预防工作，为降低出生人口缺陷发生率，依托江海区婚育中心，为新婚人员提供结婚登记、孕前检查、优生咨询一站式的便民服务，安排专项资金30万元，免费为570对新人进行孕前检查，受检率71.97%。

【流动人口计生服务与管理】 2011年，按照国家、省、市人口计生部门流动人口计划生育工作“一盘棋”工作方案和要求，基本形成“一盘棋”格局。进一步强化珠、中、江流动人口计划生育“同城一体化”服务管理。区、街道、村均成立流动人口计划生育工作领导小组，按照流动人口500∶1要求配备计生专（兼）职工作人员；制订流动人口基本公共服务均等化实施方案，创建“全覆盖、同待遇、共享受、促融合”的流动人口计划生育基本公共服务均等化体系；在外来人口最密集的外海街道麻园墟建立流动人口计划生育服务管理和维权指导中心，为流动人口提供均等化服务，在外来青工中开展以“生育关怀——青春健康企业行”为主题的青春生殖健康教育。流入人口124354人，其中已婚育龄妇女39250人，落实国家规定免费手术1086例，符合政策生育率93.63%；流出人数3761人，外出发放婚育证明、计划生育服务证1856人。实现流动人口信息管理系统应用到村（社区），流动已婚育龄妇女查证建档率100%，国家规定基本项目免费技术服务率100%，避孕药具免费发放率100%，基本形成“一盘棋”格局。

【宣传教育】 2011年，江海区被市推荐为省“幸福家庭促进工程”试点单位，为有效推进实施幸福家庭促进计划，以新型人口文化建设为支撑，全面推进人口计生宣传阵地“基地化”建设。包括更新全区人口计生宣传牌、标语等，设有户外大型广告40个，建立新家庭文化书屋43间，村级覆盖率72.88%，人口文化公园18个，村级覆盖率30.51%，建立示范人口学校6间，人口计生电脑阅览室3个，“示范型”宣教阵地11个；开展大型主题宣传活动。元旦春节期间，开展以“弘扬人口文化，关爱计生家庭”为主题的宣传月活动，举办7场以大型文艺汇演为载体的集中宣传活动，在“3•8”妇女节、“5•4”青年节、“5•29”协会活动日，“6•1”儿童节、“7•11”世界人口日和“10•28”男性健康日等节假日期间，开展以“关爱女性健康”“青春期健康教育”“优生优育优教育”“关注男性健康”等主题宣传活动，以文艺表演、咨询、有奖问答、专家授课、座谈等多种形式广泛宣传。免费发放避孕药具5000多份，计生政策咨询240人次，健康义诊410人次。以“建设人口文化，促进家庭幸福”为主题，在中小学校开展“以小促大，幸福和谐进家庭”活动，通过学校向学生传授新型人口文化。

2012年，节假日期间，开展具有本地特色、与群众生活密切相关的“促进家庭幸福”“生殖健康教育”“优生优育优教”等主题宣传活动。“5•29”计生协会会员活动日，以“关爱困难母亲”为主题的大型宣传募捐活动，救助困难计生母亲87人。刊出《江海人口快讯》21期、《江海人口计生工作简报》13期。

【队伍建设】 2011年，全区配备村级计生工作人员356人，村（居）配备计生电脑信息员。区计划生育协会职能从区人口计生局划出，计生协会参公、入序、核定编制3个，全部参公管理；江南、滘头、滘北三个街道增设财政全额拨款事业单位“人口计生服务中心”，街道一级计生机构的事业编制增加了12名。制订计生干部培训长效机制，开展多层次的业务培训。包括开展计划生育工作“三个规范”、人口信息系统应用、计生统计口径、宣传、药具管理等业务培训；结合村级“两委”换届工作人员变更的情况，指导各街道举办培训班，派员到街道授课和到各村（居）进行具体业务指导。

2012年，区计生协会完成换届工作，配备专职副会长（副科级）、秘书长（股级）和公务员各1名；区人口计生局、各街道卫生和人口计生局及人口计生服务中心共新招收公务员、事业编制职员7名。

【孕前优生健康检查】 2012年，江海区被确定为全国第三批免费优生健康检查试点单位。由区人民医院承担免费孕前优生健康检查项目，免费为育龄群众提供健康咨询、孕前优生健康检查和出生缺陷筛查。全区2717人参加免费检查，其中农村夫妇1876人，完成国家下达任务的101.74%；查出患地贫144人，患G6PD 53人，均给予指导性治疗。

【流动人口计生服务与管理】 2012年，开展流动人口清查验证专项行动，清查出租屋12490间，为流动人口已婚育龄妇女服务10410多人次，结合数据清理清查，加强流动人口信息的采集和更新，补录、修正流动人口信息2.3万条，完善流动人口全员信息数据库。流动人口计划生育免费服务实现全覆盖，“四术”“双查”等国家规定的基本免费技术服务项目，如免费“妇查”“两癌”筛查等与户籍人口同等享受免费待遇，“四术”营养补助、“双查”误工补助等流动人口同等享受。外海、滘北街道为落实长效措施的计生家庭购买意外伤害保险，礼乐街道实施流动人口节育奖，落实结扎措施的一次性奖励500元。建立全员流动人口监测体系，实现经常化监测，加强流出地、流入地协作，利用国家PADIS流动人口子系统和省流动人口信息管理系统，及时接收和反馈流动人口信息，反馈及时率93.96%。成立流动人口计生协会12个，创建省“人文关怀”示范企业一家，企业协会开展会员宣传服务活动15场次。

【阳光计生】 2012年，推进依法行政示范镇（街道）创建活动。邀请人民法院法官和法制局领导对人口计生执法人员进行业务专门培训，规范征收文书，提高执法人员依法行政意识和执法水平，全年征收社会抚养费959.82万元，增加 299.03万元，征收率61.95%。对基层依法行政工作开展2次专项督查，全年没发生违法行政、乱收费、乱罚款、违规施术等侵犯公民人身权、财产权的案件。开展诚信计生工作，加强对村（居）民的宣传和服务，不断提高计生家庭签订诚信计生协议书的比率，32389人签订协议书，签订率96.74%。

外事侨务

【对外联络交流】 2011年，通过组团赴港举办新春招商活动，与香港各界知名人士进行交流。接待欧洲粤剧研究会联合总会组织的全球华人粤剧寻根访问团和澳门江门同乡会考察观光团。新一届区领导班子上任后，拜访外海香港同乡会和礼乐香港同乡会，率团参加在澳门举办的澳门江门同乡会第十届理、监事就职典礼活动，拜访香港建设集团、建滔集团等社团和企业。

2012年，会同区教育局组织区部分校长、园长赴香港开展教育交流活动，参观香港五邑工商会创办的张祝珊英文学校、张祝珊幼儿园和五邑邹振猷学校。区部分学校和幼儿园与香港上述三所学校签订友好交流协议，建立两地教育交流活动长效机制。

【联谊活动】 2011年，礼乐街道组织兄弟龙舟队代表广东省参加在香港举办的国际龙舟邀请赛展解赛，成为该赛事唯一一支外邀参赛队伍，也是江门市残疾人参加国际龙舟竞渡赛事的第一支队伍。礼乐兄弟龙舟队以总分20分夺得比赛冠军。

【创办《江海侨刊》】 2011年，由区外事侨务局主办发行《江海侨刊》创刊号，该刊由“家乡近闻”“联谊之声”“侨界人物”“江海风俗”“影像江海”和“诗词书画”等6个板块组成。侨刊的发行，在联络海外华人华侨感情，提高江海区知名度，推进江海区社会经济发展方面，将起到积极的作用。通过召开区外侨系统信息工作座谈会，更新自身网站信息，共编发图片和文字信息36篇。

【为归侨侨眷办实事好事】 2011年，全区现有归侨73户、89人，其中60岁以上的38人，占归侨总人数的41.76%。区慈善会设立“华侨港澳同胞扶贫解困专项资金”，接受社会各界捐款，所收款项由区慈善会代管，支出由区外侨局统筹安排。设立“困难归侨侨眷救助站”，主要帮扶区内困难归侨、侨眷和在内地港澳同胞，重点扶助孤儿、孤独贫困老人和贫困失学的学生。创立于1996年的“纪念陈达先生奖学助学金”今年为第十六届，本届奖励学生102人，颁发奖金2万多元。至今累计资助学生1400人、奖励学生1681人，发放奖学助学金额95万元。外海旅港乡亲陈泽霖等人向“陈泽霖助学金”捐款1.80万元，“陈泽霖助学金”从2002年起共收到善款14.30万元，扶助困难学生154人。

2012年，为落实国家和省对归侨扶贫各项政策措施，用好下拨的扶持贫困归侨专项资金，在区慈善会设立困难归侨侨眷救助站，对区内困难归侨侨眷进行资金扶持和物质援助，救助站按照需要向困难归侨、侨眷发放慈善超市救助领用券。为越南归侨黄恩武在星海花园安排1套20多平方米的廉租房；对3户特困归侨家庭给与每户扶助资金3000元；中秋节慰问特困归侨11户、每人3000元，安排慰问金23600元。

【出境管理】 2011年，办理出国赴港澳证件365批470人次，其中出国16批45人次、港澳349批425人次。办理外国入境111批159人次。

2012年，实行出国（境）公务护照集中管理制度，重点抓好领取发放和登记管理因公证件环节，会同区纪委开展出行前教育和事后监督检查工作，没有发现违反外事纪律事件。办理出国赴港澳证件290批357人次，其中出国4批

24人次、港澳286批333人次；办理外国入境86批114人次，为企业产品参与国际竞争、引进技术和人才提供帮助。

【华侨捐赠管理】 2011年，按照《广东省华侨捐赠兴办公益事业管理条例》和《中华人民共和国归侨侨眷权益保护法》等法律、法规要求，定期组织人员对区内25个侨捐项目使用情况进行检查，建立健全侨捐项目的文字档案和电子档案资料库，接受江门市人大侨工委、市政协港澳台侨外事工委和市外事侨务局的检查。由于城乡规划变动和教育布局调整等原因，外海街道麻三青云小学、外海金溪小学等学校合并，合并以后校舍部分被闲置，经捐赠人同意对原项目作调整，保证侨捐项目的使用。

【对台工作】 2011年，台资企业45家，派员深入台资企业调研，听取台商意见，并协助解决部分企业招工、用电等困难和问题。在市台办的协助下先后组织4批60多人赴台经贸考察，协助企业2批7人赴台业务交流培训，对因私赴台探亲的11人进行行前教育辅导。区赴台招商和经贸考察团在台考察活动中，以“宣传江海，加强交流”为主题，掌握招商信息，广交朋友。台湾均结织维有限公司、弘堡织维有限公司到江海区考察投资。

【开展引智引资工作】 2012年，做好中国（江门）国际绿色光源博览交易中心项目奠基暨推动广东绿色光源国际采购中心建设合作签约工作，协助邀请澳门特别行政区行政长官崔世安、旅澳乡亲陈克俭等出席活动。组团参加在马来西亚沙巴州举办的第三届“世界江门青年大会”，拜会马来西亚的著名侨领、大企业家，参观当地一批大型知名企业。接待苏丹森纳尔州州委书记兼州政府社会与宣传事务部部长法德勒•穆瓦拉一行25人、印尼广肇总会新任总主席谭柏叶一行90多人、突尼斯执政联盟三党干部考察团一行15人视察江海区企业。

【发动港澳同胞参与家乡建设】 2012年，香港礼乐同乡会永远荣誉会长、礼乐中学名誉校长区修远捐资150万港元，兴建礼乐中学图书馆。图书馆计划占地500多平方米，楼高3层，建筑面积1600多平方米。外海街道举办“情动江海，善行天下”慈善晚会，省港澳知名人士吴苏妹、麦玉清、林家宝、陈剑声、陈子毅、陈锡江和陈海鹰遗孀雷耐梅等参与演出，筹得善款5683768元，其中旅港乡亲李中捐款30万元、陈克俭捐款20万元、伍永利和陈蔡覃卿分别捐款10万元、陈泽霖捐款6万元，旅港外海同乡会、华联盛、香港建设和佳成针织等侨资企业分别捐款10万元。

民族 宗教

【开展民族团结宣传教育活动】 2011年，在广东省第一个民族团结进步宣传月中，以银泉小学为试点，开展“民族团结进步示范学校”创建工作。重点在学校展开，各中小学开学典礼上领导作民族团结进步教育的动员讲话；对于个别少数民族学生的班级，针对其民族特征和风俗习惯，进行民族理论政策随机教育；下发“两个共同”宣传画册，在学校张贴宣传；利用班会课、墙报、广播等形式，结合各学科教学，把民族团结进步教育融入教学、活动中。通过开设媒体专栏，设立网络阵地，使民族团结进步教育进校园、进机关、进社区。

【宗教事务管理】 2011年，为茶庵寺颁发宗教活动场所登记证，茶庵寺成为合法宗教活动场所。江门市佛教协会批准同意释登觉法师担任外海茶庵寺住持。举办茶庵寺大雄宝殿竣工庆典及慈善恤孤仪式，社会各界人士共1万余人参加庆典活动。茶庵寺向区人民医院、外海中心小学、区民政局、外海街道社会事务办和开平市民政局等单位、部门捐赠善款238万元。在基督教礼乐堂召开推进“创建和谐寺观教堂”工作会议，交流经验。基督教外海堂经广东省民族宗教事务委员会审核确定为全国创建和谐寺观教堂活动达标场所。

【雪峰寺建设管理交接】 2011年，按照宗教活动场所属地管理原则，江门市政府把雪峰寺重建行政管理工作移交江海区政府部门管理，雪峰寺重建工作由释明生法师接管。年内，协调工程建设问题，重新签订有关合同，力争工程项目2012年全面施工。

【引导宗教界参与慈善公益事业】 2011年，宗教界参与扶贫济困、救灾助残和养老助孤助学等活动。在“慈善公益万人行”活动中，宗教界共捐款31万元。茶庵寺在开光活动中与区人民医院、外海中心小学、开平市民政局，区民政局、外海街道社会事务办等单位签订捐赠意向书，捐款230多万元，支持公共医疗和教育事业、开平市和区内100多名困难学生读书，为外海街道生活困难的长者发放补助。在“6•30”扶贫济困日，江门市佛教协会会长、法华庵住持释严光法师捐款50000元，加上其他宗教活动场所参与共捐款62000多元。法华庵在江门市第四届“休渔放生节”活动中捐款14000元。雪峰寺向区慈善会捐赠大米2250公斤、食油500公斤，用于救助困难群众；捐款7500元资助新会区5名困难学生读书。基督教外海堂和基督教礼乐堂在助学、恤孤、赈灾等方面发挥作用。

【开展民族宗教不安定因素排查】 2011年，通过开展民间信仰调研，建立管理档案，研究探索民间信仰管理办法，加强民间信仰活动报批和场所报建的监管。落实民族宗教领域稳定形势分析月报制度，强化与公安部门协作和信息沟通。重点加强对外来少数民族涉黑、藏传佛教活动和基督教私设聚会点等情况的排查整治力度，按照省、市要求，做好净空及其“净宗学会”的印刷品、音像制品及其他宗教用品清理工作，制止和打击净空及其 “净宗学会”渗透活动。针对拉萨“3•14”和新疆“7•5”事件等敏感时间节点，做好涉疆、涉藏不稳定因素的排查，加强对少数民族流动人员的管理。

【少数民族情况】 2011年，有少数民族24个、4720人，占全区总人口的2.50%。其中常住少数民族19个，903人；公务员和教师29人，科级干部2人，市级人大代表1人。通过协调公安户籍管理等相关部门，对区内非本地户籍穆斯林朝觐需求状况进行调研，了解实情。全区信仰伊斯兰教的民族有回族、东乡族，共30多人，主要来自甘肃、青海等地方，以从事餐饮行业为主。大部分人常住1年以上，少数人常住10年以上。年龄段在18－29岁的占20%，30－39岁的占50%，40－49岁的占20%，50岁以上的占10%。他们的人均月收入2000元左右，经济条件一般。

2012年，协助组织、人社、教育、工商和公安户政等部门，完善、更新少数民族基本状况数据库，分类统计，建立少数民族公务员队伍和教师队伍数据资料，全面摸查少数民族经营清真饮食店的数量及其分布状况。全区共有少数民族25个、人口6930人，其中常住少数民族21个、人口1015人；流动少数民族24个、人口5915人。少数民族公务员14人，教师23人；区内经营的拉面店6家、工作人员21人。

【开展民族宗教相关活动】 2012年加强与公安户政管理部门的协作，开展调查，掌握少数民族人口在各社区的分布情况，确定在外海街道墟镇社区开展民族团结进步模范社区创建工作示范点，指导各街道社区落实创建各项工作，包括建立和完善工作会议、信访、接待等5项制度，开展走访、慰问和互动等活动。组织全区宗教活动场所负责人参加学习月活动动员大会，听取省民族宗教研究院马建钊副院长所作的宗教政策法规报告，发动宗教教职人员、信教群众和工作人员参加广东省民宗委开展的宗教政策法规知识网上有奖竞赛，向各宗教活动场所下发国家宗教局编印的《宗教政策法规文件选编》。结合基督教外海堂“创建全国和谐寺观教堂活动达标场所”挂牌仪式，指导、督促各宗教活动场所对照标准，开展创建工作，完善管理组织，规范民主管理，加强财务监督管理，落实寺务公开，进一步规范各活动场所在建工程、大型活动和集中就餐等安全管理。外海街道法华庵创建工作通过市创建考评小组考评并报省民宗委审批。落实市民宗局专项工作会议精神，开展专项工作。全区6个宗教活动场所完善财务管理制度，配备会计，设立银行账户、会计凭证账本和报表，建立捐款箱管理制度，对固定资产进行造册管理；完成宗教活动场管理组织成员、常住教职人员人数定员、宗教教职人员、主要教职人员、财务管理制度和年度预算等6项备案工作。据报在滘头街道圣母庙有僧人常住并往来开展非法宗教活动，区民宗局会同区公安国保大队、滘头街道、滘头派出所等有关部门，教育和规劝外来僧人停止非法宗教活动并在限期内离开，有效制止非法宗教活动。

街道

JIANG HAI YEARBOOK

外海街道

【基本情况】 外海街道位于江门市东部，东与中山市古镇隔河相望，南与新会睦洲相连，辖区面积47.1平方公里。常住人口4.9万人，流动人口6.4万人，有华侨、港澳同胞4万人，辖麻一、麻二、麻三、南山、东南、东升、直冲、东宁、前进、七东、七西、中东村委会，墟镇、银泉为社区居委会，金溪、石鹤利、清兰、沙津横和四大居委会为村改居的社区居委会。132个村民小组,70个党支部。2011-2012年，以加快转变经济发展方式为主线，以提高人民生活水平为目标，加大各项工作的推动落实力度，努力实现“一重点，二保持，三加快”，重点抓好LED博览交易中心及连海北路项目建设，继续保持街道地方财政一般预算收入两位数增长，加快基础设施建设，加快民生改善，加快LED产业基地建设。

【机构改革】 2011年9月8日，召开简政强镇事权改革机构揭牌仪式，标志着简政强镇事权改革完成。组建正股级内设机构5个、正股级直属机构3个和事业单位5个。5个内设机构分别为党政办公室（挂人大联络处办公室牌子）、组织工作办公室、维护稳定及社会治安综合治理办公室（挂综治信访维稳中心牌子）、社会事务办公室、农业和农村工作办公室，3个直属机构分别为经济促进局（挂安全生产监督管理局牌子）、卫生和人口计划生育局、城镇建设管理与环保局，5个事业单位分别为财政所、农业综合服务中心、人口计划生育服务中心、财政结算中心和文体服务中心。

【村（社区）换届选举】 2011年，完成村级换届选举工作，实现村（居）两委一把手“一肩挑”和两委成员交叉任职比例均达90%的目标。19个村（居）委会选举产生村（居）委会成员87人，其中党员78名，占89.7%；妇女干部24名，占27.6%。高中以上学历56名，占64.3%；新任村委会干部18名，占20.7%。新一届村（居）委会成员平均年龄42周岁，比上届的45周岁减少3周岁。19个村（社区）选举产生党支委49人，书记、主任“一肩挑”14名，占82.3%；两委交叉任职共43人，交叉任职率91.4%，其中妇女干部9名，占18.3%。高中以上学历36名，占73.4%；新任党支委干部11名，占22.4%。

【社会经济发展】 2011年，实现地区生产总值61.12亿元，增长17%；实现财政一般预算收入15561万元，增长23.96%；实现规模以上工业增加值42.94亿元，增长29.7%；实现外商直接投资2212.58万美元，下降10.23%；完成进出口总值9.7亿美元 ，增长14.77%；完成固定资产投资32.88亿元，增长31.9%；实现城镇居民人均可支配收入27080元，增长13.88%；实现农村人均纯收入12828元，增长13%。街道获得2011年江门市十大最具竞争力镇街称号。全年兑现村级经济“净收入”1.03亿元，下降11.11%，麻二、金溪、直冲等6条村集体经济收入超过1000万元。

2012年，进一步调整经济结构，狠抓重点项目建设，街道主要经济指标排在全区前列并高于全市平均水平。完成地区生产总值56.42亿元，增长11%；完成地方财政一般预算收入17747万元，增长14.05%；规模以上工业增加值30.24亿元，增长15%；固定资产投资36.83元，增长12.03%；进出口总额与2011年持平；利用外资2362万美元；实现城镇居民人均可支配收入30601元，增长13%；实现农村人均纯收入

14396元，增长14%。实现区域地方库收入37760万元，增长14.05%。街道财政一般预算收入17747万元，完成调整预算财政收入任务17117万元的103.68%。街道地方财政一般预算支出完成14965万元（含补助），增长0.4%。全年街道区域出口退税总额53441万元，下降0.76%。引导各村（社区）利用自留用地发展物业出租，村级厂房总面积110万平方米，通过出租物业，各村（居）集体经济收入大幅提高，兑现村级经济“净收入”1.18亿元，增长14.58%，其中麻三村集体经济收入超2000万元；麻一、麻二、东南、金溪、直冲等村集体经济收入均超1000万元。直冲村在5号地新建5万平方米厂房，主体工程基本完成。四大社区在5号地块新建6万平方米厂房，工程项目竣工。麻二村在45号地2.5万平方米厂房完成验收交付使用。

【社会事务管理】 2011年，投入基础设施建设及补助村（社区）社会主义新农村建设资金1900多万元，完成新农村项目44项，完成5个农贸市场改造升级，建成道路8277米，新建排污管道3600米，新建园林及道路绿化7690平方米。推进国家环保模范城复核迎检工作，投入100多万元，对“创模”复核重点麻园河进行疏浚清淤。开展创建市卫生镇（街）工作，投入30多万元，新建垃圾中转站1座，提高垃圾处理水平；投入20多万元购置果皮箱295个，推进日常绿化、亮化、净化、美化工程。完成“创文”工作的各项目标任务，安排280多万元资金用于进一步完善公共设施，包括升级改造中心市场、安装交通隔离栏、楼道粉刷、修复道路坑洼等，开展车辆乱停乱放、占道经营、乱摆乱卖等问题的整治工作。推进新农保全覆盖工作，“新农保”参保人数16537人，征缴费用116.5万元，领保人数4890人，参保率94.65%。提高发放标准和扩大发放范围，街道财政支出247万元继续发放7372名60岁以上老人的春节慰问金。街道财政支出51万元，奖励中考成绩优秀的学生、高考成绩优秀的学生和指导教师。新中心小学2010年9月1日投入使用，合并沙清小学到新中心小学。推进扶贫“双到”工作，结合对口帮扶乐昌秀水镇西河村的实际，对参与水果、蔬菜种植和养殖业的农民实行化肥、饲料帮扶；完成23项村基础设施建设，其中完成40户贫困户危房改造，实施4.8公里村道硬底化。举办外海第六届农民运动会、篮球赛和文艺汇演等活动，并组织送戏下乡、免费播放电影，丰富群众文化生活。策划制作《辛亥革命100周年陈少白先生纪念册》并作为市、区纪念辛亥革命会议材料。组队参加市百姓健康舞、市农民运动会等比赛获得佳绩。妥善处理历史债务遗留问题，清还个人集资款本金利息674万元，至此基本清还个人集资款本金及利息。

2012年，成立江海区首个街道级慈善会，举办慈善晚会筹集善款560多万元，用以帮扶弱势群体。街道财政支出258万元发放7000多名60岁以上老人的春节慰问金。街道财政支出57万元奖励给高考、中考成绩优秀的学生和教师。投入1000多万元对麻一小学、外海中学等学校的体育场地进行升级改造以及配置一批教学设备，通过省“创强”复评验收专家组的考核并保留“教育强街”称号。协助麻三村创建市标兵文明村、四大社区创建市文明社区。新建文化书屋6个，实现村（居）文化书屋全覆盖。组织送戏下乡、免费播放电影122场、举办文艺汇演7场次、篮球赛和象棋赛等活动，开展百姓健康舞系列活动。投入34万元的街道“一站式”政务服务中心建成并投入使用。扶贫开发“双到”工作累计投入160多万元，完成帮扶项目74个。加大矛盾纠纷排查调处力度，化解因征地拆迁、劳资纠纷、违章建筑等引起的矛盾纠纷案件38宗，查处欺行霸市、制假售假、商业贿赂等案件17宗。开展创建“平安”村（居）活动，投入20万元在银泉社区安装8个视频监控摄像头及监控平台，保证24小时实时监控。

【第二产业、第三产业发展】 2011-2012年，抓住市实施“三边”产业发展战略的机遇，加快战略性新兴产业发展。依托江门高新区广东省半导体绿色照明产业基地的辐射和带动，加快LED上、下游产业和配套行业的发展。“一号工程”LED博览交易中心项目取得突破性进展，2012年8月8日举行奠基仪式并动工，C、D地块打桩，争取2014年6月建成投入使用。重点培育绿色光源、新能源、新材料、生物医药、电子信息作为战略性新兴产业。规模以上玻璃制品及深加工企业实现工业总产值增长98.43%；电子信息及材料企业实现工业总产值增长8.46%；灯饰及LED企业实现工业总产值增长25.26%。积极引导企业进行转型升级，完成艾默生公司由来料加工转为直接产销的本地化核算工作，产值和税收翻倍增长；福宁电子已提出本地化核算具体方案。健威家具公司被评定为国家级加工贸易转型升级示范企业。加快私营经济发展，实现个体户转型升级181户，总投资8亿元的崇达电路板一期主体工程基本完成，银雨芯片一期工程正在装修，两个项目均在年内试产；增资3亿元的地尔汉宇二期年内完成主体工程建设的50%。金羚洗衣机、建滔电子二期等项目建成投产或试产。实现第三产业增加值18.26亿元，占生产总值比重上升2.3个百分点。辖区第一个商业酒店柏宜酒店开张。海逸华庭、海伦湾、奕聪花园、濠江房地产等一批名优“三产”项目相继建成并对外销售。

【基础设施建设】 2011-2012年，江珠高速北延线外海段项目加快推进。连海北路道路设计正在招标。江睦路工程完成征地、清拆任务。金瓯路动工建设。投入基础设施建设及补助村（社区）社会主义新农村建设2735万元，建成道路9740米，新建排污管道7500米，新建篮球场2个，完成深堂上路、中路和蕉地大街等道路改造工程，体育公园管理大楼建设主体工程封顶，并进行外墙装饰工程。江门市首个旧厂房升级改造项目汇聪电器厂项目动工建设，沙津横头股围工业区“三旧”改造项目开展前期准备工作。龙光塔至茶庵寺绿道工程开工建设。投入39万元完成“一园二路三厂企”绿化绿建示范工程，共种植苗木440株，新增绿化面积3000平方米。横沥电排站扩建工程完成年度投资额的95%，主体工程基本完成并进行设备安装及配电。

礼乐街道

【基本情况】 礼乐街道位于江海区西南面，东邻江门高新区（江海区）行政中心，西接新会区，北跨江礼大桥通市区，南接新会区睦洲镇、三江镇，办事处设在礼乐长兴街。南北相距9.1千米，东西相距9.3千米，总面积50.81平方千米。下辖3个社区居民委员会和24个村民委员会。2011年常住人口83585多人，户籍人口64773人；2012年，常住人口85312人，户籍人口64796人。人口中绝大部分为汉族。

【机构改革】 2011年，经济办公室更名为经济促进局，城乡建设办公室更名为城镇建设管理与环保局，农业办公室更名为农业和农村工作办公室，人口和计划生育办公室更名为卫生和人口计划生育局。

【村（社区）换届选举】 2011年，新一届村、居两委干部121人，妇女干部32人，占26.4%。其中24条村两委干部106名，妇女成员26名，占24.5%，3个社区两委成员15名，妇女成员6人，占40%。两委干部交叉任职61名，交叉率73.5%，书记、主任一肩挑18人，交叉率66.7%。选出村民代表757人，其中党员169人，占22.3%；妇女141人，占18.6%。

【社会经济发展】 2011年，实现地区生产总值17.91亿元，增长15%；完成固定资产投资6.62亿元，社会消费品零售总额6.87亿元，增长18.59%；外商直接投资154.86万美元；利用民资1.8亿元，增长19.93%；外贸进出口总额1.04亿美元；城镇居民人均可支配收入15632元，增长13.43%；农村居民人均纯收入11531元，增长16.12%。实现工业总产值42.3亿元，增长23.16%；工业销售产值40.17亿元，增长20.06%；工业产销率94.96%，下降4.52%；规模以上工业企业23家，规模以上工业增加值9.19亿元，增长23.35%，规上工业出口交货值7.84亿元，增长10.26%。增资扩产和技术改造1.6亿元，其中长优实业技术改造二期工程建设累计投资1.1亿元，新迪织造制衣厂扩建2000万元。机电产业基地完成金钻辉精密制造有限公司填土工作，三大园区累计完成投资8500多万元。农业增加值2.36亿元。财政一般预算收入6760万元，增长18.43%。

2012年，实现地区生产总值17.75亿元，完成固定资产投资5.96亿元，外贸进出口总额1.83亿美元，城镇居民人均可支配收入17750元，农村居民人均纯收入13044元。实现工业总产值28.61亿元，增长9.45%；工业销售产值28.4亿元，增长9.85%；工业产销率99%；规模以上工业企业21家，规模以上工业增加值5.14亿元，增长9.36%，规模以上工业出口交货值6.51亿元，增长5.56%。引进上市公司量子高科微生态健康产业基地项目和兰花食品两个超千万元民资项目。金钻辉精密铸造有限公司礼乐新厂区奠基建设。固定资产投资，其中房地产投资1.94亿元，基础设施建设完成投资10088万元，厂房设备建设投资29600万元。地方一般财政收入6420万元，下降5.03%。完成一般预算支出8308万元，占预算的106.8%。

【农业】 2011年，农业增加值2.36亿元。发放补贴资金17.7万元。农保区2005年度资金项目全面验收，城防工程基本完工。粮食作物播种面积 0.31万亩，产量1040吨；果蔗种植面积0.85万亩，产量64325吨；蔬菜种植面积3.57万亩。肉类总产量6181吨，其中，猪肉6017吨，禽肉164吨，淡水养殖水产品11079吨。

2012年，农业增加值2.49亿元。发放粮食直补、农资综合直补资金15.3万元。完成农保区2007-2008年度资金项目工程并验收，总投资800万元，包括疏河扩路1708米，扩宽加固农用路8573米，新建涵桥7座等14项工程。完成虾蛟滘电排站主体工程，有效缓解礼东围内涝问题。农业结构和布局进一步优化，带动锦鲤养殖、巨峰葡萄等特色农业和品牌农业发展。粮食作物播种面积0.57万亩，产量7440吨；果蔗种植面积0.83万亩，产量68838吨；蔬菜种植面积 2.1万亩。肉类总产量7967吨，其中猪肉7753吨、禽肉213吨、淡水养殖水产品 25393吨。

【第三产业】 2011年，个体工商户1893户，注册资金1125万元。实现社会消费品零售总额6.86亿元。汽车物流业发展迅速，利生车城新翼开业运营，引进北京现代、英伦汽车、雪佛兰、上海大众、东风裕隆、众泰汽车等一批4S店，开设进口大众、奔驰等一批高档汽车展厅。新开发商品房面积5万平方米，完成投资1.4亿元，帕佳图、文昌花园小区等一批中高档住宅区销售畅旺。

2012年年底，共有个体工商户3483户，注册资金6243万元。

【基础设施建设】 2011年，新建道路（不含农田道路）4141米，新建桥梁3座，箱涵1座，新建排污管2189米，新建道路绿化3850平方米，总投资935万元。礼东大桥新建工程完成工程量的83%，累计完成投资4748万元。完成新民市场、礼乐中心市场、文昌市场升级改造。完成181户农村卫生改厕工程。投入550万元完成三条村庄的规划编制和村庄整治任务，基本完成农村“五改”工程。完成江礼大道、礼义路下水道清淤工程。新装果皮箱150个，更换沙井盖110套，维修和翻新路灯135支。

2012年，新建道路5126米，新建排污管4363米。礼乐大桥建成通车。推进绿化绿建，完成“一园二路三厂企”示范绿化绿建工程，绿化改造面积62744平方米。完成威东、威西、敬和、英北4条村的村庄规划编制和向前、英南、威西村庄整治任务。完成23项村级工程，村容村貌得以改善。创建2个市级宜居村庄（社区）、1个市级名村示范村、1个省卫生村、3个市卫生村。完成文昌垃圾中转站建设并投入使用。规范农村“三资”管理，建成街道农业“三资”管理交易中心。深入开展村务公开民主管理，14个村（居）被评为“广东省村（居）务公开民主管理示范村（社区）”。完成7个应急达标村和5个应急示范村建设。完成江海区社会福利综合服务中心主体工程建设。

【社会事务管理】 2011年，实现城乡居民基本医疗保险全覆盖，病人住院直接在医院进行结算。新农保参保人数28708人。发放低保救济金165多万元、高龄津贴20多万元，帮助残疾人申请各类补贴18.8万元。启动礼乐社会福利综合服务中心建设。全街道有完全中学1所，初中2所，小学6所，幼儿园19间，托儿所1间，在校学生6431人，教师377人。高考54人上本科线，中考21人达江门一中录取分数线，组织师生参加专项学科比赛获奖270人次。投入创文资金63.7万元，新建51条健身体育路径和丰盛村篮球场，送电影下乡80场次，曲艺表演100多场，大力推广篮球赛、乒乓球赛、龙舟竞渡等文体活动，礼乐龙舟队荣获“香港国际龙舟邀请赛”冠军。受理来信来访来电599宗，办结574宗；侦破刑事案件256宗，查处治安案件485起。投入85万元新装视频监控60个，投入20万元配发摩托车33台。新民、英南村分别完成应急管理示范村和达标村建设，文苑成功创建全国综合减灾示范社区。

2012年底，全街道有完全中学1所、初中2所、小学6所、幼儿园17间、托儿所1间，在校学生8325人，教师669人。礼乐中学高考本科、专科上线率达87%。完成新民小学新教学楼和礼乐中学运动场塑胶跑道建设。教育强街顺利通过省复评验收。新建8间农家书屋，农家书屋实现全覆盖，新建2个文体广场和1个健身公园，重建文昌沙健身公园和3个篮球场。开展曲艺表演、篮球赛、游园活动等文体活动。礼乐人民医院升级为江海区中西医结合医院，新建1家社区卫生服务中心。

江南街道

【基本情况】 江南街道地处江门蓬江河南岸，位于江海新城中心。西靠江海区区委区政府，北靠滘头办事处，南连外海镇，东连江门高新技术开发区，是通向粤西和中山、珠海的重要通道。行政区域2.3平方公里，常住人口3万多人，暂住人口9千人。辖区内有市、区机关、企事业单位175家，中学、小学和幼儿园10所，个体工商户769户。下辖6个社区居委会，是一个纯城市型街道办事处。

【社会经济发展】 2011年，实现地区生产总值8.34亿元，增长7.69%；规模以上工业增加值6.7亿元，增长9.31%；固定资产投资1.15亿元，增长12.98%；社会消费品零售总额2.41亿元，增长14.89%；外商直接投资77.49万美元；进出口总额2.08亿美元；地方财政一般预算收入3041万元，增长18.33%。

2012年，实现地区生产总值8.98亿元，增长6.55%；地方财政一般预算收入0.16亿元，下降3.44%；规模以上工业增加值4.59亿元，增长9.02%；社会消费品零售总额1.86亿元，增长19.63%；固定资产投资0.88亿元，下降1.78%；利用内资0.51亿元，增长8.79%；居民人均可支配收入18957元，增长15.83%；外商直接投资297万美元；进出口总额18362万美元。

【第三产业】 2011年，发展城市型经济，加大对金羚、三菱、春燕等支柱企业的帮扶力度，支持企业增资扩产、技术改造和开拓市场，亿元以上企业发展到7家，长威电缆厂产值突破亿元。推进浪琴湾小区和江门锁厂40亩汎港房地产项目开发建设，其中浪琴湾小区开盘预售。投资1000多万元的金鸿楼酒楼项目开业，年营业额1200万元。全年共发展个体私营企业400多家。

2012年，加强对三菱、裕华墙纸、春燕、活力等龙头企业的帮扶。引进新铝程电子有限公司等3家企业，推进中环广场二期工程开发和凯旋堡项目建设及广州国鑫投资公司房地产项目开发，借东华大桥和胜利大桥开通机遇，发展商贸，巩固江南路、南苑街商业、饮食业，盘活蓬苑商城。

【社区治安】 2011年，执行“打防结合，预防为主”的方针，建立健全社会治安防控体系，排查矛盾纠纷，在打击犯罪、人民调解和规范信访等方面下功夫。共发刑事案件152宗，破案118宗，破案率77.6%；破获贩毒案件12宗；受理行政案件336宗，查处253宗；刑事拘留47人，提请批准逮捕36人，取保候审23人，行政拘留58人，强制隔离戒毒22人；盗窃摩托车案件52宗，破案38宗。

2012年，贯彻“发展为第一要务，稳定为第一责任”和“打防结合、预防为主，专群结合、依靠群众” 的方针，按照“夯基础、抓重点、保平安”的工作思路，深化平安创建工作。投入资金15万元，加装9个监控点，更新维护原14个视频监控点。开展严打整治，立案查处案件7宗，其中欺行霸市（刑事）案件2宗，制假售假5宗；受理上级交办的信访案件15宗、“12345”政府热线投诉120宗，全部办结，办结率100%；共发刑事案件440宗，破案182宗，破案率41.4%；破获贩毒案件5宗；破吸毒案件7宗，抓获吸毒嫌疑30人，送戒19人。受理行政案件268宗，查处177宗，查处率66%。刑事拘留68人，提请批准逮捕37人，取保候审20人，行政拘留60人。

【精神文明建设】 2011年，以创建文明城市为主线、以文化惠民为准则、以构建和谐社区为目标，开展各项精神文明建设活动：投入200万元升级改造江南、中沙、银沙三个农贸市场；投入90多万元，修补辖区道路坑洼路面4500多平方米；举办“文明城市共建共享，文明创建从我做起”“江南街道公共文明大家谈论坛”“文明礼仪知识讲座”“城乡万人清洁行动”“义工上街文明劝导”“小手拉大手、文明进家庭”“创建‘五好’文明家庭”“创文书法比赛”“弟子规诵读比赛”活动，组织参加区举办的“歌声飞过90年‘江海区庆祝中国共产党九十周年’歌手大赛”在“我舞蹈、我快乐、我健康”百姓健康舞大赛中荣获金奖；派员参与区代表队参加“江门市百姓健康舞大赛”荣获金奖并被选为“广东省第二届农民运动会”开幕式的表演节目。

2012年，贯彻“弘扬广东精神，建设文化强省”，以文化惠民、巩固创文成果、构建和谐社区为目标，以“我们的节日”为主题，结合“南粤幸福活动周”“2012江海区首届民间艺术节”，举办第十五届社区文艺表演大赛；同时开展绿化绿建、“学雷锋、树新风”“道德讲堂”示范课等活动，继承弘扬传统民俗文化；推广普及百姓健康舞，在2012江门市百姓健康舞广播电视大赛中荣获金奖；投入30万元改造江南公园，增添休闲运动器材；街道被评为市创建全国文明城市先进单位。

【“三旧”改造】 2011年，被列入区重点项目的华庆里改造工程目前完成控制性规划的专家论证，通过《华庆里三旧改造的方案》和《华庆里三旧改造拆迁补偿方案》的审核，完成项目拆迁费用和收益等事项的测算分析，通过项目认定书，签订改造意向书47户，同意率96%；69.2%的居民户签订《华庆里房屋拆迁补偿协议》；江翠路158号厂房用地的“三旧”改造项目，完成项目认定并进行实施方案的审核；江南工业小区的三旧改造项目进行测算、调查摸底等工作。

2012年，被列入区重点项目的华庆里改造工程，通过《改造方案》《拆迁补偿方案》和《项目认定书》审核，完成控制性规划专家论证、拆迁费用和收益测算分析，签订《拆迁补偿协议》58户，剩余7户，签约率90%。加快浪琴湾小区、凯旋堡房地产、国鑫公司“三旧”改造项目建设；江南工业小区“三旧”改造13家企业面积180亩，完成调查摸底，制订具体改造方案。中环广场二期项目完成拆迁并举行动工奠基仪式。

【社区建设】 2011年，建立江翠社区公共服务站，投资17万元改造新中社区文体休闲小广场，江翠社区被定为江海区创建全国社区建设示范单位。投入资金50万元，在桥南社区新建居家养老服务中心。

2012年，创建新型社区，以服务推进社会管理创新，实现社区管理规范化、沟通渠道多元化和社区服务便民化。以桥南、江翠两个社区作为试点，创新管理模式、创新沟通方式、创新服务理念，建立“三位一体”管理平台、搭建信息沟通平台、推进社工+义工的管理模式，提高社区服务质量。

滘头街道

【基本概况】 滘头街道位于蓬江河南岸，地处江海区中心腹地，面积6平方公里，下辖仁美、建联、银城、正南、永明5个社区和红星、新星、建星、南雄、正安、联星、五星、明星、银星、永星10个经济合作社，户籍人口1.9万人，常住人口3.8万人，旅居海外的华侨、港、澳、台同胞3000多人。

【机构改革】 2011年，根据《关于印发〈江门市江海区滘头街道办事处主要职责、机构设置和人员编制规定〉和〈江门市江海区滘头街道办事处事业单位机构编制方案〉的通知》（江海编发〔2011〕28号），设置3个正股级内设机构，3个正股级直属机构。内设机构：党政办公室（挂人大联络处办公室牌子）、维护稳定及社会治安综合治理办公室（挂综治信访维稳中心牌子）、社会事务办公室。直属机构：经济促进局（挂安全生产监督管理局牌子）、卫生和人口计划生育局、城镇建设管理与环保局。事业单位：财政所；组建人力资源和社会保障服务所，基层劳动保障事务所由区劳动和社会保障局垂直管理调整为街道办事处管理。将劳动保障事务所的职责划入人力资源和社会保障服务所，不再保留劳动保障事务所。社区劳动保障工作站归口人力资源和社会保障服务所管理，组建人口和计划生育服务中心，会计代理中心（财政结算中心）更名为财政结算中心，不再保留会计代理中心牌子，组建文体服务中心，将文化站的职责划入文体服务中心，安全生产巡查队、环境卫生管理站、城监中队、水利所结合事业单位分类改革统筹调整。

【村（社区）换届选举】 2011年，按照市、区社区“两委”换届选举工作部署的要求，于3月20日完成辖下5个社区“两委”换届选举工作。社区“两委”班子交叉任职和书记主任“一肩挑”比例实现两个100%。产生社区“两委”成员25名，党支部委员15名，其中支部书记5名、副书记5名；居委会成员25名，其中主任5名，副主任5名。5个社区党支部书记和主任“一肩挑”比例达到100%，比上一届提高20%；5个社区党支部共15名支部委员全部与社区居委会成员实现交叉任职，交叉任职率100%；有16名“两委”成员实现连任，占64%；“两委”成员中有23名党员，占92%。社区“两委”班子的年龄结构、学历结构更趋合理，25名“两委”干部平均年龄35.08岁；35岁以下15名，占60%；女干部18名，占72%；大专以上学历14名，占56%，实现按照梯次配备。

【社会经济发展】 2011年，完成地区生产总值15.54亿元，增长15.05%；工业总产值52.71亿元，增长24.23%；规模以上工业增加值11.78亿元，增长23.39%；社会消费品零售总额2.54亿元，增长18.13%；固定资产投资6.81亿元，增长22.12%，完成计划的100.10%；地方财政一般预算收入5310万元，增长30.53%。利用民资1.87亿元，增长16.15%。外商直接投资160万美元；进出口总额1.66亿美元。城镇居民人均可支配收入18866元，增长13.91%。地方财政一般预算收入首次迈入5000万元大关。有规模企业22家，其中有4家实现年产值同比翻一番；11家企业年产值增幅达两位数以上。基本完成胜利南路规划红线范围内征地拆迁补偿和拆卸工作，胜利大桥于2011年2月动工建设，胜利南路于2011年12月13日动工；广珠城际轨道及江门站场建成投入使用；配合完成五邑路大修工程，江海中心城区基础设施配套逐步完善；加紧推进江南路西段、滘头东路等工程前期工作。东华天鹅湾项目累计新开工面积超过5.1万平方米，销售面积3.77万平方米。府西小区、明泰江海新城、天鹅湾二期等项目进展顺利，完成府西小区约238亩的收地工作。加快推进中环商业广场二期工程。汇通小额贷款有限公司、广东新澳医药有限公司、江门合富辉煌房地产顾问有限公司、江门市高新区益丞小额贷款有限公司和银河证券江门营业部等企业进驻辖区。完成江海供电大楼征用地块权属单位调查，与正安经济社签订土地征收协议，与银星和建星经济社洽谈征地补偿方案。兰花食品公司“三旧”项目实施方案通过市“三旧”办审批确认，进行土地归宗和完善用地手续工作。启动申报新时代粘合胶企业有限公司“三旧”改造项目，通过市“三旧”办及相关职能部门审批认定并上报用地范围图等资料审核及编制“三旧”项目实施方案。

2012年，完成地区生产总值15.89亿元，增长7%；工业总产值6.99亿元；规模以上工业增加值1.92亿元，增长7%；社会消费品零售总额2.48亿元，增长7%；固定资产投资6.95亿元；地方财政一般预算收入0.49亿元，增长4.33%；利用民资2.4亿元，增长7%。外商直接投资431万美元；进出口总额1.43亿美元。加快推进胜利大桥、胜利南路工程建设，力争春节前单边通车。永康北路工程开展收地、拆迁和填土工作。鹿茵酒店项目工程完成19层主楼的施工。明泰江海新城和江海供电综合楼项目于2012年12月7日动工兴建。大型连锁超市先后进驻中环广场商业中心。引进的新澳医药有限公司累计销售额3亿元，江门市骏捷汽车销售服务有限公司累计销售额1000万元。5项“三旧”改造项目总改造面积263亩，需拆除建筑面积约12万平方米。其中兰花食品“三旧”改造项目开展土地归宗和完善历史遗留用地手续工作；南雄经济社“三旧”改造项目办理用地转用手续；新时代、银星经济社和五星宝敦围工业区“三旧”改造项目实施方案上报区“三旧”办审批。

【社会事务管理】 2011年，配合创建全国文明城市，开展争当“文明示范岗”“志愿者服务示范岗”“文明标兵窗口”“创建文明城市、小手拉大手”和“社情、党史”进课堂等活动；投入资金80万元，完成滘头市场升级改造并顺利通过验收投入使用；投入8万多元，完成200多条旧楼道整治和粉饰工程，正南和永明社区获江门市“宜居社区”称号、建联社区获江门市“卫生社区”称号。5个社区分别建成并完善文体小广场等文体设施。滘头小学学生舞蹈队获得广东省第八届少儿艺术花会舞蹈类二等奖、广东省首届舞蹈大赛二等奖。投入300万元，先后完成江翠路口扩建、仁美计生文体广场周边整治、6个公厕无障碍设施改造和银星新村文体小公园升级改造等民心工程。完成仁美社区和永明社区生育文化广场、建联社区新家庭文化屋、各类人口计生专栏等建设。开展扶贫“双到”工作，投入150多万元，完成何家冲村250亩产业扶贫黄烟基地、90亩蔬菜种植基地、岩面公路、水浸窝水池和20户危房改造项目。在扶贫济困、“送温暖、献爱心”“一元爱心日”“扶贫济困日”等活动中捐款45万元；发放各类临时物价补贴、临时医疗救济、临时困难救济17万元；春节和“七一”期间慰问困难老党员34人次，送上慰问金6800元和价值6800元的慰问品；资助贫困学生30多名共4万多元。受理市政府“12345”热线案件110宗，办结率100%。成功调处矛盾纠纷7宗。正南、仁美、建联和永明社区均获得江门市“民主法治村（居）”称号，仁美社区创建成为江门市“平安家庭”先进示范社区。

2012年，完成6项民心工程建设，包括投入近150万元，完成“一公园两路三厂企”绿化绿建工程，联星、建星、石咀里公园升级改造，仁美明渠改暗渠并疏通7个垃圾中转站升级改造工程和街道政务服务中心建设等。扶贫工作投入资金15万元，完成水浸窝村公路、水池、护土坡等工程。成立街道“三资”办公室并制订相关制度，强化对经济社的“三资”管理。受理市政府“12345”热线案件120宗，办结率100%；受理区交办信访案件13宗，办结率100%；调处矛盾纠纷 7 宗，调处率100%；接待群众来访批17批80多人次。集中清理辖区潲水油加工窝点2个、非法行医诊所3间、无牌无证经营场所40多间、责令停业整顿7间及农贸市场、城乡结合部等多个重点部位和场所。

滘北街道

【基本情况】 滘北街道位于江海区北面，东邻外海街道办事处，南靠白水带风景区，与江门市蓬江区一河之隔。辖区面积3.7平方公里，下辖北湾、富横两个社区，户籍人口5000人，常住人口1万人。农村集体经济组织保留滘北经济联社和4个村级经济社。

【社会经济发展】 2011年，实现地区生产总值14.01亿元，累计增长10.01%；规模以上工业增加值10.70亿元，累计增长12.69%；地方财政一般预算收入3259万元，增长18.60%，利用民资2.20亿元；利用外资436万美元；固定资产投资3.74亿元，累计增长18.71%，社会消费品零售总额3.10亿元，累计增长19.09%；城镇职工人均可支配收入24986元，累计增长14.10%。引入投资额1500万元的豪门酒店和投资额1000万元的光泰休闲会所；投资5600万元的节能减排环保项目益胜浮璃余热发电项目上马。组织广悦、生物中心等企业申报技术改造导向计划项目4个，项目计划总投资24950万元，累计完成投资603万元。

2012年，完成地区生产总值11.87亿元，规模以上工业增加值7.9亿元，固定资产投资4.3亿元，地方财政一般预算收入3024万元，社会消费品零售总额为2.87亿元，外商直接投资436万美元，进出口总额41608万美元，利用内资2.47亿元，城镇居民人均可支配收入28367元。

【重点项目推进】 2011年，把推进重点项目作为拉动固定资产投资，增强经济发展后劲的重要抓手，做到“一个项目、一套人马、一抓到底”，有效推进东华大桥、江珠北延线高速公路滘北段拆迁和谦信化工丙烯酸丁酯增资扩产等重点项目。

2012年，继续落实重点项目倒逼机制，确保项目扎实推进。是年6月东华大桥建成通车。天骄半岛二期、华茵绿洲等房地产项目建成并销售。按计划推进谦信增资扩产项目。协调解决演艺中心项目问题。江珠北延线（滘北段）征地拆迁与15户业主签订折迁补偿合同，其中商铺2间，商品房16间。

【“三旧”改造】 2011年，把江门大桥至北桥大桥及白水带南麓围合的区域（统称泛油湾片）厂房和住宅面积共849.3亩，纳入街道“三旧”改造工作范围，以打造总部经济基地、文化创意产业、旅游休闲产业聚集的沿江新城的理念，高标准、高起点实施“三旧”改造规划。通过改造范围内土地、房屋、厂区的权属调查摸底，形成“三旧”改造测量报告书；完成改造成本初步匡算并制订项目招商方案；完成泛油湾片“三旧”改造工作方案及其实施计划和安置小区选址及其规划设计平面图；与地块内13家企业签订合作改造协议。

2012年，制订茶山里“三旧”改造补偿方案，完成辖区6块历史用地手续补办报批工作。启动西江新城（滘北段）地块开发规划编制工作。

【社会事务管理】 2011年，为50户的家庭办理了最低生活保障救济，共发放城镇低保户生活补助19.8万元，特定病种医疗救助1.3万元，申请临时救济金3万元；完成社区居民新型农村养老保险资料登记和录入，增保人员217人；落实优抚政策，做好对现役军人、涉核参战人员、伤残军人、复员军人等的优抚工作；做好助残、助困、助学、老龄等工作，共支出民政事业经费60多万元。排查各类社会矛盾24宗，化解劳资纠纷等不稳定事件5起，矛盾纠纷调处率100%。受理信访案件1宗，办结率100%。刑事案件立案118宗，破案35宗。

2012年，滘北街道中心幼儿园晋升江门市一级幼儿园。富田文体小广场建成使用并举办第三届社区运动会。扶贫开发“双到”通过省考核。是年发动慈善捐款100万元，全部用于辖区绿化绿建和滘北小学教学楼改造等项目。矛盾纠纷调处率100%。查处“三打”案件22宗，打击“欺行霸市”团伙1个，抓获犯罪嫌疑人16余人。为规范农村集体“三资”管理，建成街道农村集体资产交易中心和公共交易平台，是年9月投入使用，组织交易13宗。街道政务服务中心建成并投入使用，设有“民政、计生、综治”等6个便民一站式服务窗口。完成富横社区家庭综合服务中心第一期建设，该中心被纳入市社会管理创新观察项目。

【基础设施建设】 2011年，投入200多万元专项资金，完善属地基础设施建设，其中40多万元再次对北街市场进行升级改造；投入15.43万元，完成50多处路面整治，整治面积4381平方米；落实江湾大酒店、机关大院、北街村和文体广场等地无障碍设施建设工程5处；增设社区“四防装置”63个；新建富华路路口西段、南山路路段、瑞华苑路口等道路共计820米。对100多个临时停放车位进行划线管理，对79处消防设施进行更换，投入40多万元对富田山塘堤坝进行加固。

2012年，落实市委、市政府“森林围城、树林进城”的工作部署，完成“一园二路三厂企”示范性改造项目，新增绿化面积7420平方米，栽种植物、树木1446棵。完成富华路、国金路扩宽，辖区道路整治等工程。整治龙湾里内涝，清淤230米。完成油湾山体滑坡整治工程前期工作，进入招投标阶段。

获奖·荣誉

JIANG HAI YEARBOOK

2011年获全国、省、市表彰单位

获奖时间	获奖单位	获奖名称	授予单位
2月	江海区检察院	第四届全国先进基层检察院	最高人民检察院
3月	江南街道江翠社区	全国巾帼文明岗	全国妇女联合会、全国妇女巾帼建功活动领导小组
5月	礼乐街道威西村团支部	全国五四红旗团支部	共青团中央
10月	江海区司法局外海司法所	全国先进司法所	司法部
12月	礼乐街道文苑社区	全国综合减灾示范社区	国家减灾委员会、民政部
2月	江海区人民政府	广东省2010年度人口与计划生育先进单位	广东省人民政府办公室
3月	江海区司法局	司法行政系统“五五”普法先进集体	广东省司法厅
4月	江海区统计局	2006－2010年全省统计法制宣传教育先进单位	广东省统计局
5月	江门市安诺特炊具制造有限公司抛光车间机抛班	广东省工人先锋号	广东省总工会
6月	江海区统计局	广东省统计“五五”普法先进单位	广东省统计厅
7月	江海区统计局	广东省第二次全国R&D资源清查工作省级表彰先进单位	广东省第二次全国R&D资源清查领导小组办公室
9日	江海区统计局（江海区第六次全国人口普查领导小组办公室）	广东省第六次全国人口普查先进集体	广东省统计局、广东省第六次全国人口普查领导小组
10月	江海区司法局礼乐司法所	全省司法行政系统安置帮教工作三等功	广东省司法厅
11月	礼乐街道	广东省巾帼创业示范基地（林业类）	广东省妇女联合会、广东省林业局
12月	礼乐街道威西村	广东省“妇女之家”示范点	广东省妇女联合会

12月	礼乐街道	“十一五”广东省残疾人工作先进单位	广东省人民政府残疾人工作委员会
12月	滘北街道	全国亿万农民健康促进行动广东省示范镇（街）	广东省全国亿万农民健康促进行动办公室
2月	江海工商分局	江门市文明单位	江门市精神文明建设委员会
5月	中港宝田摩托车实业有限公司	江门市先进集体	江门市人民政府
5月	江门市第十一中学英语科组	江门市先进集体	江门市人民政府

2011年获全国、省、市表彰个人

获奖时间	获奖个人	所在单位	获奖名称	授予单位
2月	冯少萍	江海区妇女联合会	全国城乡妇女岗位建功先进个人	中华全国妇女联合会
5月	沈伟强	江海区发展改革和统计局	第二次全国R&D资源清查先进个人	第二次全国R&D资源清查领导小组办公室
6月	何智钧	江海区发展改革和统计局	第六次全国人口普查先进个人	国家统计局、国务院第六次全国人口普查领导小组办公室
3月	潘大卫	江海公安分局	二等功	广东省公安厅
4月	梁美贤	中共江海区委	广东省五一劳动奖章	广东省总工会
4月	朱源君	江海公安分局	二等功	广东省公安厅
4月	杨嘉立	江海区司法局	广东省司法行政系统“五五”普法工作先进个人	广东省司法厅
4月	郭碧霞	江海区司法局	广东省司法行政系统“五五”普法工作先进个人	广东省司法厅
7月	蔡锦斌	江海区发展改革和统计局	广东省第二次全国R&D资源清查工作省级表彰先进个人	广东省第二次全国R&D资源清查领导小组办公室
7月	周反修	江海公安分局	三等功	广东省公安厅

8月	陈彦伊	江海区司法局	2006－2010年广东省法制宣传教育先进工作者	广东省普法领导小组
9月	彭红娟	江海区发展改革和统计局	广东省第六次全国人口普查先进个人	广东省统计局、广东省第六次全国人口普查领导小组
9月	吴国宪	江海区发展改革和统计局	广东省第六次全国人口普查先进个人	广东省统计局、广东省第六次全国人口普查领导小组
9月	何其聪	滘北街道	广东省第六次全国人口普查先进个人	广东省统计局、广东省第六次全国人口普查领导小组
11月	林立文	江海区司法局	全省司法行政系统大运安保工作个人二等功	广东省司法厅
11月	卢永臻	江海公安分局	二等功	广东省公安厅
11月	姚雪莹	江海区财政局	2006－2010年全省财政法制宣传教育先进工作者	广东省财政厅
12月	区财壮	礼乐街道威西村委会	广东省民兵预备役“四个基本”建设先进个人	中共广东省委办公厅
4月	卢永臻	江海公安分局	2010年度全市维稳工作先进个人	江门市人民政府
4月	刘心学	江门市安诺特炊具制造有限公司	江门市劳动模范	江门市人民政府
4月	黎振康	江门谦信化工发展有限公司	江门市劳动模范	江门市人民政府
4月	舒长红	江门市长优实业有限公司	江门市劳动模范	江门市人民政府
4月	黄群笑	礼乐人民医院	江门市劳动模范	江门市人民政府
4月	莫斯汝	外海中心小学	江门市劳动模范	江门市人民政府
4月	马维勇	外海街道马鬃沙农场	江门市劳动模范	江门市人民政府
6月	蔡锦斌	江海区发展改革和统计局	江门市统计“五五”普法先进个人	江门市统计局

2012年获全国、省、市表彰单位

获奖时间	获奖单位	获奖名称	授予单位
10月	江海区人口和计划生育局	全国人口和计划生育系统先进单位	人力资源和社会保障部、人口和计划生育委员会
10月	江海区人口和计划生育局	全国人口和计划生育先进集体	人力资源和社会保障部、人口和计划生育委员会
11月	江海区总工会	“全国职工安全卫生知识竞赛”全国优秀组织单位	全国“安康杯”竞赛组委会办公室
12月	外海街道银泉社区	全国综合减灾示范社区	国家减灾委员会、民政部
2月	江海区文体旅游局	2011年广东省第十二届“体育节”活动先进单位	广东省体育局
2月	江海区文体旅游局	2010年广东省国民体质监测工作先进单位	广东省体育局
2月	江海区人民政府	广东省2011年度人口与计划生育先进单位	广东省人民政府
2月	江海区人口和计划生育局	“十一五”期间人口和计划生育工作先进集体	广东省人力资源和社会保障厅、广东省人口和计划生育委员会
6月	江海区人民政府	金融稳定奖	广东省人民政府
11月	江海区妇女联合会	2012年广东省爱心父母大联盟集体奖金奖	广东省妇女联合会
11月	江海区女企业经营管理者分会	2012年广东省爱心父母大联盟集体奖金奖	广东省妇女联合会
3月	江海区教育局	江门市创建全国文明城市工作表扬单位	江门市人民政府
3月	江海区人民政府	江门市创建全国文明城市工作突出贡献单位	中共江门市委、江门市人民政府
3月	江海区委区政府办公室	江门市创建全国文明城市工作先进单位	中共江门市委、江门市人民政府
4月	江海区农业科技推广示范中心	农产品质量安全工作先进单位	中共江门市委、江门市人民政府

2012年获全国、省、市表彰个人

获奖时间	获奖个人	所在单位	获奖名称	授予单位
7月	张巧珍	礼乐中学	南粤优秀教师	中共广东省委教育工作委员会、广东省教育厅、广东省人力资源和社会保障厅、广东省总工会
7月	罗政权	外海中学	南粤优秀教师	中共广东省委教育工作委员会、广东省教育厅、广东省人力资源和社会保障厅、广东省总工会
11月	冯少萍	江海区妇女联合会	2012年广东省爱心父母大联盟个人奖金奖	广东省妇女联合会
11月	梁泳波	天华电子科技有限公司	2012年广东省爱心父母大联盟个人奖金奖	广东省妇女联合会
11月	郑绮玲	兴华业建筑工程有限公司	2012年广东省爱心父母大联盟个人奖金奖	广东省妇女联合会
11月	林悦意	外海街道麻一村	2012年广东省爱心父母大联盟个人奖金奖	广东省妇女联合会
11月	林美兰	竹心缘素菜馆	2012年广东省爱心父母大联盟个人奖金奖	广东省妇女联合会
11月	肖迎春	春宇生物科技有限公司	2012年广东省爱心父母大联盟个人奖银奖	广东省妇女联合会
11月	梁文燕	香港蜜月婚纱摄影集团	2012年广东省爱心父母大联盟个人奖银奖	广东省妇女联合会
11月	区焕兰	礼乐文昌集团	2012年广东省爱心父母大联盟个人奖银奖	广东省妇女联合会
12月	张仲爱	江海区档案局（江海区地方志办公室）	全省地方志工作先进个人	广东省人民政府、广东省人力资源和社会保障厅、广东省人民政府地方志办公室
3月	蓝少进	江海区司法局	江门市创建全国文明城市工作先进个人	中共江门市委、江门市人民政府
3月	余晓天	外海中学	江门市创建全国文明城市工作先进个人	江门市人民政府
4月	蓝德明	江海区农林和水务局	农业和农村工作先进个人	中共江门市委、江门市人民政府
4月	柯闯耀	江海区农林和水务局	农业和农村工作先进个人	中共江门市委、江门市人民政府

主要经济指标

JIANG HAI YEARBOOK

2011年江海区主要经济指标

指　标	单位	2011年	增长%
江海区国民经济和社会发展主要指标			
江海区生产总值	万元	1096652	8.32
江海区国民经济主要指标人均占有量			
人均生产总值	元	43011	-2.15
江海区人口、土地面积和人口密度			
土地面积	平方公里	109.16	—
年末常住人口	万人	25.54	0.35
江海区年末从业人员数	人	150139	0.01
江海区就业和失业变化情况			
江海区工业总产值	万元	3554103	22.06
江海区农业总产值	万元	70477	3.5
江海区主要农作物播种面积、亩产和总产量			
粮食总产量	吨	1076	-2.71
江海区工业企业单位个数	个	1472	2.65
江海区规模以上工业企业主要产品产量			
摩托车	万辆	62.05	13.52
洗衣机	万台	107.5	13.71
家具	万件	33.08	57.54
江海区固定资产投资及其增长速度	万元	513647	22.67
外商直接投资	万美元	8836	-36.28
社会消费品零售总额	万元	260058	48.19
江海区居民消费价格指数			
财政一般预算收入	万元	48534	23.69
财政一般预算支出	万元	66511	14.11
江海区房地产开发投资情况	万元	153867	21.22
江海区卫生机构、床位及人员数			
卫生技术人员数	人	472	1.51
医院床位数	张	149	—
江海区各类学校情况			
普通中学在校学生数	人	15132	6.29
小学在校学生数	人	16527	5.54
财政支出中教育支出	万元	12877	18.30

2012年江海区主要经济指标

指　　标	单位	2012年	增长%
江海区国民经济和社会发展主要指标			
江海区生产总值	万元	1219908	9.90
江海区国民经济主要指标人均占有量			
人均生产总值	元	47616	8.52
江海区人口、土地面积和人口密度			
土地面积	平方公里	109.16	—
年末常住人口	万人	25.7	0.63
江海区年末从业人员数	人	148854	-0.86
江海区就业和失业变化情况			
江海区工业总产值	万元	2780220	12.90
江海区农业总产值	万元	73651	3.10
江海区主要农作物播种面积、亩产和总产量			
粮食总产量	吨	1139	5.90
江海区工业企业单位个数	个	1652	12.23
江海区规模以上工业企业主要产品产量			
摩托车	万辆	42.62	-6.70
洗衣机	万台	110.7	3.00
家具	万件	29.78	8.70
江海区固定资产投资及其增长速度	万元	553971	8.10
外商直接投资	万美元	11241	27.22
社会消费品零售总额	万元	262984	12.06
江海区居民消费价格指数			
财政一般预算收入	万元	53689	10.62
财政一般预算支出	万元	70648	6.32
江海区房地产开发投资情况	万元	149690	-2.71
江海区卫生机构、床位及人员数			
卫生技术人员数	人	525	11.23
医院床位数	张	249	67.11
江海区各类学校情况			
普通中学在校学生数	人	15004	-0.85
小学在校学生数	人	17622	6.63
财政支出中教育支出	万元	16412	18.10

重要文件

JIANG HAI YEARBOOK

江门市江海区简政强镇事权改革实施方案

江海委办〔2011〕3号　2011年5月31日印发

根据《中共广东省委办公厅 广东省人民政府办公厅印发〈关于简政强镇事权改革的指导意见〉的通知》（粤办发〔2010〕17号）和中共江门市委办公室、江门市人民政府办公室《关于印发〈江门市简政强镇事权改革实施意见〉的通知》（江办发〔2010〕16号）精神，结合江海区实际，制定本方案。

一、指导思想

以科学发展观为指导，统筹兼顾各项体制改革，积极稳妥地转变政府职能，突出简政扩权，理顺权责关系，优化机构设置，推进事业站（所）改革，着力提高街道办事处（下称“街道”）的经济社会管理和公共服务水平，建立适应城乡统筹协调发展和服务型政府建设需要的行政管理体制和运行机制。

二、主要任务

（一）理顺权责关系，扩大街道管理权限。

1．科学定位街道职能。围绕促进经济社会发展、加强社会管理、强化公共服务、推进基层民主等四大基本职能，统筹城乡协调发展，重点强化面向基层和群众的社会管理和公共服务。

2．扩大街道管理权限。按照权责一致、重心下移、减少层次、能放则放的原则，通过直接放权或委托等方式，最大限度给街道下放涉及民生的管理事项，依法下放与街道经济社会发展水平相适应的行政审批、行政许可和行政执法以及其他行政管理权，切实扩大街道行政事务的管理和处置权限。

3．理顺纵向权责关系。清理和规范各种评比达标表彰活动，严格控制对街道党政领导实行“签订责任书”和“一票否决”等事项，建立健全与街道职能相适应的考核评价指标体系。

4．加强层级监督，完善问责和追究制度。区级部门要做好对街道用权的指导、培训、衔接和监督工作，明晰和完善行权程序和问责追究制度，确保用权规范顺畅、有权必有责、用权必问责、违法必追究。

5．改革财政管理，加强街道财力保障。按照事权和财权相统一的原则，进一步理顺区与街道之间的财政分配关系，建立与事权改革相匹配的财力分配机制。实施简政强镇事权改革后，下放街道管理的原区直部门派出（驻）街道机构，其各项经费改由街道承担，并通过适当调整财政体制解决（调整方案另行制定）。

（二）优化机构设置，提高管理服务能力。

1．理顺管理体制。

区级业务主管部门不得自行向街道派驻行政机构，凡是中央和省委、省政府没有明确规定，而业务主管部门自行派驻街道的行政机构，必须撤销或调整由街道管理。业务主管部门按规定派驻街道的行政机构，党群工作属地管理，实行双重管理体制，以街道管理为主，其日常管理、人事任免和绩效考核由街道负责，报业务主管部门备案。

除中央和省委、省政府、省编委有明确规定外，设在街道的事业站（所）原则上实行以街道管理为主、上级主管部门进行业务指导的管理体制。今后确需实行以业务主管部门管理为主的管理体制，须按程序报经省机构编制部门批准。按规定或按规定程序经批准派驻到街道或按区域设置的事业单位，其人员、业务、经费等由有关业务主管部门统一管理，明确相应的责任和权限。

（1）区城市管理局各街道执法中队仍为区城市管理局的派出机构，实行双重管理，以街道管理为主。

（2）街道劳动保障事务所及其下设社区劳动保障工作站由区劳动和社会保障局管理调整为各街道管理。

2. 按照精简、统一、效能的原则，综合设置街道机关工作机构。

（1）外海街道办事处设置综合性办事机构8个，均为正股级。其中：5个内设机构，3个直属机构。

内设机构：

①组建党政办公室。党政办公室挂人大联络处办公室牌子。

主要职责：负责街道党工委、街道办事处、人大联络处、政协联络组、街道纪工委的日常行政事务；负责政策法制调研、法律参考、决策咨询、应急管理、行政服务、机关后勤等工作。

②组建组织工作办公室。

主要职责：负责组织人事、机构编制、工资福利等工作。

③组建维护稳定及社会治安综合治理办公室。维护稳定及社会治安综合治理办公室挂综治信访维稳中心牌子。

主要职责：负责维稳、社会治安综合治理、人民调解、禁毒、流动人口和出租屋管理、信访工作。

④组建社会事务办公室。

主要职责：负责宣传、精神文明建设、文化、广播电视、体育、旅游和教育、民政、残疾人管理、人力资源、劳动就业、社会保障、统战、民族宗教、外事侨务等工作。

⑤组建农业和农村工作办公室。

主要职责：负责农业、林业、畜牧业、水产业、水务、农机及“三防”、农村合同管理、农村集体经济组织管理等工作。

直属机构：

①组建经济促进局。经济促进局挂安全生产监督管理局牌子。

主要职责：负责工业、经济贸易、对外贸易合作、招商引资、科学技术、知识产权、信息产业、安全生产监督管理、统计、审计等工作。

②组建卫生和人口计划生育局。

主要职责：负责医疗卫生、人口和计划生育等工作。

③组建城镇建设管理与环保局。

主要职责：负责城乡规划、建设、房产、环境保护、市容环境、城市管理等工作。

（2）礼乐街道办事处设置综合性办事机构7个，均为正股级，其中：4个内设机构，3个直属机构。

内设机构：

①组建党政办公室。党政办公室挂人大联络处办公室牌子。

主要职责：负责街道党工委、街道办事处、人大联络处、政协联络组、街道纪工委的日常行政事务；负责组织人事、机构编制、工资福利、政策法制调研、法律参考、决策咨询、应急管理、行政服务、机关后勤等工作。

②组建维护稳定及社会治安综合治理办公室。维护稳定及社会治安综合治理办公室挂综治信访维稳中心牌子。

主要职责：负责维稳、社会治安综合治理、人民调解、禁毒、流动人口和出租屋管理、信访工作。

③组建社会事务办公室。

主要职责：负责宣传、精神文明建设、文化、广播电视、体育、旅游和教育、民政、残疾人管理、人力资源、劳动就业、社会保障、统战、民族宗教、外事侨务等工作。

④组建农业和农村工作办公室。

主要职责：负责农业、林业、畜牧业、水产业、水务、农机及“三防”、农村合同管理、农村集体经济组织管理等工作。

直属机构：

①组建经济促进局。经济促进局挂安全生产监督管理局牌子。

主要职责：负责工业、经济贸易、对外贸易合作、招商引资、科学技术、知识产权、信息产业、安全生产监督管理、统计、审计等工作。

②组建卫生和人口计划生育局。

主要职责：负责医疗卫生、人口和计划生育等工作。

③组建城镇建设管理与环保局。

主要职责：负责城乡规划、建设、房产、环境保护、市容环境、城市管理等工作。

（3）江南、滘头、滘北街道办事处设置综合性办事机构6个，均为正股级。其中：内设机构3个，直属机构3个。

内设机构：

①组建党政办公室。党政办公室挂人大联络处办公室牌子。

主要职责：负责街道党工委、街道办事处、人大联络处、政协联络组、街道纪工委的日常行政事务；负责组织人事、机构编制、工资福利、政策法制调研、法律参考、决策咨询、应急管理、行政服务、机关后勤等工作。

②组建维护稳定及社会治安综合治理办公室。维护稳定及社会治安综合治理办公室挂综治信访维稳中心牌子。

主要职责：负责维稳、社会治安综合治理、人民调解、禁毒、流动人口和出租屋管理、信访工作。

③组建社会事务办公室。

主要职责：负责宣传、精神文明建设、文化、体育、旅游和教育、民政、残疾人管理、人力资源、劳动就业、社会保障、统战、民族宗教、外事侨务、农业、林业、水务、水产及“三防”、农村合同管理、农村集体经济组织管理等工作。

直属机构：

①组建经济促进局。经济促进局挂安全生产监督管理局牌子。

主要职责：负责工业、经济贸易、对外贸易合作、招商引资、科学技术、知识产权、信息产业、安全生产监督管理、统计、审计等工作。

②组建卫生和人口计划生育局。

主要职责：负责医疗卫生、人口和计划生育等工作。

③组建城镇建设管理与环保局。

主要职责：负责城乡规划、建设、房产、环境保护、市容环境、城市管理等工作。

（4）街道党的纪律检查委员会机关、人民武装部按有关规定设置。街道的工会、共青团、妇联等群团组织按有关章程设置，归口社会事务办公室管理。具体工作由相关综合性办公室或配备专（兼）职人员承担，相关人员的待遇按国家和省有关规定执行。

3．推进事业单位分类改革。

将事业站（所）承担的行政管理职责划归街道，行政执法职责依法交由行政机关承担。区分事业站（所）公益性职责和经营性职责，对公益类站所进行归类整合，按领域综合设置公益类服务机构，并加强财政保障，将经营性站（所）转制为经济实体或中介服务组织。街道不再设置经费自理的事业单位。重新设置或保留（含下放管理）的事业单位的各项经费均由街道财政核拨。

（1）组建部分街道农业综合服务中心。外海、礼乐街道将农业技术服务中心、畜牧兽医站、水利所的职责整合划入农业综合服务中心，不再保留农业技术服务中心、畜牧兽医站、水利所。江南、滘头、滘北街道不设置农业综合服务中心。

主要任务：负责农技、农机、畜牧、林业、水利、水产等方面的服务工作。

（2）组建文体服务中心。将文化站的职责划入文体服务中心。

主要任务：负责文化、体育、旅游等方面的服务工作。

（3）组建人力资源和社会保障服务所。基层劳动保障事务所由区劳动和社会保障局垂直管理调整为街道办事处管理。将劳动保障事务所的职责划入人力资源和社会保障服务所。不再保留劳动保障事务所。社区劳动保障工作站归口人力资源和社会保障服务所管理。

主要任务：负责人力资源和社会保障等方面的服务工作。

（4）保留财政所。

主要任务：负责财政和财务管理、金融、公有资产管理等工作。

（5）人口和计划生育服务所更名为人口和计划生育服务中心。

主要任务：负责人口和计划生育服务工作。

（6）会计代理中心（财政结算中心）更名为财政结算中心，不再保留会计代理中心牌子。

主要任务：负责财务结算等工作。

（7）安全生产巡查队、环境卫生管理站结合事业单位分类改革统筹调整。

4．完善编制管理和干部职数配备。

街道机关行政编制的分配方案、领导职数和职务配备，及综合性办事机构的领导职数配备由区机构编制委员会另行确定。

不再核定街道机关后勤服务人员编制，改为按行政编制的一定比例核定机关后勤服务人员数，原在编在职后勤服务人员占用后勤服务人员数并按原制度管理。核定机关后勤服务人员数的编制比例，结合政府雇员实施方案的制定一并考虑。

街道劳动保障事务所及其下设社区劳动保障工作站下放管理后，原人员编制不变；各街道基层站（所）撤并后，相关机构的人员编制重新核定。

三、组织实施

各街道要按照省、市关于简政强镇事权改革精神和区委、区政府的统一部署，结合自身实际，精心组织，开拓创新，成立机构改革领导小组，扎实推进改革工作。区机构编制部门具体负责改革的日常工作，区属有关部门要根据区的实施方案，抓紧制订出台配套政策文件，加强对街道改革工作的业务指导，确保改革顺利推进。简政强镇事权改革工作于2011年3月启动，5月底前完成。

附件：

1．江门市江海区外海街道办事处党政机构和事业单位设置表

2．江门市江海区礼乐街道办事处党政机构和事业单位设置表

3．江门市江海区江南滘头滘北街道办事处党政机构和事业单位设置表

附件1

江门市江海区外海街道办事处党政机构和事业单位设置表

内设机构					直属机构			事业单位					
党政办公室	组织工作办公室	维护稳定及社会治安综合治理办公室	社会事务办公室	农业和农村工作办公室	经济促进局	卫生和人口计划生育局	城镇建设管理与环保局	财政所	农业综合服务中心	人力资源和社会保障服务所	文体服务中心	人口和计划生育服务中心	财政结算中心

说明：

1. 综合性办事机构8个。其中：内设机构5个，直属机构3个。党政办公室挂人大联络处办公室牌子；维护稳定及社会治安综合治理办公室挂综治信访维稳中心牌子；经济促进局挂安全生监督管理局牌子。

2. 街道党的纪律检查委员会机关、人民武装部按有关规定设置。工会、共青团、妇联等群团组织按有关章程设置，归口社会事务办公室管理。

附件2

江门市江海区礼乐街道办事处党政机构和事业单位设置表

内设机构				直属机构			事业单位					
党政办公室	维护稳定及社会治安综合治理办公室	社会事务办公室	农业和农村工作办公室	经济促进局	卫生和人口计划生育局	城镇建设管理与环保局	财政所	农业综合服务中心	人力资源和社会保障服务所	文体服务中心	人口和计划生育服务中心	财政结算中心

说明：

1. 综合性办事机构7个。其中：内设机构4个，直属机构3个。党政办公室挂人大联络处办公室牌子；维护稳定及社会治安综合治理办公室挂综治信访维稳中心牌子；经济促进局挂安全生监督管理局牌子。

2. 街道党的纪律检查委员会机关、人民武装部按有关规定设置。工会、共青团、妇联等群团组织按有关章程设置，归口社会事务办公室管理。

附件3

江门市江海区江南滘头滘北街道办事处党政机构和事业单位设置表

内设机构			直属机构			事业单位				
党政办公室	维护稳定及社会治安综合治理办公室	社会事务办公室	经济促进局	卫生和人口计划生育局	城镇建设管理与环保局	财政所	人力资源和社会保障服务所	文体服务中心	人口和计划生育服务中心	财政结算中心

说明：

1.综合性办事机构6个。其中：内设机构3个，直属机构3个。党政办公室挂人大联络处办公室牌子；维护稳定及社会治安综合治理办公室挂综治信访维稳中心牌子；经济促进局挂安全生产监督管理局牌子。

2.街道党的纪律检查委员会机关、人民武装部按有关规定设置。工会、共青团、妇联等群团组织按有关章程设置，归口社会事务办公室管理。

江门市江海区党政机构改革方案实施意见

江海委〔2011〕9号　2011年7月11日印发

根据市编委《关于印发江门市江海区党政机构改革方案的通知》（江机编〔2011〕8号）精神，为做好《江门市江海区党政机构改革方案》（以下简称《方案》）的组织实施工作，结合我区实际，提出如下实施意见。

一、统一思想，提高认识

这次党政机构改革，是党的十七大、十七届二中全会提出的重大任务，是深化行政管理体制改革、完善社会主义市场经济体制的重要内容，也是我区贯彻中央关于深化行政管理体制改革的决定精神和省委、省政府关于市县机构改革的工作部署。根据省《关于推广顺德经验在全省部分县（市、区）深化行政管理体制改革的指导意见》，参考借鉴顺德区行政管理体制改革经验，转变政府职能，推行大部门体制，减少管理层次，提高政府效能，形成权责统一、分工合理、决策科学、执行顺畅、监督有力的行政管理体制和运行机制。

全区上下要充分认识这次机构改革的重要意义，切实把思想统一到省、市对机构改革的目标和总体要求上来，按照区委、区政府的部署，积极稳妥做好党政机构改革的组织实施工作，切实抓好各项工作的落实。

二、突出重点，调整职能，优化组织结构

各部门要认真贯彻落实《方案》，严格按照《方案》的要求做好有关机构、职能的调整工作。《方案》虽未提及但市对口部门职能已作调整的，应在“三定”时一并修订职能。有关机构、职能调整后，按照“人随职能走”的原则，其相应的编制和人员随职能一并划转；合并不再保留的部门，其下属单位相应划给新组建或并入的部门管理。

改革后，区综合设置20个党政机构，其中：设置纪律检查委员会机关和5个党委工作部门，14个政府工作部门。

区委机构：

1．保留区纪律检查委员会机关。组建区监察和审计局，与区纪律检查委员会机关合署办公。将区监察局、区审计局的职责以及区委、区政府办公室的党政群机关和企事业单位小汽车定编职责整合划入区监察和审计局。不再保留区监察局、区审计局。

2．保留区委办公室。区政府办公室与区委办公室合署办公，挂区决策咨询和政策研究室、区法制局、区信访局、区金融服务办公室牌子。区委保密委员会办公室（区国家保密局）、区委机要局、区政府应急管理办公室在区委办公室内设机构挂牌。

3．保留区委组织部，挂区直属机关工作委员会、区委老干部局牌子。区机构编制委员会办公室为区机构编制委员会的常设办事机构，既是区委工作机构，也是区政府工作机构，与区委组织部合署办公，列区委机构序列。

4．保留区委宣传部。组建区文体旅游局，与区委宣传部合署办公。将区文化体育新闻出版局（区版权局）的职责，区经济贸易局（区旅游局）的旅游行业管理职责整合划入区委宣传部（区文体旅游局）。区委宣传部（区文体旅游局）挂区精神文明建设委员会办公室牌子。不再保留区文化体育新闻出版局（区版权局）。区文学艺术界联合会机关归口区委宣传部（区文体旅游局）管理，按其章程运作。

5．保留区委统一战线工作部。保留区民族宗教事务局，与区委统一战线工作部合署办公。将区外事侨务局（区台湾事务办公室）的职责划入区委统一战线工作部（区民族宗教事务局），在区委统一战线工作部（区民族宗教事务局）挂区外事侨务局（区台湾事务办公室）牌子。区归国华侨联合会机关的职责由区委统一战线工作部（区民族宗教事务局、区外事侨务局、区台湾事务办公室）承担，区工商联机关归口区委统一战线工作部管理，按各自章程运作。

6．保留区委政法委员会，挂区委维护稳定工作领导小组办公室、区委610办公室（区政府防范和处理邪教问题办公室）、区社会治安综合治理委员会办公室牌子。区禁毒委员会办公室在区委政法委员会内设机构挂牌。

区政府机构：

1．组建区发展改革和统计局，挂区物价局牌子。将区发展和改革局（区物价局、区统计局）的职责、区经济贸易局经济体制改革的职责整合划入区发展改革和统计局（区物价局）。区发展改革和统计局（区物价局）研究拟定本区国民经济和社会发展战略、发展规划，指导粮食管理等工作。不再保留区发展和改革局（区物价局、区统计局）。

2．组建区经济促进局。将区经济贸易局（区旅游局）除经济体制改革、交通、旅游行业管理之外的职责，区科学技术局（区知识产权局）、区对外贸易经济合作局、区信息产业局的职责，整合划入区经济促进局。区酒类专卖管理局、区中小企业局、区知识产权局在区经济促进局内设机构挂牌。不再保留区经济贸易局（区旅游局）、区科学技术局、区对外贸易经济合作局、区信息产业局。区科学技术协会机关的职责由区经济促进局承担，按其章程运作。

3．保留区教育局。

4．保留区民政局。

5．保留区司法局。

6．保留区财政局。区资产管理委员会办公

室继续挂靠区财政局。

7．组建区人力资源和社会保障局。将区人事局、区劳动和社会保障局的职责，区卫生局的农村合作医疗管理职责，整合划入区人力资源和社会保障局。不再保留区人事局、区劳动和社会保障局。

市社会保险基金管理局江海分局由市垂直管理调整为区政府管理，更名为江门市江海区社会保险基金管理局，为隶属区人力资源和社会保障局管理的事业单位。

8．组建区住房和城乡建设局，挂区人民防空办公室牌子。将区建设局的职责、区经济贸易局交通的职责整合划入区住房和城乡建设局（区人民防空办公室）。区住房和城乡建设局（区人民防空办公室）统筹全区交通、公路建设的各项工作。不再保留区建设局。

9．组建区国土规划和环境保护局。市国土资源局江海分局、市城乡规划局江海分局、市环境保护局江海分局由市垂直管理调整为区政府管理。将市国土资源局江海分局、市城乡规划局江海分局、市环境保护局江海分局的职责，整合划入区国土规划和环境保护局。不再保留市国土资源局江海分局、市城乡规划局江海分局、市环境保护局江海分局。

10．组建区农林和水务局，挂区委农村工作办公室牌子。将区农业局（区委农村工作领导小组办公室、区林业局、区水利局、区海洋与渔业局）的职责整体划入区农林和水务局（区委农村工作办公室）。不再保留区农业局（区委农村工作领导小组办公室、区林业局、区水利局、区海洋与渔业局）。区兽医畜牧局在区农林和水务局内设机构挂牌。

将原隶属区农业局管理的市公安局森林分局江海派出所调整为隶属区农林和水务局（区委农村工作办公室）管理，业务上接受市公安局森林分局指导。

11．保留区卫生局。将区爱国卫生运动委员会办公室、区食品安全委员会办公室并入区卫生局，在区卫生局内设机构挂区爱国卫生运动会办公室、区食品安全委员会办公室牌子。区红十字会机关的职责由区卫生局承担，按其章程运作。

12．保留区人口和计划生育局。

13．保留区安全生产监督管理局。区安全生产委员会办公室由在区安全生产监督管理局挂牌调整为在区安全生产监督管理局内设机构挂牌。

14．组建区城市综合管理局。将区城市管理局（区市政公用事业管理局、区环境卫生管理局）以及原市城市管理综合执法局江海分局的职责整合划入区城市综合管理局。不再保留区城市管理局（区市政公用事业管理局、区环境卫生管理局）。

15．保留江门市公安局江海分局。干部任免按照干部管理权限实行分级管理，其中分局领导班子成员的任免要征求市公安局党委的意见。

区总工会、共青团、妇联、残联机关按各自章程运作。

进一步精简和规范议事协调机构。凡部门职责范围，可由部门承担或由有关部门协调处理、共同承担的工作任务，不再设立议事协调机构。确需设立议事协调机构的，要严格按规定程序审批，不设实体性办事机构，不单独核定编制。

三、依法依规，认真做好“三定”工作

部门“三定”（定主要职责、定内设机构、定人员编制）工作是区党政机构改革的重要内容和关键环节，“三定”规定是具有法律效力的规范性文件，是党政部门履行职责的重要依据。区党政群机构及区政府直属事业单位都要重新进行“三定”。

（一）“三定”工作的目标和原则。

“三定”工作的目标。通过制定“三定”和实施部门“三定”规定，着力转变政府职能，理顺职责关系，明确强化责任，完善运行机制，优化人员结构，提高行政效能，逐步建立权责一致、分工合理、决策科学、执行畅顺、监督有力的行政管理体制。

“三定”工作的原则。一是坚持转变职能，强化责任。切实推进政企分开、政资分开、政事分开、政府与市场中介组织分开，强化社会管理和公共服务职能；坚持一件事情原则上由一个部门负责，理顺部门职责关系；明确和强化部门责任，做到权责一致。二是坚持精简效能，规范统一。整合优化部门内设机构，严格控制机构数量、人员编制和领导职数。三是坚持实事求是，充分协商。广泛听取意见，加强沟通协调，反复研究论证，严格按程序办理。

（二）“三定”工作的主要内容和要求。

部门“三定”规定主要包括本部门职责调整、主要职责、内设机构、人员编制、其他事项和附则。重点是定主要职责、定内设机构和定人员编制。各部门“三定”规定（草案）由部门研究提出，送区编办审核，按程序报区编委领导审批后，区委机构的由区委办公室印发，区政府工作部门的由区政府办公室印发，群团机关和区政府直属事业单位的由区编委印发。“三定”规定印发后，各单位要抓紧组织实施，严格按照“三定”规定履行职责、设置机构、配备人员，做好定岗定员工作，切实维护“三定”规定的严肃性、权威性。区组织、人事部门按职责负责协调、落实定岗定员相关工作。

1．定主要职责。根据国务院和省、市对口或相关部门的“三定”规定、有关法律法规，国家和省、市以及区委、区政府有关政策以及行政审批制度改革的要求，全面、具体、清晰、准确地界定本部门的主要职权和责任。各部门要以转变职能为核心，对本部门现有职责进行认真梳理，逐项列出本部门履行的主要职责，明确新增、加强、划入、划出、取消、下放的职责，合理界定职责权限，明确相应承担的责任。要遵循职能法定的原则，上级交办的临时性事项、阶段性任务以及部门的规范性文件不作为确定部门主要职责的依据。

在确定职责时，要把不该由政府管理的事项转移出去，可下放街道办事处的审批事项，坚决下放，可移交给企业、事业单位或社会组织承担的职责，可下放的管理事项以及应当取消的审批事项或管理事项必须加以明确。现由事业单位或其他组织承担的，未经法律、法规和规章授权或委托的行政职能要交回政府部门行使。进一步明确部门职责分工，一件事情原则上由一个部门承办，确需多个部门承办的事项，要明确牵头部门和相关配合部门的职责权限，分清主次责任，避免职责交叉重叠和政出多门。

2．定内设机构。即明确部门内设机构的数量、名称和职责。部门内设机构设置要体现大部制改革的要求，内部整合，优化结构，精干设置，内设机构原则上不突破现有个数。调整变动的部门，有关内设机构先随职责调整相应划转，并按照改革要求进行整合，形成有机整体，数量力求精简。改革后，各部门内设机构应根据同类型合并的原则进行重新设置，不能简单的将原有股室归并在一起。未调整变动的部门，内设机构数量不得增加，可根据履行职责的需要，进行调整和优化。内设机构名称做到概括、简练、明晰，其职责要严格限定在部门职责范围内。

要重点加强业务股室，合并和理顺职责交叉的股室，归并职责相近或相似的股室，撤并工作任务不饱满、职能弱化以及工作内容有明显阶段性特征的股室。可一个内设机构对应市相关部门的多个内设机构；非业务股室设置应更加综合精干；辅助决策和机关内部管理的股室要综合设置；工作部门机关党务与纪检、监察股室原则上不单独设置，实行合署办公。有条件的部门可将内部的决策、执行、监督职责按照适度分开、既相互协调又相互制约的原则进行调整，合理设置相应的内设机构。

规范内设机构设置。区委、区政府工作部门的内设机构为正股级；从严控制内设机构加挂可以对外行使行政职能的机构牌子，确需加挂的必须有法律法规依据。

3. 定人员编制。即核定机关人员编制和部门、内设机构领导职数。编制和职数须按有关政策规定核定。一是要严格控制人员编制总量。调整变动的部门，按照“人随职能走”的原则，人员编制先随职责划转，机关人员编制根据重新确定的主要职责，结合工作实际，按照精简的原则重新核定。机关人员编制应分解到各内设机构。不再核定机关后勤服务人员事业编制，有关机关后勤服务人员配备，待区机关雇员管理试行办法出台后再作统筹考虑。二是要严格规范配备领导职数。区委、区政府工作部门领导职数一般按1正2副配备，综合设置的大部门可增设1名职数，最多不超过1正4副；特殊情况的，按上级有关文件规定办理；总工程师等专业技术性领导职数根据部门的职能需要规范配备。内设机构领导职数：编制3名的设1职，编制4—7名的设1正1副，编制8名以上的设1正2副，编制特别多的，副职最多不得超过3名。配备非领导职务按照《中华人民共和国公务员法》及有关规定执行，不在部门“三定”规定中表述。

干部配备须与机构规格相符，上级有文件规定内设机构干部高配的，按有关规定执行。

四、机构改革的配套政策措施

（一）机构变动部门国有资产、档案资料的处置和管理。

新组建的单位，新领导班子未任命之前，由区委指定负责人，负责制定新单位的“三定”规定和定岗定员等有关工作。不再保留或并入其他部门的机构，原领导班子要认真负责地做好人员交接和资产、档案移交等具体工作。原有机构的财物分别按不同情况处理。属不再保留的机构的财物除区政府明确作出处理外，余下部分原则上移交到新组建的机构管理使用。属合署机构的移交到与其合署的机构管理使用。办公用房由区府办根据机构设置情况，按照统筹考虑、节省资源、适度调整、方便工作的原则做出方案，报区政府批准后执行。

（二）人员编制的调整与安排。

机构调整和职责整合的单位要按照“人随职能走”原则调整安排人员编制。新组建机构的人员编制，要从被划转职责单位现有人员编制中调整；成建制划转职责的部门，人员编制一并划转；部分职责划转的部门，承担划转职责的人员，要连同编制一并划转。机构改革调整变动单位，领导干部作相应安排的，领导职数逐步消化到规定职数。对合署办公、并入、挂牌的机构，内部股室设置不重复，后勤服务人员统一使用，财产统一管理，经费一个口对区财政局。

（三）事业单位隶属关系的调整与安排。

新组建和撤销合并单位所属事业单位隶属

关系调整原则是：

1．主管部门名称变化的，所属事业单位隶属关系不变。

2．主管部门整体合并的，所属事业单位隶属关系随之调整到新的部门。

3．主管部门撤销、职责分别划转几个部门的，所属事业单位按承担的职责任务，相应调整隶属关系。

4．事业单位隶属关系调整后，工作任务相同或相近的机构予以合并。

（四）机构的挂牌及启用印章问题。

使用原名称的机构其牌子继续保留使用。新组建和改变名称机构的衔牌按有关文件规定的标准，由各单位自行制作。新组建机构和更改名称的机构在其“三定”规定批准后7日内对外挂牌运作；未对外挂牌之前，原有机构要继续履行相关职责。

改变名称和新设立的机构印章由各单位自行制作。在新印章启用之前必须使用印章的，可用原机构的印章代替。新印章启用后，原印章立即作废。

（五）离退休人员的归属与管理。

成建制合并到新组建单位的离退休人员由新组建机构管理；部分职责划出的部门，离退休人员仍由原单位负责管理；不再保留的部门，职责分别划归几个单位的，其离退休人员由承担其主要职责的部门负责管理。

五、机构改革的实施步骤

区党政机构改革方案组织实施工作要做到机构调整到位、领导班子到位、职责任务到位、“三定”规定落实到位。按照市的要求，改革工作于今年第二季度左右完成。具体工作分五个阶段进行。

第一阶段：动员部署。召开区党政机构改革动员大会，部署安排区党政机构改革方案的组织实施工作。各部门要认真学习有关文件和会议精神，提高认识，加强领导，做好动员，抓紧制定工作方案，积极为改革奠定思想和工作基础。

第二阶段：拟定方案。各部门按照要求，认真研究本部门的主要职责、内设机构和人员编制规定（草案），并于7月22日前报送区编办。

第三阶段：审核报批。区编办要积极协调，严格把关。在认真审核部门“三定”规定（草案）后，及时上报区编委审定，由区委、区政府审批。

第四阶段：组织实施。“三定”规定批复后，各部门要抓紧组织实施，具体落实转变职能、理顺关系、调整机构设置和人员定编定岗任务，建立和完善适应新机构高效、协调运转的工作机制和规章制度，确保改革取得实效。

第五阶段：检查验收。“三定”规定实施后，各部门要认真检查各项改革任务的完成落实情况，并及时向区编委报送书面总结报告。区编办要会同有关部门适时开展区党政机构改革的检查验收工作。

六、加强领导，确保机构改革顺利进行

（一）加强领导，明确责任。这次政府机构改革时间紧、任务重，必须加强组织领导。改革在区委、区政府的统一领导下，由区机构编制部门具体负责日常工作，并检查、指导和监督各部门“三定”规定的制定、报批和实施，纪检监察、组织、人事、财政、法制、审计等部门按职责分工密切配合，确保党政机构改革各项工作顺利进行。各有关部门领导班子负责本单位的机构改革工作，一把手负总责，要抽调人员组成精干的工作班子，负责本单位机构改革的具体工作，务求把党政机构改革各项工作做细、做实、做好。

（二）认真执行政策，做好思想政治工作。党政机构改革是一项政策性很强，也很敏感的工作，涉及到各部门的责权调整，也涉及到干部的切身利益，要积极稳妥地推进改革。要把干部职工的思想统一到区委、区政府的决策上来，要教育本单位干部职工顾全大局，自觉服从工作需要和组织的安排，认真贯彻落实机构改革的各项方针、政策和工作部署，确保机构改革的顺利进行。

（三）严肃纪律，规范管理。各部门要坚决贯彻落实《中共中央纪委、中央编办、监察部关于严明纪律切实保证行政管理体制改革和政府机构改革顺利进行的通知》（中纪发〔2008〕6号）精神，严肃纪律，严禁干预机构设置、编制配备，严禁突击提拔干部，严防国有资产流失；加强公文、资料和印章管理，切实做好保密工作，涉及党政机构改革的重大事项要及时请示报告。要按照"确保思想不乱，人心不散；确保秩序不乱，工作不断；确保国有资产不流失"三个确保的要求，积极稳妥地做好这次党政机构改革的组织实施工作。

附件：江门市江海区党政机构设置表

附件

江门市江海区党政机构设置表

区委							区人民政府																		
纪律检查委员会机关	办公室	组织部	宣传部	统一战线工作部	政法委员会	机构编制委员会办公室	办公室	发展改革和统计局	经济促进局	教育局	民族宗教事务局	民政局	司法局	财政局	人力资源和社会保障局	住房和城乡建设局	国土规划和环境保护局	农林和水务局	文体旅游局	卫生局	人口和计划生育局	监察和审计局	安全生产监督管理局	城市综合管理局	市公安局江海分局

说明：

1. 区委设置纪律检查委员会机关和工作部门5个。其中：区委办公室与区政府办公室合署办公，挂区决策咨询和政策研究室、区法制局、区信访局牌子；区机构编制委员会办公室为区机构编制委员会的常设办事机构，既是区委的工作机构，又是区政府的工作机构，与区委组织部合署办公；区委组织部挂区直属机关工作委员会、区委老干部局牌子；区委统一战线工作部与区民族宗教事务局合署办公，挂区外事侨务局（区台湾事务办公室）牌子；区委政法委员会挂区委维护稳定工作领导小组办公室、区委610办公室（区政府防范和处理邪教问题办公室）、区社会治安综合治理委员会办公室牌子。

2. 政府设置工作部门14个。其中：区政府办公室与区委办公室合署办公，区民族宗教事务局与区委统一战线工作部合署办公，区文体旅游局与区委宣传部合署办公，区监察和审计局与区纪律检查委员会机关合署办公，均列入区政府工作部门序列，不计入区政府机构个数；区发展改革和统计局挂区物价局牌子；区住房和城乡建设局挂区人民防空办公室牌子；区农林和水务局挂区委农村工作办公室牌子。

3. 市公安局江海分局为市公安局的派出机构。

中共江门市江海区委工作规则

江海委〔2012〕9号　2012年11月27日印发

第一章　总则

第一条　为坚持和健全党的民主集中制，加强和改善区委的领导，进一步推进区委工作的科学化、民主化和制度化，根据《中国共产党章程》、《中国共产党地方委员会工作条例（试行）》、《中国共产党党内监督条例（试行）》及党内有关规定，结合本区实际，制定本规则。

第二条　区委是全区的领导核心，对全区各方面工作实行全面领导。区委的领导主要是：

（一）对本区重大问题作出决策。

（二）通过法定程序使区委的主张成为本区的政令。

（三）向本区国家机关推荐重要干部。

（四）在本区国家机关、人民团体、经济组织、社会组织、文化组织和其他非党组织的领导机关中成立党组（党委、党工委）。

（五）组织、协调本区人大、司法、行政机关，经济、社会、文化组织和人民团体积极主动、独立负责地工作。

（六）动员、组织所属党组织和广大党员，团结带领群众实现党的任务。

第三条　区委实行领导应遵循以下原则：

（一）坚持以马克思列宁主义、毛泽东思想、邓小平理论、“三个代表”重要思想和科学发展观为指导，高举中国特色社会主义伟大旗帜，为全面建成小康社会而奋斗。

（二）坚持解放思想、实事求是，结合本区实际贯彻党的路线、方针、政策和上级组织的指示、决定。

（三）坚持党的群众路线，全心全意为人民服务，做到问政于民、问需于民、问计于民，不断巩固党的执政基础。

（四）坚持民主集中制，充分发扬党内民主，坚决维护党的集中统一，实行集体领导与个人分工负责相结合的制度。

（五）坚持依法执政，在宪法和法律规定的范围内活动。

（六）坚持党管干部原则。

第二章　职责

第四条　中共江门市江海区委全体会议（简称全委会）在党代表大会闭会期间是全区党组织的领导机关，执行中央、省委、市委的指示和区党代表大会的决议，领导全区的工作。其职责是：

（一）对本区经济建设、政治建设、文化建设、社会建设、生态文明建设和党的建设及其他涉及全局性的重大问题作出决策。

（二）制定贯彻执行上级党组织和区党代表大会决议、决定的措施。

（三）听取和审议常委会的工作报告，对常委会及其成员的工作进行监督和评议。

（四）决定召开区党代表大会或党代表会议。

（五）选举常委会和书记、副书记。通过区纪委全体会议选举产生的区纪委常委会和书记、副书记。

（六）推荐、提名、表决重要干部。

（七）对区委选拔任用干部工作进行监督评议。

（八）对常委会提请决定的问题或必须由全委会决定的其他重要问题作出决策。

第五条 中共江门市江海区委常务委员会（简称常委会）在全委会闭会期间，行使区委职权，执行上级党组织的指示和全委会的决议，主持日常工作。其职责是：

（一）召集全委会，向全委会负责并报告工作。

（二）对本规则第四条规定应由全委会决定的事项先进行审议和提出意见。

（三）组织实施上级党组织的指示和全委会的决议。

（四）对本区经济建设、政治建设、文化建设、社会建设、生态文明建设和党的建设等方面经常性工作中的重要问题作出决定。

（五）对本区同级国家机关、人民团体、经济组织、社会组织、文化组织和其他非党组织的领导机关中的党组（党委、党工委）请示的问题作出决定。

（六）按照干部管理权限和规定的程序，负责推荐、提名、任免干部；负责教育和监督干部。

（七）以区委的名义向上级党组织请示、报告工作，向所属党组织发布指示、通知、通报，制定以区委名义发出的其他重要文件。

（八）对必须由常委会决定的其他重要问题作出决定。

第三章 组织原则

第六条 区委及其成员，必须遵守党员个人服从党的组织，少数服从多数，下级组织服从上级组织，全党服从中央的基本原则。

区委每半年要向市委汇报一次工作。

第七条 区委实行集体领导和个人分工负责相结合的制度。全委会或常委会职责范围内决定的问题，必须由集体讨论决定，任何个人或少数人无权决定重大问题。在集体讨论决定问题时，应充分发表个人的意见。个人对集体作出的决定如有不同意见，在坚决执行的前提下，可以保留意见，也可以向上级组织报告。

书记主持区委全面工作，组织常委会活动，负责常委会重要工作的协调，对区委工作负主要责任。常委分别负责一个方面或几个方面工作，对分管的工作要敢于负责，切实履行职责；对于不属于自己分管的工作也要关心，主动提出意见和建议。

区委各部门和街道党工委要切实履行职责，做好职能范围内的工作，不能随意将矛盾和问题上交区委。

第八条 区委决定重要问题，应充分酝酿讨论，然后进行表决。对于少数人的不同意见，应当认真考虑。如对重要问题意见不一致，双方人数接近，除在紧急情况下必须按多数人意见作出决策外，应进一步调查研究，交换意见后再表决；在特殊情况下，可将争论情况向上级报告，请求裁决。

第九条 书记既要善于总揽全局，管方向，抓大事，又要带头执行民主集中制，充分发扬党内民主，善于集中正确意见。常委要支持书记的工作，接受书记对自己工作的检查、督促，并要从区委工作全局出发思考和处理问题，主动向书记汇报工作，防止和克服片面强调个人所分管工作的倾向。

第十条 严格执行党的各项规章制度，坚持用制度管权、按制度办事、靠制度管人，保证区委领导班子科学决策、民主决策、依法决策，班子成员秉公用权、廉洁从政，真正做到为民、务实、清廉。

第十一条 对应该保密的会议内容和讨论情况，必须严守秘密，不得泄露。

常委在本区调查研究、检查指导工作或参加其他活动时，可以发表个人意见。个人意见必须符合区委决定的精神。凡代表区委发表的重要讲话和重要文章，要经常委会同意。

第四章 议事和决策

第一节 区委全委会

第十二条 全委会由常委会召集并主持，参会人员为区委委员、候补委员。根据工作需要，经常委会确定，可邀请党代表大会代表、基层党员代表等有关人员列席全委会。全委会每年至少召开两次，遇有重要情况可随时召开。

第十三条 全委会必须有三分之二以上区委委员到会方能举行。区委委员、候补委员因故不能参加会议，应在会前以书面形式向常委会请假并经书记同意。请假的区委委员、候补委员的意见，可用书面形式向全委会表达。

第十四条 全委会议事程序：

（一）确定议题和准备材料。全委会议题由常委会确定，委员可以个人或联名的方式向常委会提出建议议题。向全委会报告工作和提交全委会通过的事项，会前应深入调查研究，广泛征求意见，形成书面材料，并经常委会议事先讨论。全委会召开的时间、议题，一般应在会议召开5天前通知到各区委委员、候补委员，会议有关材料一般应同时送达。

（二）召开会议和民主表决。与会同志围绕会议议题进行讨论，在充分讨论的基础上进行表决。表决时，以赞成票超过应到会委员人数的半数为通过，未到会委员的书面意见不计入票数。会议决定多个事项的，应逐项表决。全委会表决时，根据讨论事项的不同内容，可采取举手、按电子表决器、无记名投票、记名投票或其他方式。

探索实行全委会差额票决重要干部。

街道党政正职人选和区党政工作部门及区工会、共青团、妇联等群团组织的正职人选，应由全委会提名，提名的方式可根据实际情况采取会议推荐和书面推荐，一般还应进行差额推荐。在特殊情况下，也可由常委会决定人选，但事先应征求全委会成员的意见。

对区委委员、候补委员作出撤销党内职务、留党察看或开除党籍的处分决定，必须由全委会三分之二以上委员同意，并报经市委批准。在特殊情况下，可以先由常委会作出处理决定，待召开全委会时予以追认。

（三）形成文件和落实决策。全委会审议通过的事项、作出的决策和决定，会后以区委文件上报和下发，宜予公布的，应及时通过有关渠道予以公布。全委会作出的决策，由常委会组织实施。常委会在实施全委会作出的决策中应加强督促检查和信息反馈，并向全委会通报有关情况。

第十五条 遇有重大突发性事件和紧急情况，来不及召开全委会的，常委会可临机处置，事后应及时向全委会报告。

第二节 区委常委会会议

第十六条 区委常委会会议（简称常委会议）由书记召集并主持，书记不能参加会议时可委托副书记召集并主持。参会人员为常委，除讨论干部议题外，一般请区人大常委会和区政协主要负责人列席会议，其他列席人员由区委办公室主任根据工作需要提出，报会议主持人确定。常委会议一般每月召开一至两次，如遇重要情况可随时召开。

第十七条 常委会议必须有半数以上常委到会方能举行。讨论干部议题和对重大违纪案件、重大社会事件作出处理决定时，应有三分之二以上常委到会方能举行。常委因故不能参加会议的，应在会前请假，并经书记同意。请假常委的意见，可用书面形式向常委会议表达。

第十八条 常委会议议事程序：

（一）确定议题和准备材料。议题由书记确定，或由书记委托副书记和区委办公室主任确定。凡需提交常委会议讨论的事项均由区委办公室按办文程序报书记审定。常委会议一般按预定议题进行，无特殊情况，不得在会上临时动议，确需临时增加议题的，需事先报书记审阅同意。

凡需常委会议讨论决定的事项，有关单位要在充分调查研究的基础上，取得比较成熟的意见，形成主题鲜明、内容准确、简明扼要的汇报材料或文件，经单位主要负责人审核并经区分管领导审定后送区委办公室汇总。常委会议通知和议题材料原则上需提前2天送达各常委审阅并准备意见。

（二）召开会议和民主表决。会议讨论的议题一般先由区分管领导作简要汇报，常委就议题发表意见，列席人员也可以发表意见。

会议由主持人视讨论情况确定是否进入表决程序。

表决可根据讨论事项的不同内容，分别采取口头、举手、无记名投票或记名投票等方式。会议决定多个事项的，应逐项表决。推荐、提名干部和决定干部任免、奖惩等事项，应逐个表决。涉及常委本人及亲属的任免、奖惩等问题，本人应按规定进行回避。

常委会议决定问题实行少数服从多数的决策形式，即赞成票数超过应到会常委人数的半数为通过，未到会常委的书面意见不能计入票数，不能委托他人投票，也不另行投票。表决结果由会议主持人当场宣布，或由会议主持人委托有关人员宣布。

（三）形成文件和落实决策。常委会议由区委办公室负责记录并整理成纪要。常委会议纪要是内部文件，由区委办公室主任审核后送书记签发。

常委会议作出的决策，由常委按分工负责组织实施。

第十九条 区管干部的任免，要按照《党政领导干部选拔任用工作条例》及其他有关规定进行提名、推荐和考察，经书记与副书记，以及分管组织、纪检等工作的常委共同酝酿后，由常委会议讨论决定，或由常委会提请全委会审议表决。

第二十条 对重大突发事件和紧急情况，来不及召开常委会议研究处理的，书记、副书记或常委可临机处置，并及时向常委会报告。

第三节 区委书记办公会议

第二十一条 区委书记办公会议由书记、副书记参加，区委办公室主任列席会议并负责记录。研究干部议题，应有分管组织和纪检工作的常委参加会议。其他列席人员根据工作需要由书记确定。会议根据工作需要召开，一般每周召开一次。

第二十二条 区委书记办公会议不是一级决策机构，不决定重大事项，其议事范围是：

（一）酝酿需要提交常委会议或党政联席会议讨论决定的重大问题。

（二）对常委会决定事项的组织实施进行协调。

（三）交流区委、区政府日常工作中的重

要情况：

1．重大招商引资项目、重大城乡规划和建设项目、大宗土地收储与出让事项；

2．重大预算外财政开支和区属资产处置事项；

3．重大外事活动事项；

4．听取涉及区管干部立案查处问题的报告；

5．其他需要交流的工作情况。

第四节　区委工作会议

第二十三条　涉及全区性的重要工作，以区委名义不定期召开的工作会议，由书记或副书记召集并主持。参会人员根据工作需要由会议主持人确定。

第二十四条　区委工作会议的主要内容是：

（一）传达贯彻中央、省委和市委工作会议精神。

（二）通报全区经济社会发展的阶段性情况，及时总结各阶段的工作经验，分析存在问题，提出工作措施。

（三）研究和提出涉及全区经济建设、政治建设、文化建设、社会建设、生态文明建设和党的建设等方面的阶段性工作意见。

第二十五条　区委工作会议议定的事项，可根据需要由区委办公室整理成文件，经书记或副书记签批后，以区委办公室名义印发有关单位执行。

第五节　区党政领导班子联席会议

第二十六条　区党政领导班子联席会议（简称党政联席会议）由区委书记召集并主持，书记不能参加会议时可委托区长召集并主持。参会人员为区委常委、区政府副区长。一般请区人大常委会、区政协主要负责人，区委办公室副主任、区政府办公室副主任列席会议；根据工作需要可请其他区领导及街道党政主要负责人和区有关部门、单位的主要负责人等列席。列席人员由区委办公室提出，经区委办公室主任审核后报会议主持人审定。党政联席会议不定期召开。

第二十七条　党政联席会议必须有三分之二以上的区党政领导班子成员到会方能举行。会议成员因故不能参加会议的，应在会前请假，其对议题的意见可用书面形式表达。

第二十八条　党政联席会议是区委、区政府的重要议事决策制度。其议事范围是：

（一）研究审定区委、区政府事关全局的重要政策性文件、重大工作部署、重大活动方案、重大突发性事件通报及处置意见等。

（二）研究审定全区国民经济和社会发展中长期战略规划、综合性规划、重要专项性规划草案。研究审定每年全区经济社会发展预期目标，并通报有关执行情况。

（三）研究审定区本级年度财政综合预算草案、区本级财政年度预算调整方案及超收安排。

（四）研究审定每年区委、区政府向社会公开承诺的民生实事，通报有关进展情况。

（五）研究审定区城建重点工程、全区重大项目及建设事宜。

（六）研究审定涉及调整全区社会养老保险、区本级财政供养人员工资报酬、补贴调整方案等事项。

（七）研究区直行政事业单位、区属企业等管理或经营的国有、集体资产重大结构调整、大宗资产处置、重大投（融）资项目等事宜。

（八）研究其他需要提交党政联席会议审

议的事项。

第二十九条 党政联席会议议事程序：

（一）确定议题和准备材料。党政联席会议的议题根据区有关领导的建议及有关文件要求，由区委办公室、区政府办公室收集报区委办公室主任审核后提交书记、区长确定。未经审定的议题，一般不安排上会。

提交党政联席会议研究决定的事项，提出议题的单位要形成比较成熟的意见，提交主题鲜明、内容准确、简明扼要的汇报材料或文件。汇报材料经单位主要负责人审核并经区分管领导审定后送区委办公室汇总。党政联席会议通知和议题材料原则上需提前2天送达相关领导审阅并准备意见。

（二）召开会议和民主表决。由会议主持人提出会议议程，有关单位主要负责人或区分管领导介绍议题情况。党政联席会议成员要围绕议题，充分发表个人意见。

会议由主持人视讨论情况确定是否进入表决程序。会议决定多个事项的，一般实行逐项表决。

在充分讨论的基础上，由主持人根据讨论情况进行必要的集中，形成会议意见。

（三）形成文件和落实决策。党政联席会议由区委办公室负责记录并整理成纪要。会议纪要由区委办公室主任审核后送书记、区长签发。

党政联席会议作出的决策，由常委、副区长按分工负责组织实施。具体需要落实的事项，区委办公室、区政府办公室负责督办落实，并及时向区委、区政府汇报。

第三十条 党政联席会议纪要是内部文件，对外不直接发生行政效力。区委办公室、区政府办公室按工作需要可根据党政联席会议纪要的内容，拟文承办事宜，或拟制区委、区政府文件。

第三十一条 对重大突发性事件和紧急情况，来不及召开党政联席会议研究处理的，区分管领导口头请示书记或区长后可临机处置，并及时向党政联席会议报告。

第六节 区四套领导班子联席会议

第三十二条 区四套领导班子联席会议（简称四套班子联席会议）由区委书记召集并主持。参会人员为区委常委、区人大常委会正副主任、区政府副区长、区政协正副主席。一般请区人大常委会、区政府、区政协其他党组成员，区长助理，区委办公室副主任、区政府办公室副主任、区人大常委会办公室主任和区政协秘书长列席会议。根据工作需要，会议主持人可安排其他负责同志列席会议。

会议议题、时间由区委书记与区人大常委会、区政府、区政协主要负责人研究确定。

第三十三条 四套班子联席会议主要内容：

（一）传达贯彻党中央、国务院、省委、省政府和市委、市政府的重要指示、决定。

（二）通报区四套领导班子工作的重要情况。

第七节 街道党工委书记座谈会议

第三十四条 街道党工委书记座谈会议由区委书记主持，以区委的名义不定期召开。

区委书记、副书记，区委办公室主任，街道党工委书记、办事处主任参加会议。根据工作需要，会议主持人可安排其他负责同志列席会议。

第三十五条 街道党工委书记座谈会议的

主要内容：

（一）传达贯彻中央、省、市的重要会议精神和工作部署。

（二）研究涉及全区的重要工作和专项工作。

（三）听取各街道汇报当前经济社会发展和维护社会稳定情况或某一专项工作。

（四）协调解决各街道经济社会发展过程中遇到的有关问题。

（五）部署区委当前的重要工作。

第八节　重大问题决策

第三十六条　全委会、常委会和党政联席会议对重大问题进行决策，应经过下列程序：

（一）提出方案。在深入调查研究，广泛听取意见的基础上提出方案，有的问题应提出两个以上的可供比较的方案。

（二）征求意见。方案提出后，一般应先征求有关街道、区直部门和单位的意见，然后再提交会议决策。对关系全区经济社会发展和其他涉及全局性的重大问题，应广泛征求意见，原则上还应组织专家、学者分析论证，作出风险评估，并在一定范围内公示或听证等。方案中需经政治协商的内容按政治协商有关规定办理。

（三）召开会议。召开全委会、常委会议或党政联席会议充分讨论，进行表决。

第三十七条　推行和完善重大问题票决制。在决定经济社会发展和党的建设中的全局性、政策性、长远性问题时，全委会应进行投票表决。

第三十八条　会议决定的重大事项，应指定区委、区政府分管领导或有关部门负责具体落实。在决策实施过程中，应加强督促检查和信息反馈，由区委办公室、区政府办公室负责检查督办。对决策进行重大调整或变更，应由作出该决策的会议决定。

第五章　区委部门工作

第三十九条　区委各部门是区委的组成部分，行使区委某一方面的职责，应当正确处理局部和全局的关系，严格执行全委会或常委会的指示、决定和决议，主动与区委的整体职能相协调，努力做好区委赋予的本职工作。

第四十条　区委各部门均要严格执行向区委请示报告工作制度。每半年要向区委在有关会议上汇报工作一次，根据实际情况也可作书面汇报，年终作出书面总结并向区委报告。属于职能范围内的工作，由区委部门各司其职、各负其责，不能随便移交问题和矛盾；超出本职工作范围，涉及全区某一方面的重大问题，须请示区委分管领导同意或者提请常委会研究决定后，方能付诸实施。

第四十一条　区委各部门要建立健全部门领导办公会议制度。凡部门工作的重大问题，部门领导不得个人独断，须经部门领导办公会议集体讨论决定，并向区委分管领导请示报告。区委部门领导办公会议，由各部门正副职领导和办公室主任或秘书股股长组成。部门领导办公会议由负责全面工作的领导主持，必要时可委托其他副职领导主持。会议须作出详尽记录，以便查考。

第四十二条　区委办公室是区委的综合协调机构，要发挥区委的参谋助手作用，检查、督促上级和区委交办各部门工作任务的执行并反馈情况。区委各部门要主动加强与区委办公室之间的信息联系和沟通，协助区委办公室全面系统地收集整理全区经济社会发展和各项工作的信息，为区委决策和指导全区工作提供良好的服务。区委各部门的工作总结、请示、报告，应送区委办公室统一处理和备案，对重大事情要及时汇报，不得虚报、瞒报、漏报。

第四十三条 区委各部门向上级党委部门的请示、报告及本部门本职工作范围内发文，由部门领导签发。如果涉及重大问题，须经部门领导办公会议讨论决定后，由部门领导签发。

第四十四条 区委各部门之间不得扯皮和设置工作障碍，如因扯皮和设置工作障碍而造成工作失误，要追究有关部门领导人的责任。

第六章 会议管理和公文处理

第四十五条 严格执行会议管理和公文处理制度，按照精简和效能的原则，统筹召开各类会议和制发公文。

第四十六条 以区委名义发出的公文，属于区委分管领导职责范围内的由区委办公室主任审核、区委分管领导审批。涉及两个以上区委领导分管的工作，应由区委办公室主任审核、有关区委分管领导共同审批。向上级党委的重要请示、报告和印发重要的政策措施、规范性文件，经区委办公室主任和区委分管领导审核后，送书记审批。

第四十七条 经区委同意以区委办公室文件形式发出的公文，须经区委办公室主任审核、区委分管领导或书记审批。

第四十八条 各部门和下级党组织报区委的请示、报告，均应送区委办公室统一按规定的办文程序处理。除区委领导直接交办或紧急、重大事项外，不得把请示、报告直接送区委领导批办。区委领导接到抄送文件，一般不要在抄送文件上批办。

第四十九条 凡与区委往来的公文，均由区委办公室统一汇总登记，并按办文程序和分工送有关区委领导阅批。凡需办理和落实的事项，区委办公室要及时交有关部门办理，同时加强对办件的跟踪督查，反馈信息，及时汇总并报告区委分管领导。

第五十条 区委办公室根据区委领导的工作需要应随时向各部门和下级党组织收集各种文件和资料，各部门和下级党组织要积极配合。

第五十一条 属区委部门职能范围内的工作，由区委部门自行发文或联合发文。

第七章 公务活动安排

第五十二条 为保证区委领导同志集中精力研究处理区委工作中的重大问题，除区委、区人大、区政府、区政协统一组织安排的活动外，区委领导同志一般不出席区直部门和街道党工委召开的会议以及其他事务性活动。区直部门和街道党工委确有需要邀请两名以上区委领导同志出席会议和其他事务性活动的，应事先书面（并附有关背景材料）请示区委，由区委办公室统筹安排。

第五十三条 外事活动和侨务、港澳台事务活动，需要区委领导同志参加的，由区委统战部或对口部门提出意见，报区委办公室统筹安排。

第五十四条 境内外媒体记者要求采访区委领导同志的，归口由区委宣传部、业务部门按有关规定把关（其中涉及境外媒体记者采访的还须经区委统战部把关），提出意见送区委办公室协调、安排。

第八章 纪律和作风

第五十五条 坚持解放思想，实事求是，与时俱进，一切从实际出发，讲实话，办实事，求实效。

第五十六条 坚持集中精力议大事、抓大事，精简不必要的会议和文件。常委应减少事务性活动和应酬活动，提高工作效率和质量。

第五十七条 密切联系群众，经常深入基层调查研究。下基层工作和调查研究要轻车简从。实行常委挂钩联系基层制度。常委全年下基层工作和调查研究时间不少于3个月。坚持信访接待日制度和包挂重点信访事件制度，常委定期到基层、党代表工作室接待党员群众，听取意见建议。对重要来信来访，要亲自督办或亲自处理，及时解决群众的正当要求。

第五十八条 坚持民主生活会和谈心谈话制度，经常开展专题组织生活会和集体承诺活动，营造“作风民主、包容互信、心情舒畅、干事创业”的良好氛围。常委要经常与下级领导班子成员谈心谈话，对其工作给予指导帮助。

第五十九条 落实学习制度。区委学习中心组每两个月至少进行一次集体学习。领导班子成员带头参加读书学习活动，每年要向区委报告个人当年的学习情况。

第六十条 严格执行党风廉政建设的各项规定，做到清正廉洁，勤政为民，以身作则，公道正派，艰苦朴素。要认真执行和落实党风廉政建设责任制，根据工作分工以及每年党风廉政建设和反腐败工作任务的责任分解，落实好“一岗双责”，切实抓好职责范围内的党风廉政建设。

第六十一条 严格执行请示、报告制度。各街道党工委、区委各部门、区各人民团体党组和区直各单位党组（党委、党工委）必须向区委请示、报告工作，每年至少汇报一次工作。执行上级某项重要决定的情况要进行专题报告，遇到突发性重大问题应及时请示报告。

第六十二条 严格执行请假制度。区委常委、区人大常委会和区政协主要负责人外出离开江门市前应向区委书记报告，安排好有关工作，并告知区委办公室。各街道党工委书记外出离开江门市前应请示区委书记，并书面报告区委办公室。区法院、区检察院、区各人民团体主要负责人和区委各部门负责人外出离开江门市前应请示区委分管领导，并书面报告区委办公室。

第九章 监督和处分

第六十三条 全委会、常委会及其成员执行本规则的情况，应当受到监督。

（一）全委会应向区党代表大会报告执行本规则的情况，接受审议。

（二）常委会应定期向全委会报告执行本规则的情况，接受审议。

（三）全委会和常委会及其成员执行本规则的情况，应当接受区纪委监督，接受党员、群众和舆论监督。

第六十四条 违反本规则的，应予批评纠正；造成损失的，必须追究责任；情节严重的，必须给予党的纪律处分。

第十章 附则

第六十五条 本规则由区委办公室负责解释。

第六十六条 本规则自下发之日起实施。

江门市江海区人民政府工作规则

江海府〔2012〕14号　2012年11月27日印发

第一章　总则

一、江门市江海区第九届人民代表大会第一次会议产生的新一届区人民政府，根据《中华人民共和国宪法》、《中华人民共和国地方各级人民代表大会和地方各级人民政府组织法》、《江门市人民政府工作规则》，制定本规则。

二、区政府工作的指导思想是，高举中国特色社会主义伟大旗帜，以马列主义、毛泽东思想、邓小平理论、“三个代表”重要思想和科学发展观为指导，认真执行党的路线方针政策，全面履行政府职能，提高执行力、协同力、创新力和公信力，努力建设服务政府、责任政府、法治政府和廉洁高效政府。

三、区政府工作的准则是，实行科学民主决策，坚持依法行政，坚持以人为本，推进政务公开，健全监督和绩效管理制度，加强廉政建设。

第二章　组成人员职责

四、区政府组成人员要履行宪法和法律赋予的职责，执政为民，忠于职守，求真务实，勤勉廉洁。

五、区政府实行区长负责制，区长领导区政府工作。副区长及其他参与政府工作分工的区领导协助区长工作。

六、区政府全体会议和区政府常务会议由区长召集和主持。区政府工作中的重大事项，必须经区政府全体会议或区政府常务会议讨论决定。

七、副区长及其他参与政府工作分工的区领导按分工负责处理分管的工作。受区长委托，负责其他方面的工作或专项任务，并可代表区政府进行外事活动。

八、区政府办公室主任协助区长处理安排区政府的日常工作。

九、区长出访或出差期间，由区长指定负责常务工作的副区长代理行使区长职务。

十、区政府工作部门实行主任、局长负责制，由其领导本部门的工作。

区政府各部门根据法律、法规、规章和区政府的决定、命令，在本部门的职权范围内，制定规范性文件。

区审计工作在区长和市审计局的双重领导下，依照法律规定独立行使审计监督职能，不受其他行政机关、社会团体和个人的干涉。

区政府各部门要各司其职，各尽其责，顾全大局，精诚团结，维护政令统一，切实贯彻落实区政府各项工作部署。属于部门职责范围内的工作，应积极主动完成；涉及多个部门职责范围的事项，一般明确由一个综合部门或主管部门为主牵头负责，相关部门应积极配合；各部门都要自觉服从全局利益，协力完成各项工作任务。

第三章　全面履行政府职能

十一、区政府要全面履行经济调节、市场监管、社会管理和公共服务职能。

十二、全面贯彻国家、省、市关于宏观调控的决策和部署，主要运用经济、法律手段和必要的行政手段引导和调控经济运行，促进国民经济又好又快发展。

十三、抓好社会信用体系和市场监管体系建设，形成统一开放竞争有序的现代市场体系。

十四、加强和创新社会管理，强化政府促进就业和调节收入分配职能，完善社会保障体系，注重解决民生问题。健全基层社会管理体制，妥善处理社会矛盾，维护社会公平正义和社会稳定，健全突发事件应急管理机制，提高政府预防和应对公共危机的能力。

十五、强化公共服务，完善公共政策和公共财政制度，健全公共服务体系，增强基本公共服务能力，促进基本公共服务均等化。

第四章　实行科学民主决策

十六、区政府及各部门、各街道办事处要健全重大决策的规则和程序，完善群众参与、专家咨询和政府决策相结合的决策机制，实行依法决策、科学决策和民主决策。

十七、全区国民经济和社会发展计划及财政预算、经济调控和改革开放的重大政策措施、社会管理重要事务、规范性文件、区政府投资计划等重大决策，由区政府全体会议或区政府常务会讨论决定。

十八、区政府各部门、各街道办事处提请区政府讨论决定的重大事项，必须以基础性、战略性研究或发展规划为依据，经过专家或研究、咨询机构等进行必要性和可行性论证，经决策起草部门作决策风险评估，经法制机构作合法性审查；涉及相关部门的，应充分协商；涉及街道的，应事先征求意见；涉及重大公共利益和人民群众切身利益的，要向社会公开征求意见，必要时应举行听证会。凡涉及机构、编制和经费问题的，要严格控制和把关，除有关专门文件外，其他规范性文件、政策性文件原则上不对机构、编制及经费问题作出规定。

十九、区政府在作出重大决策前，要进行调查研究，根据需要通过多种形式，直接听取民主党派、无党派代表人士、人民团体、社会组织、专家学者、基层群众等方面的意见和建议。

二十、建立完善重大行政决策专家咨询论证制度，充分发挥专家在区重大行政决策咨询论证的作用。

二十一、各街道、各部门必须及时跟踪和反馈区政府重大决策实施情况，为决策的不断完善和优化提供客观依据，建立健全反应灵敏、协调有效的决策信息反馈机制和决策后评估机制。

第五章　坚持依法行政

二十二、区政府及各部门、各街道办事处要严格按照法定权限和程序履行职责，行使行政权力。

二十三、区政府根据经济社会发展的需要，适时制定规范性文件，修改或废止不相适应的规范性文件。制定与群众利益密切相关的规范性文件，原则上都要公布草案，向社会征求意见。

二十四、区政府各部门、各街道办事处制定的规范性文件，必须符合宪法、法律、法规、规章、国家的方针政策和区政府的规范性文件、决定、命令，并征求相关部门意见；涉及两个以上部门职权范围的事项，应由区政府制定规范性文件、发布决定和命令，或由有关部门联合制定规范性文件。其中，涉及群众切身利益、社会关注度高的事项，应采取多种形式向社会公开征求意见；重要涉外、涉港澳台事项，应当事先请示区政府；部门联合制定的重要规范性文件发布前须经区政府批准。

区政府各部门、各街道办事处规范性文件发布前，由区法制局就是否符合上款规定进行审查，并定期向区政府报告。

二十五、提请区政府审议的规范性文件，由区法制局审核或组织起草。

二十六、规范性文件应当定期清理，确保国家法制统一。

二十七、严格实行行政执法责任制和执法过错责任追究制，有法必依、违法必究，公正执法、文明执法。

第六章　推进政务公开

二十八、区政府及各部门、各街道办事处要认真贯彻《中华人民共和国政府信息公开条例》，大力推进政务公开，健全政府信息公开制度，建设网上办事大厅，完善各类公开办事制度，提高政府工作透明度。

二十九、区政府全体会议、区政府常务会议和区长办公会议讨论决定的事项、区政府及各部门制定的政策，除需要保密的外，应及时公布。

三十、凡涉及群众切身利益、需要群众广泛知晓的事项以及法律和国务院、省、市、区政府规定需要公开的其他事项，均应通过政府网站、新闻发布会以及报刊、广播、电视等方式，依法、及时、准确地向社会公开。

三十一、区政府及各部门、各街道办事处要完善新闻发言人制度。区政府新闻发言人由区政府指定人员担任，依区长授权，发布重要政务新闻，通报区政府对重大事项、突发性事件、社会关注热点问题的处理情况等。

第七章　健全监督制度

三十二、区政府要自觉接受区人民代表大会及其常务委员会的监督，认真负责地报告工作、接受询问和质询，依法备案规范性文件；自觉接受区政协的民主监督。认真办理区人大代表建议和区政协委员提案。

三十三、区政府各部门、各街道办事处要依照有关法律规定，接受司法监督；同时要自觉接受监察审计部门的监督。对监督中发现的问题，要认真查处和整改并向区政府报告。

三十四、区政府要加强工作的计划性、系统性和预见性。各部门、各街道办事处必须坚决贯彻落实区政府的重大决策，努力推进区政府年度主要考核目标和区重点项目建设工作，及时跟踪和反馈执行情况。严格执行向区政府请示报告工作制度，各部门、各街道办事处每半年要向区政府书面汇报一次工作情况，每年年底报告次年的工作计划。区政府办公室要加强督促检查，确保政令畅通。

三十五、加强行政系统内部监督，健全政府层级监督制度。区政府及各部门、各街道办事处严格执行行政复议法和规范性文件审查制度，纠正行政机关违法或不当的行政行为，及时撤销或修改违反法律、法规和规章的规范性文件，主动征询和听取相关部门、单位的意见和建议。

三十六、区政府及各部门、各街道办事处要自觉接受新闻舆论和群众的监督。对新闻媒体报道、群众反映的突发问题和重大问题，各部门及各街道办事处要予以重视，及时调查核实，依法作出处理，并向区政府报告，处理结果向社会公布。

三十七、区政府及各部门、各街道办事处要重视和加强做好人民群众来信来访工作，落实信访工作责任，进一步完善信访制度，确保信访渠道的畅通；区政府领导同志及各部门、各街道办事处负责人要亲自阅批重要的群众来信，督促处理有关信访反映的问题。

三十八、加强区政府及各部门、各街道办事处与市民的沟通联系，密切政群关系。通过12345政府服务热线，接受群众的投诉、咨询、意见和建议。充分发挥区投诉中心的作用，受理、调查、处理公民和企业对本区机关、事业单位及其工作人员不履行或不正确履行职责的投诉事项。

三十九、区政府及各部门、各街道办事处要推行行政问责制度和绩效管理制度，明确问责范围，规范问责程序，严格责任追究，提高政府执行力和公信力。

第八章　加强廉政建设

四十、区政府及各部门、各街道办事处要从严治政。对职权范围内的事项要按程序和时限积极负责地办理，对不符合规定的事项要坚持原则不得办理；对因推诿、拖延等官僚作风及失职、渎职造成不良影响和损失的，要追究责任；对越权办事、以权谋私等违规、违纪、违法行为，要严肃查处。

四十一、区政府及各部门、各街道办事处要严格执行财经纪律，规范公务接待，不得用公款相互送礼和宴请，不得接受送礼和宴请。要艰苦奋斗、勤俭节约，切实降低行政成本，建设节约型机关。

四十二、区政府组成人员要廉洁从政，严格执行党纪法规，不得利用职权和职务影响为本人或特定关系人谋取不正当利益；要严格要求亲属和身边的工作人员，不得利用特殊身份谋私利。

第九章　会议制度

四十三、区政府会议包括区政府全体会议、区政府常务会议、区长办公会议、区政府工作会议等。

四十四、区政府全体会议由区长、副区长及其他参与政府工作分工的区领导、区政府党组成员和区政府工作部门、各街道办事处的主要负责人组成，由区长召集和主持。区政府全体会议的主要任务是：

（一）传达贯彻党中央、国务院，省委、省政府，市委、市政府及区委的重要指示、决定和区人大的重要决议；

（二）讨论决定区政府工作中的重大事项；

（三）部署区政府的重要工作；

（四）通报国内外形势。

区政府全体会议每年至少举行1次，根据工作需要可安排有关部门、单位负责人列席会议。

四十五、区政府常务会议由区长、副区长及其他参与政府工作分工的区领导、区政府党组成员、区政府办公室主任组成，由区长召集和主持。区政府常务会议的主要任务是：

（一）传达学习上级党委、政府以及区委重要会议、文件精神，研究贯彻落实意见；

（二）讨论决定区政府工作中的重要事项；

（三）审议政府规范性文件；

（四）通报和讨论区政府其他重要事项。

区政府常务会议一般每月召开1次，根据议

题需要可安排有关部门、单位负责人列席会议。

四十六、区长办公会议可根据工作需要不定期召开。由区长、副区长及其他参与政府工作分工的区领导、区政府党组成员、区政府办公室主任和副主任，及有关部门、单位负责人参加会议，由区长召集和主持，会议的主要任务是：

（一）研究决定政府工作中比较重要，但不需要提交政府常务会议讨论决定的事项。

（二）协调涉及两名以上参与政府工作分工的区领导分管工作的重要事项。

（三）通报区政府工作，检查工作的落实情况。

四十七、提交区政府全体会议、区政府常务会议、区长办公会议研究的议题，应在主办单位经过充分研究论证、沟通协商和征求意见的基础上，由分管区领导、区政府办公室主任协调、审核后提出，报区长确定。会议的组织工作由区政府办公室负责，会议材料于会前送达与会人员。

四十八、控制会议时间和列席（参加）人数。各单位在区政府全体会议、区政府常务会议或区长办公会议就单个议题的汇报或发言时间一般不超过10分钟；原则上只安排上报请示事项的单位负责人列席（参加）会议，特殊情况可视需要而定。未经许可，与会同志不得带随员进入会场。

四十九、区政府及其他参与政府工作分工的领导同志如不能出席区政府全体会议、区政府常务会议或区长办公会议，应向区长请假并告知区政府办公室；如对议题有意见或建议，可在会前提出。区政府全体会议其他组成人员或区政府常务会议列席人员、区长办公会议其他参加人员请假，须书面请假并由区政府办公室汇总后向区长报告。

五十、区政府常务会议、区长办公会议的纪要由区长签发。会议讨论决定的事项，由区政府办公室以会议纪要形式印发至有关单位贯彻落实，并负责督办，定期将落实情况向区领导报告。

五十一、需要与有关街道、区直有关部门研究或协调解决的问题，由区长、副区长及其他参与政府工作分工的区领导召集区政府工作会议解决；必要时，可委托区政府办公室副主任召开会议协调解决。

区政府工作会议纪要，按程序报区领导签发。

五十二、精简和严格控制以区政府名义召开的全区性会议。区政府各部门必须在每年10月份将下一年度以区政府名义召开的全区性会议计划报区政府审批，召开会议前按规定报批。

贯彻上级政府部门工作会议精神，布置、总结部门业务工作的会议，由各部门召开。应由各部门召开的会议，不得要求以区政府或区政府办公室名义召开。部门会议一般不邀请区政府领导到会讲话，不邀请各街道办事处主要负责人出席，确需邀请的须报区政府批准。

全区性会议应按照高效节约原则，尽量精简会议人员，压缩会议时间和控制经费开支。

第十章　公文审批

五十三、区政府各部门、各街道办事处报送区政府的公文，应当符合《党政机关公文处理工作条例》的规定。凡按规定需经有关前置程序研究、审核或协调的公文，应严格执行前置程序后再报送区政府。制定规范性文件，应遵守《江门市江海区行政机关规范性文件管理规定》。对不符合规定的公文，由区政府办公室退回报文单位。

五十四、区政府各部门、各街道办事处报送区政府审批的公文，应当由部门或街道办事处主要负责人签发。除区政府领导直接交办事项和必须直接报送的机密事项外，不得直接向区政府领导个人报送公文。各部门向区政府请示事项，如涉及其他部门职责，应先行征求有关部门意见；部门间如有分歧意见，主办部门的主要负责人要主动协调，经协商不能取得一致意见的，主办部门应将各方理据列出，并提出办理建议报区政府。

五十五、区政府各部门、各街道办事处报送区政府审批的公文，由区政府办公室按规定程序办理，按照区领导分工呈批，重要事项报区长审批。区领导审批公文时，应签署明确意见。如属有关部门职责范围内的事务，由区政府办公室直接转交有关部门办理，办理部门应及时向区政府办公室反馈办理结果。

五十六、区政府发布的决定、命令，向区人大及其常委会提出的议案、人员任免，由区长签署。

五十七、以区政府名义发文，经分管区领导审核把关后，由区长签发；其中以区政府名义制发的下行文或平行文，可授权分管区领导签发。

以区政府办公室名义发文，由区政府办公室主任签发；如有必要，可由分管区领导签发或核报区长签发。其中以区政府办公室名义制发的平行文，可授权办公室副主任签发。

五十八、区政府及各部门、各街道办事处要进一步精简公文。属单位职权范围内的事务，由单位自行发文或联合发文，不得要求区政府批转或区政府办公室转发。要大力推进电子政务，加快网络化办公进程，提高公文处理效率。

第十一章　公务活动安排制度

五十九、为保证区政府领导集中精力研究处理政府工作中的重大问题，除区委、区人大、区政府、区政协统一组织安排的活动外，区政府领导一般不出席各部门、各街道办事处召开的会议以及其他事务性活动。各部门、各街道办事处确有需要邀请两名以上区政府领导出席会议和其他事务性活动的，应事先书面（并附有关背景材料）请示区政府，由区政府办公室统筹安排。

六十、外事活动和侨务、港澳台事务活动，需要区政府领导参加的，由区外事侨务局或对口部门提出意见，报区政府办公室统筹安排。

六十一、境内外媒体记者要求采访区政府领导同志的，归口由区委宣传部、业务部门按有关规定把关（其中涉及境外媒体记者采访的还须经区外事侨务局把关），提出意见送区政府办公室协调、安排。

第十二章　纪律和作风

六十二、区政府组成人员要坚决贯彻执行党和国家的路线方针政策以及工作部署，严格遵守纪律，有令必行，有禁必止。

六十三、区政府组成人员必须坚决执行区政府的决定，如有不同意见可在区政府内部提出，在区政府没有重新作出决定前，不得有任何与区政府决定相违背的言论和行为；代表区政府发表讲话或文章，以及个人发表涉及未经区政府研究决定的重大问题及事项的讲话或文章，事先须经区政府同意。

六十四、区政府各部门、各街道办事处发布涉及政府重要工作部署、经济社会发展重要问题、与群众利益密切相关事项的信息，要经过严格审定，重大情况要事先向区政府报告。

六十五、区政府组成人员要严格遵守保密纪律和外事纪律，严禁泄漏国家秘密、工作秘密或者因履行职责掌握的商业秘密等，坚决维护国家的安全、荣誉和利益。

六十六、区政府组成人员要做学习的表率，积极认真参加区委、区政府组织的各类学习活动，密切关注国际国内经济、社会、科技等方面发展变化的新趋势，不断充实新知识，丰富新经验。区政府及各部门、各街道办事处要建设学习型机关。

六十七、区政府领导同志要深入基层，调查研究，督促检查，指导工作，解决实际问题。下基层要轻车简从，减少陪同，简化接待。

六十八、区政府领导同志一般不为区政府部门、街道的会议活动发贺信、贺电，不题词、题名。因特殊需要而发的贺信、贺电和题词，一般不公开发表。

六十九、严格执行请假制度。副区长及其他参与政府工作分工的区领导、区政府党组成员外出离开江门市前应向区长报告，安排好有关工作，并告知区政府办公室。

各街道办事处主任外出离开江门市前应请示区长，并书面报告区政府办公室。

区政府各部门主要负责人外出离开江门市前应请示分管区领导，并书面报告区政府办公室。

对区政府召开的会议和举办的其他公务活动，区政府各部门、各街道办事处负责人接到出席通知，要严格按通知要求出席；因故不能出席的，须提前向区政府请假，未经同意不得由他人代替出席。

第十三章　附则

七十、区政府议事协调机构的常设办事机构、直属事业单位适用本规则。